AF606308

Microsoft®

ACCESS 2021

Todas las marcas citadas han sido registradas por su respectivo editor.

Reservados todos los derechos. El contenido de esta obra está protegido por la ley, que establece penas de prisión y/o multas, además de las correspondientes indemnizaciones por daños y perjuicios, para quienes reprodujeren, plagiaren, distribuyeren o comunicaren públicamente, en todo o en parte, una obra literaria, artística o científica, o su transformación, interpretación o ejecución artística fijada en cualquier tipo de soporte o comunicada a través de cualquier medio, sin la preceptiva autorización.

Copyright - Editions ENI - Noviembre 2024
ISBN: 978-2-409-04814-2
Edición original: 978-2-409-04186-0

Ediciones ENI es una marca comercial registrada de Ediciones Software.

Ediciones ENI
P° Ferrocarriles Catalanes, 97-117, 2a pl. of. 18
08940 - Cornellà de Llobregat (Barcelona)

Tel: 934 246 401
Fax: 934 231 576

e-mail: info@ediciones-eni.com
http://www.ediciones-eni.com

Colección **Ofimática Profesional** dirigida por Corinne HERVO

Para poder acceder durante un año
a la versión online de este libro,
envíenos su justificante de compra a

librodigital@ediciones-eni.com

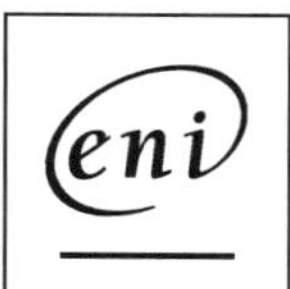

Prefacio

Este libro está destinado a todos los usuarios del Sistema de Gestión de Bases de Datos Relacionales **Microsoft Access**. Se ha redactado a partir de la **versión 2021**, pero también le será de utilidad si dispone de la versión de Access que se proporciona con **Microsoft 365**. Ha sido diseñado para permitirle encontrar rápidamente las opciones que debe activar y las operaciones que debe efectuar para llevar a cabo una determinada acción.

Las capturas de pantalla propuestas a lo largo de estas páginas permiten describir la operación en curso, mostrando el cuadro de diálogo correspondiente al comando o proponiendo un ejemplo específico.

Este libro se compone de ocho partes.

Entorno . . . . **páginas 9 a 20**

Esta primera parte describe el entorno de trabajo.

Gestión de las bases de datos . . . . **páginas 21 a 74**

Esta segunda parte describe las funciones asociadas a la gestión de la base de datos y de los objetos que la componen.

Tablas . . . . **páginas 75 a 118**

Esta tercera parte hace referencia al objeto fundamental que son las tablas de la base de datos y describe con detalle las funciones que permiten establecer relaciones entre dichas tablas.

Gestión de los datos . . . . **páginas 119 a 166**

Las tablas se componen de datos distribuidos en los diferentes registros. En esta cuarta parte, aprenderá a introducir, modificar e imprimir estos datos y a administrar los registros.

Creación de formularios e informes . . . . **páginas 167 a 224**

Para introducir los datos e imprimirlos, es necesario utilizar formularios e informes.

Vista Diseño . . . . **páginas 225 a 300**

Los formularios e informes se componen de diferentes tipos de controles que gestionará en la vista Diseño.

Consultas . . . . **páginas 301 a 342**

Utilizar la base de datos consiste también en seleccionar los registros en función de uno o de varios criterios: en esta séptima parte, descubrirá la función de las consultas.

© *Editions ENI - Reproducción prohibida*

Funciones avanzadas . . . . páginas 343 a 398

En esta parte, descubrirá las funciones más específicas como, por ejemplo, copiar, exportar e importar datos, los principios relativos a la creación de macro-comandos y la personalización de la barra de herramientas de acceso rápido y de la cinta de opciones.

Las últimas páginas de este libro incluyen un **índice temático** que le será de gran utilidad para encontrar rápidamente las operaciones correspondientes a un determinado tema.

Convenciones tipográficas

Para que el usuario pueda localizar e interpretar con mayor facilidad la información que más le interese, hemos adoptado las siguientes convenciones tipográficas.

Los siguientes estilos de caracteres se utilizan para:

negrita indicar una opción del menú o de un cuadro de diálogo que se debe activar.

cursiva marcar un comentario que introduce una operación o explica las modificaciones que aparecen en pantalla.

Ctrl representar las teclas del teclado que deben pulsarse. Cuando dos teclas aparezcan juntas, deberá pulsarlas a la vez.

Los siguientes símbolos representan:

la operación que se debe efectuar (activar una opción, hacer clic con el ratón, etc.).

una observación de orden general sobre el comando actual.

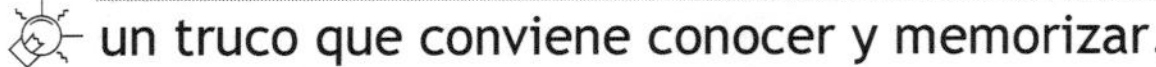

un truco que conviene conocer y memorizar.

Tabla de contenido

Entorno

Generalidades

Gestión de las bases de datos

Bases de datos

Objetos de la base de datos

© Editions ENI - Reproducción prohibida

Tabla de contenido

Tablas

Estructura de una tabla

Relaciones entre las tablas

Gestión de los datos

Registros

Tabla de contenido

Datos

Imprimir datos

Creación de formularios e informes

Crear un formulario

Crear un informe

© Editions ENI - Reproducción prohibida

Tabla de contenido

Tabla de contenido

Gestión de los controles

Secciones

© Editions ENI - Reproducción prohibida

Tabla de contenido

Consultas

Consultas de selección

Cálculos en las consultas

Consultas de acción

Funciones avanzadas

Copia/importación/exportación

© Editions ENI - Reproducción prohibida

Tabla de contenido

Iniciar Microsoft Access 2021

- Desde la interfaz de Windows 10, utilice uno de los siguientes métodos:

  Escriba **Access** en el cuadro de búsqueda de la barra de tareas de Windows 10 y haga clic en **Access 2021**.

- Si tiene Windows 11, abra el menú **Inicio** y haga clic en el icono **Access** o, si el icono no está visible, escriba **Access** en la zona de búsqueda y después haga clic en el icono de la aplicación.

  Haga clic con el botón izquierdo en el icono de Windows, seleccione **Todas las aplicaciones** y, por último, haga clic en el icono **Access 2021**.

  La aplicación Microsoft Access aparecerá en pantalla.

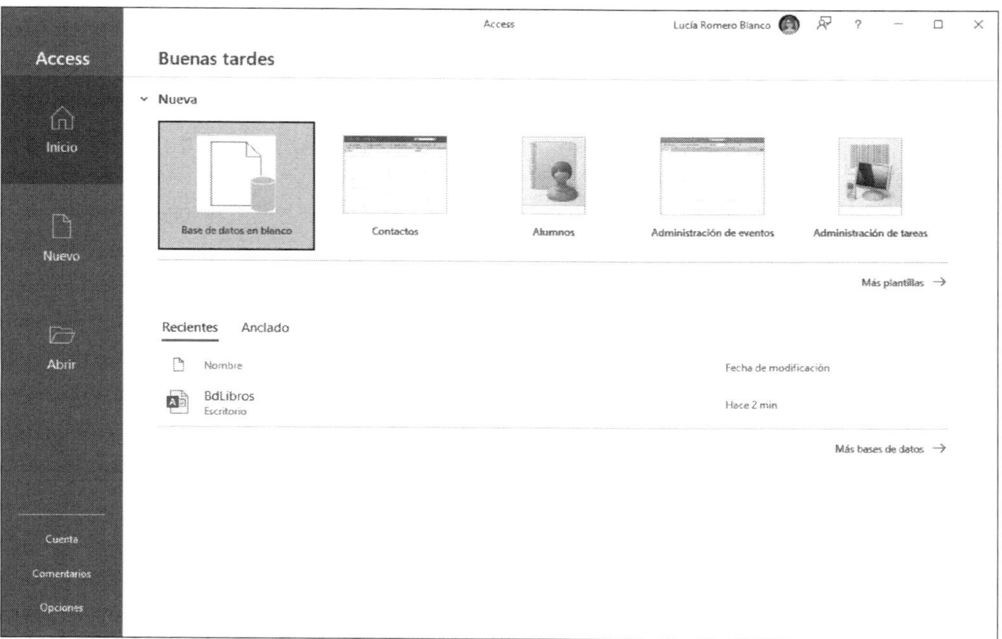

Al abrir la aplicación, Access le propone crear una nueva base de datos, seleccionar una plantilla o, incluso, abrir una base de datos utilizada recientemente (lista ***Recientes****) u otra base de datos existente.*

© Editions ENI - Reproducción prohibida

- Haga clic en **Base de datos en blanco** para crear una nueva base de datos, seleccione el icono de una de las plantillas propuestas para crear una nueva base de datos basada en esta plantilla y abra una base de datos utilizada recientemente haciendo clic en su nombre en la lista **Recientes.** También puede hacer clic en el vínculo **Más bases de datos** para abrir una base de datos existente.

Descripción de la ventana de la aplicación Microsoft Office Access 2021

Después de crear una nueva base de datos o de abrir una base de datos existente, verá los diferentes elementos de la ventana de la aplicación Access:

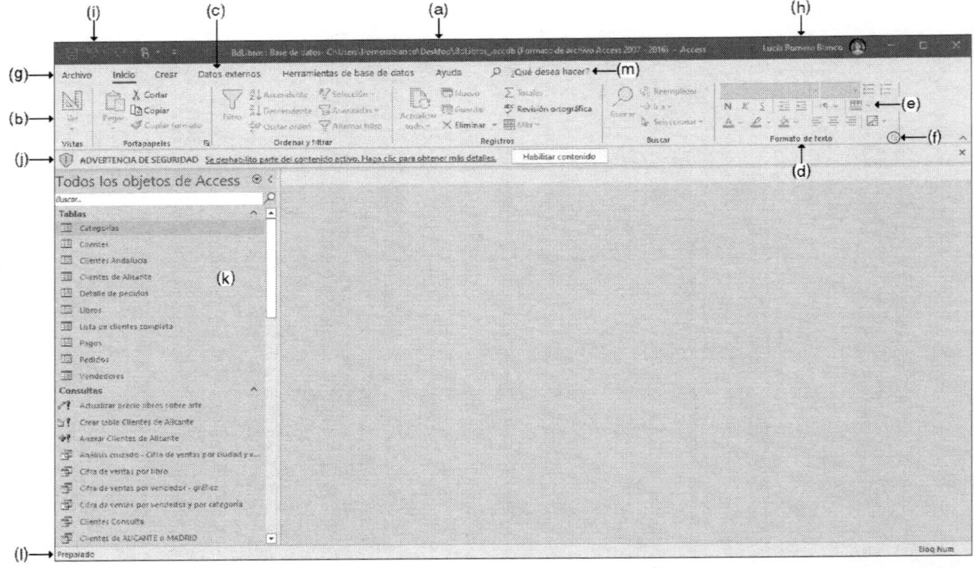

La **barra de título** y los **iconos** (a): en el centro, el nombre de la base de datos activa (en este caso, **BdLibros**) seguido de la ruta de la carpeta en la que se guarda la base de datos, del formato de esta (en este caso, **Formato de archivo de Access 2007 - 2016**) y del nombre de la aplicación (Access).

A la derecha se muestran los botones **Minimizar**, **Minimiz. tamaño** (o **Maximizar**), que permiten reducir o restaurar el tamaño de la ventana, y el botón **Cerrar**, que permite cerrar la aplicación Access.

La **cinta de opciones** (b) incluye la mayoría de comandos de la aplicación y reemplaza los menús y las barras de herramientas de las versiones anteriores de Access. Estos comandos están agrupados por tareas, y cada una de estas tareas está representada por una **pestaña** (c). La mayoría de las operaciones realizadas en Access hacen que aparezca una o varias pestañas adicionales, llamadas **pestañas contextuales.** Estas pestañas aparecen a la derecha de las pestañas estándar y agrupan los comandos relacionados con el objeto utilizado o con la tarea realizada. Cada pestaña presenta varios **grupos de comandos** (d) en los que se muestran **botones de comando** (e) que permiten realizar la mayor parte de las operaciones. Algunos grupos presentan un **iniciador de cuadro de diálogo** (f) que permite mostrar un cuadro de diálogo o un panel para poder acceder a las opciones adicionales.

La pestaña **Archivo** (g) permite acceder a las funciones básicas de la aplicación (crear una base de datos nueva, abrir, guardar y cerrar una base de datos, imprimir, etc.), pero también a otras funciones como, por ejemplo, las que permiten compactar y reparar una base de datos, o configurar la aplicación Access. Cuando la pestaña **Archivo** está activa, su contenido oculta las otras pestañas de la cinta de opciones: para desactivar la pestaña **Archivo** y, de esta forma, ver la cinta de opciones, haga clic en el botón .

Finalmente, el nombre del **usuario conectado** (h) y su foto si ha añadido una: si trabaja en el entorno Windows 10 o Windows 11 y se ha identificado con una cuenta de Microsoft, verá su nombre, lo que significa que está conectado con esta cuenta de Microsoft. De lo contrario, aparecerá el título **Iniciar sesión**. Si hace clic en el nombre de usuario, podrá modificar la foto, la información personal del usuario y la configuración de la cuenta, así como cambiar de cuenta. Si hace clic en **Iniciar sesión**, podrá conectarse con una cuenta de Microsoft.

La **barra de herramientas de acceso rápido** (i) contiene las herramientas **Guardar**, **Deshacer** y **Rehacer**. Pueden agregarse nuevas herramientas a esta barra (véase Personalizar la interfaz de Access - Personalizar la barra de herramientas de acceso rápido).

La **barra de mensajes** (j) muestra alertas de seguridad cuando la base de datos que abre incluye contenido potencialmente peligroso.

El **panel de navegación** (k) permite acceder a los diferentes objetos contenidos en la base de datos activa. En este panel, los objetos están clasificados por categoría (tipo de objeto, fecha de creación, etc.) y filtrados por grupo; los grupos cambian en función de la categoría seleccionada.

© Editions ENI - Reproducción prohibida

La **barra de estado** (l) permite mostrar información sobre el comando en curso. El modo **Preparado** indica que puede empezar a trabajar.

La zona **Qué desea hacer** (m) permite escribir una consulta relativa a un comando y ejecutarla en el momento que se proponga en la lista de resultados (véase Utilizar la ayuda).

Es posible que el icono de Access se haya añadido (o "anclado") a la barra de tareas del escritorio. En ese caso, si hace clic en el icono, podrá iniciar la aplicación.

Salir de Microsoft Access 2021

- Haga clic en el botón **Cerrar** situado en la esquina superior derecha de la ventana de la aplicación o utilice el método abreviado de teclado Alt F4.

Si intenta salir de la aplicación Access sin guardar los cambios realizados en uno o varios objetos abiertos, se mostrará un mensaje de alerta.

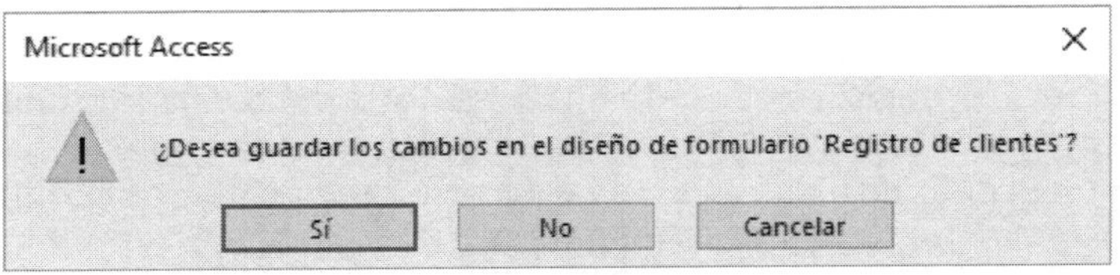

- En ese caso, haga clic en el botón **Sí** para guardar y salir de Access, en el botón **No** para salir de Access sin guardar los últimos cambios o en el botón **Cancelar** si no quiere guardar ni salir de Access.

Utilizar/administrar la cinta de opciones

La cinta de opciones agrupa la mayoría de comandos de la aplicación.

- Para mostrar el contenido de una pestaña, haga clic en la pestaña correspondiente: el nombre de la pestaña activa aparecerá subrayado en rojo.

Cada pestaña está dividida en varios grupos.

- Para mostrar el texto descriptivo de un comando, señale el icono o el botón para el que desea mostrar la descripción.

De forma predeterminada, el texto explicativo relacionado con el comando señalado se muestra en una información en pantalla.

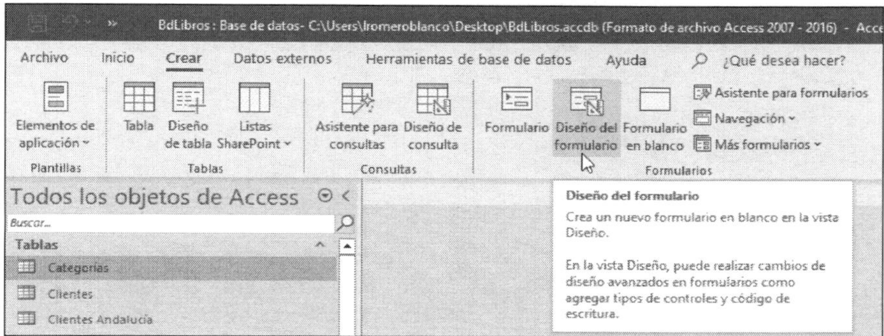

*En la pestaña **Crear**, se muestran los comandos para crear objetos, distribuidos en seis grupos: **Plantillas**, **Tablas**, **Consultas**, **Formularios**, **Informes** y **Macros y código**.*

Para que la información en pantalla desaparezca, mueva el ratón fuera de la cinta de opciones.

- Para reducir temporalmente la cinta de opciones con el fin de disponer de más espacio en la pantalla, haga clic en el botón **Contraer la cinta de opciones** situado en la parte inferior derecha de la cinta de opciones, o haga doble clic en la pestaña o utilice el método abreviado de teclado Ctrl F1.

Solo se muestran las pestañas en la pantalla, lo que permite aumentar el espacio reservado a la ventana de la base de datos. Cuando haga clic en una pestaña, se mostrará el símbolo en la parte inferior derecha de la cinta de opciones y permitirá mostrar de nuevo la cinta de opciones de forma permanente.

Si hace doble clic en una pestaña o utiliza el método abreviado de teclado Ctrl F1, podrá mostrar de nuevo la cinta de opciones de forma permanente.

- Para mostrar el cuadro de diálogo o el panel de Office asociados a un grupo, haga clic en el botón (denominado **Iniciador de cuadro de diálogo**) situado en la parte inferior derecha del grupo de comandos correspondiente.

En función de la resolución de su pantalla, las opciones de la cinta de opciones pueden presentarse de manera diferente. Por ejemplo, las opciones de un grupo pueden agruparse en un botón o la etiqueta de un botón puede dejar de ser visible.

© Editions ENI - Reproducción prohibida

De forma predeterminada, cuando señala un comando de la cinta de opciones, se muestra un texto descriptivo del comando señalado en una ventana llamada información en pantalla. Puede elegir no mostrar la información en pantalla o incluso mostrar únicamente el nombre del comando sin su descripción a través de la lista **Estilo de información en pantalla** del cuadro de diálogo **Opciones de Access** (pestaña **Archivo** - opción **Opciones** - categoría **General**).

El panel de navegación

El panel de navegación permite acceder a los diferentes objetos contenidos en la base de datos activa.

De forma predeterminada, se muestra una versión expandida del panel de navegación a la izquierda de la ventana de la aplicación Access. En este panel, los objetos están clasificados por categorías (tipo de objeto, fecha de creación, etc.) y filtrados por grupo.

Para contraer el panel de navegación, utilice uno de los siguientes métodos:

- Haga clic en el botón < situado en la esquina superior derecha del panel de navegación.
- Pulse la tecla F11.
- Señale el borde derecho del panel de navegación expandido y haga doble clic cuando el puntero del ratón se transforme en ⇔.

Para expandir el panel de navegación, utilice uno de los siguientes métodos:

- Haga clic en el botón > situado en la parte superior del panel de navegación.
- Pulse la tecla F11.
- Señale el borde derecho del panel de navegación y, a continuación, haga doble clic cuando el puntero del ratón se transforme en ⇔.

Para modificar el ancho del panel de navegación, señale el borde derecho y, cuando el puntero se transforme en una flecha de dos puntas ⇔, arrastre la barra hacia la derecha para aumentar el ancho del panel o hacia la izquierda para reducirlo.

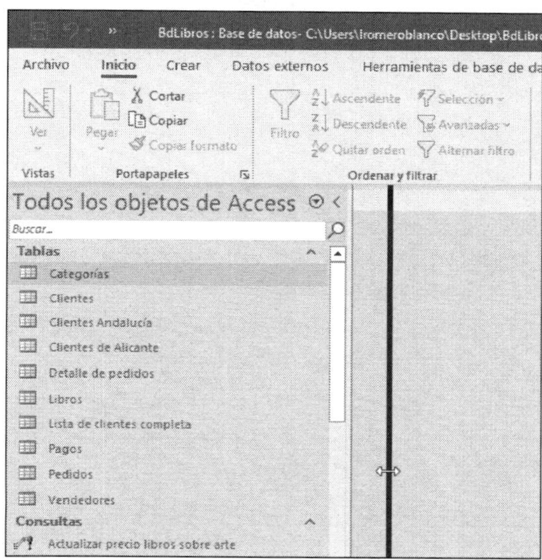

- Para modificar la visualización de los objetos en el panel de navegación, seleccione otra categoría u otro grupo:
  - Para seleccionar otra categoría, haga clic en el menú situado en la parte superior del panel (este menú muestra el nombre de la categoría activa).

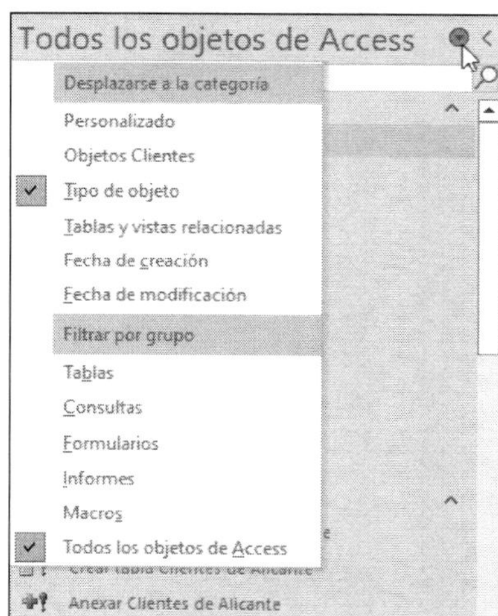

© Editions ENI - Reproducción prohibida

A continuación, haga clic en el nombre de la categoría que desee activar en la sección **Desplazarse a la categoría** que aparece en la parte superior del menú.

*Cuando se crea una nueva base de datos, la categoría **Tipo de objeto** está activa de forma predeterminada. Esta categoría agrupa los objetos por tipo: tablas, consultas, formularios, informes y macros.*

- Para seleccionar otro grupo, haga clic en el menú situado en la parte superior del panel y, a continuación, seleccione el nombre del grupo que desee activar en la sección **Filtrar por grupo** que aparece en la parte inferior del menú; los grupos que se muestran varían en función de la categoría seleccionada.

Los objetos que aparecen en el panel de navegación varían en función de la categoría y del grupo seleccionados.

- Para mostrar u ocultar el contenido de un grupo, haga clic en el nombre del grupo deseado: si el contenido del grupo está visible, se ocultará automáticamente y, al contrario, si estaba oculto, se mostrará de manera automática.
- Para mostrar u ocultar el contenido de todos los grupos del panel de navegación, haga clic con el botón derecho en el nombre de cualquier grupo y, a continuación, según el caso, seleccione la opción **Expandir todo** o **Contraer todo**.
- Para ocultar todos los grupos salvo uno, haga clic con el botón derecho en el nombre del grupo cuyo contenido deba seguir apareciendo en el panel de navegación y, a continuación, seleccione la opción **Mostrar solo "nombre del grupo correspondiente"**; para volver a mostrar todos los grupos de la categoría activa, haga clic con el botón derecho en el menú situado en la parte superior del panel y, a continuación, seleccione la opción **Mostrar todos los grupos**.

Para seleccionar otra categoría, también puede hacer clic con el botón derecho en el menú situado en la parte superior del panel de navegación, señalar la opción **Categoría** y, a continuación, seleccionar la opción correspondiente a la categoría que desee activar.

Deshacer/rehacer las acciones

Deshacer la última acción

- Haga clic en la herramienta **Deshacer** que aparece en la **barra de herramientas de acceso rápido** o utilice el método abreviado de teclado Ctrl **Z**.

Si no se puede deshacer nada, la herramienta **Deshacer** aparecerá atenuada () y, por tanto, no estará disponible.

Deshacer las últimas acciones

Access conserva un historial de las últimas acciones realizadas.

- Abra la lista de las últimas acciones haciendo clic en la flecha de la herramienta .

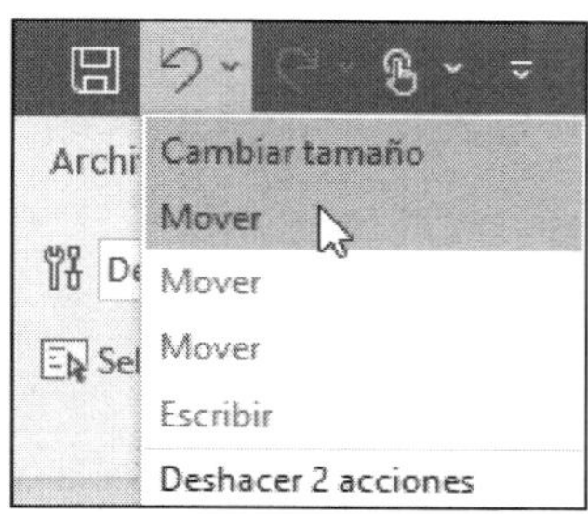

- Haga clic en la última de las acciones que desee deshacer: se anularán esta acción y las anteriores a ella.

Las últimas acciones también pueden deshacerse haciendo clic en la herramienta tantas veces como acciones haya por deshacer.

Rehacer las acciones

Si deshacer la acción es peor que el error realizado, puede rehacer las acciones que se han deshecho.

- Para rehacer la última acción deshecha, haga clic una vez en la herramienta **Rehacer** que aparece en la **barra de herramientas de acceso rápido** o utilice el método abreviado de teclado Ctrl **Y**.
- Para rehacer las últimas acciones deshechas, abra la lista de las últimas acciones deshechas haciendo clic en la flecha de la herramienta y, a continuación, seleccione la última acción que desee rehacer.

Las últimas acciones deshechas también pueden rehacerse haciendo clic en la herramienta tantas veces como acciones haya que rehacer.

© Editions ENI - Reproducción prohibida

Utilizar la Ayuda intuitiva

Access 2021 cuenta con un cuadro de búsqueda llamado ***¿Qué desea hacer?*** *que permite acceder rápidamente a las funciones de Access 2021.*

- Para acceder rápidamente a una acción que desee realizar, haga clic en la zona **¿Qué desea hacer?**, que aparece a la derecha de la cinta de opciones.

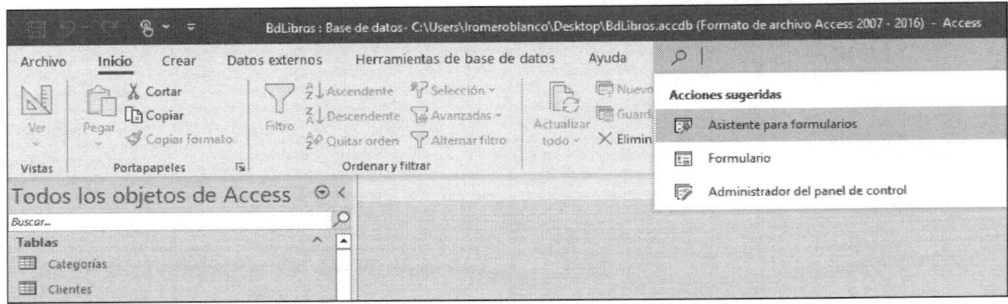

Cuando se hace clic en el campo ***¿Qué desea hacer?****, Access le propone ejemplos de funciones. Si pulsa en cualquiera de estas opciones, activará la función asociada.*

- Escriba el nombre de la acción que desee realizar.

  Access le mostrará las funciones similares a la acción que ha escrito.

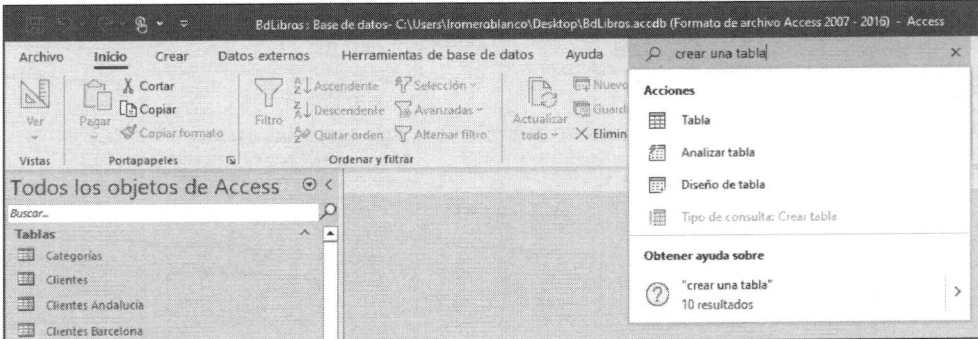

- Haga clic en la función que desee ejecutar o utilice la última opción del menú desplegable para acceder a la ayuda de Access 2021.

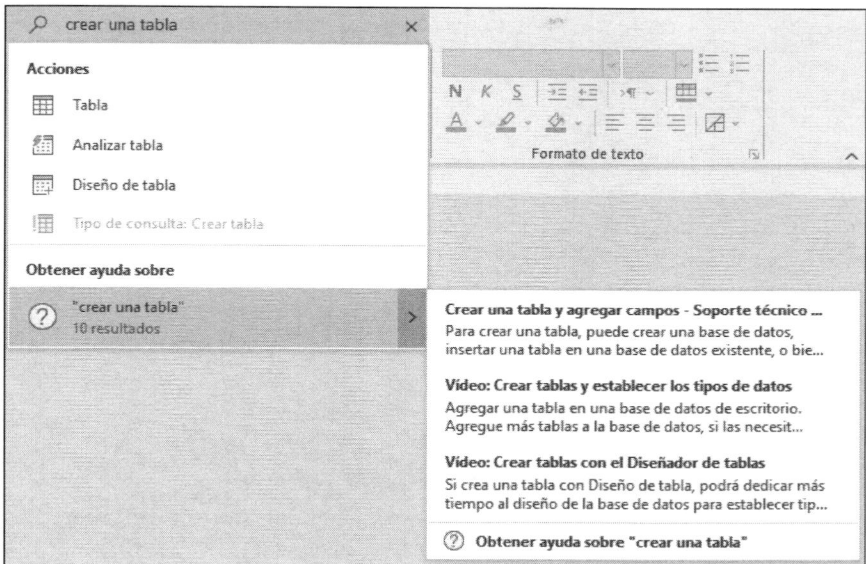

Reflexionar sobre el objetivo de la base de datos

Microsoft Access 2021 es un Sistema de Gestión de Bases de Datos Relacionales que funciona en el entoro Windows. Microsoft Access permite gestionar datos relativos a un tema determinado, como el seguimiento de los pedidos o la gestión del personal, a partir de un único archivo de base de datos. En este archivo, los datos relativos a un tema particular son almacenados en diferentes tablas que pueden estar relacionadas mediante un campo común con el fin de crear objetos (consultas, formularios, etc.) que reúnan datos distribuidos en varias tablas.

Antes de empezar a crear una base de datos, hay una etapa importante que consiste en reflexionar sobre el objetivo de la base de datos.

Haga una lista de los datos que deben almacenarse en la base, distribuidos en diferentes tablas. Por ejemplo, una tabla contendrá la lista de categorías de artículos con una descripción, una ilustración, etc., y otra tabla incluirá la lista de todos los artículos. La relación de estas dos tablas a través de un Código de categoría permitirá gestionar simultáneamente (en un informe, por ejemplo) los datos sobre el artículo y sobre la categoría.

Procure evitar la repetición de datos entre las tablas: en una tabla que registre todos los pedidos realizados, no deben incluirse datos relativos al cliente, como el nombre o la dirección, puesto que deberá introducirlos para cada pedido nuevo del mismo cliente (estos datos se almacenarían varias veces, lo que resulta inútil, ya que aumentaría el volumen de datos almacenados y el riesgo de errores de introducción de información). Es preferible introducir únicamente el código del cliente en la tabla Pedidos y establecer una relación entre la tabla Pedidos y la tabla Clientes con vistas a imprimir la dirección del cliente en la factura de cada uno de sus pedidos. Por tanto, es importante definir qué tablas deberán estar relacionadas entre sí.

Haga una lista de los documentos que debe crear a partir de los datos almacenados en las tablas: listas diversas (artículos, clientes, etc.), estadísticas, gráficos, cálculos, etc.

Crear una base de datos nueva

Se trata de crear una base de datos sin utilizar una plantilla en particular. La nueva base de datos no incluirá ningún objeto.

Cierre, si es necesario, la base de datos activa: pestaña **Archivo** - opción **Cerrar**.

Solo puede abrirse una base de datos de forma simultánea en la aplicación Access.

© Editions ENI - Reproducción prohibida

- Haga clic en el menú **Archivo** y, a continuación, seleccione la opción **Nuevo.**

  Access propone varias plantillas de bases de datos en la parte inferior de la ventana. También puede encontrar estas plantillas en la pantalla de inicio de Access que se muestra al abrir la aplicación.

- Haga clic en el botón **Base de datos en blanco.**

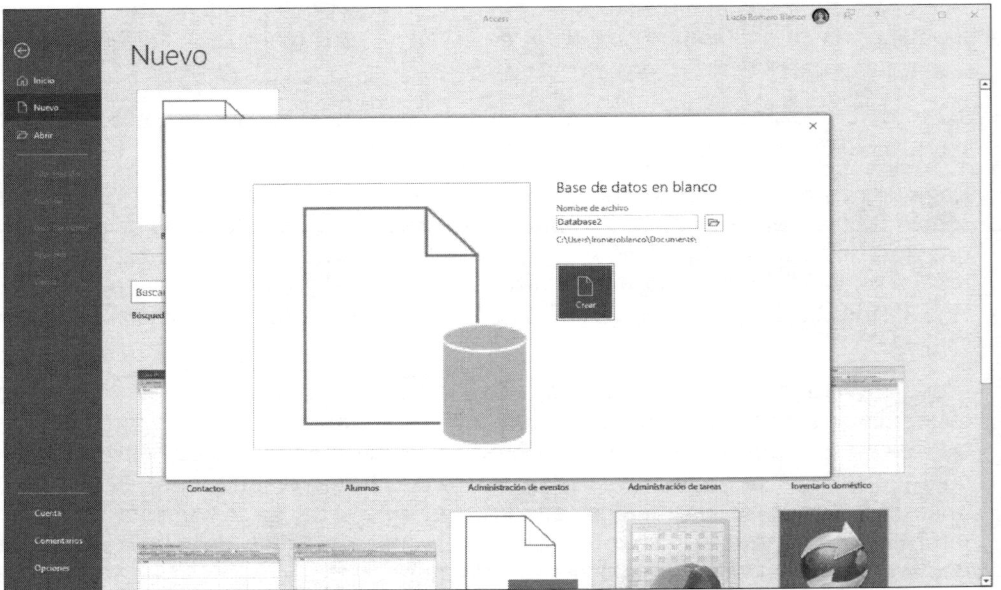

- Cambie, si lo desea, el nombre de su nueva base de datos en la sección **Nombre de archivo**; no es necesario escribir la extensión del archivo (.accdb), ya que Access la agrega automáticamente.

- La ubicación de la carpeta en la que se guardará la nueva base de datos aparece en la sección **Nombre de archivo.** Si desea cambiar la ubicación, haga clic en el botón , seleccione la carpeta en la que deberá guardarse la nueva base de datos y haga clic en el botón **Aceptar.**

- Haga clic en el botón **Crear.**

*Access creará una nueva base de datos con una tabla en blanco denominada **Tabla1**, abierta en la vista Hoja de datos.*

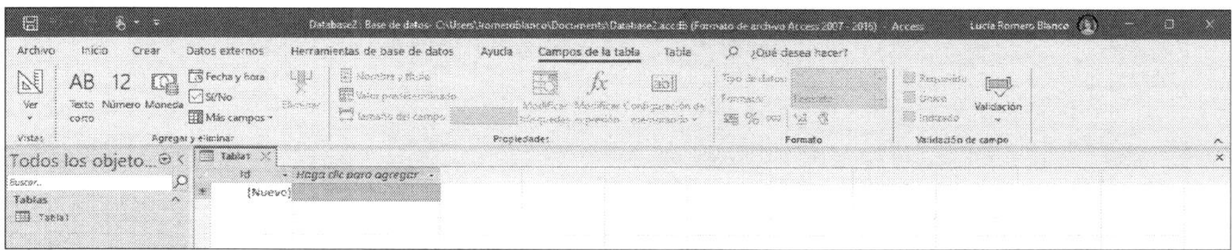

- A continuación, deberá crear cada uno de los objetos que formarán la base de datos y definir las relaciones entre las tablas.

Crear una base de datos con una plantilla

La nueva base de datos incluye en este caso todos los objetos (tablas, consultas, etc.) contenidos en la plantilla. Esta puede ser una plantilla personalizada creada por usted mismo o una plantilla predefinida descargada directamente del sitio de Microsoft.

Utilizar una plantilla personalizada

- Si es necesario, cierre la base de datos activa: pestaña **Archivo** - opción **Cerrar**.
- Haga clic en el menú **Archivo** y, a continuación, seleccione la opción **Nuevo**.

  De forma predeterminada, Access le propone plantillas en línea.
- Para visualizar sus plantillas personalizadas, haga clic en la opción **Personal**, situada sobre la sección de búsqueda **Buscar plantillas en línea**.

© Editions ENI - Reproducción prohibida

*No verá la opción **Personal** si no ha creado ninguna plantilla personalizada.*

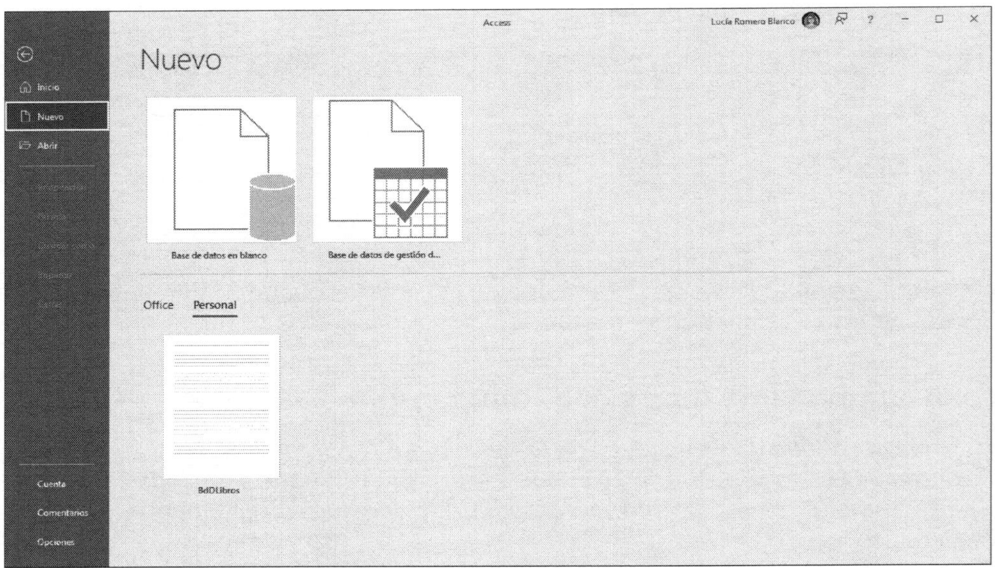

Las plantillas personalizadas se guardan en la carpeta C:\Usuarios\nombre_de_usuario\AppData\Roaming\Microsoft\Templates\Access.
*Si esta carpeta incluye subcarpetas, también aparecerán en la ventana **Personal** en forma de carpeta. Este es el caso de la carpeta **CE** del ejemplo anterior.*

- Si la plantilla que quiere utilizar está almacenada en una carpeta, haga clic en ella para seleccionarla.

  *Cuando se seleccione una carpeta, haga clic en el botón **Inicio** para volver a la lista principal de las plantillas personalizadas.*

- Haga clic en el nombre de la plantilla que desee utilizar.
- Cambie, si lo desea, el nombre de la nueva base de datos en la sección **Nombre de archivo**; no es necesario escribir la extensión del archivo (.accdb), ya que Access la agrega automáticamente.
- La ubicación de la carpeta en la que se guardará la nueva base de datos aparece en la sección **Nombre de archivo**. Si desea cambiar la ubicación, haga clic en el botón , seleccione la carpeta en la que deberá guardarse la base de datos y haga clic en el botón **Aceptar**.

- Haga clic en el botón **Crear**.

  La base de datos se mostrará en la ventana de la aplicación.

- Si la barra de mensajes muestra el mensaje **ADVERTENCIA DE SEGURIDAD**, haga clic en el botón **Habilitar contenido** si desea activar el contenido bloqueado que considera fiable.

- A continuación, utilice los objetos existentes en la base de datos para introducir su información y cree, si es necesario, otros objetos; también puede modificar la estructura de los objetos existentes.

Si desea que una de las plantillas personalizadas también aparezca en la parte superior de la lista de plantillas para poder acceder a ella de forma más rápida (sin necesidad de hacer clic en la opción **Personal**), señale la plantilla en cuestión y, a continuación, haga clic en el símbolo . Para que desaparezca de la lista de plantillas, haga clic en el símbolo : la próxima vez que active la pestaña **Archivo** y haga clic en la opción **Nuevo**, esta plantilla ya no aparecerá en la lista de plantillas, únicamente estará visible en la lista de plantillas **Personal**.

Utilizar una plantilla en línea

Para utilizar estas plantillas, debe disponer de una conexión a Internet.

- Asegúrese de que su conexión a Internet está activa.
- Si es necesario, cierre la base de datos activa: pestaña **Archivo** - opción **Cerrar**.
- Haga clic en la pestaña **Archivo** y, a continuación, seleccione la opción **Nuevo**.

  De forma predeterminada, Access le propone una serie de plantillas en línea. Las plantillas propuestas le permitirán crear bases de datos tradicionales (base de datos de escritorio) o aplicaciones web. Las aplicaciones web son bases de datos creadas en Access y compartidas en SharePoint o Microsoft 365. La creación de aplicaciones web no se tratará en este libro; solo hablaremos de las bases de datos tradicionales (o de escritorio).

  *Si ha creado plantillas personalizadas, verá las opciones **Office** y **Personal**: la opción **Office**, activa de forma predeterminada, contiene las plantillas en línea propuestas de forma predeterminada por Access, mientras que la opción **Personal** incluye las plantillas personalizadas (véase el apartado anterior).*

© Editions ENI - Reproducción prohibida

- Si ninguna de las plantillas en línea propuestas de forma predeterminada le conviene, en función de la plantilla de base de datos buscada, realice una de las siguientes acciones:
  - Haga clic en uno de los vínculos asociados a la opción **Búsquedas sugeridas** para mostrar la lista de plantillas correspondiente al tipo seleccionado: **Base de datos**, **Empresa**, **Registros**, **Sector**, **Listas**, **Personal**, **Contactos**.
  - Haga clic en el cuadro **Buscar plantillas en línea**, introduzca la(s) palabra(s) clave que permitan encontrar la plantilla buscada y, a continuación, confirme con la tecla ↵ para iniciar la búsqueda.

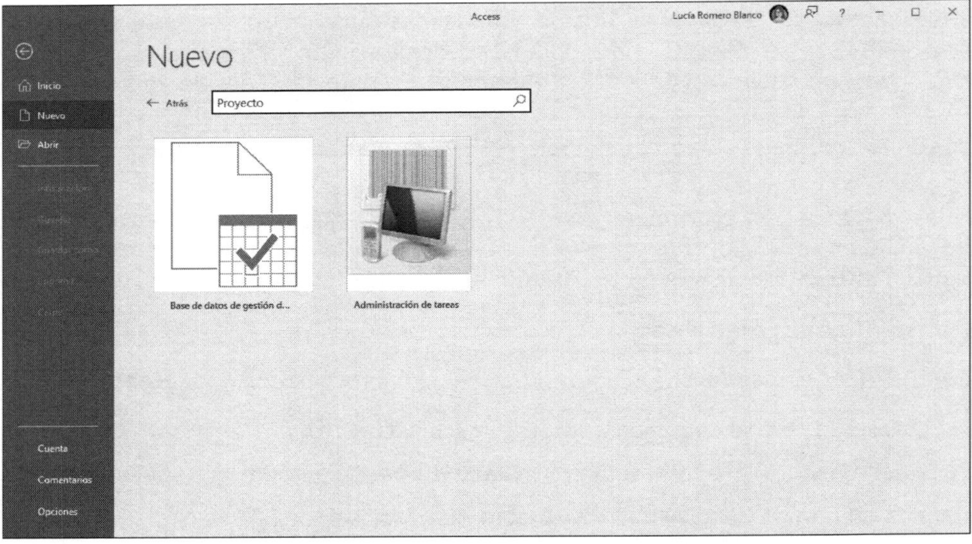

En el ejemplo anterior, hemos decidido mostrar plantillas de bases de datos de la categoría ***Proyecto****.*

- Para volver a la lista de plantillas propuestas de forma predeterminada por Access, haga clic en el enlace ← Atrás situado a la izquierda del cuadro de búsqueda.
- Una vez que haya encontrado la plantilla buscada, haga clic en su icono para utilizarla.

En el centro de la pantalla, se mostrará una ventana en la que podrá visualizar la vista previa de la plantilla, así como su nombre.

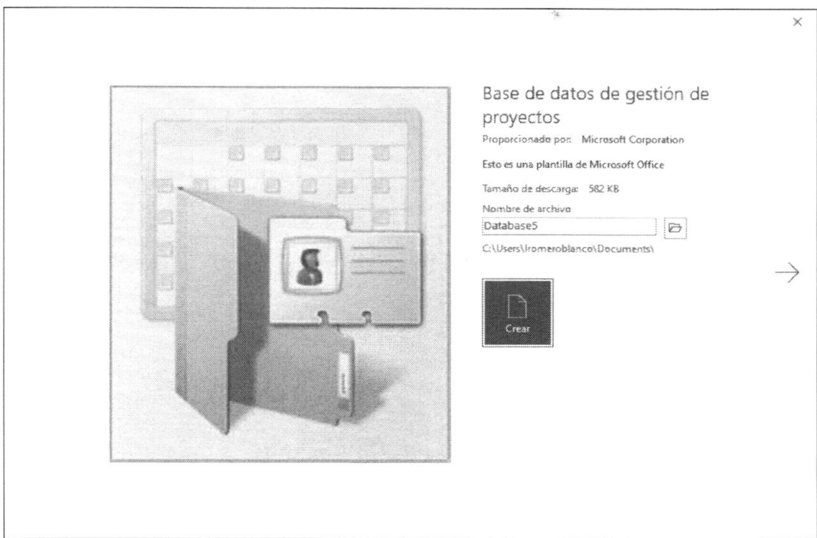

- Cambie, si lo desea, el nombre de su nueva base de datos en la sección **Nombre de archivo**; no es necesario escribir la extensión del archivo (.accdb), ya que Access la agrega de forma automática.
- La ubicación de la carpeta en la que se guardará la nueva base de datos aparece en la zona **Nombre de archivo.** Si desea cambiar la ubicación, haga clic en el botón , seleccione la carpeta en la que se deberá guardar la nueva base de datos y, a continuación, haga clic en el botón **Aceptar**.
- Haga clic en el botón **Crear** para cambiar la plantilla.

*A continuación, se mostrará brevemente la ventana **Preparando plantilla** en la pantalla.*

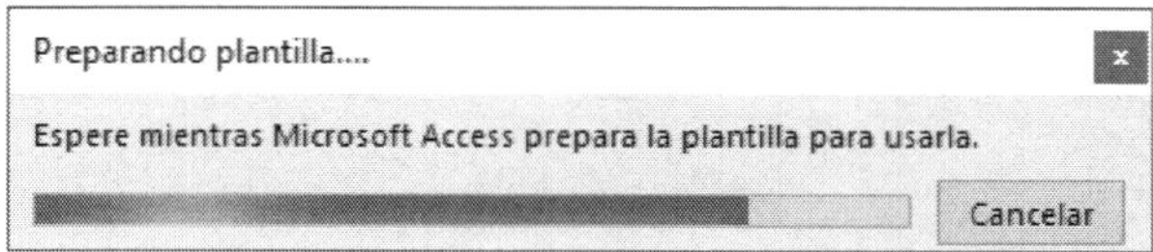

© Editions ENI - Reproducción prohibida

La base de datos se mostrará en la ventana de la aplicación Access para que pueda introducir los datos.

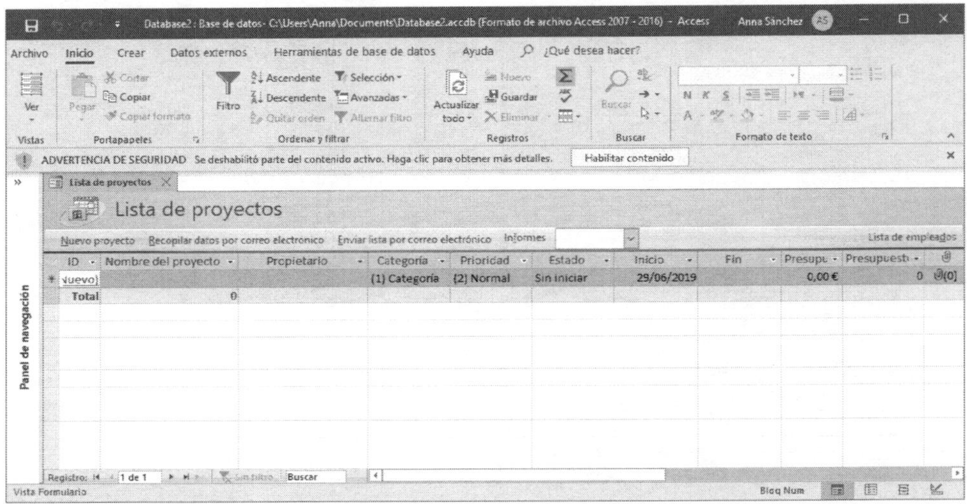

A continuación, utilice los objetos existentes en la base de datos para introducir su información y cree, si es necesario, otros objetos; también puede modificar la estructura de los objetos existentes.

Al igual que para las plantillas personalizadas (véase el subapartado anterior), si desea que una plantilla en línea aparezca al principio de la lista de plantillas en línea propuestas de forma predeterminada para poder acceder a ella de forma más rápida, señale la plantilla en cuestión y, a continuación, haga clic en el símbolo . Si ya no desea que la plantilla aparezca al principio de la lista, haga clic en el símbolo : la próxima vez que active la pestaña **Archivo** y haga clic en la opción **Nuevo**, esta plantilla ya no aparecerá al principio de la lista.

Para crear una nueva base de datos a partir de una base de datos existente, abra, si es necesario, la base de datos que servirá de plantilla para crear la nueva y asegúrese de que todos los objetos que contenga estén cerrados. Haga clic en la pestaña **Archivo**, a continuación, seleccione la opción **Guardar como** y compruebe que la opción **Guardar base de datos como** esté seleccionada en la sección **Tipos de archivo.** En la sección **Tipos de archivo de base de datos**, haga clic en la opción que corresponda al formato en el que se guardará la nueva base de datos y seleccione el botón **Guardar como**. Seleccione la carpeta en la que se guardará la base de datos, especifique el nombre de archivo en la sección **Nombre de archivo** y, a continuación, haga clic en el botón **Guardar**: la nueva base de datos incluirá todos los objetos de la base de datos que se ha utilizado como plantilla.

Crear una plantilla de base de datos

Si ninguna de las plantillas propuestas por Access le sirve, puede crear su propia plantilla de base de datos.

- Si el contenido de la plantilla debe crearse por completo, cree una nueva base de datos en blanco (véase Crear una base de datos nueva) y, a continuación, agréguele los objetos deseados.

  Si la plantilla debe basarse en una base de datos existente, ábrala y realice las modificaciones pertinentes.

  Si la plantilla debe basarse en una de sus plantillas personalizadas o en una plantilla en línea, cree una base de datos basada en esta plantilla (véase Crear una base de datos con una plantilla) y realice las modificaciones que desee.
- Haga clic en la pestaña **Archivo**, seleccione la opción **Guardar como** y, a continuación, compruebe que la opción **Guardar base de datos como** de la sección **Tipos de archivo** esté seleccionada.
- Seleccione la opción **Plantilla (*.accdt)** que aparece en la sección **Tipos de archivo de base de datos** y, a continuación, haga clic en el botón **Guardar como.**

  *Se abrirá el cuadro de diálogo **Crear una plantilla nueva desde la base de datos**.*
- Especifique el nombre de la plantilla en la sección **Nombre**.
- Especifique, si es necesario, un texto que describa la plantilla de base de datos en la sección **Descripción**.

© Editions ENI - Reproducción prohibida

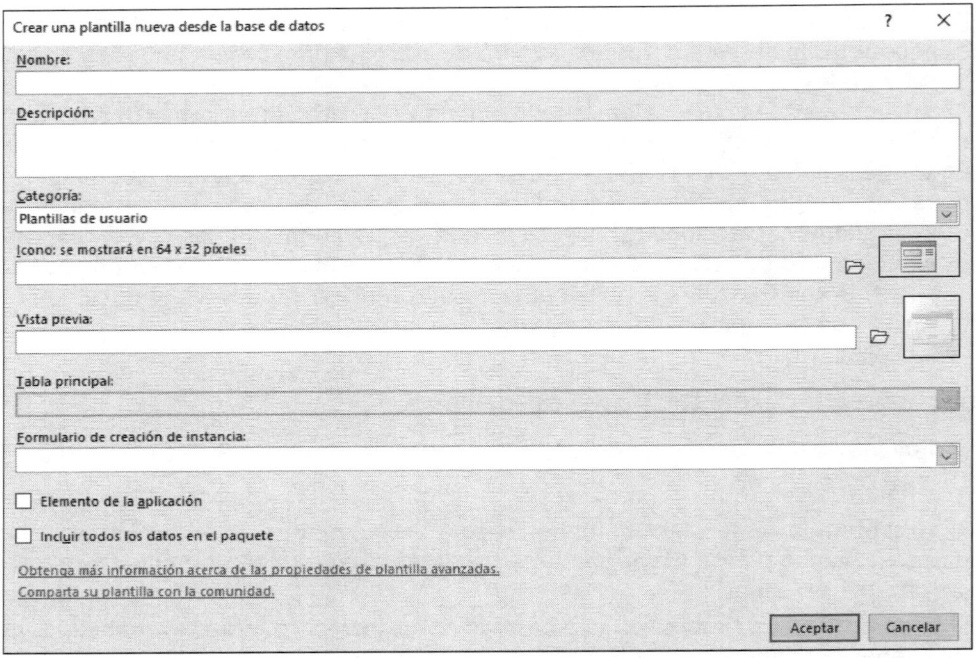

Crear una plantilla nueva desde la base de datos

Nombre:

Descripción:

Categoría:

Plantillas de usuario

Icono: se mostrará en 64 x 32 píxeles

Vista previa:

Tabla principal:

Formulario de creación de instancia:

Elemento de la aplicación

Incluir todos los datos en el paquete

Obtenga más información acerca de las propiedades de plantilla avanzadas.

Comparta su plantilla con la comunidad.

Aceptar Cancelar

- Asegúrese de que la opción **Plantillas de usuario** esté seleccionada en la lista **Categoría.**
- Para modificar el icono asociado a la plantilla, haga clic en el botón  situado a la derecha de la sección **Icono** y, a continuación, seleccione el archivo de imagen que desee.
- Para asociar una imagen de vista previa a la plantilla, haga clic en el botón  situado a la derecha de la sección **Vista previa** y, a continuación, seleccione el archivo de imagen que desee.
- Si, al abrir las bases de datos creadas con esta plantilla, debe abrirse automáticamente un formulario, seleccione el formulario correspondiente en la lista **Formulario de creación de instancia.**
- Marque la opción **Elemento de la aplicación** si desea que esta plantilla se agregue a la lista de elementos de aplicación (véase Agregar un elemento de aplicación a una base de datos más adelante en este capítulo).

- Si los objetos de la base de datos utilizada para crear la plantilla contienen datos y desea que se incluyan en la plantilla, marque la opción **Incluir todos los datos en el paquete**.
- Haga clic en el botón **Aceptar**.

  El mensaje que se muestra le informa de la ruta en la que se ha guardado su plantilla.

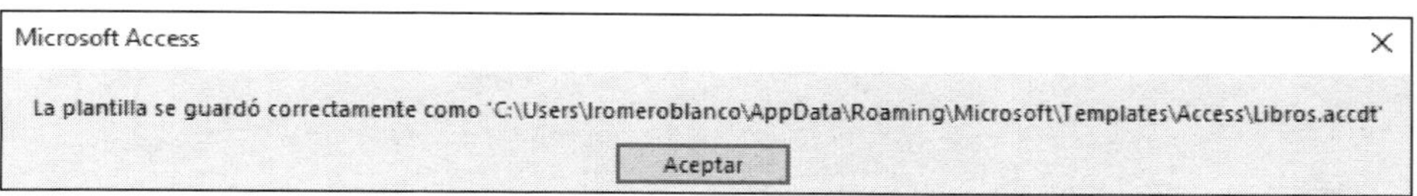

- Haga clic en el botón **Aceptar**.

  *La plantilla ya puede verse en la categoría **Personal** (pestaña **Archivo** - opción **Nuevo** - opción **Personal**).*

Para eliminar una plantilla, abra la ventana del Explorador de Windows y, a continuación, elimine el archivo correspondiente situado en la carpeta:
C:\Usuarios\<nombre_usuario>\AppData\Roaming\Microsoft\Templates\Access.

Abrir/cerrar una base de datos

Abrir una base de datos

- Pestaña **Archivo** - opción **Abrir**
- Si la base de datos está guardada en su ordenador o en un ordenador de la red, haga clic en la opción **Este PC** situada en la sección **Abrir**.

  *También puede utilizar el método abreviado de teclado Ctrl **A** (la pestaña **Archivo** no debe estar activa).*

© Editions ENI - Reproducción prohibida

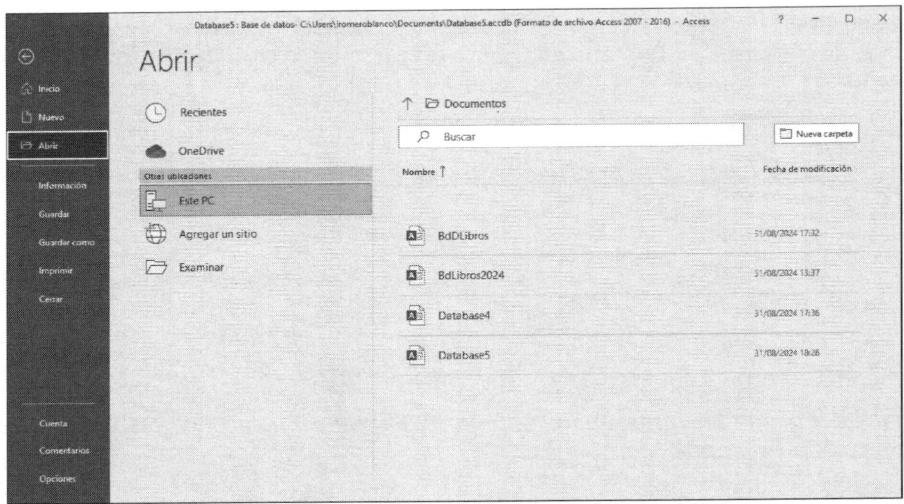

En el panel de la derecha, podrá ver el contenido de la carpeta Documentos o de la carpeta activa si tiene abierta una base de datos en la aplicación Access.

- Si la base de datos está guardada en un espacio compartido, por ejemplo un espacio OneDrive, haga clic en el botón **OneDrive** y a continuación en el botón correspondiente al espacio compartido.
- Realice a continuación una de estas acciones:
  - Si la base de datos que desea abrir está guardada en una subcarpeta, haga clic en dicha carpeta.
  - Si no le conviene ninguna de las carpetas propuestas, haga clic en el nombre de la carpeta abierta.

  *El cuadro de diálogo **Abrir** aparecerá en pantalla. La carpeta aparecerá seleccionada.*
- Acceda a la carpeta que contenga la base de datos que desea abrir.

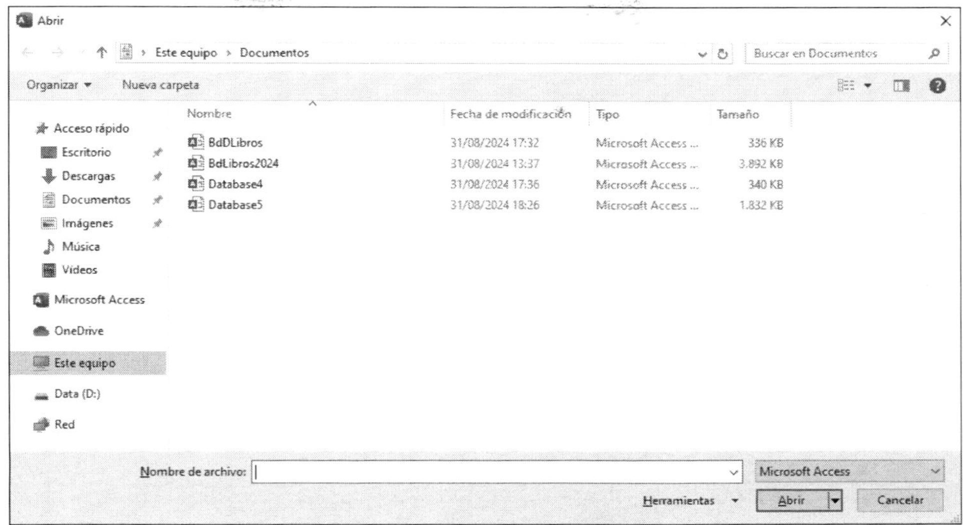

*La extensión **accdb** puede aparecer o no, en función de si la opción correspondiente está activa o no en Windows. Aquí se encuentran los botones de los cuadros de diálogo **Abrir** utilizados en todas las aplicaciones de Microsoft Office.*

Para abrir la base de datos, haga doble clic en el nombre o seleccione el botón **Abrir** después de haberla seleccionado.

*La lista asociada al botón **Abrir** también permite abrir una base de datos en modo de solo lectura (los cambios realizados en la base de datos no podrán guardarse) o en modo exclusivo (impide que otros usuarios puedan abrirla).*

Dado que solo puede abrirse de forma simultánea una única base de datos, Access cerrará la base de datos activa para abrir la que acaba de seleccionar. Si las modificaciones realizadas en uno o varios objetos abiertos no se han guardado, se mostrará en la pantalla un mensaje de alerta.

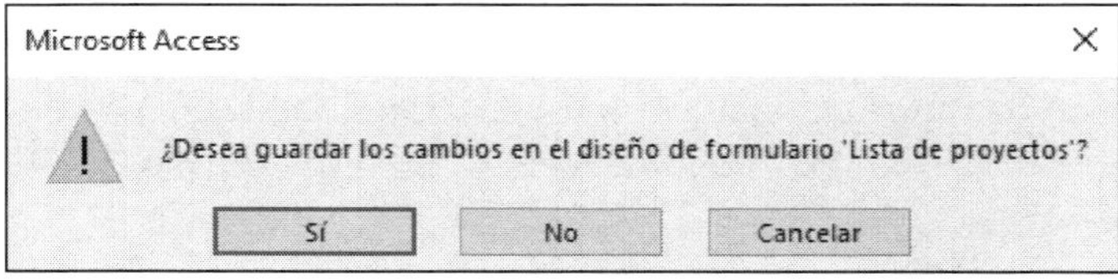

© Editions ENI - Reproducción prohibida

- En ese caso, haga clic en el botón **Sí** para guardar las modificaciones y cerrar el archivo, o seleccione el botón **No** para cerrar el archivo sin guardar los cambios.

  La base de datos se abrirá en la ventana de la aplicación Access. Si la base de datos que se abre incluye contenido potencialmente peligroso (por ejemplo, una macro no firmada o cuya firma no es válida) se mostrará un mensaje de alerta en la pantalla.

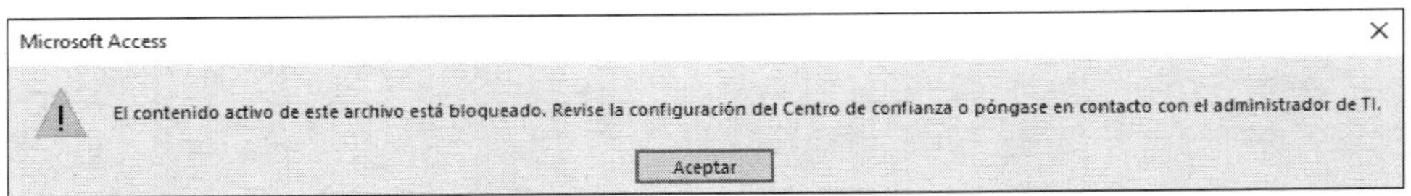

- Haga clic en el botón **Aceptar** para aceptarlo.

  *La barra de mensajes **ADVERTENCIA DE SEGURIDAD** es visible bajo la cinta.*

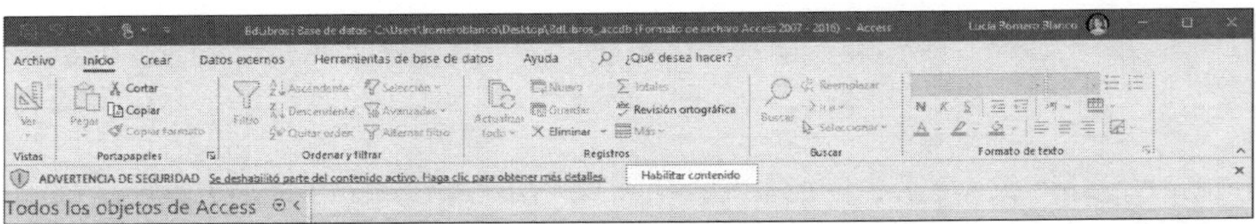

- Haga clic en el enlace **Se deshabilitó parte del contenido activo.** Haga clic para obtener más detalles para acceder a la ventana **Información**, donde encontrará más datos al respecto.

Para cerrar la barra de mensajes, haga clic en el botón × visible a la derecha: con ello ocultará la barra de mensaje, pero en ningún caso activará el contenido activo; cuando vuelva a abrir la base de datos, la barra de mensaje se volverá a ver.

Para abrir una base de datos, también puede hacer clic en una de las bases de datos recientemente utilizadas que aparecen en la lista **Recientes** (pestaña **Archivo** - opción **Abrir** - opción **Recientes**). Para obtener más información sobre la gestión de esta lista, consulte la siguiente sección Utilizar la lista de bases de datos recientes.

Si desea que la última base de datos utilizada se abra cuando inicie Access, active la opción **Abrir la última base de datos utilizada al iniciar Access** del cuadro de diálogo **Opciones de Access** (pestaña **Archivo** - **Opciones** - categoría **Configuración de cliente** - sección **Avanzadas**).

Cerrar una base de datos

- Haga clic en la pestaña **Archivo** y, a continuación, seleccione la opción **Cerrar**.

  Si no se han guardado los cambios realizados en la estructura de un objeto, un mensaje le propondrá hacerlo.

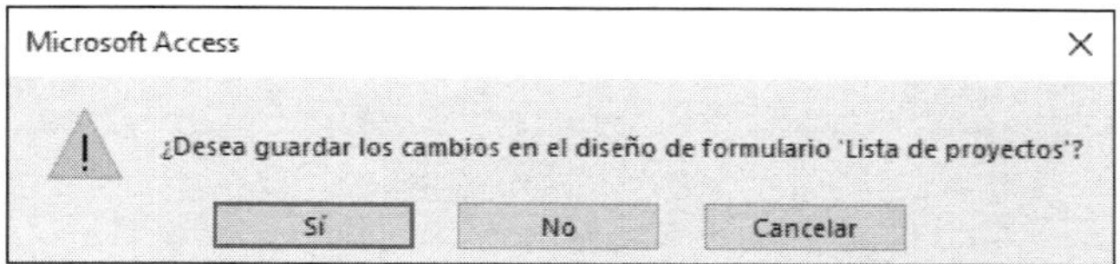

- En ese caso, haga clic en uno de los siguientes botones:

  Sí Para guardar los cambios realizados en el objeto y cerrar la base de datos.

  No Para cerrar la base de datos sin guardar los cambios realizados en la estructura del objeto.

  Cancelar Para no guardar la estructura del objeto y cancelar el cierre de la base de datos.

Utilizar la lista de bases de datos recientes

- Para abrir rápidamente una de las últimas bases de datos utilizadas, haga clic en la opción **Abrir** de la pestaña **Archivo**, seleccione la opción **Recientes** y, a continuación, haga clic en el nombre de la base de datos de la lista que desee abrir.

  De forma predeterminada, se muestran las últimas 25 bases de datos utilizadas en esta lista. Si la lista está completa (25 bases de datos de forma predeterminada), cada vez que abra una base de datos, la última base de datos de esta lista desaparecerá para dejar su lugar a la que acaba de abrir, que se colocará la primera de la lista.

- Para conservar una base de datos en la lista de bases de datos recientes, señale la base de datos en cuestión y, a continuación, haga clic en el símbolo situado a la derecha del nombre de la base de datos correspondiente.

  *También puede hacer clic con el botón derecho en la base de datos que desee conservar en la lista y, a continuación, seleccionar la opción **Anclar a la lista**.*

© Editions ENI - Reproducción prohibida

*La base de datos así anclada se muestra la primera de la lista **Recientes**.*

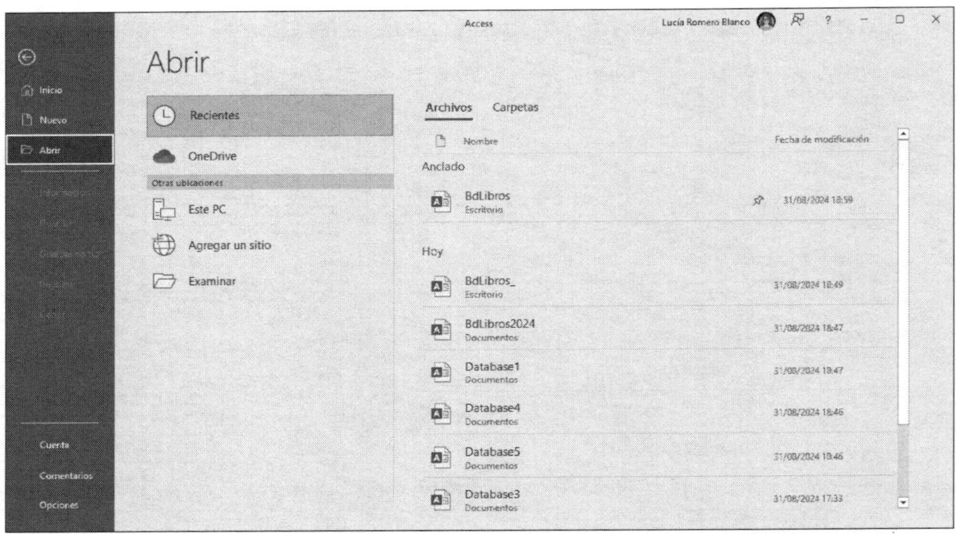

La carpeta en la que se guardará la base de datos aparece debajo de su nombre.

- Para quitar una base de datos anclada a la lista, haga clic en el símbolo ; la base de datos desaparecerá automáticamente cuando haya llegado a la última posición de la lista.

  *También puede hacer clic con el botón derecho en la base de datos que desee desanclar de la lista y, a continuación, seleccionar la opción **Desanclar de la lista**.*

- Para quitar una base de datos de la lista, haga clic con el botón derecho en su nombre y, a continuación, seleccione la opción **Quitar de la lista**.
- Para conservar únicamente las bases de datos ancladas a la lista, haga clic con el botón derecho en una base de datos y, a continuación, seleccione la opción **Borrar elementos desanclados**.
- Para modificar el número de bases de datos que aparecen en la lista, abra el cuadro de diálogo **Opciones de Access** (pestaña **Archivo** - **Opciones**) y, a continuación, haga clic en la categoría **Configuración de cliente**.

  En la sección **Presentación**, especifique el valor deseado para la opción **Mostrar este número de bases de datos recientes** (50 como máximo) y, a continuación, haga clic en el botón **Aceptar**.

- Para añadir un determinado número de bases de datos recientes en las **Opciones** de la pestaña **Archivo** y, de esta forma, poder acceder a ellas rápidamente, abra el cuadro de diálogo **Opciones de Access** (pestaña **Archivo** - **Opciones**) y, a continuación, haga clic en la categoría **Configuración de cliente**. En la sección **Presentación**, marque la opción **Obtener acceso rápidamente a este número de bases de datos recientes**, especifique el número de bases de datos que desea añadir en el cuadro de texto correspondiente (50 bases de datos como máximo) y, a continuación, haga clic en el botón **Aceptar**.

Las bases de datos utilizadas recientemente también se muestran en la lista **Recientes** que aparece al abrir la aplicación Access.

Establecer una contraseña para la apertura de una base de datos

Se trata de cifrar una base de datos con una contraseña para impedir que los usuarios no autorizados puedan abrirla.

- Si es necesario, cierre la base de datos activa: pestaña **Archivo** - opción **Cerrar**.

Aunque la base de datos activa sea aquella para la que desea establecer una contraseña, debe cerrarla, puesto que debe estar abierta en modo Exclusivo.

- En la pestaña **Archivo**, haga clic en la opción **Abrir**.
- Acceda a la carpeta en la que esté guardada la base de datos correspondiente y, a continuación, seleccione el archivo asociado a la base de datos que desee proteger.
- Abra la lista asociada al botón **Abrir** y, a continuación, haga clic en la opción **Abrir en modo exclusivo**.
- Si es necesario, active el contenido bloqueado haciendo clic en el botón **Habilitar contenido** de la barra de mensajes.
- En la pestaña **Archivo**, haga clic en la opción **Información** y, a continuación, seleccione el botón **Cifrar con contraseña**.
- Introduzca la contraseña en el cuadro de texto **Contraseña** y, a continuación, confirme la contraseña en la sección **Confirmar contraseña**.

© Editions ENI - Reproducción prohibida

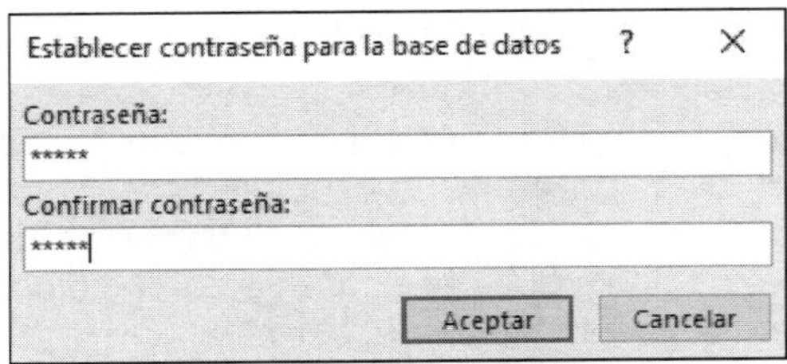

Los caracteres introducidos se reemplazarán por asteriscos. Atención: Access distingue entre mayúsculas y minúsculas.

- Haga clic en **Aceptar**.
- Haga clic en el botón **Aceptar** del mensaje que le informa de que el bloqueo por filas no es compatible con el cifrado y se omitirá.

  A partir de ahora, deberá introducir la contraseña cuando abra la base de datos.

Para eliminar la contraseña, abra la base de datos en modo Exclusivo y, a continuación, en la pestaña **Archivo**, haga clic en la opción **Información** y seleccione el botón **Descifrar base de datos**. Introduzca a continuación la contraseña actualmente asociada a la base de datos y haga clic en el botón **Aceptar**.

Utilizar bases de datos anteriores a Access 2007

Al igual que las bases de datos creadas en las aplicaciones Access 2007, Access 2010, Access 2013, Access 2016 y Access 2019, las bases de datos creadas en la aplicación Access 2021 llevan la extensión ***.accdb****, mientras que las creadas en las versiones 2000, 2002 o 2003 llevan la extensión* ***.mdb****.*

No obstante, es posible abrir una base de datos creada en una versión anterior a Access 2007. De esta forma, una persona que posea Access 2003 podrá, a pesar de ello, abrir una base de datos creada en Access 2007.

Abrir una base de datos guardada en formato Access 2002-2003 o Access 2000

- Haga clic en la pestaña **Archivo**, seleccione la opción **Abrir** y, a continuación, haga clic en **Este PC**.

  También puede utilizar el método abreviado de teclado Ctrl ***O*** *y seleccionar la opción* ***Este PC****.*

- Haga clic en una de las carpetas propuestas o en el nombre de la carpeta abierta.

- Si es necesario, seleccione la carpeta que contenga la base de datos que desee abrir.
- Si desea mostrar únicamente las bases de datos de Microsoft Access, haga clic en el botón situado a la derecha de la sección **Nombre de archivo** y, a continuación, seleccione la opción **Bases de datos de Microsoft Access (*.mdb;*.accdb)** en la lista que se muestra. Atención: esta opción siempre estará seleccionada cuando vuelva a abrir el cuadro de diálogo **Abrir**. Para mostrar de nuevo todos los archivos de Microsoft Access, debe seleccionar la opción **Microsoft Access** en la lista que aparece a la derecha de la sección **Nombre de archivo**.
- Seleccione el nombre de la base de datos que desee abrir con extensión **.mdb** y, a continuación, haga clic en el botón **Abrir** o haga doble clic directamente en el nombre de la base de datos que desee abrir. Si no ve las extensiones de los archivos (parámetro definido en Windows), puede distinguir una base de datos en formato 2000, 2002 o 2003 de una base de datos en formato 2007-2021 mediante el icono asociado:  (formato 2007-2021) o (formato 2000, 2002 o 2003).

  La base de datos se mostrará en la pantalla, y el formato del archivo aparecerá en la barra de título de la ventana de la aplicación Access.

Convertir una base de datos en formato de archivo Access 2007-2016

Las bases de datos creadas con una versión anterior a Access 2007 pueden convertirse fácilmente, permitiéndole así utilizar todas las nuevas características incluidas en Access.

- Abra la base de datos que desee convertir en formato de archivo Access 2007-2016.
- Haga clic en la pestaña **Archivo** y, a continuación, seleccione la opción **Guardar como**.
- A continuación, seleccione la opción **Base de datos de Access (*.accdb)** en la sección **Tipos de archivo de base de datos** y haga clic en el botón **Guardar como**.

  *El cuadro de diálogo **Guardar como** se mostrará en la pantalla. La opción **Base de datos de Microsoft Access (*.accdb)** está seleccionada en la lista **Tipo**.*
- Modifique, si lo desea, el nombre y la carpeta en la que se guardará la base de datos: la base de datos original no se reemplazará, sencillamente se duplicará; puede por tanto conservar el mismo nombre, puesto que las dos bases de datos no tendrán la misma extensión: la extensión **.mdb** se asociará a la base de datos original, y la extensión **.accdb**, a la base de datos convertida.

© Editions ENI - Reproducción prohibida

Si no ve las extensiones de los archivos (parámetro definido en Windows), puede distinguir una base de datos en formato 2000, 2002 o 2003 de una base de datos en formato 2007-2016 mediante el icono asociado: (formato 2007-2016) o (formato 2000, 2002 o 2003).

- Haga clic en el botón **Guardar**.
- Haga clic en el botón **Aceptar** del mensaje que le informa de que la base de datos se ha convertido al formato de archivo Access 2007-2016.

La base de datos original se cerrará, mientras que la base de datos convertida al formato Access 2007-2016 se mostrará en la pantalla.

Compactar y reparar una base de datos

Las operaciones de compactación y reparación de una base de datos se han agrupado en un único proceso. La compactación permite reducir el tamaño de la base de datos en el disco. De hecho, si elimina datos u objetos de una base de datos, esta corre el riesgo de fragmentarse y de utilizar espacio en el disco inútilmente. La compactación también permite reparar una base de datos dañada.

- Si la compactación de la base de datos debe realizarse en la base de datos original, abra la base de datos que desee compactar: la base de datos compactada sustituirá a la base de datos original.

  Si la compactación de la base de datos debe realizarse en una copia de la base de datos original, cierre la base de datos activa para que no haya ninguna base de datos abierta.

- Haga clic en la pestaña **Herramientas de base de datos** y, a continuación, seleccione el botón **Compactar y reparar base de datos** del grupo **Herramientas**.

  Si una base de datos está abierta, se compactará inmediatamente.

  *De lo contrario, si no hay ninguna base de datos abierta, el cuadro de diálogo **Base de datos a compactar** se mostrará en la pantalla.*

- En ese caso, seleccione la base de datos que desee compactar y, a continuación, haga clic en el botón **Compactar**.
- Especifique un nombre, seleccione una carpeta para la versión compactada de la base de datos y, a continuación, haga clic en el botón **Guardar**.

  Si especifica el mismo nombre y la misma carpeta, la versión compactada sustituirá al archivo original.

Para compactar y reparar una base de datos abierta en la aplicación Access, también puede activar la pestaña **Archivo**, hacer clic en la opción **Información** y, a continuación, seleccionar el botón **Compactar y reparar base de datos**.

Si desea que la base de datos se compacte y se corrija automáticamente cuando se cierre, seleccione la opción **Compactar al cerrar** del cuadro de diálogo **Opciones de Access** (pestaña **Archivo** - **Opciones** - categoría **Base de datos actual**).

Guardar una base de datos

Se trata de hacer una copia de seguridad de una base de datos.

- Abra la base de datos de la que desee hacer una copia (véase Abrir/cerrar una base de datos).
- Haga clic en la pestaña **Archivo** y, a continuación, seleccione la opción **Guardar como**.
- A continuación, haga clic en la opción **Realizar copia de seguridad de la base de datos** de la sección **Avanzadas** y seleccione el botón **Guardar como**.
- Especifique una ubicación para la copia de seguridad.
- Cambie, si lo desea, el nombre de la copia de seguridad en la sección **Nombre de archivo**; de forma predeterminada, Access utiliza el nombre de la base de datos seguido del año, del mes y del día (por ejemplo, Libros_2016-05-29).
- Haga clic en el botón **Guardar**.

Dividir una base de datos

Cuando se divide una base de datos, las tablas contenidas en ella se desplazan hacia una nueva base de datos. Después de la división, las tablas de la base de datos original están vinculadas a ella, es decir, están asociadas a las tablas originales que ahora forman parte de la nueva base de datos: los cambios realizados en las tablas originales de la nueva base de datos se reflejarán automáticamente en la base de datos que contiene las tablas vinculadas y viceversa.

- Abra la base de datos que desee dividir.
- En la pestaña **Herramientas de base de datos**, haga clic en el botón **Base de datos de Access** que aparece en el grupo **Mover datos**.

© Editions ENI - Reproducción prohibida

*La ventana del **Divisor de bases de datos** se mostrará en la pantalla.*

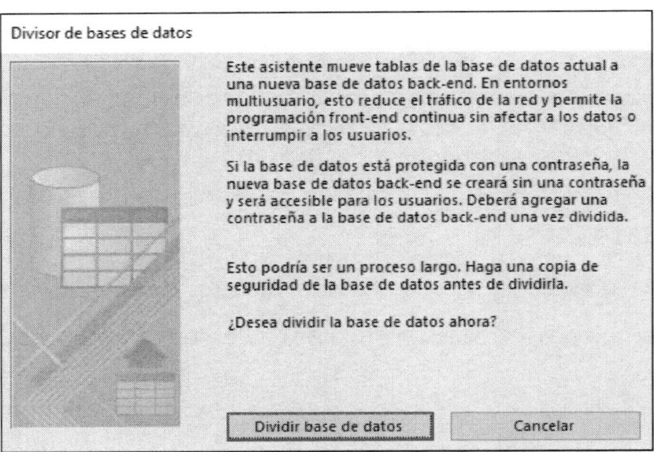

- Haga clic en el botón **Dividir base de datos**.

  *El cuadro de diálogo **Crear una base de datos back-end** se mostrará en la pantalla.*

- Seleccione la carpeta en la que desee guardar la nueva base de datos y modifique, si lo desea, su nombre en el cuadro de texto **Nombre de archivo**.
- Haga clic en el botón **Dividir**.
- Haga clic en el botón **Aceptar** del mensaje que le informa de que la base de datos se ha dividido correctamente.

  La base de datos original (base de datos abierta al principio de la operación) sigue abierta en la aplicación Access. A partir de ahora, aparecerá una flecha delante del icono asociada a cada tabla ( ) que le indicará que estas tablas no pertenecen realmente a la base de datos, sino que están vinculadas a ella.

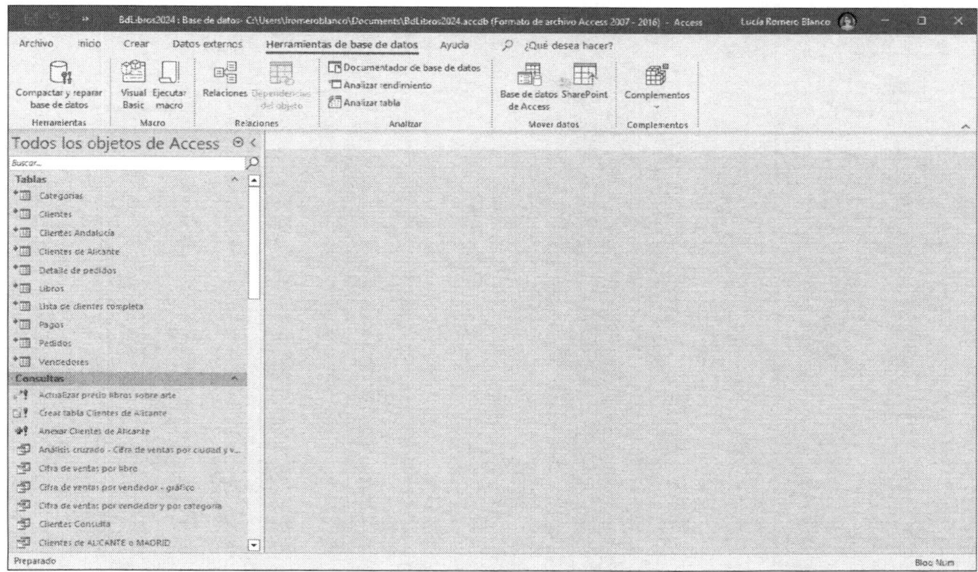

Para ver las tablas en la nueva base de datos, solo tiene que abrirla.

Agregar un elemento de aplicación a una base de datos

*Los elementos de aplicación son plantillas que contienen uno o varios objetos que puede agregar a la base de datos activa. Por ejemplo, puede agregar el elemento de aplicación **Tareas** a su base de datos, así como insertar una tabla **Tareas** y los formularios **DetallesDeLaTarea** y **HoraDeDatosDeLaTarea**.*

- Abra la base de datos en la que desee agregar un elemento de aplicación.
- Haga clic en la pestaña **Crear** y, a continuación, seleccione el botón **Elementos de aplicación** del grupo **Plantillas**.

Aparecerá la lista de elementos de aplicación disponibles en Access.

© Editions ENI - Reproducción prohibida

Los elementos de aplicación se clasifican en tres categorías:

Formularios en blanco	*Esta categoría contiene diez plantillas de formularios en blanco. Estas plantillas no contienen ningún campo y se seleccionarán para su presentación.*
Inicio rápido	*En esta categoría, hay disponibles cinco plantillas. Cada plantilla contiene uno o varios objetos a los que están asociados los campos.*
Plantillas de usuario	*Esta categoría contiene los elementos de aplicación creados por el usuario. Únicamente verá esta categoría si ha creado algún elemento de aplicación personalizado.*

- Haga clic en el elemento de aplicación que desee agregar a su base de datos.

Aparecerá brevemente la ventana ***Preparando plantilla*** *en la pantalla.*

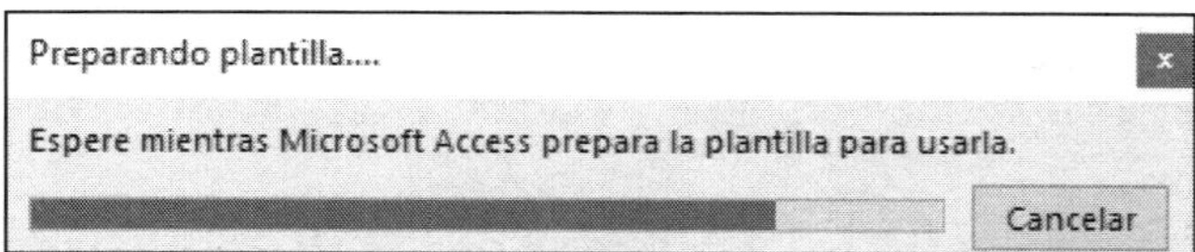

Si ha seleccionado una plantilla de la categoría ***Inicio rápido****, Access le propondrá establecer una relación entre la tabla de la plantilla y una de las tablas de su base de datos.*

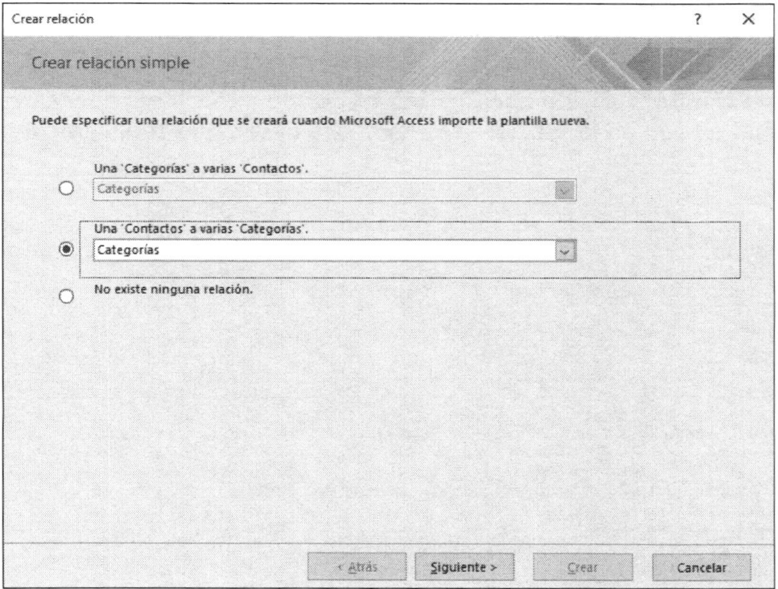

Si este es su caso y desea crear una relación, active la primera o la segunda opción según el tipo de relación que desee establecer. A continuación, seleccione el nombre de la tabla que desee vincular a la tabla de la plantilla y haga clic en el botón **Siguiente**.

Para obtener más información sobre las relaciones entre las tablas, consulte el apartado Establecer una relación entre dos tablas del capítulo Relaciones entre las tablas.

Si no desea crear una relación, active la opción **No existe ninguna relación** y haga clic en el botón **Crear**.

© Editions ENI - Reproducción prohibida

En ese caso, los objetos del elemento de aplicación (o plantilla) seleccionado se añadirán a su base de datos.

- Si ha elegido establecer una relación, en la lista **Campo de "nombre de tabla"**, seleccione el campo de la tabla de la plantilla que desee relacionar con la tabla seleccionada en el punto anterior.
- Para ordenar por el campo seleccionado en la lista anterior, abra la lista **Ordenar este campo** y, a continuación, seleccione la opción **Orden descendente** u **Orden ascendente.**

  De forma predeterminada, aparece seleccionada la opción ***Ninguno****.*
- En la sección **¿Qué nombre desea que tenga la columna de búsqueda?**, introduzca el nombre del campo que desee agregar a la tabla en relación con la tabla de la plantilla.
- Marque la opción **Permitir varios valores** si desea que se puedan almacenar varios valores en el campo creado en la sección **¿Qué nombre desea que tenga la columna de búsqueda?**

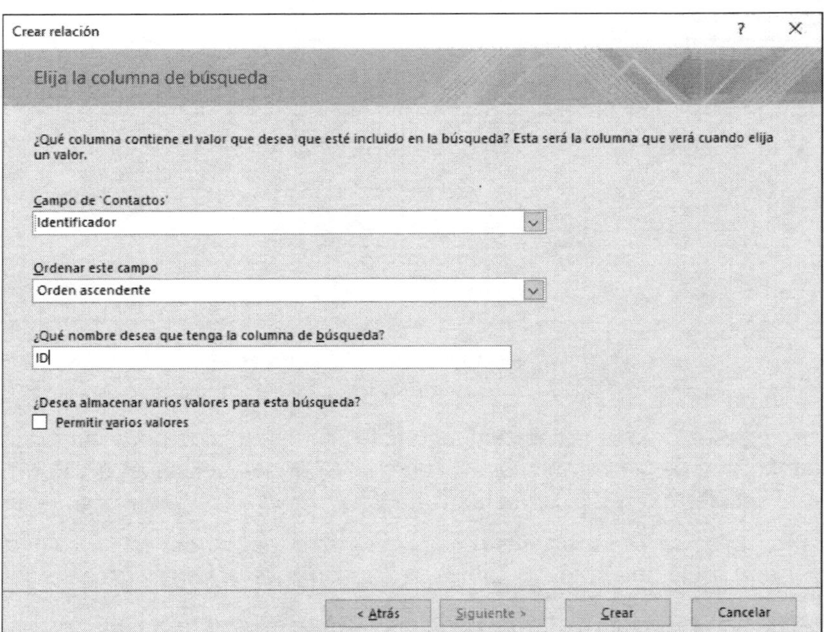

*En el ejemplo anterior, el campo **Identificador** de la tabla **Contactos** del elemento de aplicación (plantilla) se vinculará al campo **ID** agregado a la tabla **Categorías** (tabla seleccionada en la fase anterior).*

Haga clic en el botón **Crear**.

Los objetos del elemento de aplicación (o plantilla) seleccionado se agregarán a su base de datos.

Para crear un elemento de aplicación, siga el mismo procedimiento que para la creación de una plantilla, pero seleccionando la opción **Elemento de la aplicación** del cuadro de diálogo **Crear una plantilla nueva desde la base de datos** (véase Crear una plantilla de base de datos).

Puede eliminar un elemento de aplicación de la lista **Elementos de aplicación** (pestaña **Crear**) haciendo clic con el botón derecho en su nombre y seleccionando la opción **Eliminar elemento de plantilla de la galería**. Atención: aparecerá un mensaje de alerta que le informará de que va a eliminar la plantilla correspondiente de su disco duro.

© Editions ENI - Reproducción prohibida

Los objetos de una base de datos de Access

Un archivo de base de datos contiene un conjunto de objetos que le permiten utilizar la información de su base de datos. Algunos de estos objetos se corresponden con la introducción de datos en la base (tabla, formulario), y otros están relacionados con la recuperación de datos (consulta, informe).

Tablas Cada tabla de la base de datos contendrá los datos relacionados con un asunto concreto en forma de hoja de datos. Por ejemplo: una tabla Clientes contiene la lista de las direcciones de los clientes de la empresa, una tabla Artículos contiene la lista de los artículos distribuidos por la empresa, etc. Este es el objeto fundamental de la base de datos: cualquier consulta, formulario o informe está directa o indirectamente basado en una o varias tablas.

Consultas Las consultas se utilizan para examinar los datos de una o varias tablas. Asimismo, presentan los datos en forma de hoja de datos, como las tablas. Por ejemplo, una consulta puede seleccionar rápidamente la lista de clientes de la tabla Clientes que viven en Barcelona.

Formularios Este objeto se utiliza para introducir y modificar datos de una tabla. Por ejemplo, un formulario Clientes permitirá especificar la dirección de cada cliente mediante una pantalla de introducción de datos específica.

Informes Este objeto permite imprimir los datos de una tabla según una presentación específica, incluyendo, si es necesario, diversos cálculos sobre los grupos de registros.

Macros Este tipo de objeto permite automatizar operaciones, como la apertura de un formulario, la presentación de una barra de herramientas, etc.

Módulos Los objetos Módulo contienen procedimientos desarrollados mediante el lenguaje de programación Visual Basic y permiten ampliar las funciones y los procesos automatizados de Access.

Cambiar la vista/el orden de los objetos

- Para cambiar la vista de los objetos contenidos en el panel de navegación, haga clic con el botón derecho en el menú situado en la parte superior del panel de navegación (este menú muestra el nombre de la categoría activa), señale la opción **Vista por** y, a continuación, haga clic en una de las opciones siguientes:

  Detalles Muestra una lista detallada; para cada objeto, se muestran sus fechas de creación y modificación, así como su tipo (tabla, consulta, etc.).

  Icono Muestra los objetos en forma de iconos grandes.

  Lista Muestra una lista de los nombres de objetos.

  La vista seleccionada se aplica a todos los grupos del panel de navegación.

- Para modificar el orden de los objetos contenidos en los diferentes grupos del panel de navegación, haga clic con el botón derecho en el menú situado en la parte superior del panel de navegación y, a continuación, señale la opción **Ordenar por**.

  A continuación, haga clic en la parte inferior del menú y seleccione la opción correspondiente a la forma en la que desee ordenar los objetos: por **Nombre**, por **Tipo**, por **Fecha de creación** o por **Fecha de modificación**.

  Especifique a continuación si desea ordenar los objetos por **Orden ascendente** o por **Orden descendente** haciendo clic en la opción correspondiente del menú **Ordenar por** (para ello, haga clic con el botón derecho en el menú del panel de navegación y, a continuación, seleccione la opción **Ordenar por**).

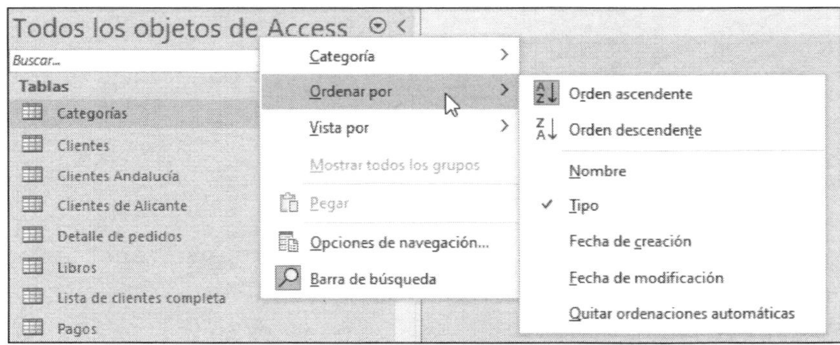

En el ejemplo anterior, en cada grupo del panel de navegación, los objetos están ordenados por orden ascendente del tipo de objeto.

© Editions ENI - Reproducción prohibida

Buscar un objeto

Una base de datos puede contener un gran número de objetos. Por ello, Access dispone de un cuadro de búsqueda que le permite encontrar rápidamente un objeto.

- Si no aparece el cuadro de búsqueda en la parte superior del panel de navegación, muéstrelo: haga clic con el botón derecho en el menú del panel de navegación y, a continuación, seleccione la opción **Barra de búsqueda**.

  *El cuadro **Buscar** se mostrará debajo del menú del panel de navegación.*

- Haga clic en el cuadro **Buscar** y, a continuación, introduzca el nombre parcial o completo del objeto buscado.

  El resultado de la búsqueda se muestra a medida que introduce el texto, de forma que solo los objetos que se corresponden con la búsqueda siguen apareciendo en el panel de navegación. Access ocultará los grupos que no contengan ningún objeto que se corresponda con la búsqueda.

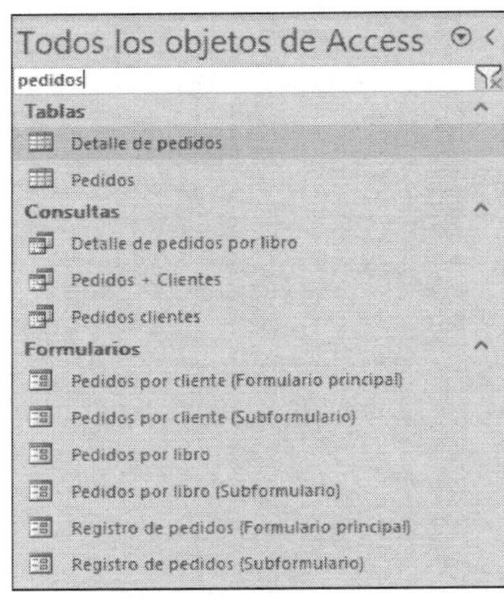

En el ejemplo anterior, once objetos se corresponden con el texto introducido en el cuadro de búsqueda. Si ningún objeto de la base de datos se corresponde con la búsqueda, el panel de navegación se mostrará en blanco.

- Para mostrar de nuevo todos los objetos de la base de datos en el panel de navegación, haga clic en el botón **Borrar cadena de búsqueda** situado a la derecha del cuadro de búsqueda.

  *También puede eliminar el texto que aparece en el cuadro **Buscar**.*

Para ocultar el cuadro **Buscar**, haga clic con el botón derecho en el menú del panel de navegación y, a continuación, seleccione la opción **Barra de búsqueda**.

Administrar los objetos

- Para seleccionar un objeto, asegúrese de que este aparezca en el panel de navegación (véase Generalidades - El panel de navegación) y, a continuación, haga clic una vez en el objeto para seleccionarlo; para seleccionar varios objetos, utilice la tecla Mayús para una selección continua o la tecla Ctrl para una selección discontinua.
- Para mostrar el contenido de un objeto cerrado, haga doble clic en el nombre del objeto en el panel de navegación o haga clic con el botón derecho en el objeto correspondiente y, a continuación, seleccione la opción **Abrir**. También puede hacer clic en el objeto para seleccionarlo y, a continuación, pulsar la tecla ↵.

  El objeto se abrirá y mostrará su contenido en un panel que tiene asociada una pestaña con el nombre del objeto. Si hay varios objetos abiertos, las pestañas correspondientes se mostrarán en el panel.

  Si no aparecen las pestañas, debe mostrarlas. Para ello, consulte la nota que se muestra al final del título.
- Para mostrar el contenido de un objeto abierto, haga clic en la pestaña correspondiente.
- Para cerrar un objeto, haga clic en su pestaña para activarlo y, a continuación, seleccione el botón **Cerrar "nombre del objeto"** ✕ situado a la derecha de la barra de pestañas o utilice el método abreviado de teclado Ctrl F4.
- Para mostrar la estructura de un objeto, en el panel de navegación, haga clic con el botón derecho en el nombre del objeto correspondiente y, a continuación, seleccione la opción **Vista Diseño**; si el objeto ya está abierto, en la pestaña **Inicio**, haga clic en el botón que aparece en el grupo **Ver** o seleccione el botón **Vista Diseño** situado a la derecha de la barra de estado.
- Para guardar la estructura de un objeto (vista Diseño), haga clic en la pestaña **Archivo** y, a continuación, seleccione la opción **Guardar**, haga clic en la herramienta **Guardar** de la **barra de herramientas de acceso rápido** o utilice el método abreviado de teclado Ctrl **G**. Especifique, si es necesario, el nombre del objeto y, a continuación, haga clic el botón **Aceptar**.

© Editions ENI - Reproducción prohibida

*También puede guardar los cambios al cerrar la ventana del objeto: para ello, haga clic en el botón **Sí** del mensaje para guardar los cambios que se muestra en la pantalla.*

- Para eliminar un objeto, selecciónelo en el panel de navegación, pulse la tecla Supr y, a continuación, seleccione el botón **Sí** del mensaje de confirmación que se muestra; si deben eliminarse varios objetos, selecciónelos con la tecla Ctrl (selección discontinua) o con la tecla Mayús (selección continua).

  No se puede eliminar una tabla que esté vinculada a otras tablas. Para poder eliminarla, primero debe eliminar las relaciones con las otras tablas.

- Para ocultar un objeto en todas las categorías y en todos los grupos (su nombre no aparecerá en el panel de navegación), haga clic con el botón derecho en el objeto y, a continuación, seleccione, según el objeto, la opción **Propiedades de tabla**, **Propiedades de objeto** (para una consulta) o **Propiedades de vista** (para un formulario o informe).

  Active la opción **Oculto** y, a continuación, haga clic en el botón **Aceptar**.

  Independientemente de la categoría activa, el objeto oculto no se mostrará en el panel de navegación.

- Para ocultar todos los objetos de un grupo, haga clic con el botón derecho en la barra de título del grupo correspondiente y, a continuación, seleccione la opción **Ocultar**.

  Independientemente de la categoría activa, el grupo y los objetos que contiene no aparecerán en el panel de navegación.

- Para ocultar un objeto de un solo grupo, haga clic con el botón derecho en el objeto correspondiente y, a continuación, seleccione la opción **Ocultar en este grupo**.

  Si el mismo objeto se muestra en otros grupos, no aparecerá en el grupo activo, pero seguirá mostrándose en los otros grupos.

- Para que un objeto o un grupo oculto aparezca de nuevo, primero debe mostrar todos los objetos ocultos y, a continuación, desactivar la opción que ha permitido ocultar el objeto o el grupo:

  - Haga clic con el botón derecho en el menú situado en la parte superior del panel de navegación y, a continuación, seleccione la opción **Opciones de navegación**. Active a continuación la opción **Mostrar objetos ocultos** que aparece en la sección **Opciones de presentación** y haga clic en el botón **Aceptar**.

  Los objetos ocultos aparecerán a partir de ahora semitransparentes (en color gris claro) en el panel de navegación.

- Para mostrar un objeto oculto, haga clic con el botón derecho en el nombre y, a continuación, seleccione, según el objeto, la opción **Propiedades de tabla**, **Propiedades de objeto** (para una consulta) o **Propiedades de vista** (para un formulario o informe). Desactive la opción **Oculto** y, a continuación, haga clic en el botón **Aceptar**.
  Para mostrar todos los objetos de un grupo oculto, haga clic con el botón derecho en la barra de título del grupo correspondiente y, a continuación, seleccione la opción **Mostrar**. Para mostrar un objeto que se ha ocultado para un solo grupo, haga clic con el botón derecho en su nombre y, a continuación, seleccione la opción **Mostrar en este grupo**.

Los objetos volverán a aparecer en el panel de navegación.

Para cambiar el nombre de un objeto en el panel de navegación, haga clic con el botón derecho en el objeto y, a continuación, seleccione la opción **Cambiar nombre** o pulse la tecla F2. Introduzca el nuevo nombre del objeto o cambie el nombre existente y, continuación, haga clic en la tecla ↵ para confirmar.

Para copiar un objeto, selecciónelo en el panel de navegación y, a continuación, en la pestaña **Inicio**, haga clic en el botón **Copiar** del grupo **Portapapeles** o utilice el método abreviado de teclado Ctrl **C**: el objeto se copiará en el Portapapeles de Windows.

Si es necesario, acceda "al lugar" donde desee copiar el objeto (este puede ser otra base de datos de la aplicación Access).

A continuación, pegue el contenido del Portapapeles haciendo clic en el botón **Pegar** del grupo **Portapapeles** (pestaña **Inicio**) o utilizando el método abreviado de teclado Ctrl **V**.

Introduzca el nombre que desee asignar a la copia del objeto en la sección correspondiente; dos objetos no pueden tener el mismo nombre.

Cuando se trate de copiar una tabla, active una de las opciones del cuadro **Opciones** en función del tipo de copia que desee realizar: **Estructura solamente**, **Estructura y datos** o **Anexar datos a la tabla existente**; si se trata de una tabla vinculada, las opciones **Estructura solamente** y **Estructura y datos** aparecen seguidas de la etiqueta **(Tabla local)**, lo que permite realizar una copia local de la tabla vinculada. A diferencia de la tabla vinculada, la copia no está relacionada con la tabla de origen.

Haga clic en el botón **Aceptar**.

© Editions ENI - Reproducción prohibida

Para guardar un objeto como nuevo, ábralo haciendo doble clic en su nombre en el panel de navegación, haga clic en la pestaña **Archivo** y, a continuación, seleccione la opción **Guardar como**. Seleccione la opción **Guardar objeto como** de la sección **Tipos de archivo** y la opción **Guardar objeto como** de la sección **Tipos de archivo** y, a continuación, haga clic en el botón **Guardar como**.

Introduzca el nombre del objeto nuevo en el cuadro **Guardar "nombre de objeto" en** y, a continuación, seleccione el tipo del nuevo objeto en la lista **Como**.

Haga clic en el botón **Aceptar**.

De forma predeterminada, cuando se abre un objeto de una base de datos de Access, el contenido se muestra en un panel que tiene asociada una pestaña con el nombre del objeto. De lo contrario, abra el cuadro de diálogo **Opciones de Access** (pestaña **Archivo - Opciones**) y seleccione la categoría **Base de datos actual**. Active, a continuación, la opción **Documentos con pestañas** y asegúrese de que la opción **Mostrar fichas de documento** esté activada. A continuación, haga clic en el botón **Aceptar**.

Si desea poder abrir los objetos haciendo un solo clic en su nombre, abra el cuadro de diálogo **Opciones de navegación** (para ello, haga clic con el botón derecho en el menú situado en la parte superior del panel de navegación y, a continuación, seleccione la opción **Opciones de navegación**), active la opción **Clic simple** de la sección **Abrir objetos con** y confirme haciendo clic en el botón **Aceptar**.

Puede abrir un objeto seleccionando su nombre en el panel de navegación y arrastrándolo hacia el espacio de trabajo, fuera del panel de navegación. Este método puede utilizarse únicamente si no hay ningún objeto abierto en la base de datos.

Para no tener que confirmar la eliminación de un objeto de la base de datos, desactive la opción **Eliminaciones de documento** del cuadro de diálogo **Opciones de Access** (pestaña **Archivo - Opciones** - categoría **Configuración de cliente** - subsección **Confirmar** de la sección **Edición**).

Administrar las categorías y los grupos personalizados

Puede crear sus propias categorías y grupos personalizados a los que puede asociar accesos directos para los objetos deseados; las categorías y los grupos creados aparecerán en el panel de navegación.

Crear una categoría personalizada

- Haga clic con el botón derecho en el menú situado en la parte superior del panel de navegación y, a continuación, seleccione la opción **Opciones de navegación.**
- Haga clic en el botón **Agregar elemento** que aparece en la sección **Categorías.**

  *La **Categoría personalizada 1** se mostrará en la sección **Categorías**.*

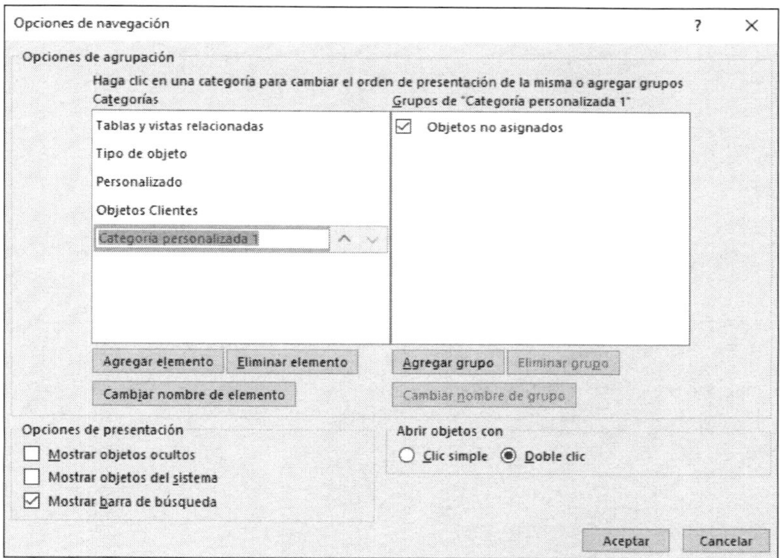

- Introduzca el nombre de la nueva categoría y, a continuación, pulse la tecla ↵.

  *Aparecerá el grupo **Objetos no asignados** en la sección **Grupos de "nombre de la categoría personalizada"**. Este grupo contiene todos los objetos de la base de datos y se agrega automáticamente cuando crea una categoría personalizada.*

- Haga clic en el botón **Aceptar.**

  La nueva categoría aparecerá en el menú situado en la parte superior del panel de navegación.

© Editions ENI - Reproducción prohibida

Crear un grupo personalizado

Puede agregar tantos grupos como desee en una categoría personalizada.

- Haga clic con el botón derecho en el menú situado en la parte superior del panel de navegación y, a continuación, seleccione la opción **Opciones de navegación.**
- En la sección **Categorías**, seleccione la categoría personalizada en la que desee agregar un grupo.
- Haga clic en el botón **Agregar grupo** que aparece en la sección **Grupos de "nombre de la categoría personalizada"**.

  *El **Grupo personalizado 1** se mostrará en la sección **Grupos de "nombre de la categoría personalizada"**.*
- Introduzca el nombre del nuevo grupo y, a continuación, pulse la tecla ↵.

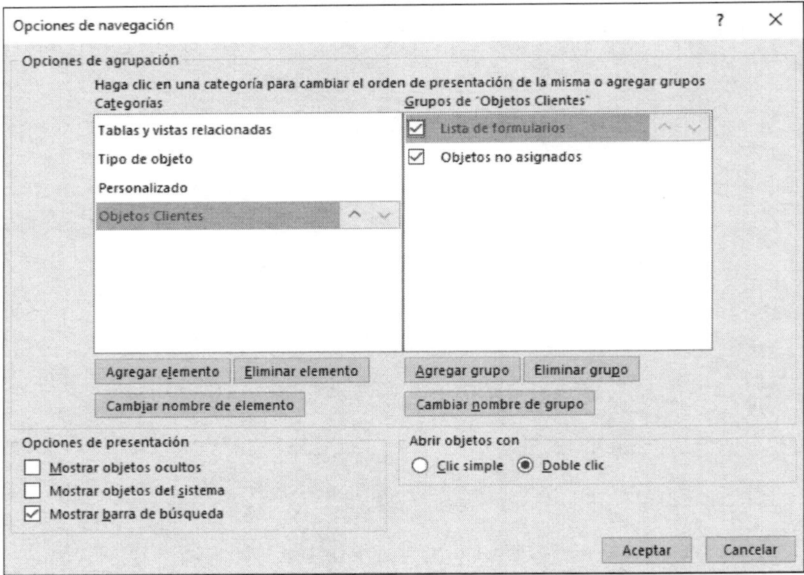

- Repita este procedimiento para crear todos los grupos que desee.
- Haga clic en el botón **Aceptar**.

*Cuando una categoría está seleccionada, los grupos correspondientes aparecen en la sección **Filtrar por grupo** del menú situado en la parte superior del panel de navegación, lo que le permite seleccionar los grupos que desea mostrar en el panel; la opción **Mostrar todo** está seleccionada de forma predeterminada.*

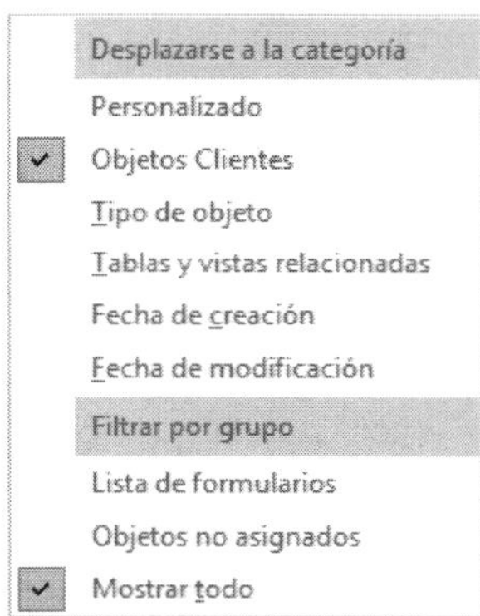

Cambiar nombre/eliminar una categoría personalizada

- Haga clic con el botón derecho en el menú situado en la parte superior del panel de navegación y, a continuación, seleccione la opción **Opciones de navegación**.
- Para cambiar el nombre de una categoría personalizada, selecciónela en la sección **Categorías** y, a continuación, haga clic en el botón **Cambiar nombre de elemento**.

  Introduzca el nuevo nombre de la categoría y, a continuación, confírmelo con la tecla ↵.
- Para eliminar una categoría personalizada, selecciónela en la sección **Categorías** y, a continuación, haga clic en el botón **Eliminar elemento**.

  A continuación, haga clic en el botón **Aceptar** del mensaje de confirmación que aparece.

  Al eliminar una categoría, se eliminarán todos los grupos que contiene.

  *No puede eliminar o cambiar el nombre de una categoría predefinida. Las categorías predefinidas aparecen seleccionadas, y los botones **Eliminar elemento** y **Cambiar nombre de elemento** están atenuados y, por tanto, no disponibles.*
- Haga clic en el botón **Aceptar**.

© Editions ENI - Reproducción prohibida

Cambiar nombre/eliminar un grupo personalizado

- Haga clic con el botón derecho en el menú situado en la parte superior del panel de navegación y, a continuación, seleccione la opción **Opciones de navegación**.
- En la sección **Categorías**, seleccione la categoría que contenga el grupo personalizado que desee eliminar o cuyo nombre quiera cambiar.
- Para cambiar el nombre de un grupo personalizado, selecciónelo en la sección **Grupos de "nombre de la categoría"** y, a continuación, haga clic en el botón **Cambiar nombre de grupo**.

  Introduzca el nuevo nombre del grupo y, a continuación, confírmelo con la tecla ↵.
- Para eliminar un grupo personalizado, selecciónelo en la sección **Grupos de "nombre de la categoría personalizada"** y haga clic en el botón **Eliminar grupo**.

  A continuación, haga clic en el botón **Aceptar** del mensaje de confirmación que aparece.

  Al eliminar un grupo, se eliminarán todos los accesos directos del mismo.

  *No puede cambiar el nombre o eliminar un grupo predefinido. Los grupos predefinidos están seleccionados, y los botones **Eliminar grupo** y **Cambiar nombre de grupo** están atenuados y, por tanto, no disponibles.*
- Haga clic en el botón **Aceptar**.

Si el grupo aparece en el panel de navegación, puede cambiar el nombre o eliminarlo haciendo clic con el botón derecho en el nombre en el panel y seleccionando a continuación la opción **Cambiar nombre** o **Eliminar**.

Agregar objetos a un grupo personalizado

- Haga clic en el menú situado en la parte superior del panel de navegación y, a continuación, en la sección **Desplazarse a la categoría**, seleccione la categoría personalizada que contenga el grupo en el que desee agregar un objeto (véase Generalidades - El panel de navegación).
- Vuelva a hacer clic en el menú situado en la parte superior del panel de navegación y, a continuación, seleccione la sección **Filtrar por grupo**. Si es necesario, haga clic en la opción **Mostrar todo** para que todos los grupos de la categoría activa aparezcan en el panel de navegación.
- Muestre, si es necesario, el contenido del grupo **Objetos no asignados** haciendo clic en su nombre.

- En el grupo **Objetos no asignados**, seleccione los objetos que desee agregar al grupo personalizado; utilice la tecla Mayús para una selección continua o la tecla Ctrl para una selección discontinua.
- Haga clic con el botón derecho en la selección y, a continuación, señale la opción **Agregar al grupo**.

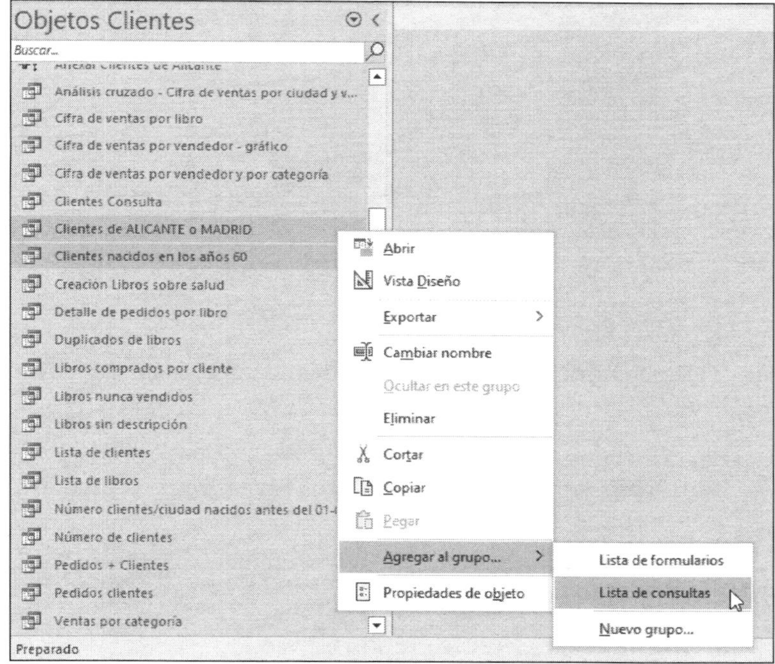

Aparecerá la lista de grupos; la opción ***Nuevo grupo*** *le permite agregar el o los objetos seleccionados a un grupo nuevo.*

- Haga clic en el nombre del grupo personalizado al que desee agregar el o los objetos.

© Editions ENI - Reproducción prohibida

El hecho de agregar un objeto a un grupo personalizado no modifica la ubicación real del objeto, puesto que lo que se añade al grupo es un acceso directo del objeto.

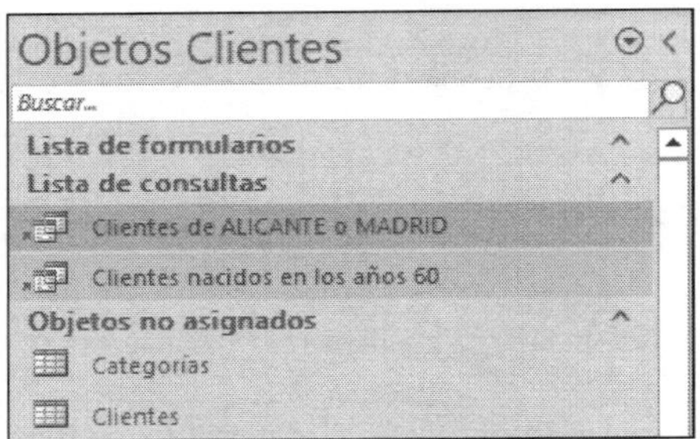

*En el ejemplo anterior, los accesos directos de los objetos **Clientes de ALICANTE o MADRID** y **Clientes nacidos en los años 60** se han agregado al grupo personalizado **Lista de consultas**. Cuando un objeto es un acceso directo, va acompañado de una flecha a la izquierda de su icono: .*

- Oculte, si lo desea, el grupo **Objetos no asignados** haciendo clic en su nombre en el panel de navegación.

También puede agregar un acceso directo de un objeto a un grupo personalizado arrastrando el objeto correspondiente del grupo **Objetos no asignados** al nombre del grupo al que desee agregar el acceso directo.

Asimismo, puede agregar un objeto de un grupo personalizado distinto del grupo **Objetos no asignados** a otro grupo personalizado que usted haya creado.

Cambiar nombre/eliminar un acceso directo de un objeto en un grupo personalizado

- En el panel de navegación, muestre el grupo personalizado que contenga los accesos directos que desee eliminar o cuyo nombre quiera cambiar.
- Para cambiar el nombre de un acceso directo de un objeto, haga clic con el botón derecho en su nombre y, a continuación, seleccione la opción **Cambiar nombre de acceso directo**.

  Introduzca el nuevo nombre del acceso directo y, a continuación, haga clic en la tecla ↵ para confirmarlo.

- Para eliminar un acceso directo de un objeto, selecciónelo y, a continuación, pulse la tecla Supr.

  Al eliminar un acceso directo de un objeto, se eliminará únicamente el acceso directo, pero no el objeto.

Utilizar los temas

Cada tema tiene asociados un conjunto de colores (cuatro colores de texto y de fondo, seis colores de énfasis y dos colores de hipervínculo) y dos fuentes (una fuente de encabezado y una fuente de cuerpo del texto). Access pone a su disposición varios temas predefinidos. De forma predeterminada, cada nuevo formulario que se cree tendrá el tema ***Office*** *asociado.*

Aplicar un tema a un formulario o informe

Atención: aunque tenga acceso a los temas, sus efectos no se muestran en los formularios o informes creados en las versiones anteriores a Access 2010, aunque la base de datos correspondiente se haya convertido.

- Abra el formulario o informe al que desee aplicar un nuevo tema en la vista Diseño o en la vista Presentación. Para ello, haga clic con el botón derecho en el nombre del objeto y, a continuación, seleccione la opción **Vista Diseño** o **Vista Presentación**.
- En la pestaña **Diseño de formulario/Diseño de visualización de formulario** (el nombre de la pestaña depende de la vista elegida) o **Diseño de informe/Diseño de diseño de informe** en el caso de un informe, haga clic en el botón **Temas** que aparece en el grupo **Temas**.
- Si no está seguro de qué tema aplicar, pase el puntero del ratón sucesivamente por los temas propuestos para visualizar el efecto correspondiente en su formulario o informe.

© Editions ENI - Reproducción prohibida

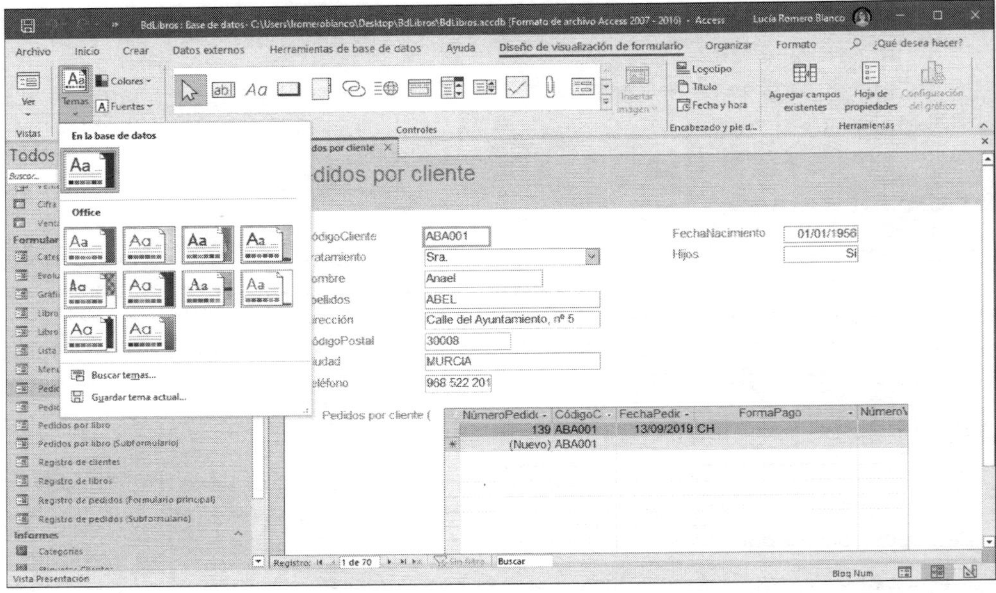

*Los temas propuestos por Access aparecen en la sección **Office**. La sección **En la base de datos** muestra el tema aplicado al objeto activo.*

*Es posible que, además de los temas predeterminados, pueda ver otros temas en la sección **Personalizados** correspondientes a los temas personalizados que haya creado (véase Utilizar los temas - Cambiar los colores del tema).*

- Cuando haya hecho su elección, haga clic en el botón correspondiente al tema que desee aplicar.

  Los colores y las fuentes del tema seleccionado se aplicarán al formulario o informe activo.

Cambiar los colores del tema

Es posible personalizar un tema cambiando sus colores.

- En la pestaña **Diseño de formulario/Diseño de visualización de formulario** (o **Diseño de informe/Diseño de diseño de informe** en el caso de un informe, haga clic en el botón **Colores** del grupo **Temas**.
- Si encuentra algún juego de colores que le satisfaga, haga clic en él; de lo contrario, haga clic en la opción **Personalizar colores** para crear su propio juego de colores.

*Si ha hecho clic en un juego de colores, se aplicarán los colores asociados a este juego a los elementos correspondientes en el formulario o informe. Si ha hecho clic en la opción **Personalizar colores**, se abrirá en la pantalla el cuadro de diálogo **Crear nuevos colores del tema**.*

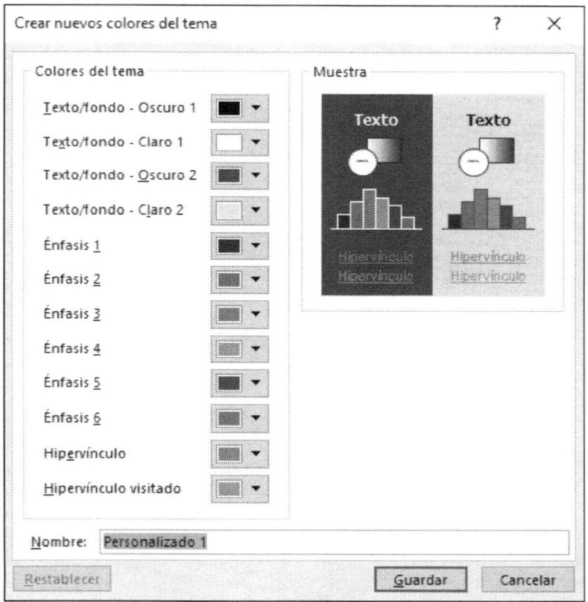

*Cada uno de los colores del tema tiene asociado un botón: cuatro colores de **Texto/fondo**, seis colores de **Énfasis** y dos colores de **Hipervínculo**.*

- Para cada color que vaya a cambiar, haga clic en el botón correspondiente y, a continuación, seleccione el color que desee utilizar.

  *Visualizará una vista previa del efecto en el cuadro **Muestra**.*

- Introduzca el nombre del nuevo juego de colores en el cuadro de texto **Nombre**.
- Haga clic en el botón **Guardar**.

  *El nuevo juego de colores aparecerá en la sección **Personalizados** asociada al botón **Colores**.*

© Editions ENI - Reproducción prohibida

Para modificar o eliminar un juego de colores, seleccione el botón **Colores** de la pestaña **Diseño de formulario/Diseño de visualización de formulario** (o **Diseño de informe/Diseño de diseño de informe** en el caso de un informe), haga clic con el botón derecho en el juego de colores correspondiente que aparece en la sección **Personalizados** y, a continuación, seleccione la opción **Editar** o **Eliminar**.

Cambiar las fuentes del tema

Puede personalizar un tema cambiando sus fuentes.

- En la pestaña **Diseño de formulario/Diseño de visualización de formulario** (o **Diseño de informe/Diseño de diseño de informe** en el caso de un informe), haga clic en el botón **Fuentes** del grupo **Temas**.
- Si encuentra un juego de fuentes que le satisfaga, haga clic en él; de lo contrario, haga clic en la opción **Personalizar fuentes** para crear su propio juego de fuentes.

Si ha hecho clic en un juego de fuentes, las fuentes asociadas se aplicarán a los textos correspondientes en el formulario o informe. Si ha hecho clic en la opción ***Personalizar fuentes****, se abrirá en la pantalla el cuadro de diálogo* ***Crear nuevas fuentes del tema****.*

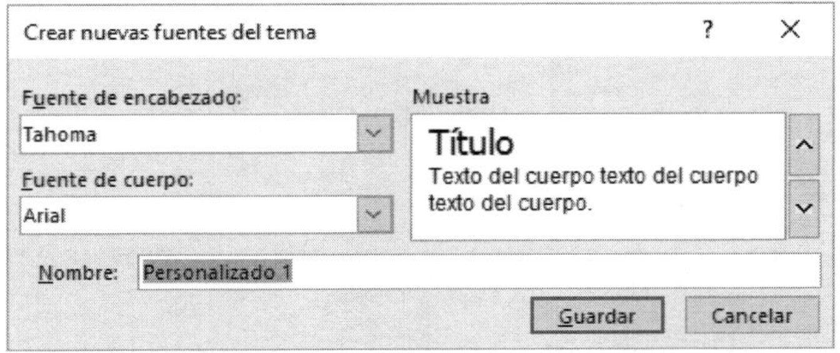

- Cambie las fuentes del encabezado y del cuerpo del texto utilizando las listas **Fuente de encabezado** o **Fuente de cuerpo**.

Visualizará una vista previa de las fuentes seleccionadas en el cuadro ***Muestra****.*

- Introduzca el nombre del nuevo juego de fuentes en el cuadro de texto **Nombre**.
- Haga clic en el botón **Guardar**.

El nuevo juego de fuentes aparecerá en la sección ***Personalizados*** *asociada al botón* ***Fuentes****.*

Para editar o eliminar un juego de fuentes, seleccione el botón **Fuentes** de la pestaña **Diseño de formulario/Diseño de visualización de formulario** (o **Diseño de informe/Diseño de diseño de informe** en el caso de un informe, haga clic con el botón derecho en el juego de fuentes correspondiente que aparece en la sección **Personalizados** y, a continuación, seleccione la opción **Editar** o **Eliminar**.

Guardar un tema

Puede guardar como tema personalizado las modificaciones realizadas en los colores y las fuentes de un tema. De este modo, podrá aplicar ese tema personalizado a otros formularios o informes.

Después de haber personalizado el tema aplicado al formulario o informe (véanse las subsecciones anteriores), haga clic en el botón **Temas** de la pestaña **Diseño de formulario/Diseño de visualización de formulario** (o **Diseño de informe/Diseño de diseño de informe** en el caso de un informe (grupo **Temas**) y, a continuación, seleccione la opción **Guardar tema actual**.

*Aparecerá en la pantalla el cuadro de diálogo **Guardar tema actual**.*

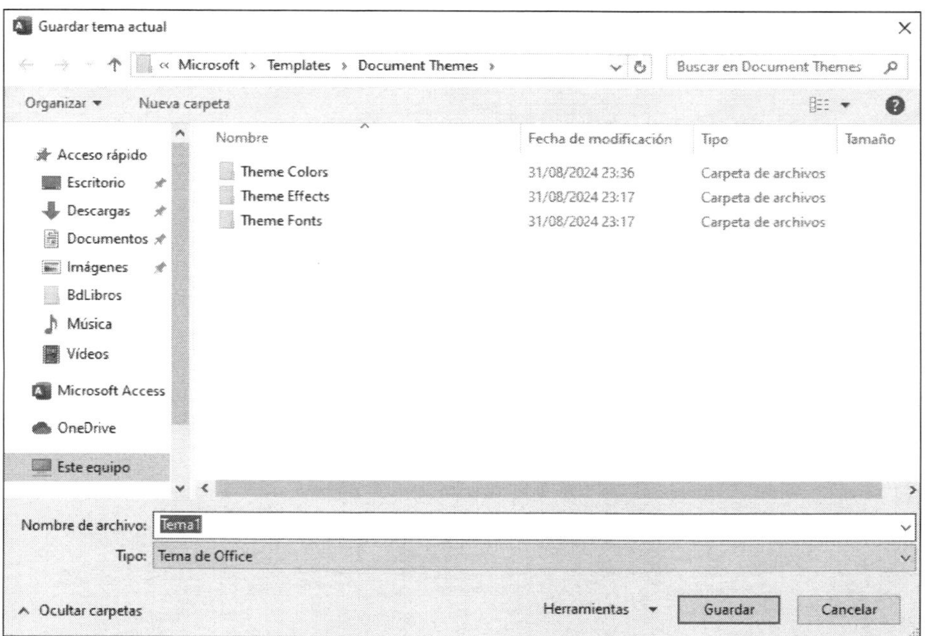

*De forma predeterminada, aparece seleccionada la carpeta **Document Themes**.*

© Editions ENI - Reproducción prohibida

- Compruebe que la carpeta **Document Themes** esté seleccionada (C:\Usuarios\<nombre_usuario>\AppData\Roaming\Microsoft\Templates\Document Themes) si desea que el tema personalizado aparezca en la lista asociada al botón **Temas.** De lo contrario, el tema no se mostrará en la lista **Temas**, y deberá utilizar la opción **Buscar temas** (botón **Temas**) para aplicar ese tema a un documento.
- Especifique el nombre del archivo en el cuadro de texto **Nombre de archivo.**

  Un archivo de tema personalizado tiene la extensión .thmx.
- Haga clic en el botón **Guardar**.

  *Si el tema personalizado se ha guardado en la carpeta **Document Themes**, aparecerá en la sección **Personalizados** del botón **Temas**.*

Para eliminar un tema personalizado, haga clic en el botón **Temas** (**Diseño de formulario/Diseño de visualización de formulario o Diseño de informe/Diseño de diseño de informe**) y, a continuación, en la sección **Personalizados**, haga clic con el botón derecho en el tema que desee eliminar y seleccione la opción **Eliminar**. Confirme la eliminación haciendo clic en el botón **Sí** del mensaje que se muestra. Si el tema que desea eliminar no aparece en la sección **Personalizados** del botón **Temas**, elimine el archivo correspondiente a través de la ventana del Explorador de Windows o del cuadro de diálogo **Elegir tema o documento temático** (pestaña **Diseño de formulario/ Diseño de visualización de formulario** o **Diseño de informe/Diseño de diseño de informe** - botón **Temas** - opción **Buscar temas**).

Crear un acceso directo hacia un objeto

Esta operación crea en el escritorio de Windows un acceso directo que le permite abrir rápidamente un objeto.

- Abra el archivo de la base de datos que contenga el objeto para el que desee crear un acceso directo y, a continuación, reduzca el tamaño de la ventana de la aplicación Access para visualizar el escritorio de Windows en segundo plano.
- Seleccione el objeto correspondiente en la ventana de la base de datos y, a continuación, arrástrelo al escritorio de Windows.

A partir de ahora, aparecerá un acceso directo del objeto en el escritorio. Su nombre se compone del nombre del objeto seguido del de la base de datos.

- Cambie, si lo desea, el nombre del acceso directo. Para ello, haga clic con el botón derecho en el acceso directo, seleccione la opción **Cambiar nombre**, introduzca el nuevo nombre y, a continuación, pulse la tecla ↵ para confirmar.

Si hace doble clic en el acceso directo del escritorio de Windows, se abrirán la base de datos y el objeto.

Mostrar las características de un objeto

- En la pestaña **Herramientas de base de datos**, haga clic en el botón **Documentador de base de datos** del grupo **Analizar**.
- Haga clic en la pestaña que contenga el objeto para el que desee mostrar la descripción.
- Marque la casilla de verificación de la izquierda de cada uno de los objetos para los que desee mostrar la descripción o seleccione el nombre del objeto y haga clic en el botón **Seleccionar**.

  *El botón **Seleccionar todo** le permite seleccionar todos los objetos contenidos en la pestaña activa, y el botón **Anular todo** le permite desactivar la selección de todos los objetos de la pestaña activa.*
- Haga clic en el botón **Opciones** para seleccionar el contenido que desea mostrar y, a continuación, confirme su elección con el botón **Aceptar**.
- Haga clic en el botón **Aceptar** para confirmar.

  La descripción del o de los objetos seleccionados se mostrará en un informe.
- Si lo desea, puede imprimir la descripción haciendo clic en el botón **Imprimir** o utilizando el método abreviado de teclado Ctrl **P**.
- Cierre la ventana de la descripción del objeto haciendo clic en el botón ✕.

© Editions ENI - Reproducción prohibida

Mostrar la información sobre las dependencias entre objetos

*En una base de datos de Access, para crear un formulario, una consulta o un informe, debe utilizar una o varias tablas o consultas. De esta forma, un objeto utiliza uno o varios objetos (por ejemplo, la consulta **Lista de clientes** utiliza la tabla **Clientes**), pero también un objeto es utilizado por uno o varios objetos (por ejemplo, la tabla **Clientes** es utilizada por la consulta **Lista de clientes**, por el formulario **Entrada de clientes** y por el informe **Clientes**). Access le permitirá mostrar la información relativa a las dependencias entre los objetos de su base de datos ahorrándole tiempo y reduciendo el número de errores. De hecho, si, por ejemplo, desea eliminar una consulta, mostrar las dependencias entre los objetos le permitirá saber si otros objetos de la base de datos la utilizan.*

- Para que Access pueda proporcionar información precisa, asegúrese de que todos los objetos estén guardados y cerrados en su base de datos.
- Asegúrese de que la opción **Registrar información de Autocorrección de nombres** de la sección **Opciones de Autocorrección de nombres** del cuadro de diálogo **Opciones de Access** (pestaña **Archivo** - **Opciones** - categoría **Base de datos actual**) esté activada; la opción **Realizar Autocorrección de nombres** le permite, si está activada, actualizar automáticamente los cambios de nombres de objetos. Por último, la opción **Registrar cambios de Autocorrección de nombres** le permite guardar, en una tabla llamada **Registro de Autocorrección de nombres**, las modificaciones realizadas en los nombres de objetos. Una modificación se corresponde con un registro.

  *Las opciones **Registrar información de Autocorrección de nombres** y **Realizar Autocorrección de nombres** están activadas de forma predeterminada. La opción **Registrar cambios de Autocorrección de nombres** solamente está disponible si la opción **Realizar Autocorrección de nombres** está activada.*
- Seleccione el objeto del que desee mostrar la información sobre las dependencias.

  La información sobre las dependencias se genera únicamente para las tablas, las consultas (salvo las consultas de acción), los formularios y los informes.
- En la pestaña **Herramientas de base de datos**, haga clic en el botón **Dependencias del objeto** del grupo **Relaciones**.

*El panel **Dependencias del objeto** se mostrará a la derecha de la ventana de la aplicación Access. El nombre del objeto correspondiente se mostrará en la parte superior del panel Office.*

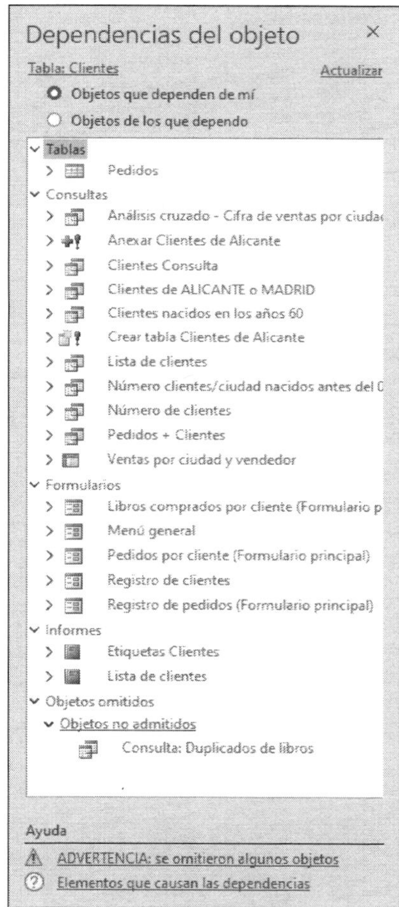

*En nuestro ejemplo, el panel de dependencias muestra la lista de objetos que utilizan la tabla **Clientes**.*

- Para mostrar la lista de objetos que utilizan el objeto seleccionado, active la opción **Objetos que dependen de mí**.

© Editions ENI - Reproducción prohibida

- Para mostrar la lista de objetos utilizados por el objeto seleccionado, active la opción **Objetos de los que dependo**.
- Para mostrar la información de dependencia de un objeto de la lista del panel **Dependencias del objeto**, haga clic en el símbolo > situado a la izquierda del nombre del objeto correspondiente.

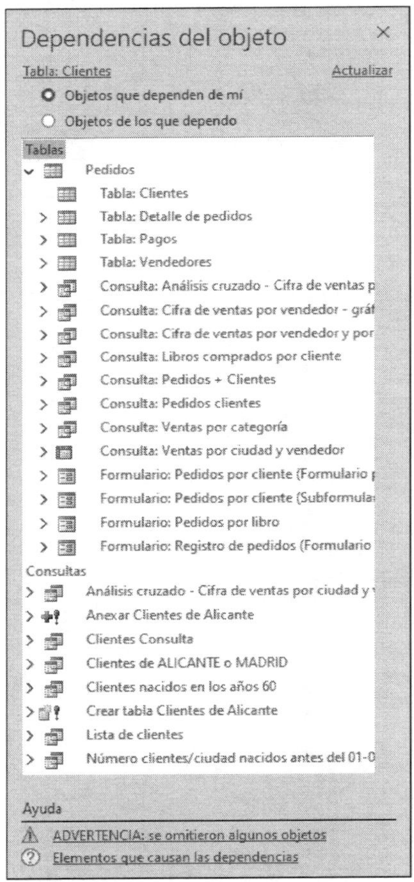

En el ejemplo anterior, se muestra la información de dependencia de la tabla ***Pedidos****, lo que permite constatar que varias tablas, consultas, formularios e informes, utilizan la tabla* ***Pedidos****.*

- Para ocultar la información de dependencia de un objeto, haga clic en el símbolo situado a la izquierda del nombre del objeto correspondiente.
- Cuando haya terminado de consultar el panel **Dependencias del objeto**, ciérrelo haciendo clic en el botón .

Guardar un objeto en formato PDF o XPS

Los formatos de archivo PDF y XPS son formatos de archivo que permiten transmitir documentos digitales. Estos formatos conservan todas las características de formato de un objeto, tal y como ha sido creado en su aplicación de origen. Un usuario puede mostrar, compartir e imprimir archivos PDF si dispone de un lector de archivos PDF como el software Acrobat Reader (disponible de forma gratuita en el sitio web de Adobe) y archivos XPS si posee Microsoft .NET Framework (disponible de forma gratuita en el sitio de Microsoft).

- En el panel de navegación, abra el objeto que desee guardar en formato PDF o XPS; si solo desea guardar varios registros, seleccione los registros en cuestión.
- Haga clic en la pestaña **Archivo** y, a continuación, seleccione **Guardar como.**
- Haga clic en la opción **Guardar objeto como** de la sección **Tipos de archivo**, seleccione la opción **PDF o XPS** de la sección **Guardar el objeto de base de datos como** y, a continuación, haga clic en el botón **Guardar como.**
- Cambie, si lo desea, la carpeta donde se guardará el archivo y el nombre del archivo en el cuadro de texto **Nombre de archivo.**
- Abra la lista **Tipo** y, en función del tipo de archivo que desee crear, seleccione la opción **PDF** o **Documento XPS.**

© Editions ENI - Reproducción prohibida

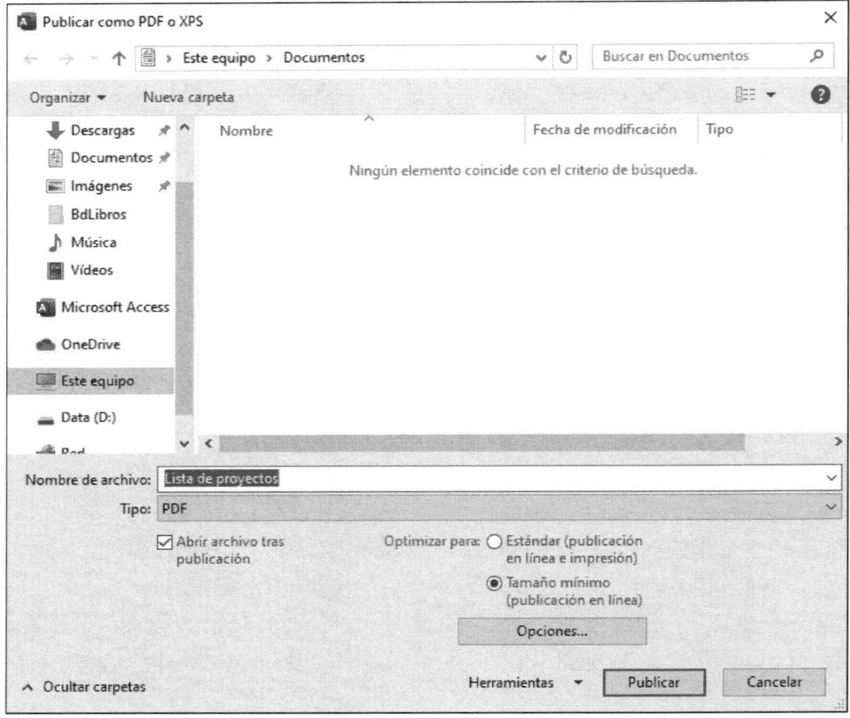

- Active la opción **Abrir archivo tras publicación** si desea abrir el archivo XPS o PDF justo después de haberlo guardado.
- Active una de las opciones asociadas a la opción **Optimizar para**:

Estándar (publicación en línea e impresión)	Para obtener una buena calidad de impresión del documento, se aumenta el tamaño del archivo.
Tamaño mínimo (publicación en línea)	Si el archivo no está destinado a la impresión, se reduce el tamaño del archivo.

- Cambie, si lo desea, las opciones asociadas al formato PDF o XPS haciendo clic en el botón **Opciones**.

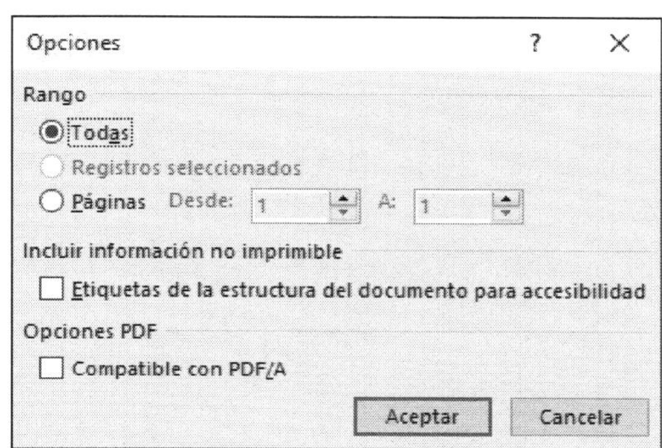

En este ejemplo, se muestran las opciones del formato ***PDF****. Encontrará estas opciones en el cuadro de diálogo del formato* ***XPS****, salvo las que aparecen en la sección* ***Opciones PDF****, que no están disponibles en el formato* ***XPS****.*

- Especifique los registros que desee guardar activando una de las opciones de la sección **Rango: Todas**, **Registros seleccionados** o **Páginas**.

  Si ha elegido la opción **Páginas**, especifique el número de la primera página que desee guardar en la sección **Desde**, y el de la última página, en la sección **A**.

  Si no ha seleccionado registros previamente en el objeto, la opción ***Registros seleccionados*** *estará atenuada y, por tanto, no disponible.*

- Active la opción **Etiquetas de la estructura del documento para accesibilidad** si desea que el archivo creado contenga datos que contribuyan a mejorar la accesibilidad para los usuarios con una discapacidad.
- Si guarda el objeto en formato PDF, active la opción **Compatible con PDF/A** para guardar el archivo en este formato.
- Haga clic en el botón **Aceptar** del cuadro de diálogo **Opciones**.
- Haga clic en el botón **Publicar** del cuadro de diálogo **Publicar como PDF o XPS**.

Para guardar un objeto en formato PDF o XPS, también puede hacer clic en la pestaña **Datos externos** y, a continuación, seleccionar el botón **PDF o XPS** del grupo **Exportar**.

© Editions ENI - Reproducción prohibida

Crear una tabla de base de datos

Paso previo a la creación

Una tabla es un conjunto de datos **estructurados.**

Esta estructura se basa en un elemento fundamental: el **campo**.

Cada campo de la tabla representa una información específica (el campo Nombre, por ejemplo, se corresponde con el nombre del cliente, el campo CP, con el código postal de su lugar de residencia, etc.).

El conjunto de datos de estos campos constituye un **registro** (en una tabla Clientes, por ejemplo, cada registro contiene la información de cada cliente); todos los registros de la tabla incluyen la misma información (aunque algunos campos pueden quedarse en blanco por falta de información).

Este conjunto de datos está representado en forma de tabla constituida por columnas (campos) y por filas (registros):

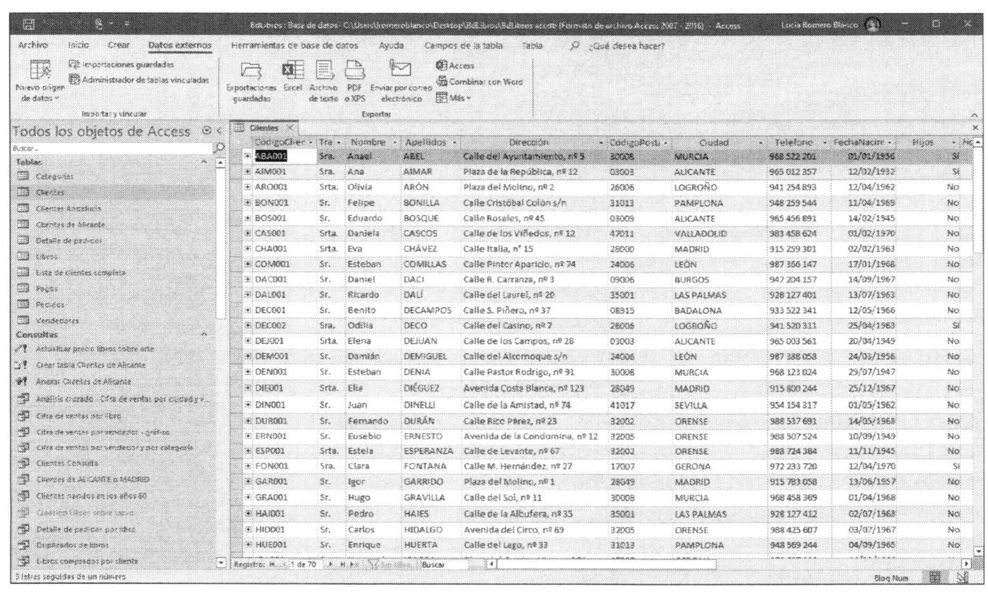

© Editions ENI - Reproducción prohibida

- La estructura de la tabla permite indicar los nombres de los campos que la componen, así como diversas propiedades como, por ejemplo, el tipo de datos permitido para este campo (¿se trata de caracteres, números, fechas, etc.?) y el número máximo de caracteres permitidos (longitud del campo).

  Uno de los campos de la base de datos debe permitir identificar cada registro de forma única: se trata de la **clave principal** (en caso contrario, Access puede crear el campo y administrar los datos que contiene automáticamente).

Crear una tabla en la vista Hoja de datos

Se trata de crear una tabla en blanco a la que agregará diversos campos en la vista Hoja de datos.

- En la pestaña **Crear**, haga clic en el botón **Tabla** del grupo **Tablas.**

  *Se abrirá una nueva tabla que contiene únicamente el campo **Id** en la vista Hoja de datos. La columna **Haga clic para agregar** estará seleccionada.*

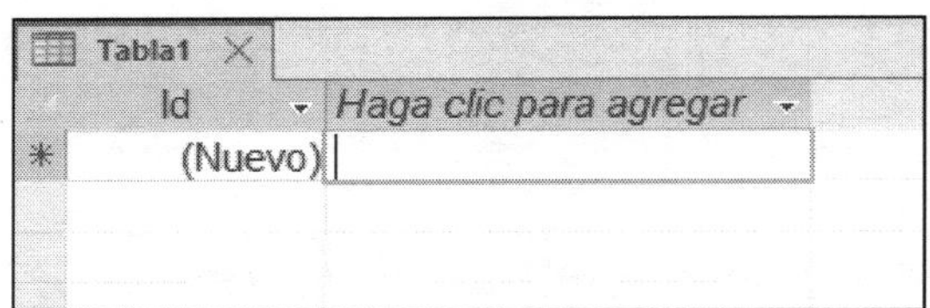

- Agregue los campos a la tabla especificando el tipo de datos para cada campo (véase Cambiar la estructura de una tabla en la vista Hoja de datos en este capítulo); los diferentes tipos de datos (Texto corto, Texto largo, Número, etc.) se explican en el apartado siguiente Crear una tabla en la vista Diseño.
- Guarde la tabla: haga clic en la pestaña **Archivo** y, a continuación, seleccione la opción **Guardar**, haga clic en la herramienta **Guardar** de la **barra de herramientas de acceso rápido** o utilice el método abreviado de teclado Ctrl **G.**

  A continuación, introduzca el nombre de la tabla en el cuadro de texto **Nombre de la tabla** de la ventana que aparece y haga clic en el botón **Aceptar**.
- Introduzca, si lo desea, los registros de esta tabla y, a continuación, ciérrela haciendo clic en el botón ×.

 Si los datos que desea agregar a la tabla existen en un libro de Excel, puede realizar una copia de los datos del libro de Excel en la tabla de Access que se muestra en la vista Hoja de datos: después de haber copiado los datos del libro de Excel, regrese a Access y, a continuación, haga clic en el botón **Tabla** de la pestaña **Crear** (grupo **Tablas**). Compruebe que la columna **Haga clic para agregar** está seleccionada y, a continuación, utilice el método abreviado de teclado Ctrl **V** para pegar los datos en la hoja de datos. Confirme que se han agregado los datos haciendo clic en el botón **Sí** del mensaje que se muestra.

Crear una tabla en la vista Diseño

Se trata de crear una tabla en blanco a la que agregará campos en la vista Diseño.

- En la pestaña **Crear**, haga clic en el botón **Diseño de tabla** del grupo **Tablas.**

*La ventana de creación de una tabla se mostrará en la pantalla. Podrá observar que aparece una pestaña contextual **Diseño de tabla** que está seleccionada.*

- Para insertar un campo en la tabla:
  - Haga clic en la primera celda vacía de la columna **Nombre del campo** y escriba el nombre del campo: de 1 a 64 caracteres como máximo exceptuando el punto (**.**), el signo de exclamación (**!**), el apóstrofe inverso (**`**) y los corchetes (**[ ]**).
  - Seleccione el **Tipo de datos** que desee asignar al campo: haga clic en la celda correspondiente de la columna **Tipo de datos**, abra la lista desplegable y, a continuación, haga clic en el tipo deseado:

Texto corto	Caracteres alfanuméricos (letras o cifras); la longitud de un campo de texto está limitada a 255 caracteres.
Texto largo	Caracteres alfanuméricos con posibilidad de formato de texto enriquecido; la longitud máxima de un campo **Texto largo** está limitada a 63.999 caracteres.
Número	Números con o sin decimales (-2^{31} a 2^{31} -1).
Número grande	El tipo de datos Número grande almacena un valor numérico no monetario y es compatible con el tipo de datos SQL_BIGINT en ODBC. Este tipo de datos permite hacer cálculos con números grandes (de -2^{63} a 2^{63} +1).
Fecha/Hora	Fechas u horas (Access comprueba la validez de las fechas o de las horas escritas).
Fecha/hora extendida	Fechas u horas compatibles con el tipo de fecha datetime2 SQL Server.

© Editions ENI - Reproducción prohibida

Moneda	Valores presentados con formato de moneda (por ejemplo, 1.500 €).
Autonumeración	Valor numérico incrementado automáticamente cada vez que teclea un nuevo registro.
Sí/No	Solo dos datos están permitidos para este tipo de campo: Sí o No. Por ejemplo, un campo llamado Liquidado permite escribir si una factura ha sido liquidada o no.
Objeto OLE	Este tipo de campo se utiliza para insertar en una tabla objetos de otras aplicaciones de Windows.
Hipervínculo	Este tipo de campo contiene texto utilizado como dirección de hipervínculo.
Datos adjuntos	Este tipo de campo permite guardar imágenes, objetos gráficos, archivos de Office o cualquier tipo de archivo procedente de otra aplicación.
Calculado	Este tipo de campo permite crear una expresión que muestra el resultado de un cálculo que hace referencia a otros campos de la misma tabla.
Asistente para búsquedas	Inicia un Asistente para crear un campo que permite seleccionar el valor que se debe aplicar al campo a partir de los datos de un campo de otra tabla o de los datos que usted ha introducido.

- Introduzca, si es necesario, un texto que describa el contenido de este campo en la columna **Descripción**; este texto aparecerá en la barra de estado cuando agregue o modifique los datos del campo.

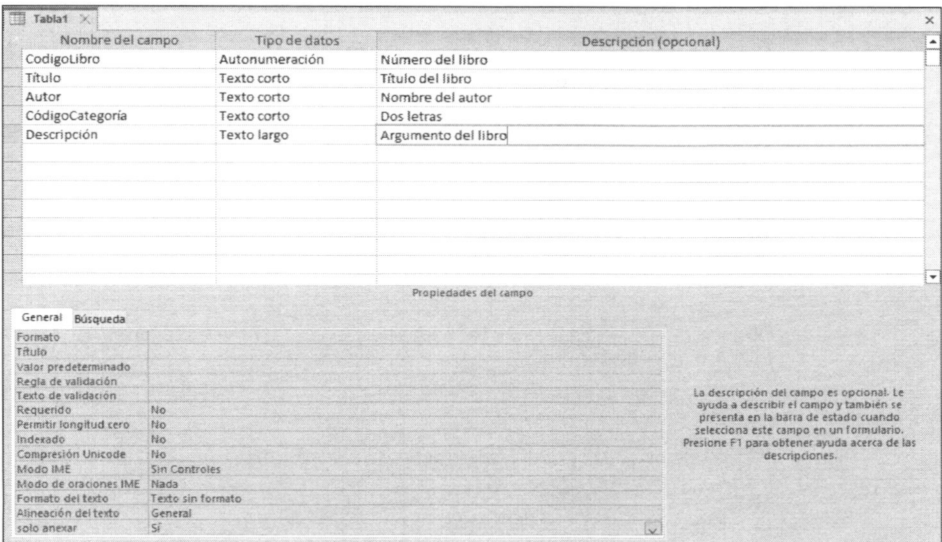

- Para definir las propiedades de cada campo, haga clic en la fila del campo correspondiente y, a continuación, complete la parte inferior de la ventana.

  Más adelante en este capítulo, veremos cómo modificar las propiedades de los campos (véase Cambiar las propiedades de los campos).

- Especifique, si es necesario, qué campo debe utilizarse como clave principal: haga clic en la fila correspondiente y, a continuación, seleccione el botón **Clave principal** del grupo **Herramientas** (pestaña **Diseño de tabla**).

- Guarde la tabla: haga clic en la pestaña **Archivo** y, a continuación, seleccione la opción **Guardar**, haga clic en la herramienta **Guardar** de la **barra de herramientas de acceso rápido** o utilice el método abreviado de teclado Ctrl **G**.

  A continuación, introduzca el nombre de la tabla en el cuadro de texto **Nombre de la tabla** de la ventana que aparece y haga clic en el botón **Aceptar**.

- Cierre la tabla haciendo clic en el botón ×.

Si no modifica el tipo de datos asociado al campo, este será de tipo Texto corto de forma predeterminada. Para elegir otro tipo de campo predeterminado, utilice la lista **Tipo predeterminado de campo** de la categoría **Diseñadores de objetos** del cuadro de diálogo **Opciones de Access** (pestaña **Archivo** - botón **Opciones**).

© Editions ENI - Reproducción prohibida

Cambiar la estructura de una tabla en la vista Hoja de datos

- En el panel de navegación, haga doble clic en la tabla cuya estructura desee cambiar para que se abra en la vista Hoja de datos.
- Haga clic en la pestaña **Campos de la tabla**.

Agregar un campo nuevo

Se trata de insertar una columna nueva a la que asignará el nombre del campo deseado.

- Para agregar un campo introduciendo datos, haga clic en la celda que aparece bajo la etiqueta **Haga clic para agregar** (última columna de la tabla), introduzca los datos del campo y, a continuación, confirme con la tecla [Intro]: el **Tipo de datos** y el **Formato** del campo se atribuyen automáticamente en función del texto introducido (por ejemplo, si introduce 22:45, Access determinará el tipo de datos **Fecha/Hora** y el formato **Hora corta**).

  Access atribuye el nombre **Campo1** al nuevo campo, donde el número del campo cambia en función del número de campos insertados anteriormente.

  Modifique, si es preciso, el nombre del campo: haga doble clic en la etiqueta de la columna (campo), escriba el nuevo nombre y, a continuación, confirme pulsando la tecla [Intro].

- Para agregar un campo seleccionando su tipo de datos, haga clic en el encabezado del campo tras el cual debe insertarse el nuevo campo.

  En la pestaña **Campos de la tabla**, haga clic en el botón correspondiente al tipo de campo que se va a agregar en el grupo **Agregar y eliminar** o, si no le sirve ninguno de los campos propuestos, haga clic en el botón **Más campos** para mostrar la galería de campos.

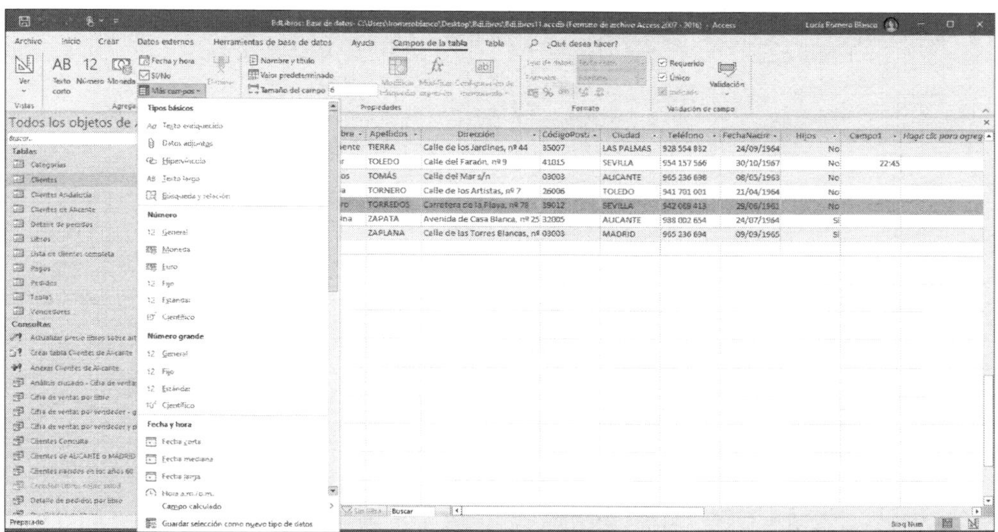

*Los campos se clasifican por categoría según su tipo. Ciertos tipos de la categoría **Inicio rápido** agrupan varios campos, como el tipo **Nombre**, que permite agregar los campos **Nombre** y **Apellidos**. Otros campos, como el campo **Tipo de pago**, son listas desplegables de opciones predefinidas; por ejemplo, el campo **Tipo de pago** ofrece las opciones **Efectivo**, **Tarjeta de crédito**, **Cheque** y **En especie**.*

A continuación, haga clic en el tipo de campo que desee agregar, escriba su nombre en la fila de encabezado y confirme pulsando la tecla ⏎; el número de caracteres del campo debe estar comprendido entre 1 y 64, exceptuando el punto (**.**), el signo de exclamación (**!**), el apóstrofe inverso (**`**) y los corchetes (**[]**).

*Si ha agregado un campo seleccionando su tipo en la categoría **Inicio rápido**, este se insertará a la izquierda del campo inicialmente seleccionado.*

Cuando haya terminado de agregar los campos a la tabla, cierre la tabla si es necesario haciendo clic en el botón ✕.

Para agregar un campo seleccionando su tipo de datos, también puede hacer clic en la etiqueta **Haga clic para agregar** que aparece en la fila de encabezado de la última columna de la hoja de datos. En la lista que se muestra, haga clic a continuación en la opción correspondiente al tipo de datos que desee asociar al campo.

© Editions ENI - Reproducción prohibida

Crear un tipo de datos

*Se trata de agregar un nuevo tipo de datos a la lista **Más campos** a partir de uno de los campos de la hoja de datos de una tabla. Los campos agregados utilizando el tipo de datos creado retomarán todas las propiedades del campo (tamaño, formato, máscara de entrada, etc.) a partir del cual se ha creado el nuevo tipo.*

- Haga clic en el encabezado del campo que contenga el tipo de datos que se van a guardar.
- En la pestaña **Campos de la tabla**, haga clic en el botón **Más campos** del grupo **Agregar y eliminar** y, a continuación, seleccione la opción **Guardar selección como nuevo tipo de datos**.
- Escriba el nombre y la descripción del tipo de datos en los cuadros de texto **Nombre** y **Descripción**.
- Seleccione la categoría a la que se debe agregar el nuevo tipo de datos en la lista **Categoría**; podrá ver la lista de categorías disponibles en el botón **Más campos**.

  *La categoría **Tipos definidos por el usuario** está seleccionada de forma predeterminada.*
- Si desea que un formulario se abra automáticamente cuando agregue un campo basado en este tipo de datos, seleccione el formulario en la lista **Formulario de creación de instancia**.

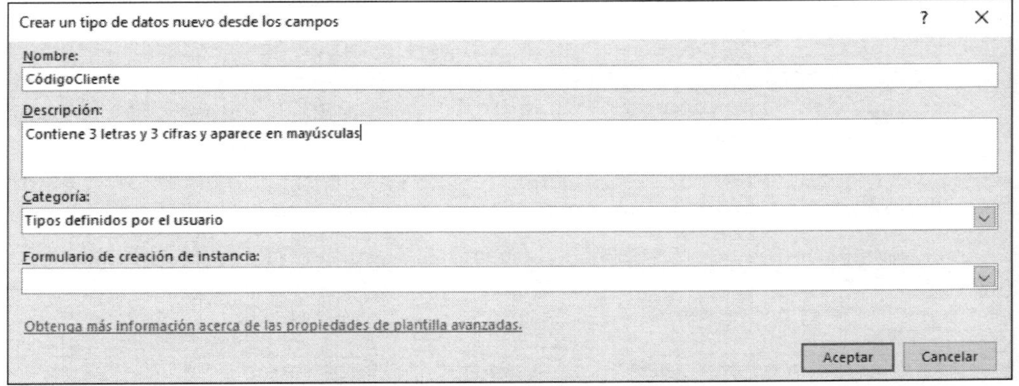

- Haga clic en el botón **Aceptar**.
- Haga clic en el botón **Aceptar** del mensaje que le informa de que la plantilla de tipo de datos se ha guardado.

*El nuevo tipo de datos aparecerá ahora en la lista **Más campos** (pestaña **Campos de la tabla** - grupo **Agregar y eliminar**), en la categoría seleccionada durante su creación.*

Para eliminar un tipo de datos, abra la lista **Más campos** de la pestaña **Campos de la tabla** (grupo **Agregar y eliminar**), haga clic con el botón derecho en el tipo de datos que desee eliminar y, a continuación, seleccione la opción **Eliminar tipo de datos de la galería**. Haga clic a continuación en el botón **Sí** del mensaje que le informa de que se eliminará la plantilla correspondiente. Solo se pueden eliminar los tipos de datos creados por el usuario.

Mover, cambiar el nombre y eliminar un campo

- Para mover un campo, seleccione la columna correspondiente haciendo clic en su nombre en la fila de encabezado.

  Señale el nombre del campo, haga clic en él y, a continuación, arrástrelo hasta la nueva posición.

  Cuando la línea negra gruesa esté en la posición deseada, suelte el botón del ratón.

- Para cambiar el nombre de un campo, haga doble clic en su nombre visible en la fila de encabezado de la hoja de datos.

  Introduzca el nuevo nombre del campo y, a continuación, pulse la tecla [Intro] para confirmarlo.

- Para eliminar un campo, haga clic en una de las celdas de la columna del campo que desee eliminar o en el nombre del campo correspondiente que aparece en la fila de encabezado de la hoja de datos.

  Haga clic en el botón **Eliminar** del grupo **Agregar y eliminar** o pulse la tecla [Supr].

  Haga clic en el botón **Sí** del mensaje que le pide que confirme la eliminación del campo y de todos los datos que contiene.

  *Si intenta eliminar un campo utilizado en una o varias relaciones, un mensaje le informará de que, antes de poder eliminar este campo, debe eliminar sus relaciones en la ventana **Relaciones** (véase el capítulo Relaciones entre las tablas).*

Atención: no podrá deshacer la eliminación de un campo y de todos los datos que contiene. No olvide que, a diferencia de la vista Diseño, en la vista Hoja de datos los cambios realizados en una tabla se guardan automáticamente.

© Editions ENI - Reproducción prohibida

Cambiar el tipo de datos permitido para un campo

Se trata de cambiar el tipo de datos asociado a un campo (texto, número, fecha, etc.).

- Haga clic en una de las celdas de la columna que contenga el campo cuyo tipo de datos desee modificar.
- Abra la lista **Tipo de datos** del grupo **Formato** y, a continuación, haga clic en el nuevo tipo de datos en la lista que aparece.

Si la conversión puede provocar una pérdida de datos, Access se lo advertirá a través de un mensaje.

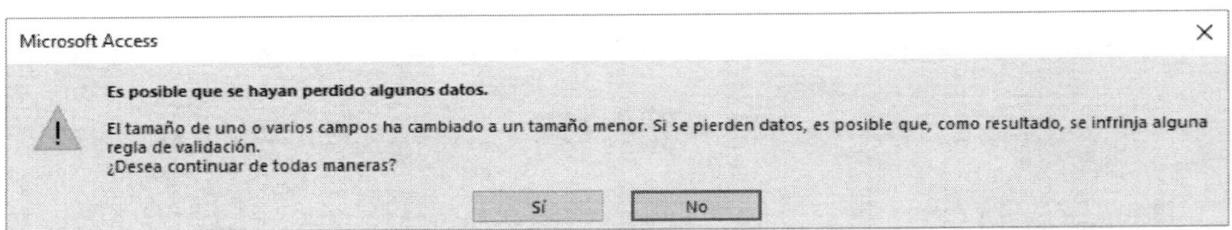

- En ese caso, haga clic en el botón **Sí** para cambiar el tipo de datos o en **No** para anular la conversión de datos.

Si el campo que ha elegido para convertir contiene datos que Access considera que no pueden convertirse, se le informará de que los datos del campo se borrarán.

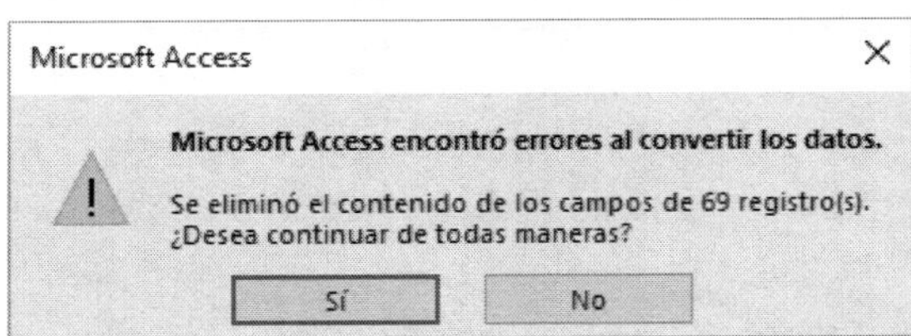

- En ese caso, piénselo bien antes de hacer clic en el botón **Sí**, ya que se eliminarán todos los datos del campo (en nuestro ejemplo, se han eliminado 69 registros). Haga clic en el botón **No** para anular la conversión del tipo de datos para el campo.

Si intenta cambiar el tipo de datos de un campo utilizado en una o varias relaciones, un mensaje le informará que, antes de poder cambiar el tipo de datos del campo, debe eliminar sus relaciones en la ventana Relaciones (véase el capítulo Relaciones entre las tablas):

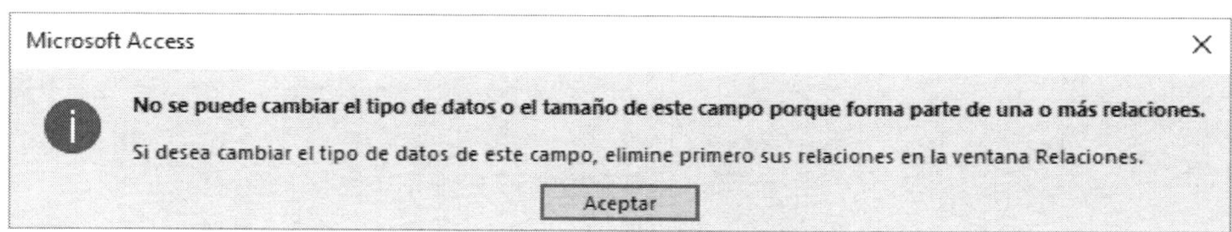

Encontrará más información sobre la conversión de datos en el punto correspondiente del apartado siguiente, Cambiar la estructura de una tabla en la vista Diseño.

Crear una regla de validación de registro

Se trata de crear una expresión que permita limitar los valores que pueden introducirse en un registro. De esta forma, los registros solo podrán validarse si responden a los criterios especificados en la expresión.

- En el panel de navegación, haga doble clic en la tabla para la que desee crear una regla de validación.
- En la pestaña **Campos de la tabla**, haga clic en el botón **Validación** del grupo **Validación de campo** y, a continuación, seleccione la opción **Regla de validación**.

  Access mostrará el Generador de expresiones.
- Cree la expresión que constituya la regla de validación; para obtener más información sobre el uso del Generador de expresiones, consulte el apartado Utilizar el Generador de expresiones del capítulo Controles calculados.

© Editions ENI - Reproducción prohibida

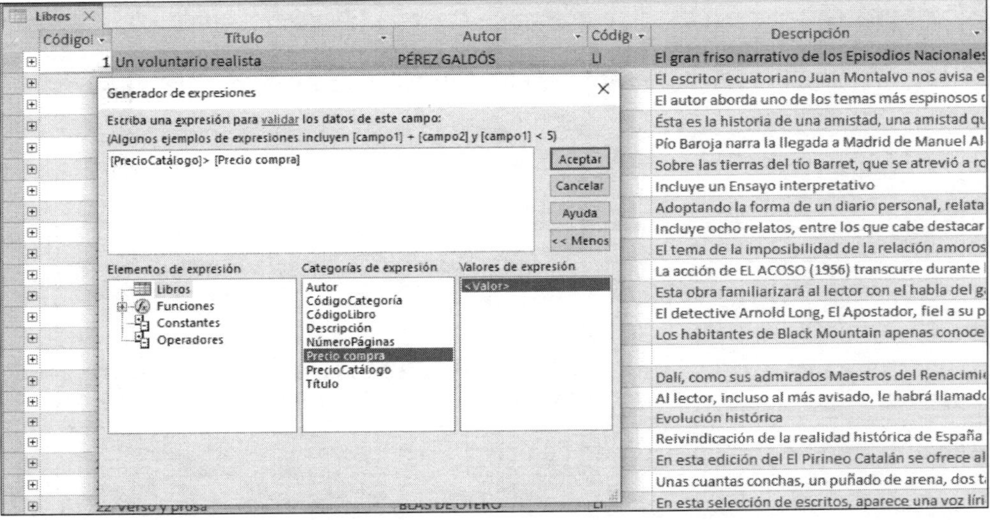

En el ejemplo anterior, para que se puedan validar los datos introducidos de un registro, el importe del campo [PrecioCatálogo] debe ser superior al importe del campo [Precio compra].

- Haga clic en el botón **Aceptar** del cuadro de diálogo **Generador de expresiones.**
- Para introducir un texto que aparezca en forma de mensaje cuando los datos introducidos para un registro no respondan a la regla de validación, haga clic en el botón **Validación** de la pestaña **Campos de la tabla** y, a continuación, seleccione la opción **Mensaje de validación**.

  Escriba el texto que desee que aparezca en el cuadro de diálogo que se muestra.

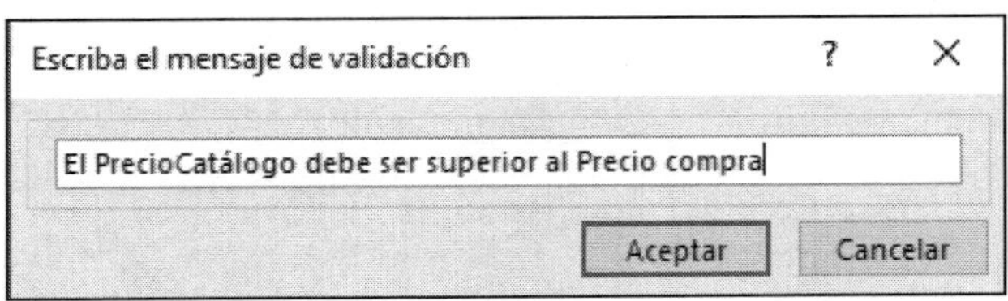

Haga clic en el botón **Aceptar**.

Para editar o eliminar una regla de validación de registro, en la pestaña **Campos de la tabla**, haga clic en el botón **Validación** y, a continuación, seleccione la opción **Regla de validación**: se abrirá la ventana del **Generador de expresiones**, en la que podrá modificar o eliminar la expresión.

Cambiar la estructura de una tabla en la vista Diseño

- En el panel de navegación, haga clic con el botón derecho en la tabla cuya estructura desee cambiar y, a continuación, seleccione la opción **Vista Diseño**.

  También puede hacer doble clic en la tabla para abrirla y, a continuación, seleccionar el botón ***Ver*** *de la pestaña* ***Inicio*** *o el botón* ***Vista Diseño*** *situado a la derecha de la barra de estado.*

  Podrá observar que la pestaña ***Diseño*** *está activa.*

- Para seleccionar la fila de un campo, haga clic en el selector de fila situado a la izquierda del nombre del campo; si deben seleccionarse varias filas, haga clic en el selector de fila del primer campo que desee seleccionar y, a continuación, arrastre el ratón sobre los selectores de fila de los otros campos que desee seleccionar.

  Para seleccionar varias filas, también puede hacer clic en el selector de fila del primer campo, mantener pulsada la tecla Mayús *y, a continuación, hacer clic en el selector de fila del último campo de la selección, si se trata de filas adyacentes. Para seleccionar varias filas no adyacentes, utilice la tecla* Ctrl.

© Editions ENI - Reproducción prohibida

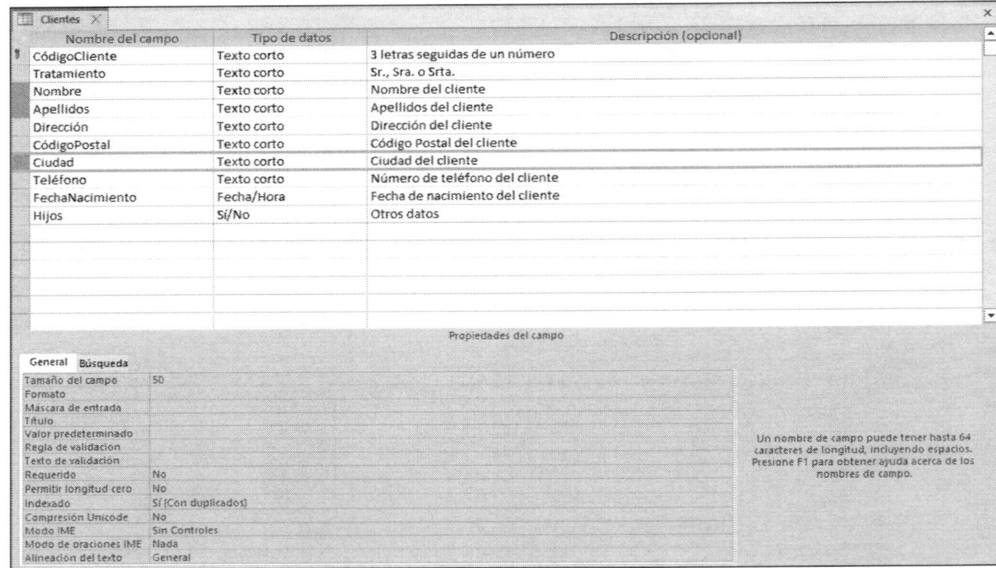

En el ejemplo anterior, se han seleccionado los campos **Nombre***,* **Apellidos** *y* **Ciudad***.*

- Para insertar un campo, seleccione la fila situada debajo del lugar donde desee insertar el campo y pulse la tecla [Insert] o haga clic en el botón **Insertar filas** del grupo **Herramientas.** A continuación, especifique las características del campo.

- Para eliminar un campo, seleccione la fila correspondiente y, a continuación, pulse la tecla [Supr] o el botón **Eliminar filas** del grupo **Herramientas.**

  Haga clic en el botón **Sí** del mensaje que le pide que confirme la eliminación del campo y de los datos que contiene.

  Si su tabla está indexada y el campo que intenta eliminar forma parte del índice, aparecerá un segundo mensaje para informarle de que se eliminarán el campo y todos sus índices.

  En ese caso, haga clic en el botón **Sí** para ejecutar la eliminación o en el botón **No** para anularla.

  Si intenta eliminar un campo utilizado en una o varias relaciones, un mensaje le informará que, antes de poder eliminar este campo, debe eliminar sus relaciones en la ventana Relaciones (véase el capítulo Relaciones entre las tablas).

- Para cambiar el nombre de un campo, selecciónelo en la celda correspondiente de la columna **Nombre del campo**, pulse la tecla Supr, introduzca el nuevo nombre y, a continuación, confirme con la tecla ↵.

- Para mover un campo, haga clic en su selector de campo para seleccionarlo, haga clic de nuevo en el selector de campo y, a continuación, arrastre el campo hasta su nueva posición.

  Cuando la línea negra horizontal esté en la posición deseada, suelte el botón del ratón para agregar el campo; para mover varios campos a la vez, seleccione las filas correspondientes antes de hacer clic y arrastrar hasta la nueva posición.

- Para cambiar el tipo de datos permitido para un campo, seleccione el nuevo tipo en la lista desplegable **Tipo de datos**.

  Es necesario que la conversión de datos sea posible. Las conversiones más habituales son:

  - *de Número, Moneda y Fecha/Hora a Texto (y viceversa, pero, en este caso, los datos de tipo Texto deberán tener un formato compatible con los tipos Número, Moneda o Fecha/Hora),*
  - *de Número a Moneda (y viceversa),*
  - *de Texto corto a Texto largo (la conversión inversa es posible, pero, si los valores del campo Texto largo superan los 255 caracteres, se truncarán).*
  - *No se puede convertir un campo al tipo Autonumeración.*

- Haga clic en la herramienta de la **barra de herramientas de acceso rápido** para guardar los cambios realizados en la estructura de la tabla.

- Cierre la tabla haciendo clic en el botón de su ventana.

© Editions ENI - Reproducción prohibida

Si intenta cambiar el tipo de datos de un campo utilizado en una o varias relaciones, un mensaje le informará que, antes de poder cambiar el tipo de datos del campo, debe eliminar sus relaciones en la ventana Relaciones (véase el capítulo Relaciones entre las tablas):

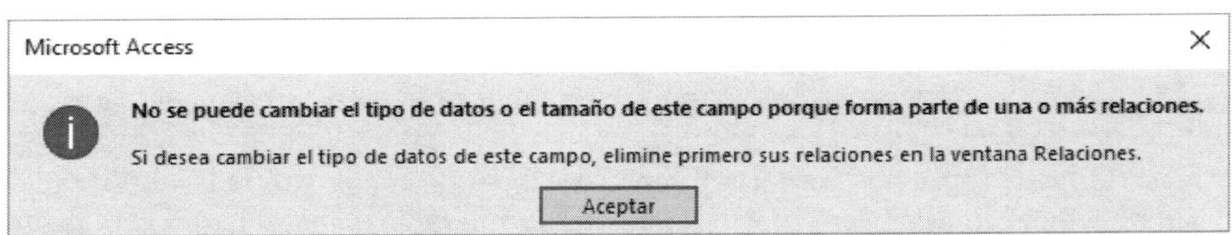

Si existe un formulario o un informe asociado a la tabla, acuérdese de reproducir los cambios realizados en el formulario o informe. No obstante, estos se integrarán automáticamente en los nuevos formularios o informes creados a partir de esta tabla.

Cambiar las propiedades de los campos

Cada campo posee valores de propiedades que son características que permiten definir el campo. Las propiedades disponibles pueden variar en función del tipo de campo seleccionado (Texto, Número, Autonumeración, Fecha/Hora, etc.).

- En el panel de navegación, haga clic con el botón derecho en la tabla que contenga los campos cuyas propiedades desee cambiar y, a continuación, seleccione la opción **Vista Diseño**.
- Haga clic en el campo cuyas propiedades desee cambiar.

*Las propiedades del campo seleccionado aparecerán en la parte inferior de la ventana. En el siguiente ejemplo, se muestran las propiedades del campo **Nombre**, cuyo tipo de datos es **Texto corto**.*

Estructura de una tabla

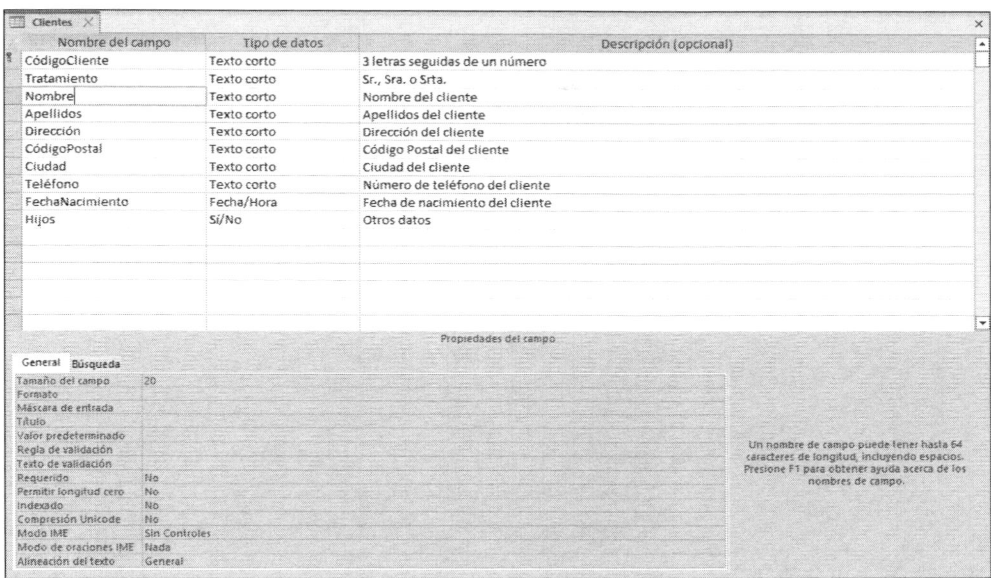

- Haga clic en la zona de la propiedad correspondiente y, a continuación, realice los cambios pertinentes:

Tamaño del campo
Para un campo de tipo Texto corto, introduzca el número de caracteres que puede contener (hasta 255). Para un campo de tipo Número o Autonumeración, abra la lista desplegable y, a continuación, seleccione el tamaño deseado para el campo.
*El tamaño del campo también puede modificarse en la vista Hoja de datos en el cuadro de texto **Tamaño del campo** de la pestaña **Campos de la tabla** (grupo **Propiedades**).*

© Editions ENI - Reproducción prohibida

Formato

Para un campo de tipo Número, Moneda, Fecha/Hora, Sí/No o Calculado, abra la lista desplegable y, a continuación, seleccione uno de los formatos predefinidos. También puede introducir un formato personalizado si ninguno de los formatos predefinidos de la lista le conviene.

*El formato de un campo también se puede modificar en la vista Hoja de datos en la lista **Formato** de la pestaña **Campos de la tabla** (grupo **Formato**).*

Para un campo de tipo Texto corto o Texto largo, cree un formato personalizado utilizando uno de los símbolos especiales (por ejemplo, el símbolo ">" obliga a que todos los caracteres estén en mayúscula y el símbolo "<" obliga a que todos los caracteres estén en minúscula).

Lugares decimales

Para un campo de tipo Número o Moneda, abra la lista desplegable y, a continuación, seleccione el número de decimales deseado para el campo seleccionado.

*El número de decimales también puede modificarse en la vista Hoja de datos utilizando las herramientas y de la pestaña **Campos de la tabla** (grupo **Formato**).*

Máscara de entrada

Para un campo de tipo Texto corto, Número, Moneda y Fecha/Hora, esta propiedad permite, mediante caracteres específicos, controlar la introducción de datos. Puede definirla usted mismo o a través de un Asistente (para ello, haga clic en). Por ejemplo, puede crear una máscara de entrada para un campo Código cliente que le obligue a introducir 3 letras seguidas de 3 cifras (por ejemplo, **LLL000**, donde **L** es una entrada de letra obligatoria y **0** es una entrada de cifra obligatoria).

Cuando las propiedades **Máscara de entrada** y **Formato** se han definido para el mismo campo, la propiedad **Formato** prevalece al mostrar los datos (la máscara de entrada se ignora).

Título

Para todos los tipos de campos, introduzca un texto que reemplace el nombre del campo cuando aparezca en una hoja de datos, en un formulario o en un informe.
*El título también puede modificarse en la vista Hoja de datos a través del botón **Nombre y título** de la pestaña **Campos de la tabla** (grupo **Propiedades**).*

Valor predeterminado

Para todos los tipos de campos, salvo Objeto OLE, Datos adjuntos, Autonumeración y Calculado, especifique el valor que debe introducirse automáticamente en este campo al crear un nuevo registro. El usuario podrá aceptar este valor o introducir otro.
*El valor predeterminado de un campo también puede definirse en la vista Hoja de datos mediante el botón **Valor predeterminado** de la pestaña **Campos de la tabla** (grupo **Propiedades**).*

Nuevos valores

Para un campo de tipo Autonumeración, abra la lista desplegable y, a continuación, seleccione una de las dos opciones propuestas en función del incremento que desee para este campo al agregar nuevos registros en la tabla: **Incrementalmente** o **Aleatoriamente**.

Regla de validación

Para todos los tipos de campos, salvo Objeto OLE, Datos adjuntos, Autonumeración y Calculado, introduzca una expresión que permita limitar los valores que pueden introducirse en el campo. Haga clic en el botón [...] para crear la expresión utilizando el Generador de expresiones.
Por ejemplo, puede crear una expresión para un campo **Título** que le obligue a introducir un valor igual a **Sr.**, **Sra.** o **Srta.**: en la propiedad **Regla de validación**, esta expresión puede aparecer como **Sr.**, **Sra.** o **Srta.**
*La expresión también puede definirse en la vista Hoja de datos: en la pestaña **Campos de la tabla**, haga clic en el botón **Validación** del grupo **Validación de campo**, seleccione la opción **Regla de validación de campo** y, a continuación, escriba la expresión en el Generador de expresiones.*

© Editions ENI - Reproducción prohibida

Texto de validación	Para todos los tipos de campos, salvo Objeto OLE, Datos adjuntos, Autonumeración y Calculado, introduzca un texto que aparecerá en forma de mensaje cuando los datos introducidos en este campo no concuerden con la regla de validación definida en la propiedad **Regla de validación**. Si define la propiedad **Regla de validación** sin definir la propiedad **Texto de validación**, Microsoft Access mostrará un mensaje de error estándar que aparecerá cuando los datos introducidos no concuerden con la regla de validación. *El mensaje también se puede definir en la vista Hoja de datos: en la pestaña **Campos de la tabla**, haga clic en el botón **Validación** del grupo **Validación de campo**, seleccione la opción **Mensaje de validación de campo** y escriba el texto del mensaje.*
Requerido	Para todos los tipos de campos, salvo Autonumeración, Sí/No y Calculado, abra la lista desplegable y, a continuación, seleccione la opción **Sí** si desea que, al introducir un nuevo registro, la introducción de un valor en este campo sea obligatoria. La opción **No** es la predeterminada. *Para convertir un campo en obligatorio, también puede mostrar la tabla en la vista Hoja de datos y marcar a continuación la opción **Requerido** de la pestaña **Campos de la tabla** (grupo **Validación de campo**).*
Permitir longitud cero	Para un campo de tipo Texto corto, Texto largo e Hipervínculo, abra la lista desplegable y, a continuación, seleccione la opción **Sí** en caso de que se permita una cadena vacía (" ") en este campo. La opción **No** es la predeterminada.

Indexado Para todos los tipos de campos, salvo Datos adjuntos, Objeto OLE y Calculado, abra la lista desplegable y, a continuación, seleccione la opción **Sí (Con duplicados)** o la opción **Sí (Sin duplicados)** si desea que Access localice rápidamente los registros al buscar datos o al ejecutar una consulta, o si también desea que acelere la operación de ordenación.

De hecho, cuando indexa una tabla sobre un campo, Microsoft Access almacena "aparte" los valores de este campo estableciendo una relación con los registros de la tabla. Cuando realiza una búsqueda en este campo, Microsoft Access no se remite a la tabla (que contiene los valores de todos los campos), sino únicamente a la lista de valores del índice: la búsqueda es por tanto más rápida. Gracias a la relación establecida entre el índice y la tabla, puede encontrar rápidamente el registro correspondiente al valor del campo encontrado. La opción **No** está seleccionada de forma predeterminada, salvo para el campo que constituye la clave principal de una tabla que Microsoft Access indexa automáticamente sin duplicados.

*Para indexar un campo con duplicados, también puede mostrar la tabla en la vista Hoja de datos y marcar a continuación la opción **Indizado** de la pestaña **Campos de la tabla** (grupo **Validación de campo**); para indexar un campo sin duplicados, marque la opción **Único** de la pestaña **Campos de la tabla**: la opción **Indizado** está marcada automáticamente.*

Compresión Unicode Para un campo de tipo Texto corto, Texto largo o Hipervínculo, abra la lista desplegable y, a continuación, seleccione la opción **Sí** si desea comprimir al almacenar y descomprimir al recuperar todos los caracteres cuyo primer byte sea **0** (carácter de lengua europea occidental, como el español, el inglés o el francés).

De hecho, Microsoft Access utiliza el sistema de codificación de caracteres Unicode y, en este sistema, cada carácter se representa con 2 bytes, lo que significa que los datos de un campo Texto corto, Texto largo o Hipervínculo requieren un mayor espacio de almacenamiento: la compresión Unicode permitirá reducir dicho espacio de almacenamiento.

© Editions ENI - Reproducción prohibida

Formato del texto	Para un campo de tipo Texto largo, abra la lista desplegable y, a continuación, seleccione la opción **Texto enriquecido** o **Texto sin formato**, en función de si desea o no tener la posibilidad de almacenar texto en HTML con formato.
Alineación del texto	Para todos los tipos de campos, salvo Datos adjuntos, abra la lista desplegable y, a continuación, especifique la alineación del texto en el control: **General**: el texto se alinea a la izquierda; las cifras y las fechas, a la derecha. **Izquierda**: el texto, los números y las fechas se alinean a la izquierda. **Centro**: el texto, los números y las fechas están centrados. **Derecha**: el texto, los números y las fechas se alinean a la derecha. **Distribuir**: el texto, los números y las fechas se reparten uniformemente a lo ancho del control.
Mostrar el Selector de fecha	Para un campo de tipo Fecha/Hora, abra la lista desplegable y, a continuación, especifique si desea asociar un control que permita seleccionar la fecha (**Para fechas**) o, de lo contrario, si no desea el Selector de fecha (**Nunca**). Si ha elegido mostrar el Selector de fecha en un campo, el control se mostrará al introducir los datos: si hace clic en este botón, podrá seleccionar la fecha deseada. *Esta opción no funcionará si ha definido una máscara para el campo.*
Expresión	Para un campo de tipo Calculado, esta propiedad permite crear una expresión que muestra el resultado de un cálculo que hace referencia a otros campos de la misma tabla. La expresión puede definirse por el usuario o a través del Generador de expresiones (para ello, haga clic en el botón).
Tipo de resultado	Para un campo de tipo Calculado, abra la lista desplegable y, a continuación, seleccione el formato en el que debe mostrarse el resultado del cálculo.

- Pulse la tecla ↵ para confirmar la nueva propiedad del campo.

  Si la propiedad que ha modificado cambia el valor del campo (por ejemplo, el paso a mayúsculas en un campo de texto o la modificación de un formato de fecha; sin embargo, la propiedad ***Tamaño*** *no cambia el valor del campo), Access mostrará el botón* ***Opciones de actualización de propiedades*** *junto al nombre de la propiedad, lo que le permitirá actualizar la propiedad correspondiente de los controles en los formularios o informes que utilicen este campo.*

- Si desea realizar la actualización, haga clic en el botón .

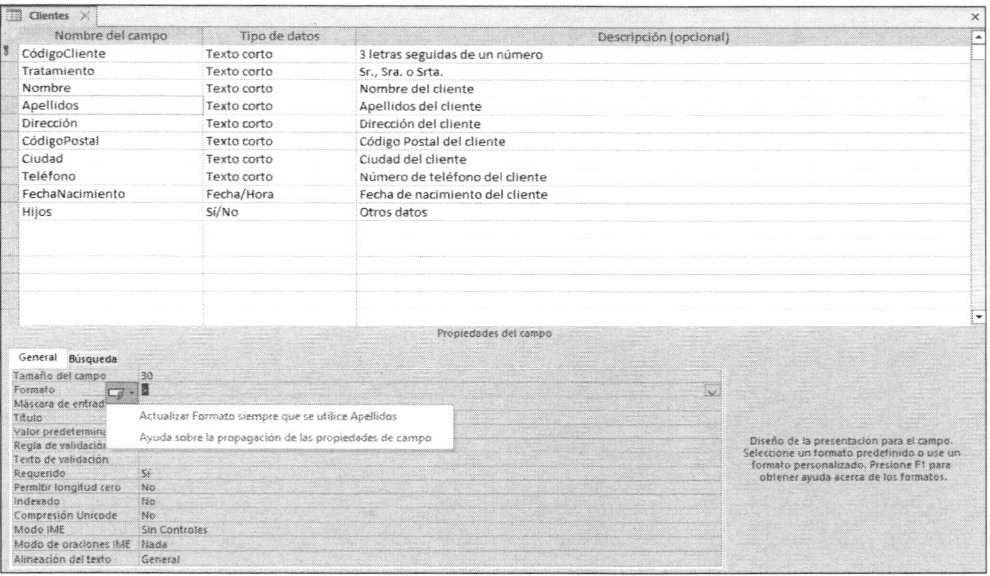

A continuación, haga clic en la opción **Actualizar "nombre de la propiedad" siempre que se utilice "nombre del campo"** (por ejemplo, **Actualizar Formato siempre que se utilice Apellidos**). También puede ver la ayuda sobre las actualizaciones de las propiedades haciendo clic en la opción **Ayuda sobre la propagación de las propiedades de campo**.

© Editions ENI - Reproducción prohibida

*Aparecerá en la pantalla el cuadro de diálogo **Actualizar propiedades**, en el que podrá seleccionar los formularios o informes que contienen los controles que deben actualizarse.*

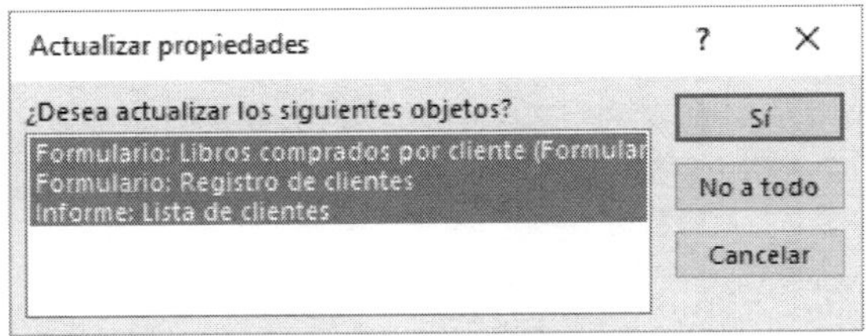

Haga clic, si es necesario, en el nombre de cada uno de los objetos que desee actualizar para seleccionarlos; de forma predeterminada, todos los objetos de la lista están seleccionados.

Haga clic en el botón **Sí** para realizar la actualización.

- Haga clic en la herramienta de la **barra de herramientas de acceso rápido** para guardar los cambios realizados en las propiedades de la tabla.

- Si es necesario, cierre la tabla haciendo clic en el botón .

Puede desactivar el botón desmarcando la opción **Mostrar botones de opciones de actualización de propiedades** de la categoría **Diseñadores de objetos** del cuadro de diálogo **Opciones de Access** (pestaña **Archivo** - **Opciones**).

Algunas propiedades de un campo de una consulta, de un formulario o de un informe pueden modificarse en la vista Diseño. En ese caso, la modificación de las propiedades solo se aplica a un campo del objeto actual. De hecho, si ha creado un nuevo objeto con ese campo, este tomará las propiedades del campo definidas en la tabla y no las definidas anteriormente en la estructura de la consulta, del formulario o del informe.

Para modificar el tamaño de un campo de tipo Texto corto y Número de forma predeterminada, utilice las listas **Tamaño predeterminado de campos de texto** y **Tamaño predeterminado de campos de número** que aparecen en la categoría **Diseñadores de objetos** del cuadro de diálogo **Opciones de Access** (pestaña **Archivo** - botón **Opciones**).

Después de haber modificado las propiedades de ciertos campos, podrá comprobar que los datos existentes en la tabla respetan las reglas de validación (propiedad **Regla de validación**), así como las propiedades **Requerido** y **Permitir longitud cero** en todos los campos de la tabla. Para ello, en la tabla en la vista Diseño, haga clic en el botón **Probar reglas de validación** de la pestaña **Diseño de tabla**. A continuación, haga clic en el botón **Sí** del mensaje que le informa de que Access va a comprobar la validación: si no se detecta ningún problema, un mensaje le informará de que todos los datos son válidos. En caso contrario, para cada problema encontrado, un mensaje le informará detalladamente de la propiedad y del campo afectados.

Si, al guardar la estructura de la tabla, Access detecta que ciertos datos no respetan las propiedades de determinados campos, le propondrá comprobar las nuevas reglas sobre los datos existentes.

Crear una lista de opciones

Una lista de opciones permite seleccionar los valores en lugar de introducirlos. Los valores del campo pueden definirse al crear el campo o pueden proceder de una tabla o de una consulta existentes.

Crear una lista de datos fijos

Deberá introducir los valores propuestos en la lista asociada al campo.

- En el panel de navegación, haga clic con el botón derecho en la tabla que contenga el campo para el que desee crear una lista de opciones y, a continuación, seleccione la opción **Vista Diseño** para que aparezca su estructura.
- Introduzca el nombre del campo en la columna **Nombre del campo** o haga clic en la fila correspondiente si este ya existe.
- Haga clic en la columna **Tipo de datos** del campo, abra la lista desplegable y, a continuación, seleccione la opción **Asistente para búsquedas**.

  *La ventana **Asistente para búsquedas** se mostrará en la pantalla.*
- Active la opción **Escribiré los valores que desee** y, a continuación, haga clic en el botón **Siguiente** para acceder al siguiente paso.
- Especifique el número de columnas deseadas para la lista en la sección **Número de columnas** y, a continuación, haga clic en la primera celda vacía de la columna **Col1**.
- Introduzca los valores de la lista como en una hoja de datos: la tecla ⇥ permite acceder a la siguiente celda.

© Editions ENI - Reproducción prohibida

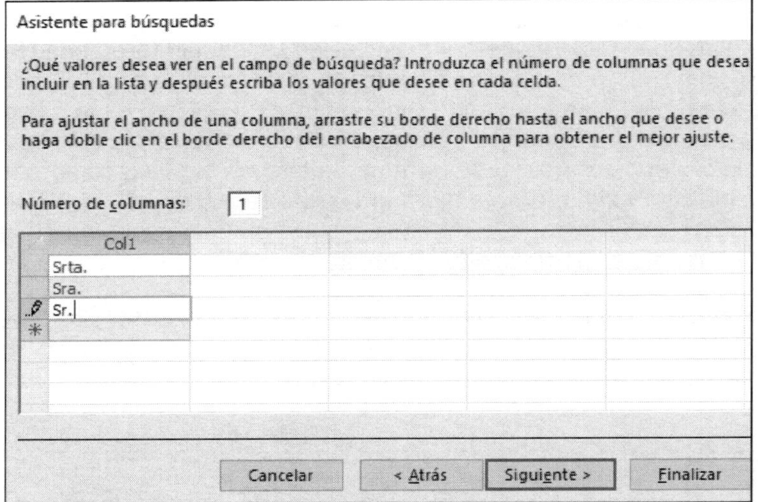

- Haga clic en el botón **Siguiente** para acceder al siguiente paso.
- Si es necesario, seleccione el nombre de la columna que contenga el valor que desee almacenar o utilizar en su base de datos.

  Este paso solo aparece si el número de columnas indicado en el paso anterior es superior a 1.

  Haga clic en el botón **Siguiente**.
- Introduzca el texto de la etiqueta del campo en el cuadro de texto correspondiente.
- Marque la opción **Limitar a la lista** si desea que solo se acepten los valores de la lista para este campo.
- Si desea poder almacenar varios valores en la lista de opciones, active la opción **Permitir varios valores**. De esta forma, al introducir o modificar un registro, podrá seleccionar varios elementos en esta lista activando los valores deseados.
- Haga clic en el botón **Finalizar**.
- Si ha elegido almacenar varios valores en la lista de opciones, haga clic, si es necesario, en el botón **Sí** del mensaje que le informa de que no podrá anular esta modificación.

Este mensaje solo se mostrará si el campo para el que ha creado una lista de opciones contiene valores.

- Para visualizar las propiedades de la lista de opciones, haga clic en la pestaña **Búsqueda** situada en la parte inferior de la ventana: la propiedad **Tipo de origen de la fila** muestra la **Lista de valores**; los valores de la lista aparecen en la propiedad **Origen de la fila** separados por un punto y coma; el **Número de columnas** puede verse en la propiedad del mismo nombre.

- Haga clic en la herramienta para guardar las modificaciones introducidas en la tabla.

- Si es necesario, cierre la tabla haciendo clic en el botón .

Se puede crear una lista de datos fijos a partir de la vista Diseño de un formulario con las herramientas y del grupo **Controles** (pestaña **Diseño de formulario**).

Crear una lista que contenga datos de otra tabla o consulta

La lista de opciones contendrá los valores de un campo de una tabla o consulta existentes.

- En el panel de navegación, haga clic con el botón derecho en la tabla que contenga el campo para el que desee crear una lista de opciones y, a continuación, seleccione la opción **Vista Diseño** para mostrar su estructura.
- Introduzca el nombre del campo en la columna **Nombre del campo** o haga clic en la fila correspondiente si este ya existe.
- Haga clic en la columna **Tipo de datos** del campo, abra la lista desplegable y, a continuación, seleccione la opción **Asistente para búsquedas**.

La ventana ***Asistente para búsquedas*** *se mostrará en la pantalla.*

- Active la primera opción para que la búsqueda se realice sobre los valores de una tabla o de una consulta y, a continuación, haga clic en el botón **Siguiente**.
- En la sección **Ver**, active la opción que se corresponda con la lista de objetos que desee ver: **Tablas**, **Consultas** o **Ambas**.
- Seleccione la tabla o la consulta de la lista que contenga los valores que desee insertar y, a continuación, haga clic en el botón **Siguiente**.

© Editions ENI - Reproducción prohibida

- Indique los campos cuyos valores deben aparecer en la lista:
  - Seleccione los campos que desee agregar en la sección **Campos disponibles** y, a continuación, haga clic en el botón > o doble clic en su nombre.
  - Para agregar todos los campos, haga clic en el botón >>.
  - Para quitar un campo, selecciónelo en la sección **Campos seleccionados** y, a continuación, haga clic en el botón < o doble clic en su nombre en la sección **Campos seleccionados.**
  - Para quitar todos los campos, haga clic en el botón <<.

*Los campos agregados pueden verse en la sección **Campos seleccionados**.*

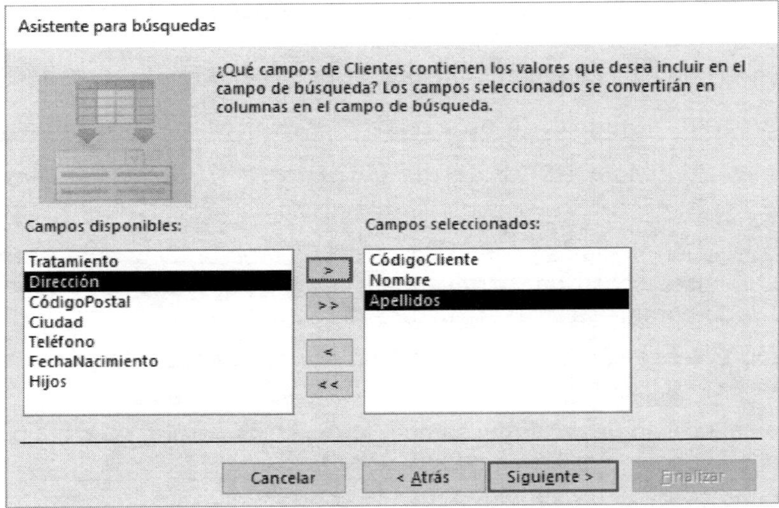

*En el ejemplo anterior, la lista de opciones estará formada por los valores de los campos **CódigoCliente**, **Nombre** y **Apellidos**.*

- Haga clic en el botón **Siguiente**.

- Indique el criterio de ordenación de la lista: para cada campo que desee ordenar, abra el primer cuadro de lista vacío, seleccione el campo y, a continuación, haga clic en el botón **Ascendente** para un orden creciente o en el botón **Descendente** para hacerlo en orden decreciente.

  El campo de la lista 1 se utilizará como clave de ordenación primaria, el de la lista 2, como clave de ordenación secundaria, y así sucesivamente.

- Haga clic en el botón **Siguiente**.
- Si el número de campos seleccionados para la lista es superior a 1, desactive la opción **Ocultar la columna clave (se recomienda)** si la columna que contiene los valores de la clave debe verse.
- Modifique, si es necesario, el ancho de las columnas de la lista: para modificar una columna, señale la marca vertical situada a la derecha de su encabezado y, a continuación, haga clic y arrastre con el ratón hasta obtener el ancho deseado.

  Si hace doble clic en la marca vertical situada a la derecha de un encabezado, podrá ajustar automáticamente el ancho de la columna correspondiente a los datos visibles.

- Haga clic en el botón **Siguiente**.
- Seleccione el campo en el que se almacenará el valor.

  *Este paso solo se mostrará si la opción **Ocultar la columna clave (se recomienda)** se ha desactivado en el paso anterior.*

  Haga clic en el botón **Siguiente**.

- Introduzca el texto de la etiqueta del cuadro de lista en el cuadro correspondiente.
- Marque la opción **Habilitar integridad de datos** si deben efectuarse ciertos controles de compatibilidad de los datos entre la tabla activa y la que contiene los valores de la lista de opciones (seleccionados anteriormente en el Asistente).

  *Esta opción aparece atenuada y, por tanto, no está disponible si se selecciona la opción **Permitir varios valores**.*

  Si ha seleccionado la opción **Habilitar integridad de datos**, active la opción **Eliminación en cascada** si desea autorizar la eliminación de los registros de la tabla activa, vinculados a los registros eliminados en la tabla que contiene los valores de la lista de opciones; de lo contrario, marque la opción **Eliminación restringida**.

  Estas opciones no aparecen si los valores de la lista de opciones proceden de una consulta.

© Editions ENI - Reproducción prohibida

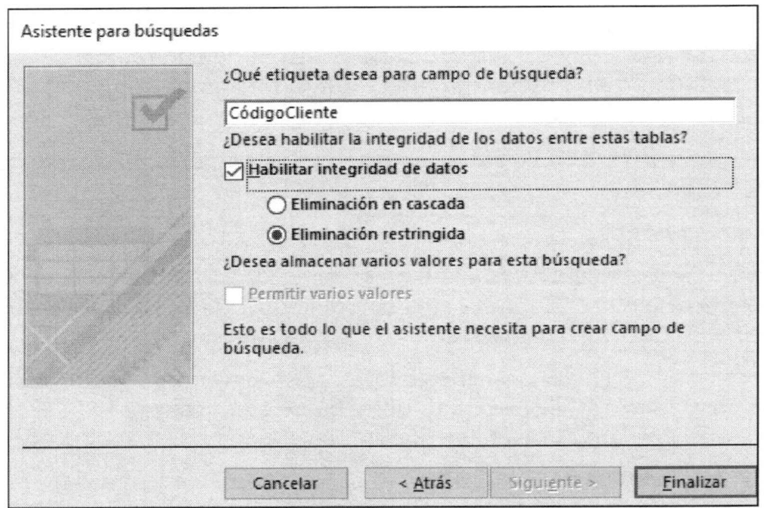

Para obtener más información sobre las relaciones entre las tablas, consulte el siguiente capítulo.

- Si desea poder almacenar varios valores en la lista de opciones, active la opción **Permitir varios valores**. De este modo, al introducir o modificar un registro, podrá seleccionar varios elementos en esta lista activando los valores correspondientes.

  *Esta opción aparece atenuada y, por tanto, no está disponible si la opción **Habilitar integridad de datos** está marcada.*

- Haga clic en el botón **Finalizar**.
- Haga clic en el botón **Sí** para guardar los cambios en la tabla.

  Este mensaje solo aparece si el campo para el que ha creado una lista de opciones contiene valores.

- Para ver las propiedades de la lista de opciones, haga clic en la pestaña **Búsqueda** situada en la parte inferior de la ventana: la propiedad **Tipo de origen de la fila** muestra la opción **Tabla/Consulta**; la propiedad **Origen de la fila** muestra una instrucción SQL que permite seleccionar los campos insertados en la lista; el **Número de columnas** puede verse en la propiedad del mismo nombre.
- Haga clic en la herramienta 💾 para guardar las modificaciones realizadas en la estructura de la tabla.

- Si es necesario, cierre la tabla haciendo clic en el botón .

Puede crearse una lista con datos de otra tabla desde la vista Diseño de un formulario con las herramientas y del grupo **Controles** (pestaña **Diseño de formulario**).

También puede crearse una lista de opciones a partir de una tabla abierta en la vista Hoja de datos: haga clic en el encabezado del campo tras el cual debe insertarse el nuevo campo. En la pestaña **Campos de la tabla**, haga clic en el botón **Más campos** del grupo **Agregar y eliminar** y, a continuación, seleccione el tipo de campo **Búsqueda y relación** que aparece en la categoría **Tipos básicos**; también puede hacer clic en la etiqueta **Haga clic para agregar** que aparece en la fila de encabezado de la última columna de la hoja de datos y seleccionar la opción **Búsqueda y relación**. A continuación, siga las instrucciones del Asistente para búsquedas.

Modificar los valores de una lista de opciones múltiples basada en una lista de datos fijos

- En la vista Diseño, muestre la tabla que contenga el campo de la lista de opciones con valores múltiples.
- Haga clic en el campo con varios valores y, a continuación, seleccione la pestaña **Búsqueda** que aparece en la parte inferior de la ventana.
- Seleccione la opción **Sí** para la propiedad **Permitir ediciones de lista de valores**.
- Haga clic en la herramienta para guardar las modificaciones realizadas en la estructura de la tabla.
- A continuación, muestre la tabla en la vista Hoja de datos haciendo clic en el botón **Ver** de la pestaña **Diseño de tabla** o en el botón de la barra de estado.
- Haga clic con el botón derecho en uno de los valores del campo de la lista de opciones múltiples y, a continuación, seleccione la opción **Editar elementos de lista**. También puede pulsar Ctrl **E** para abrir el cuadro de diálogo **Editar elementos de lista**.

© Editions ENI - Reproducción prohibida

*Los valores de la lista se mostrarán en el cuadro de diálogo **Editar elementos de lista**:*

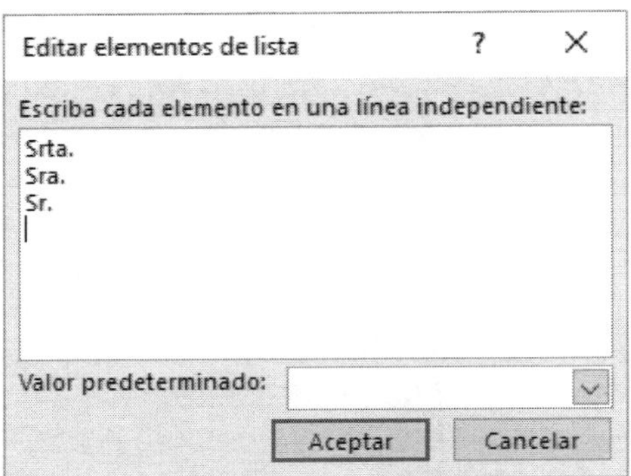

- Para agregar un nuevo valor al final de la lista, haga clic debajo del último valor de la lista, introduzca el valor y, a continuación, pulse la tecla [Intro].

  Si no consigue colocar el punto de inserción debajo del último valor, haga clic después del último carácter del último valor de la lista y, a continuación, pulse la tecla [Intro] para crear una fila nueva.

  Para agregar un nuevo valor dentro de la lista, haga clic después del último carácter del valor tras el cual desee insertar el nuevo, pulse la tecla [Intro] y, a continuación, introduzca el nuevo valor.

- Para eliminar un valor de la lista, selecciónelo y, a continuación, pulse la tecla [Supr].
- En la lista **Valor predeterminado**, seleccione, si es necesario, el valor que debe mostrarse automáticamente en este campo al crear un nuevo registro. El usuario podrá aceptar este valor o seleccionar otro.
- Haga clic en el botón **Aceptar**.

Indexar una tabla

Al buscar datos o ejecutar una consulta, el índice permite a Access encontrar más rápidamente los registros correspondientes y también acelera la ordenación.

Crear un índice de campo único

- En el panel de navegación, haga clic con el botón derecho en la tabla correspondiente y, a continuación, seleccione la opción **Vista Diseño**.
- Haga clic en el campo en el que desee basar el índice y, a continuación, modifique la propiedad **Indexado** en la parte inferior de la ventana:

No	El campo no está indexado.
Sí (Con duplicados)	Indexa el campo autorizando la introducción de valores repetidos para dicho campo.
Sí (Sin duplicados)	Indexa el campo sin autorizar la introducción de valores repetidos para dicho campo (como para las claves principales).

- Haga clic en la herramienta para guardar las modificaciones realizadas en la estructura de la tabla.
- Si es necesario, cierre la tabla haciendo clic en el botón.

Crear un índice de múltiples campos

Se trata de crear un índice compuesto por varios campos.

- En el panel de navegación, haga clic con el botón derecho en la tabla correspondiente y, a continuación, seleccione la opción **Vista Diseño**.
- En la pestaña **Diseño de tabla**, haga clic en el botón **Índices** del grupo **Mostrar u ocultar** para mostrar la ventana **Índices**.

  *Los índices definidos con anterioridad aparecerán en la ventana **Índices: nombre de la tabla**.*
- Especifique el nombre del índice en la primera celda vacía de la columna **Nombre de índice**.

© Editions ENI - Reproducción prohibida

- En la segunda columna, seleccione el nombre del primer campo del índice y, a continuación, seleccione el **Criterio de ordenación** y las **Propiedades del índice** en la parte inferior de la ventana:

Principal	Si el índice creado debe ser la clave principal de la tabla (solo se puede crear una clave principal por tabla).
Única	Si los valores de este campo deben ser únicos.
Omitir nulos	Si el campo utilizado como índice puede estar en blanco para un gran número de registros, active esta opción para acelerar las operaciones de búsqueda en este índice.

- Defina en las filas siguientes de la columna **Nombre del campo** los demás campos que componen el índice.

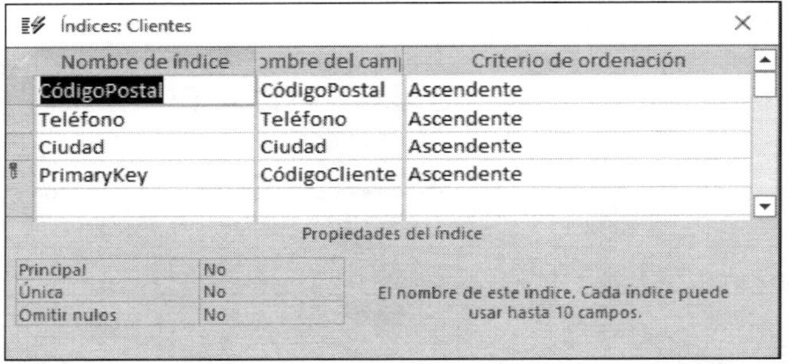

Cada índice puede contener 10 campos como máximo.

- Cierre la ventana **Índices** haciendo clic en el botón [×] o en el botón **Índices** de la pestaña **Diseño**.
- Haga clic en la herramienta [guardar] para guardar las modificaciones realizadas en la estructura de la tabla.
- Si es necesario, cierre la tabla haciendo clic en el botón [×].

Si bien es cierto que la creación de un índice acelera las búsquedas y la ordenación, no hay que olvidar que también ralentiza las operaciones de actualización de registros (en la medida en que hay que actualizar cada índice).

La ventana **Índices** también puede utilizarse para crear un índice de campo único.

Definir una clave principal

Cada tabla de una base de datos debe incluir un campo o un conjunto de campos que permitan identificar cada registro de modo único: se trata de la ***clave principal****.*

- En el panel de navegación, haga clic con el botón derecho en la tabla en la que desee definir una clave principal y, a continuación, seleccione la opción **Vista Diseño.**

  Para definir una clave principal, debe obligatoriamente acceder a la estructura de la tabla (vista Diseño).

- Si la clave principal utiliza un solo campo, seleccione la fila correspondiente. Si la clave principal utiliza varios campos, seleccione las filas correspondientes a los diferentes campos; utilice la tecla Ctrl si las filas no son contiguas.

  Una clave principal está formada por varios campos cuando no puede garantizar que un campo sea único.

- En la pestaña **Diseño de tabla**, haga clic en el botón **Clave principal** del grupo **Herramientas**.

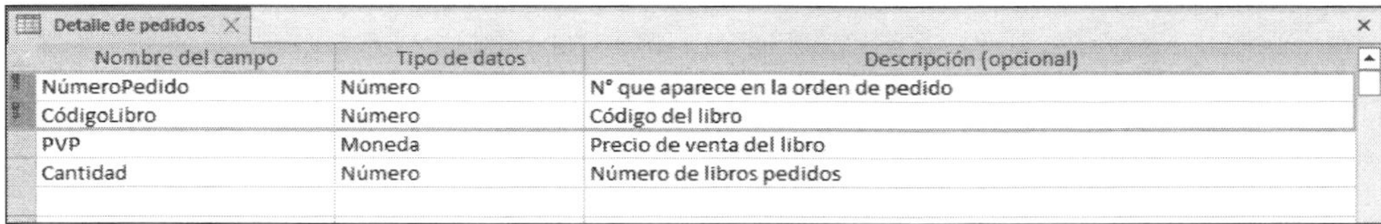

Detalle de pedidos

Nombre del campo	Tipo de datos	Descripción (opcional)
NúmeroPedido	Número	N° que aparece en la orden de pedido
CódigoLibro	Número	Código del libro
PVP	Moneda	Precio de venta del libro
Cantidad	Número	Número de libros pedidos

Aparecerá una llave en cada fila seleccionada.

- Haga clic en la herramienta para guardar las modificaciones realizadas en la estructura de la tabla.
- Si es necesario, cierre la tabla haciendo clic en el botón ×.

Para eliminar la clave principal, haga clic en el campo correspondiente, seleccione a continuación la pestaña **Diseño de tabla** y haga clic en el botón **Clave principal** del grupo **Herramientas.** No puede eliminar una clave principal si el campo correspondiente está asociado a una relación (véase el capítulo Relaciones entre las tablas).

Para modificar la clave principal, seleccione el o los campos que deben constituir la nueva clave principal y, a continuación, haga clic en el botón **Clave principal** de la pestaña **Diseño de tabla**: la(s) llave(s) aparecerá(n) en la fila o filas seleccionadas.

© Editions ENI - Reproducción prohibida

Cuando guarde una tabla nueva creada en la vista Diseño sin haber definido una clave principal, un mensaje le informará de que no se ha definido ninguna clave para la tabla y le propondrá crear una: haga clic en el botón **Sí** si desea que Access cree la clave principal o en **No** en caso contrario. Si ha elegido que Access defina la clave principal, la aplicación utilizará, si existe, un campo de tipo **Autonumeración** como clave principal. De lo contrario, Access agregará el campo **Id** de tipo **Autonumeración** que se utiliza como clave principal.

Cuando crea una tabla en la vista Hoja de datos, Access crea automáticamente un campo **Id** de tipo **Autonumeración** que se utiliza como clave principal.

Establecer una relación entre dos tablas

Los distintos tipos de relaciones entre tablas

Establecer una relación entre las tablas de la base de datos le permitirá agrupar (para utilizarlos de forma conjunta, analizarlos, etc.) los datos distribuidos en las diferentes tablas. De este modo, si desea realizar un informe que contenga la designación de cada artículo, así como de cada categoría, puede basar este informe en una consulta en la que las dos tablas estén relacionadas. El vínculo entre dos tablas se realiza mediante la clave principal. Existen cuatro tipos de relaciones entre las tablas que se crean y gestionan de manera diferente:

- La relación de tipo **"uno a varios"**: un registro de la tabla principal está relacionado con varios registros de la tabla relacionada (la tabla principal contiene la clave principal necesaria para establecer la relación). Por ejemplo, a una categoría le corresponden varios artículos:

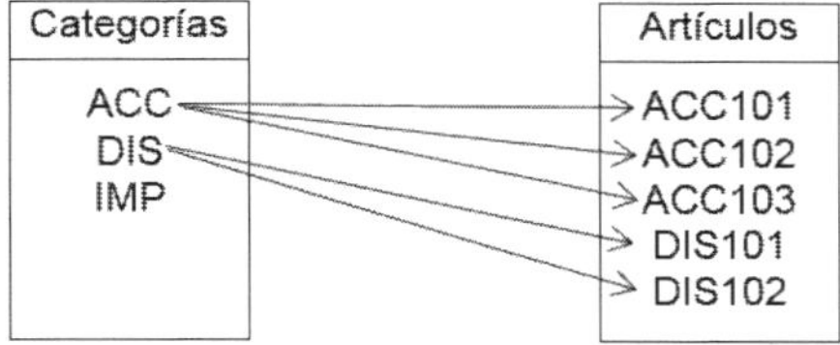

A cada Código de categoría le corresponden varios Códigos de artículos (varias flechas "parten" de un mismo Código de categoría). A cada Código de artículo le corresponde un solo Código de categoría.

- La relación de tipo **"varios a uno"** corresponde al mismo tipo de relación, pero al contrario. Por ejemplo, varios pedidos pueden ser realizados por el mismo cliente:

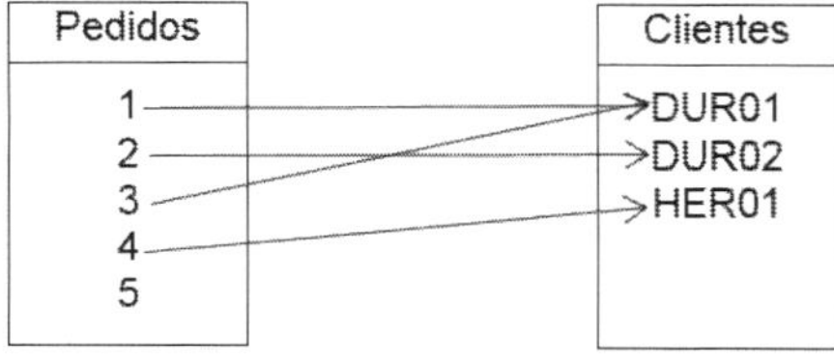

A un número de pedido solo puede corresponderle un Código de cliente; no obstante, un mismo Código de cliente puede encontrarse en varios pedidos. Aunque son del mismo tipo, estas dos relaciones no se gestionan de la misma manera. El sentido de la relación depende en realidad de la tabla principal.

© Editions ENI - Reproducción prohibida

- La relación de tipo **"varios a varios"**: un registro de la tabla principal puede estar relacionado con varios registros de la tabla vinculada y, al contrario, un registro de la tabla vinculada puede estar relacionado con varios registros de la tabla principal. Por ejemplo, un mismo pedido incluye varios artículos diferentes, y un mismo artículo puede encontrarse en diferentes pedidos. Podemos ilustrar este tipo de relación de la siguiente manera:

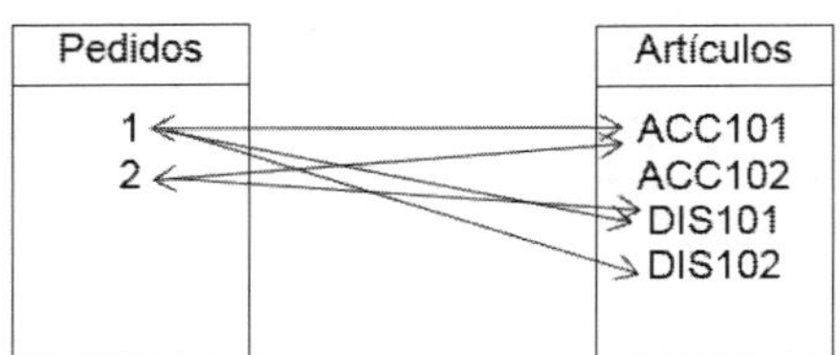

  A un número de pedido le corresponden varios Códigos de artículo y, al contrario, a un Código de artículo le corresponden varios números de pedido. Para gestionar correctamente este tipo de relación, hay que dividirla en una relación de tipo "uno a varios" o en una relación de tipo "varios a uno".

- La relación de tipo **"uno a uno"**: un registro de la tabla principal está relacionado con un solo registro de la tabla vinculada y al contrario. Este tipo de relación es poco frecuente, porque, por regla general, la información contenida en las dos tablas se puede agrupar en una sola. Se puede justificar, por ejemplo, en caso de que la tabla vinculada contenga información temporal que habrá que eliminar posteriormente (será entonces más fácil destruir la tabla que eliminar algunos campos de una tabla única).

Establecer una relación entre dos tablas

Esta relación se efectúa obligatoriamente mediante la clave principal de la tabla principal y del campo correspondiente de la tabla vinculada. Se asume que las dos tablas poseen un campo en común (aunque ese campo no tenga el mismo nombre en las dos tablas) y que ese campo contiene el mismo tipo de datos.

- Abra el archivo de la base de datos en el que desee establecer las relaciones. Asegúrese de que no haya abierto ningún objeto.

  Si una de las tablas o las dos están abiertas, o si un objeto que utilizan estas tablas está abierto, no podrá establecer una relación entre dichas tablas.

- En la pestaña **Herramientas de base de datos**, haga clic en el botón **Relaciones** del grupo **Relaciones**.

*Si accede por primera vez a la ventana **Relaciones** de la base de datos activa, la ventana se mostrará en blanco, y Access le propondrá agregar tablas.*

- Si no es la primera vez que accede a la ventana **Relaciones**, en la pestaña **Diseño de relaciones**, haga clic en el botón **Añadir Tablas** del grupo **Relaciones**: a la derecha de la pantalla se mostrará el cuadro de diálogo que le permitirá seleccionar las tablas que desea vincular.
- Seleccione las tablas en las que desee establecer una relación: utilice la tecla Mayús para seleccionar las tablas contiguas o la tecla Ctrl si no son contiguas.
- Haga clic en el botón **Agregar las tablas seleccionadas**.

*Para agregar una tabla a la ventana **Relaciones**, también puede hacer doble clic en su nombre.*

- Cuando haya terminado de agregar las tablas, haga clic en el botón × visible en la esquina superior derecha del panel **Añadir tablas**.

*Las tablas aparecerán en la ventana, pero las relaciones no se habrán establecido. La ventana **Relaciones** le permite mostrar y establecer las relaciones existentes entre todas las tablas y consultas de la base de datos activa.*

- Para establecer la relación entre las tablas, arrastre el campo común a las dos tablas de la tabla principal (o tabla de origen) a la tabla vinculada.

*El cuadro de diálogo **Modificar relaciones** le permitirá definir algunas características de la relación.*

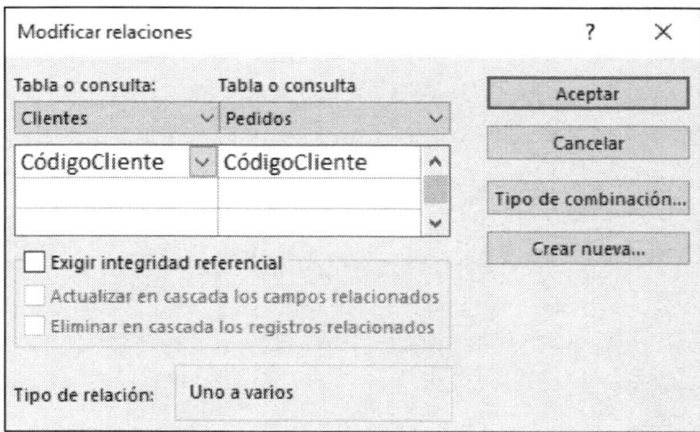

© Editions ENI - Reproducción prohibida

- Active la opción **Exigir integridad referencial** si desea que Access realice controles sobre la compatibilidad de los datos entre las dos tablas. En ese caso, cuando agrega un registro a la tabla vinculada, Access comprueba que existe el registro correspondiente en la tabla principal e impide que se elimine un registro de la tabla principal si está relacionado con uno o varios registros de la tabla vinculada.
- Aunque haya activado la opción **Exigir integridad referencial**, puede autorizar la modificación del valor de la clave principal y la eliminación de registros de la tabla principal activando las opciones **Actualizar en cascada los campos relacionados** y **Eliminar en cascada los registros relacionados**; en el primer caso, Access reproducirá la modificación del valor del campo en todos los registros relacionados. En el segundo caso, Access eliminará todos los registros relacionados con el registro destruido.
- Haga clic en el botón **Crear**.

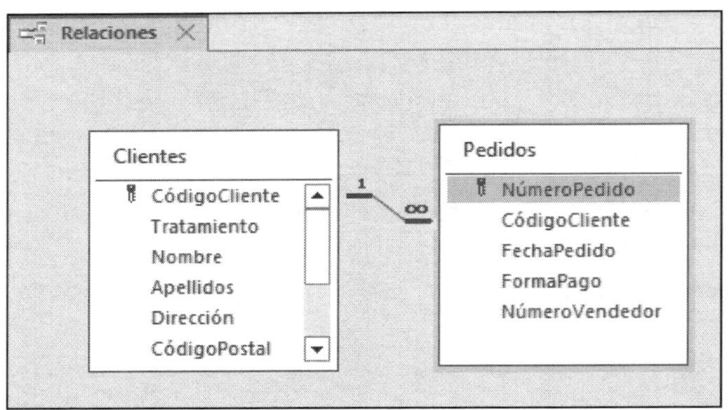

*Las dos tablas están ahora vinculadas por una línea de combinación: el tipo de relación está representado por los símbolos **1** y **∞**, mientras que las líneas gruesas indican la integridad referencial.*

- Haga clic en la herramienta [icono Guardar] para guardar las relaciones establecidas.
- Para cerrar la ventana **Relaciones**, haga clic en el botón [×] situado en la esquina superior derecha de la ventana o en el botón **Cerrar** del grupo **Relaciones** (pestaña **Diseño de relaciones**).

Para mostrar el contenido de la ventana **Relaciones**, vuelva a hacer clic en el botón **Relaciones** de la pestaña **Herramientas de base de datos**.

Solamente puede establecer una relación entre dos tablas.

No se puede eliminar una tabla principal, ni modificar el tipo de datos de un campo utilizado en una relación, ni eliminar dicho campo.

Administrar las relaciones de la base de datos

- Asegúrese de que no haya abierta ninguna tabla y de que ningún objeto utilice la(s) tabla(s) en la(s) que desee modificar las relaciones.
- En la pestaña **Herramientas de base de datos**, haga clic en el botón **Relaciones** del grupo **Relaciones**.
- Para agregar una o varias tablas a la ventana **Relaciones**, haga clic en el botón **Agregar tablas** del grupo **Relaciones**, seleccione las tablas, haga clic en el botón **Agregar las tablas seleccionadas** y, a continuación, haga clic en el botón [×] visible en la esquina superior derecha del panel **Agregar tablas**.

  *Para agregar una tabla a la ventana **Relaciones**, también puede hacer doble clic en su nombre.*
- Para quitar una de las tablas, haga clic en la barra de título de la tabla y, a continuación, seleccione el botón **Ocultar tabla** del grupo **Relaciones** o pulse la tecla [Supr].
- Para borrar el contenido de la ventana, haga clic en el botón **Borrar diseño** del grupo **Herramientas**.

  *Atención: al eliminar una tabla de la ventana **Relaciones**, no se eliminarán las relaciones establecidas con otras tablas.*
- Para mostrar de nuevo todas las relaciones y las tablas vinculadas, haga clic en el botón **Mostrar todas las relaciones** del grupo **Relaciones**.
- Para mostrar las relaciones y las tablas vinculadas a una tabla específica, haga clic en la barra de título de la tabla correspondiente para seleccionarla y, a continuación, seleccione el botón **Mostrar relaciones directas** del grupo **Relaciones**.
- Para mover una tabla, señale, haga clic y arrastre la barra de título de la tabla correspondiente hacia su nueva posición. Cuando alcance el lugar deseado, suelte el botón del ratón.
- Para cambiar el tamaño de la ventana de una tabla, señale uno de sus bordes, haga clic y arrastre el ratón hasta obtener el tamaño deseado.
- Para acceder a la estructura de una tabla, haga clic con el botón derecho en la tabla correspondiente y, a continuación, seleccione la opción **Diseño de tabla**.

© Editions ENI - Reproducción prohibida

- Para modificar las características de una relación, haga doble clic en la línea de combinación, realice los cambios necesarios y, a continuación, seleccione el botón **Aceptar**.
- Para eliminar una relación, haga clic en la línea de combinación, pulse la tecla Supr y, a continuación, confirme la eliminación haciendo clic en el botón **Sí**.

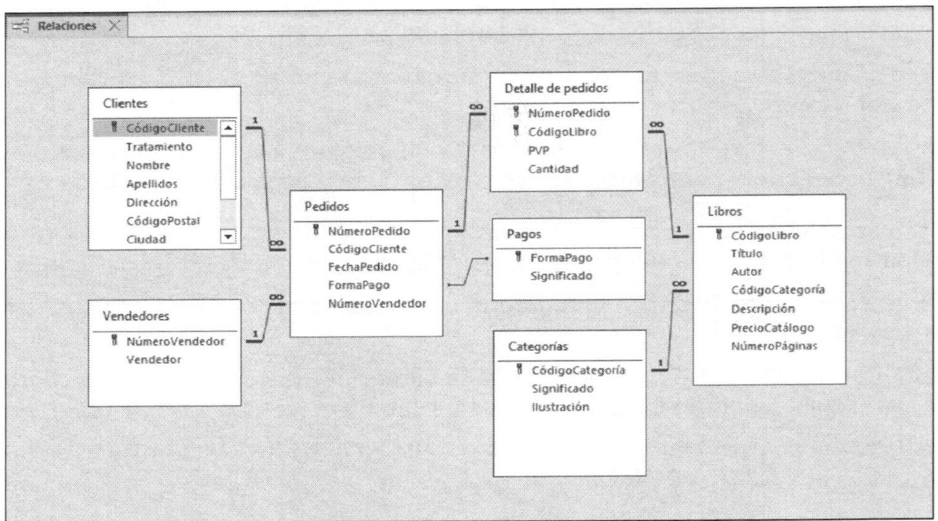

- Después de haber modificado el contenido de la ventana **Relaciones**, haga clic en la herramienta para guardar los cambios.
- Para cerrar la ventana **Relaciones**, haga clic en el botón situado en la esquina superior derecha de la ventana o en el botón **Cerrar** del grupo **Relaciones** (pestaña **Diseño de relaciones**).

Mostrar/modificar datos vinculados en una subhoja de datos

*Cuando dos tablas están vinculadas por una relación **uno a varios**, para cada fila de la tabla del lado "uno", se pueden visualizar en una subhoja de datos las filas de la tabla del lado "varios".*

- En el panel de navegación, haga doble clic en el nombre de la tabla cuyos datos vinculados desee mostrar o modificar.

La tabla se abrirá en la vista Hoja de datos, y en la columna de la izquierda de cada fila aparecerá el botón ⊞.

- Para mostrar y, si es necesario, modificar los datos vinculados de una o varias filas (registros), haga clic en el botón ⊞ asociado a la(s) fila(s) correspondiente(s).

  En el siguiente ejemplo, puede ver las filas de la tabla ***Pedidos*** *correspondientes al CódigoCliente* ***BON001****; el botón* ⊞ *se transforma en* ⊟.

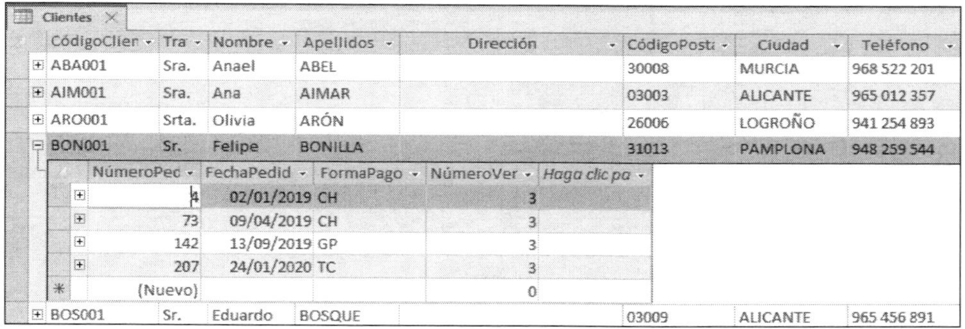

Clientes

CódigoClien	Tra	Nombre	Apellidos	Dirección	CódigoPost	Ciudad	Teléfono
⊞ ABA001	Sra.	Anael	ABEL		30008	MURCIA	968 522 201
⊞ AJM001	Sra.	Ana	AIMAR		03003	ALICANTE	965 012 357
⊞ ARO001	Srta.	Olivia	ARÓN		26006	LOGROÑO	941 254 893
⊟ BON001	Sr.	Felipe	BONILLA		31013	PAMPLONA	948 259 544
⊞ BOS001	Sr.	Eduardo	BOSQUE		03009	ALICANTE	965 456 891

	NúmeroPec	FechaPedid	FormaPago	NúmeroVer	Haga clic pa
⊞	4	02/01/2019	CH	3	
⊞	73	09/04/2019	CH	3	
⊞	142	13/09/2019	GP	3	
⊞	207	24/01/2020	TC	3	
*	(Nuevo)			0	

- Para ocultar los datos vinculados a una fila, haga clic en el botón ⊟ asociado a esa fila.
- Si es necesario, cierre la ventana de la hoja de datos haciendo clic en el botón ☒.

Imprimir las relaciones de la base de datos

Se trata de imprimir el contenido de la ventana ***Relaciones****. Solo se imprimirán las relaciones y las tablas vinculadas mostradas en la ventana* ***Relaciones****. Las relaciones y las tablas vinculadas ocultas no se imprimirán.*

- En la pestaña **Herramientas de base de datos**, haga clic en el botón **Relaciones** del grupo **Relaciones**.
- Haga clic en el botón **Informe de relación** que aparece en el grupo **Herramientas**.

© Editions ENI - Reproducción prohibida

Las relaciones de la base de datos se mostrarán en un informe tal y como aparecen en la ventana ***Relaciones****.*

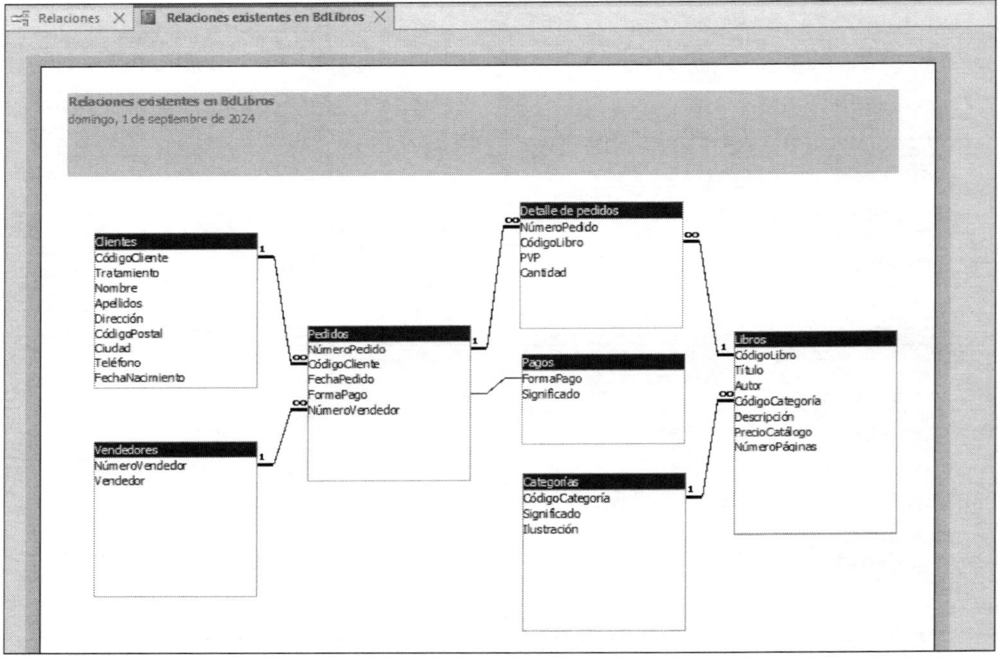

- Cambie, si lo desea, el diseño del informe a través de las opciones del grupo **Diseño de página**.
- Haga clic en el botón **Imprimir** del grupo **Imprimir**. Cambie, si lo desea, las opciones de impresión y, a continuación, haga clic en el botón **Aceptar**.
- Haga clic en el botón ✕ para cerrar la ventana del informe y, a continuación, guárdelo haciendo clic en el botón **Sí** o en el botón **No** si no desea guardarlo.
- Cierre la ventana **Relaciones** haciendo clic en el botón ✕.

Introducir registros en la hoja de datos

- En el panel de navegación, haga doble clic en el nombre de la tabla o de la consulta en la que desee agregar registros.
- Haga clic en el botón situado en la parte inferior izquierda de la ventana del objeto para crear un nuevo registro.

  *También puede hacer clic en el botón **Nuevo** del grupo **Registros** de la pestaña **Inicio**.*
- En cada campo del registro, introduzca los datos que desee o selecciónelos a través de la lista de opciones o del selector de fecha ( ) si los datos son de tipo **Fecha/ Hora.**

  En el caso de datos de tipo **Datos adjuntos**, haga doble clic en el sujetapapeles y, a continuación, para agregar el o los archivos adjuntos, haga clic en el botón **Agregar**. A continuación, seleccione los archivos correspondientes y haga clic en el botón **Abrir**.

  *Los archivos adjuntos aparecerán ahora en el cuadro de diálogo **Datos adjuntos**.*

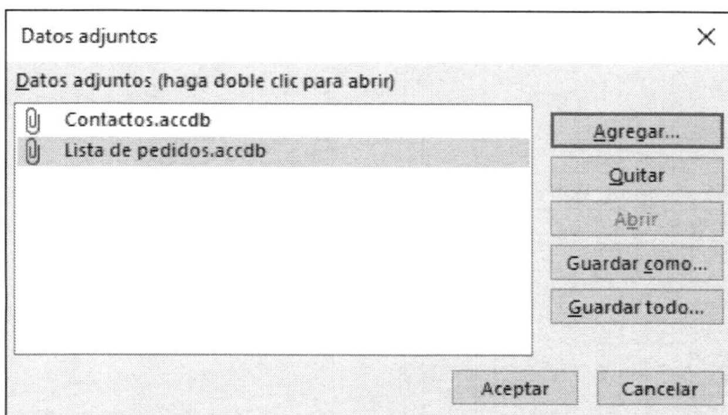

  *El botón **Quitar** o la tecla Supr permiten eliminar el archivo seleccionado.*

  Haga clic en el botón **Aceptar** del cuadro de diálogo **Datos adjuntos**.
- Para acceder al campo o al registro siguiente, pulse la tecla o .

  Debe respetar el tipo de datos permitido para el campo y su longitud.

*En una hoja de datos, los símbolos que aparecen a la izquierda de la primera columna se denominan selectores de registro: el lápiz indica que el registro señalado está modificándose y que los cambios todavía no se han guardado; el asterisco * representa un nuevo registro.*

- Introduzca el contenido de cada campo del registro. Si pulsa la tecla esc, borrará el contenido del último campo completado del registro activo. Si pulsa de nuevo la tecla esc, borrará el contenido de todos los campos completados del registro activo.
- Utilice los siguientes métodos abreviados para insertar contenido de determinados campos:

Ctrl :	Para insertar la hora actual.
Ctrl Alt Espacio	Para insertar el valor predeterminado para este campo.
Ctrl '	Para insertar el valor del mismo campo del registro anterior.
Ctrl ↵	Para forzar la línea nueva.

La desaparición del lápiz como selector de registros indica que los datos se han guardado: no deberá efectuar ninguna operación para guardarlos.

- Si es necesario, cierre la hoja de datos haciendo clic en el botón × de su ventana.

Administrar la hoja de datos

Seleccionar filas o columnas en una hoja de datos

- Muestre la tabla o la consulta correspondientes en la vista **Hoja de datos** ( ).
- Para seleccionar una fila o una columna, haga clic en el selector de fila o en el selector de campo (es decir, el título de la columna).
- Para seleccionar un grupo de filas o de columnas, haga clic de modo que seleccione la primera fila o columna, y arrastre el ratón para extender la selección.
- Para seleccionar todas las filas o columnas, haga clic en la casilla situada en la esquina superior izquierda de la hoja de datos.

Las filas o columnas seleccionadas se mostrarán de diferente color, y la selección estará enmarcada por un borde de color rosa.

Para anular la selección, haga clic en cualquier lugar de la hoja de datos.

La opción **Seleccionar** asociada a la herramienta **Seleccionar** (pestaña **Inicio** - grupo **Buscar**) permite seleccionar el registro activo, mientras que la opción **Seleccionar todos** selecciona todos los registros de la hoja de datos.

Modificar el ancho de las columnas/alto de las filas

- Muestre la tabla o la consulta correspondientes en la vista **Hoja de datos** ().
- Si se trata de varias columnas, selecciónelas; si se trata de solo una columna, no es necesario seleccionarla.

  En lo que respecta a las filas, no es necesaria ninguna selección, puesto que no puede haber altos de filas diferentes en una hoja de datos. De hecho, si se modifica el alto de una fila (o de varias filas en el caso de una selección), el alto de todas las filas de la hoja de datos se modificará automáticamente.
- Señale la marca vertical situada a la derecha de una de las columnas correspondientes o la marca horizontal situada debajo de cualquier fila de la hoja de datos.
- Haga clic y arrastre el ratón hasta obtener el ancho o el alto deseados.
- Cuando alcance el ancho de columna o el alto de fila que desee, suelte el botón del ratón.

Para cambiar de forma precisa el ancho de las columnas o el alto de las filas, también puede, después de haber seleccionado las columnas correspondientes (no es necesario seleccionar las filas), hacer clic en el botón **Más** del grupo **Registros** (pestaña **Inicio**) y, a continuación, seleccionar la opción **Ancho del campo** o **Alto de fila**.

Para cambiar el ancho de las columnas predeterminado, haga clic en la pestaña **Archivo**, seleccione el botón **Opciones** y, a continuación, desplácese a la categoría **Hoja de datos**. Especifique un ancho predeterminado en el cuadro de texto **Ancho de columna predeterminado** y, a continuación, haga clic en el botón **Aceptar**.

Para ajustar automáticamente el ancho de la columna a la entrada visible más larga, señale la marca vertical situada a la derecha de la columna y, a continuación, haga doble clic en ella.

© Editions ENI - Reproducción prohibida

Inmovilizar columnas

Las columnas inmovilizadas permanecen en la pantalla cuando desplaza el contenido de la ventana.

- Muestre la tabla o la consulta correspondientes en la vista **Hoja de datos** .
- Seleccione la(s) columna(s) que desee inmovilizar.
- En la pestaña **Inicio**, haga clic en el botón **Más** del grupo **Registros** y, a continuación, seleccione la opción **Inmovilizar campos.**

  *También puede hacer clic con el botón derecho en uno de los encabezados de columna seleccionados y seleccionar a continuación la opción **Inmovilizar campos**.*
- Para deshacer este formato, haga clic en el botón **Más** del grupo **Registros** y, a continuación, seleccione la opción **Liberar todos los campos**.

Las columnas inmovilizadas se repiten en cada página impresa si el ancho de impresión supera el ancho físico del papel.

Ocultar/mostrar ciertas columnas

- Muestre la tabla o la consulta correspondientes en la vista **Hoja de datos** .
- En la pestaña **Inicio**, haga clic en el botón **Más** del grupo **Registros** y, a continuación, seleccione la opción **Mostrar campos**.

  *También puede hacer clic con el botón derecho en el encabezado de una columna y, a continuación, seleccionar la opción **Mostrar campos**.*

  Los nombres de las columnas que aparecen en la hoja de datos están precedidos por una marca.
- Active las casillas de verificación asociadas a las columnas que desee mostrar y desactive las que estén asociadas a las columnas que desee ocultar.
- Haga clic en el botón **Cerrar** del cuadro de diálogo **Mostrar columnas.**

Para ocultar una o varias columnas, también puede seleccionarlas, hacer clic en el botón **Más** del grupo **Registros** (pestaña **Inicio**) y, a continuación, seleccionar la opción **Ocultar campos**.

Mover una columna

- Muestre la tabla o la consulta correspondientes en la vista **Hoja de datos** .
- Seleccione la(s) columna(s) deseada(s).

- Haga clic en el selector de campo de una de las columnas seleccionadas y, a continuación, arrastre el ratón hasta colocar la marca vertical gruesa en la nueva posición de las columnas.
- Cuando se encuentre en la posición deseada, suelte el botón del ratón.

Cambiar la presentación de la hoja de datos

Se trata de cambiar la presentación de las celdas, de la cuadrícula y de los bordes de la hoja de datos del objeto activo.

- Muestre la tabla o la consulta correspondientes en la vista **Hoja de datos**.
- En la pestaña **Inicio**, haga clic en el botón que aparece en la parte inferior derecha del grupo **Formato de texto** para abrir el cuadro de diálogo **Formato de hoja de datos**.

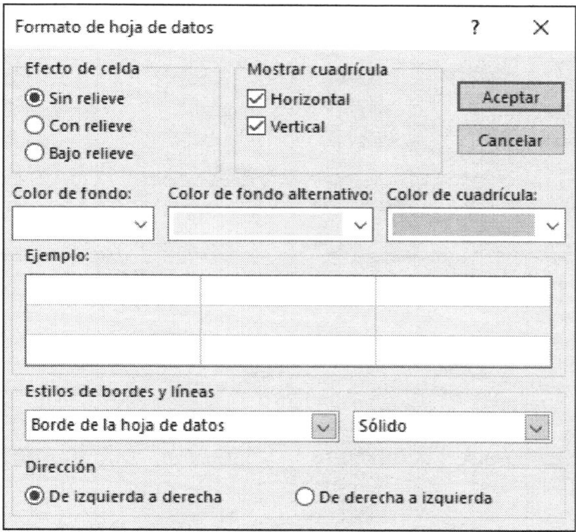

- Para cambiar el formato de la celda, active una de las opciones de la sección **Efecto de celda: Sin relieve, Con relieve** o **Bajo relieve.**

  *Podrá ver una vista preliminar de la opción seleccionada en la sección **Ejemplo**.*

- Elija mostrar la cuadrícula horizontal o vertical activando las opciones **Horizontal** o **Vertical** de la sección **Mostrar cuadrícula.**

  *Estas opciones están disponibles únicamente si la opción **Sin relieve** está activada.*

© Editions ENI - Reproducción prohibida

También es posible modificar las opciones de cuadrícula utilizando la herramienta

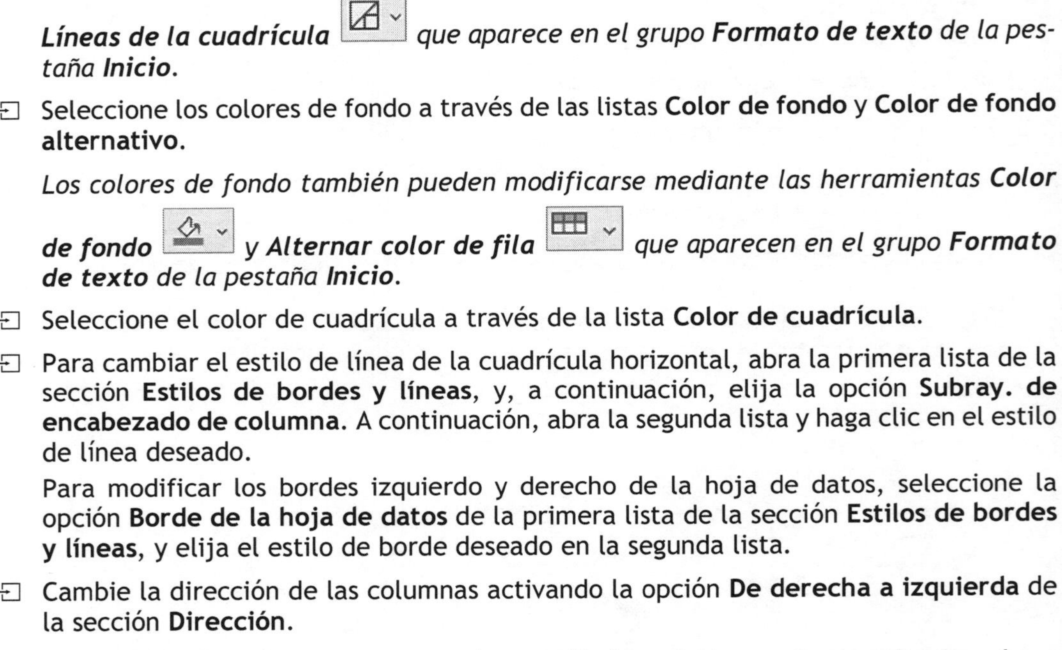

Líneas de la cuadrícula *que aparece en el grupo* ***Formato de texto*** *de la pestaña* ***Inicio.***

- Seleccione los colores de fondo a través de las listas **Color de fondo** y **Color de fondo alternativo.**

  Los colores de fondo también pueden modificarse mediante las herramientas ***Color de fondo*** *y* ***Alternar color de fila*** *que aparecen en el grupo* ***Formato de texto*** *de la pestaña* ***Inicio.***

- Seleccione el color de cuadrícula a través de la lista **Color de cuadrícula.**
- Para cambiar el estilo de línea de la cuadrícula horizontal, abra la primera lista de la sección **Estilos de bordes y líneas**, y, a continuación, elija la opción **Subray. de encabezado de columna.** A continuación, abra la segunda lista y haga clic en el estilo de línea deseado.

  Para modificar los bordes izquierdo y derecho de la hoja de datos, seleccione la opción **Borde de la hoja de datos** de la primera lista de la sección **Estilos de bordes y líneas**, y elija el estilo de borde deseado en la segunda lista.

- Cambie la dirección de las columnas activando la opción **De derecha a izquierda** de la sección **Dirección.**

  La sección ***Ejemplo*** *muestra una vista preliminar de las opciones seleccionadas a medida que las define.*

- Haga clic en el botón **Aceptar.**

Para modificar la fuente del texto mostrada en la hoja de datos, utilice las herramientas del grupo **Formato de texto** de la pestaña **Inicio.** No es necesario seleccionar el texto cuya fuente desea cambiar, puesto que las opciones elegidas se aplican automáticamente a todo el texto de la hoja de datos.

Para modificar la presentación y la fuente predeterminadas de la hoja de datos, haga clic en la pestaña **Archivo** y, a continuación, seleccione **Opciones.** Modifique las opciones que aparecen en la categoría **Hoja de datos** y, a continuación, haga clic en el botón **Aceptar.** De esta forma, la nueva fuente y la nueva presentación se aplicarán a la vista Hoja de datos de todos los nuevos objetos creados.

Guardar la presentación de una tabla o consulta

Se trata de guardar ciertas opciones de presentación, tales como la posición de las columnas, el alto de las filas, el ancho de las columnas, etc.

- Muestre la tabla o la consulta correspondientes en la vista **Hoja de datos** .
- Realice las operaciones necesarias para modificar la presentación de la tabla o de la consulta.
- Haga clic en la pestaña **Archivo** y, a continuación, seleccione la opción **Guardar**, o haga clic en la herramienta **Guardar** de la **barra de herramientas de acceso rápido** o utilice el método abreviado de teclado Ctrl **G**.
- Cierre la tabla o la consulta.

Introducir registros a través de un formulario

- En el panel de navegación, haga doble clic en el nombre del formulario a partir del cual desea introducir los registros.

  Aparecerá el formulario con un registro visible en la pantalla. La vista de presentación seleccionada es la vista Formulario, y a través de esta vista se realizará la introducción de los registros.

- Haga clic en el botón que aparece en la parte inferior izquierda de la ventana del formulario o en el botón **Nuevo** del grupo **Registros** (pestaña **Inicio**).

  Aparecerá un formulario en blanco en la pantalla.

© Editions ENI - Reproducción prohibida

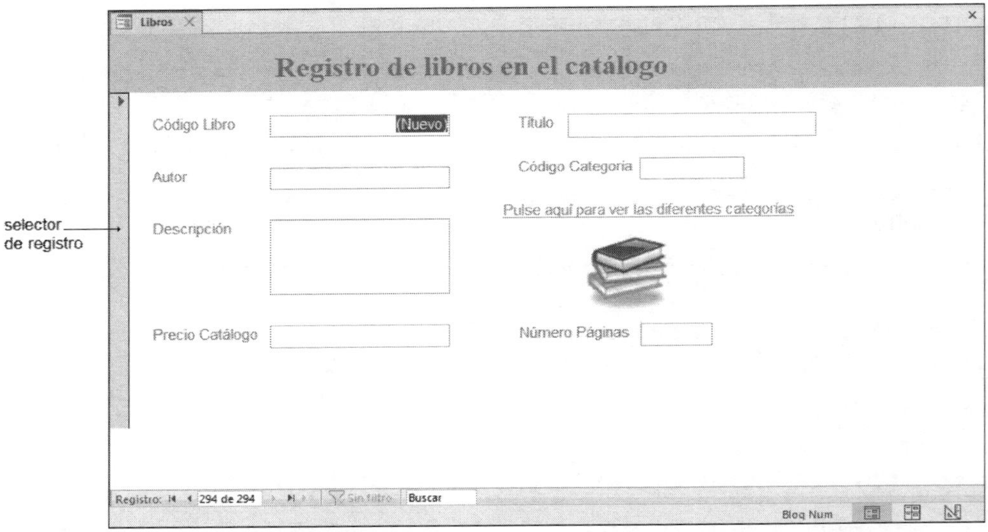

- Para cada campo del registro, introduzca la información deseada o selecciónela a través de la lista de opciones o con el selector de fecha si la información es de tipo Fecha/Hora.

  En el caso de datos de tipo Datos adjuntos, haga doble clic en el campo y, para agregar el o los archivos adjuntos, haga clic en el botón **Agregar**. A continuación, seleccione los archivos deseados y haga clic en el botón **Abrir**.

  *El o los archivos adjuntos aparecerán ahora en el cuadro de diálogo **Datos adjuntos**. El botón **Quitar** de este cuadro de diálogo (o la tecla [Supr]) permite eliminar el archivo seleccionado.*

  Haga clic en el botón **Aceptar** del cuadro de diálogo **Datos adjuntos**.

- Para acceder al campo o registro siguiente, pulse la tecla ↵ o la tecla ⇥.

  Debe respetar el tipo de datos permitido para el campo y su longitud.

  En un formulario, el lápiz visible en el Selector de registro indica que el registro se está modificando y que las modificaciones todavía no se han guardado.

- Introduzca el contenido de cada campo del registro. Si pulsa la tecla [esc], borrará el contenido del último campo completado del registro activo. Si pulsa de nuevo la tecla [esc], borrará el contenido de todos los campos completados del registro activo.

- Al igual que para la introducción de registros en la hoja de datos, puede utilizar métodos abreviados para insertar contenido de campos específicos (véase Registros - Introducir registros en la hoja de datos).

  La desaparición del lápiz en el Selector de registro indica que los datos se han guardado, por lo que no será necesario realizar ninguna operación para guardarlos.

- Si es necesario, cierre el formulario.

Introducir diferentes tipos de datos

- Al introducir datos, debe respetar el tipo de datos permitido para el campo, su longitud y las siguientes reglas:
  - Cuando introduzca un número con decimales, utilice el separador decimal definido en el **Panel de control** de Windows (generalmente, la coma o el punto).
  - Cuando introduzca un campo de tipo Moneda, escriba el valor del campo sin ninguna presentación (no escriba el separador de miles, ni el símbolo de la moneda).
  - Cuando introduzca una fecha o una hora, utilice el formato definido en el **Panel de control** de Windows o el selector de fecha .
  - Cuando introduzca un campo de tipo Texto largo, puede utilizar las teclas Mayús F2 para visualizar el texto completo, independientemente del tamaño del campo reservado para los datos.
  - Un campo de tipo Autonumeración no debe completarse, ya que Access aumenta automáticamente el número correspondiente.
  - Cuando introduzca un campo de tipo Sí/No, active o desactive la casilla si el campo aparece en forma de casilla de verificación (opción predeterminada). De lo contrario, introduzca el texto **sí** o **no**. La tecla Espacio también permite activar o desactivar una casilla de verificación.
  - El contenido de un campo de tipo Objeto OLE no puede completarse a través del teclado, ya que se corresponde con un objeto que se debe insertar en la base de datos.

© Editions ENI - Reproducción prohibida

- Una dirección de hipervínculo puede incluir 3 elementos separados por un símbolo #: texto#dirección#subdirección; el primer elemento es optativo: corresponde a un texto mostrado en el campo o control; el segundo elemento corresponde a una dirección URL completa o a una ruta UNC de un documento; el elemento subdirección corresponde a una ubicación en el archivo o en la página (por ejemplo, una referencia en un documento de Word o un número de diapositiva de una presentación de PowerPoint). Este tipo de campo también puede introducirse a través del cuadro de diálogo **Insertar hipervínculo** (Ctrl **K**).

Utilizar la Autocorrección

Access dispone de la función Autocorrección que le permite, en la vista Hoja de datos o Formulario, corregir automáticamente las faltas de ortografía habituales mientras escribe y sustituir las abreviaturas por texto más largo.

Activar/desactivar la Autocorrección

- Haga clic en la pestaña **Archivo** y, a continuación, seleccione **Opciones**.
- Seleccione la categoría **Revisión** y, a continuación, haga clic en el botón **Opciones de Autocorrección** de la sección **Opciones de Autocorrección**.
- Active o desactive, según desee, las cuatro opciones que preceden a la opción **Reemplazar texto mientras escribe**.
- Active o desactive la opción **Reemplazar texto mientras escribe** en función de si desea efectuar o no la corrección y la sustitución automática de texto mientras escribe.

  Esta opción está activada de forma predeterminada.
- Haga clic dos veces en el botón **Aceptar**.

El botón **Excepciones** del cuadro de diálogo **Autocorrección** (pestaña **Archivo** - **Opciones** - categoría **Revisión** - botón **Opciones de Autocorrección**) permite definir las excepciones de las opciones de escribir texto en mayúscula.

Definir las autocorrecciones

De forma predeterminada, Access dispone de una lista considerable de autocorrecciones. Puede agregar otras autocorrecciones a esta lista, que se convertirán en palabras o abreviaturas que Access sustituirá mientras escribe.

- Haga clic en la pestaña **Archivo** y, a continuación, seleccione el botón **Opciones**.

- Seleccione la categoría **Revisión** y, a continuación, haga clic en el botón **Opciones de Autocorrección** de la sección **Opciones de Autocorrección**.
- Active, si es necesario, la opción **Reemplazar texto mientras escribe**.
- Introduzca la palabra con la falta de ortografía o la abreviatura en la sección **Reemplazar**.
- Introduzca la palabra sin faltas de ortografía en la sección **Con**.

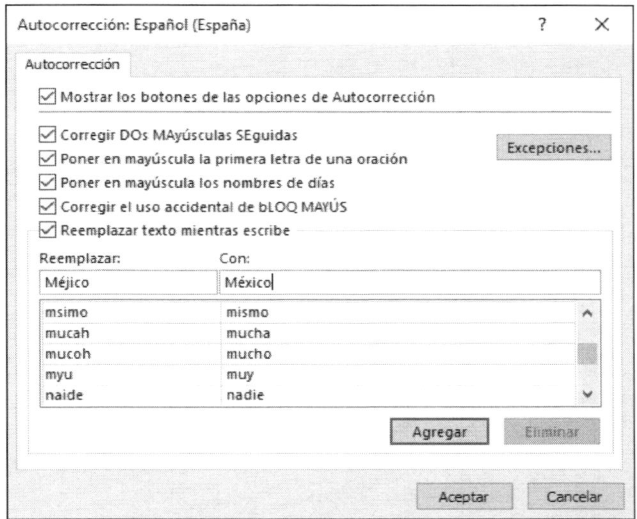

- Haga clic en el botón **Agregar**.
- Repita este procedimiento para insertar sus faltas de ortografía habituales.
- Para eliminar una autocorrección, selecciónela en la lista y, a continuación, haga clic en el botón **Eliminar**.
- Haga clic dos veces en el botón **Aceptar**.

© Editions ENI - Reproducción prohibida

Utilizar el botón Autocorrección

*A cada palabra corregida automáticamente mientras escribe, Access le asocia el botón de la opción **Autocorrección**, que le permite intervenir en dicha corrección si es necesario.*

- Asegúrese de que la opción **Mostrar los botones de las opciones de Autocorrección** del cuadro de diálogo **Autocorrección** (pestaña **Archivo** - botón **Opciones** - categoría **Revisión** - botón **Opciones de Autocorrección**) esté activada.

  Esta opción está activada de forma predeterminada.

- En la vista Hoja de datos o Formulario, haga clic en el botón asociado a la palabra corregida.

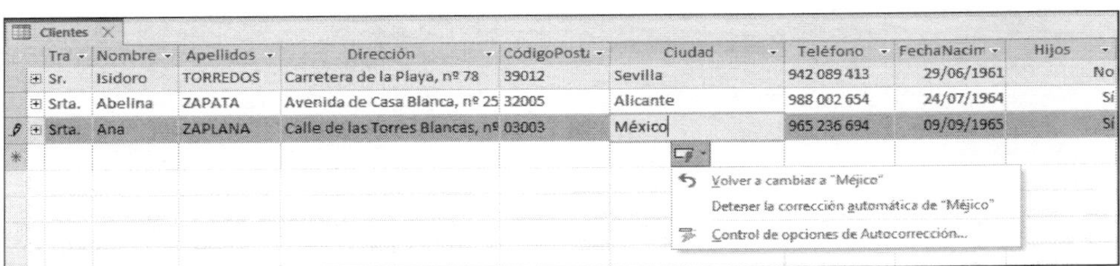

- Para volver a la ortografía de la palabra escrita inicialmente, haga clic en la opción **Volver a cambiar a**; la opción **Rehacer Autocorrección** sustituirá en ese caso a la opción **Volver a cambiar a** y le permitirá volver a la versión del texto corregido automáticamente.

- Si no desea que la palabra en cuestión vuelva a ser corregida automáticamente, haga clic en la opción **Detener la corrección automática de**: dicha opción irá precedida ahora de una marca de verificación. Para restablecer la corrección automática, vuelva a hacer clic en esta opción.

- Para abrir el cuadro de diálogo **Autocorrección**, haga clic en la opción **Control de opciones de Autocorrección**.

Acceder a los registros

Acceder a los registros/campos/datos en la vista Hoja de datos

- Abra la tabla o la consulta correspondientes en la vista **Hoja de datos**.
- Utilice los botones de desplazamiento que aparecen en la esquina inferior izquierda de la ventana:

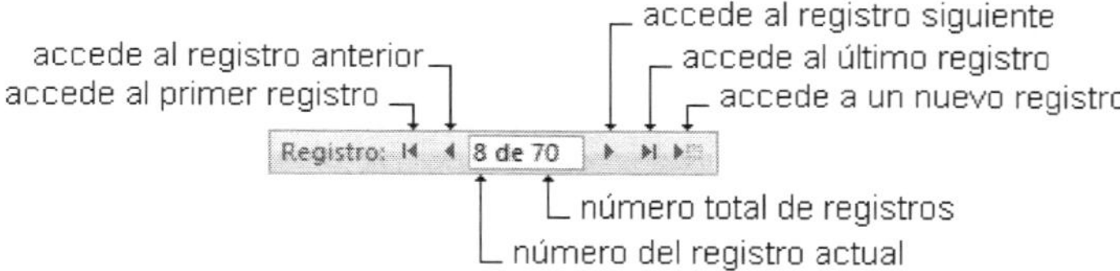

También puede arrastrar el control de la barra de desplazamiento vertical hasta que aparezca el número del registro que desee alcanzar.

- Para acceder a un registro cualquiera, haga clic en la fila correspondiente (utilice las flechas de desplazamiento de la ventana para que aparezca el registro en cuestión).
- Para acceder al enésimo registro, haga clic en el cuadro que muestra el número del registro actual en la esquina inferior izquierda de la ventana y haga doble clic en el número. A continuación, escriba el número del registro al que desee acceder y confirme con la tecla ↵.
- Para seleccionar un dato visible (palabras, caracteres) en un campo, utilice los métodos específicos del entorno Windows: haga clic dos veces en una palabra para seleccionarla, haga clic y arrastre para seleccionar varias palabras o varios caracteres, etc.
- Para seleccionar el valor de un campo, señale la marca vertical situada a la izquierda del valor (el puntero del ratón se convertirá en una cruz blanca gruesa) y, a continuación, haga clic. Puede extender la selección arrastrando el ratón.
- También puede utilizar las siguientes teclas de desplazamiento y de selección con el teclado:

↓ / ↑	Para acceder al registro siguiente/anterior.
Ctrl Fin / Ctrl Inicio	Para acceder al último campo del último registro/al primer campo del primer registro.
Fin / Inicio	Para acceder al último/primer campo del registro activo.
Re Pág / Av Pág	Para mostrar la página-pantalla siguiente/anterior.
Ctrl Re Pág / Ctrl Av Pág	Para mostrar la página-pantalla de la derecha/izquierda.

© Editions ENI - Reproducción prohibida

Ctrl ↓ / Ctrl ↑	Para acceder al mismo campo del último/primer registro.
F2	Para seleccionar o anular la selección del campo activo (el campo en el que está situado el punto de inserción).
Ctrl Espacio	Para seleccionar toda la columna cuando se selecciona un valor de campo.
Mayús Espacio	Para seleccionar el registro cuando se selecciona un valor de campo. Las teclas Mayús ↓ o Mayús ↑ permiten extender la selección a los registros contiguos.
Ctrl E	Para seleccionar todos los registros.

Puede utilizar las opciones de la herramienta **Ir a** del grupo **Buscar** (pestaña **Inicio**) para acceder a registros concretos.

Acceder a los registros/campos en la vista Formulario

- Abra el formulario correspondiente en la vista **Formulario**.
- Utilice los botones de desplazamiento situados en la esquina inferior izquierda de la ventana:

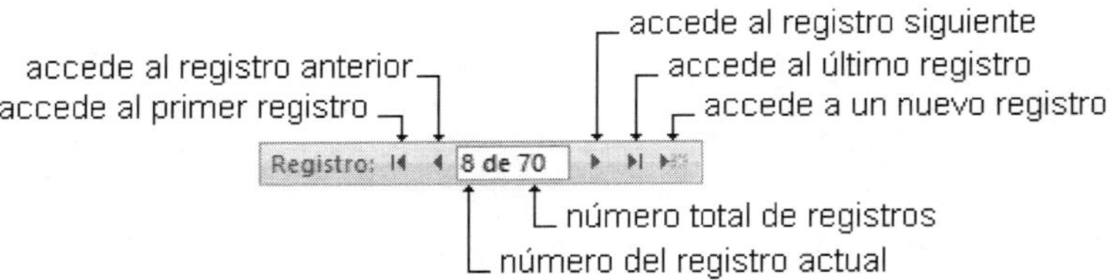

- Para seleccionar el registro activo, haga clic en el selector de registro.
- Para seleccionar un dato visible (palabras, caracteres) en un campo, utilice los métodos específicos del entorno Windows: haga clic dos veces en una palabra para seleccionarla, haga clic y arrastre para seleccionar varias palabras o varios caracteres, etc.
- Para seleccionar el valor de un campo, haga clic en su etiqueta de texto.
- Para deshacer una selección, haga clic en cualquier campo.

- También puede utilizar las siguientes teclas de desplazamiento y de selección con el teclado:

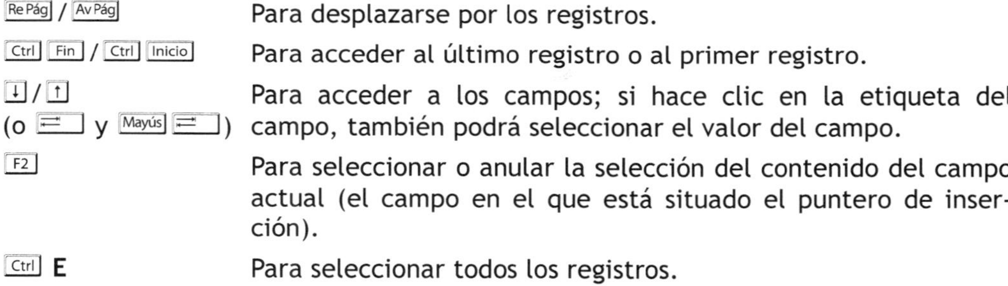

RePág / AvPág	Para desplazarse por los registros.
Ctrl Fin / Ctrl Inicio	Para acceder al último registro o al primer registro.
↓ / ↑ (o ⇥ y Mayús ⇥)	Para acceder a los campos; si hace clic en la etiqueta del campo, también podrá seleccionar el valor del campo.
F2	Para seleccionar o anular la selección del contenido del campo actual (el campo en el que está situado el puntero de inserción).
Ctrl **E**	Para seleccionar todos los registros.

Para acceder al enésimo registro, haga clic en el cuadro que muestra el número del registro actual en la esquina inferior izquierda de la ventana y haga clic y arrastre para seleccionar el número. A continuación, escriba el número del registro al que desee acceder y confirme con la tecla ↵.

Eliminar registros

Eliminar uno o varios registros en la vista Hoja de datos

- Abra la tabla o la consulta correspondientes en la vista **Hoja de datos**.
- Seleccione la(s) fila(s) de los registros que desee eliminar.
- En la pestaña **Inicio**, haga clic en el botón **Eliminar** del grupo **Registros.** También puede pulsar la tecla Supr o, si lo prefiere, utilizar el método abreviado de teclado Ctrl **-**.

Aparecerá en la pantalla un mensaje que le preguntará si desea confirmar la eliminación.

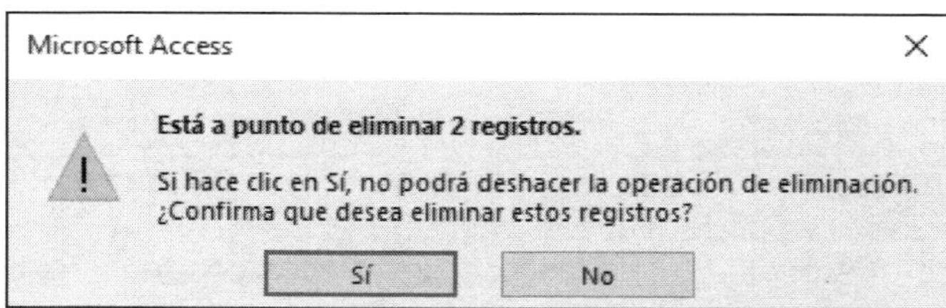

- Haga clic en el botón **Sí** para confirmar la eliminación de los registros.
- Si es necesario, cierre la tabla o la consulta.

© Editions ENI - Reproducción prohibida

Esta acción no puede deshacerse.

La opción **Eliminar registro** asociada al botón **Eliminar** del grupo **Registros** (pestaña **Inicio**) permite eliminar un registro aunque no esté totalmente seleccionado.

Si intenta eliminar registros asociados a otros datos de la base de datos, según las opciones definidas para la relación correspondiente, es posible que un mensaje le advierta que los registros no pueden eliminarse, puesto que la tabla correspondiente contiene registros relacionados. En ese caso, debe modificar las relaciones antes de intentar eliminarlos de nuevo (véase Relaciones entre las tablas - Establecer una relación entre dos tablas).

Puede utilizar las consultas para eliminar con una sola operación un conjunto de registros que respondan a uno o varios criterios de eliminación (véase Consultas de acción - Eliminar registros a través de una consulta).

Eliminar un registro en la vista Formulario

- Abra el formulario correspondiente en la vista **Formulario** .
- Muestre el registro que desee eliminar y, a continuación, haga clic en el selector de registro (barra vertical situada a la izquierda del formulario).
- En la pestaña **Inicio**, haga clic en el botón **Eliminar** del grupo **Registros.** También puede pulsar la tecla Supr o, si lo prefiere, utilizar el método abreviado de teclado Ctrl **-**.

  Aparecerá en la pantalla un mensaje que le preguntará si desea confirmar la eliminación.
- Haga clic en el botón **Sí** para confirmar la eliminación.
- Si es necesario, cierre el formulario.

La opción **Eliminar registro** asociada al botón **Eliminar** del grupo **Registros** (pestaña **Inicio**) permite eliminar un registro sin necesidad de hacer clic en el selector de registro.

Si intenta eliminar registros asociados a otros datos de la base de datos, según las opciones definidas para la relación, es posible que un mensaje le advierta que los registros no pueden eliminarse, puesto que la tabla correspondiente contiene registros relacionados. En ese caso, debe modificar las relaciones antes de intentar eliminarlos de nuevo (véase Relaciones entre las tablas - Establecer una relación entre dos tablas).

Ordenar rápidamente los registros

- Abra el objeto que contenga los registros que desee ordenar en la vista **Hoja de datos** .
- Haga clic en el campo que desee ordenar. Si la ordenación incluye varios campos, seleccione las columnas correspondientes.
- En la pestaña **Inicio**, haga clic en el botón **Ascendente** del grupo **Ordenar y filtrar** para ordenar los registros por orden ascendente o en el botón **Descendente** para ordenarlos por orden descendente.

  El símbolo (orden ascendente) o (orden descendente) aparece a la derecha del nombre de cada uno de los campos que se han ordenado.
- Para conservar el criterio de ordenación, guarde la tabla, el formulario o la consulta haciendo clic en la herramienta .
- Para eliminar una ordenación y recuperar el criterio de ordenación establecido por la clave principal, haga clic en el botón **Quitar orden** del grupo **Ordenar y filtrar** (pestaña **Inicio**).
- Si es necesario, cierre el objeto haciendo clic en el botón de su ventana.

Para ordenar un solo campo, también puede hacer clic en el botón situado a la derecha del nombre del campo que desee ordenar y seleccionar a continuación la opción **Ordenar de A a Z** u **Ordenar de Z a A**.

Filtrar los registros

Los filtros permiten limitar temporalmente el número de registros mostrados en la hoja de datos o en el formulario.

Filtrar a partir de los valores del campo

- Abra el formulario en la vista **Formulario** , o la tabla o la consulta en la vista **Hoja de datos** .

- En el caso de una tabla o de una consulta, haga clic en el botón situado a la derecha del nombre del campo al que desee aplicar el filtro.

  *También puede hacer clic en cualquier valor del campo que desee filtrar y, a continuación, seleccionar el botón **Filtro** del grupo **Ordenar y filtrar** (pestaña **Inicio**).*

  En el caso de un formulario, haga clic en el control del campo al que desee aplicar el filtro y, a continuación, seleccione el botón **Filtro** del grupo **Ordenar y filtrar** (pestaña **Inicio**).

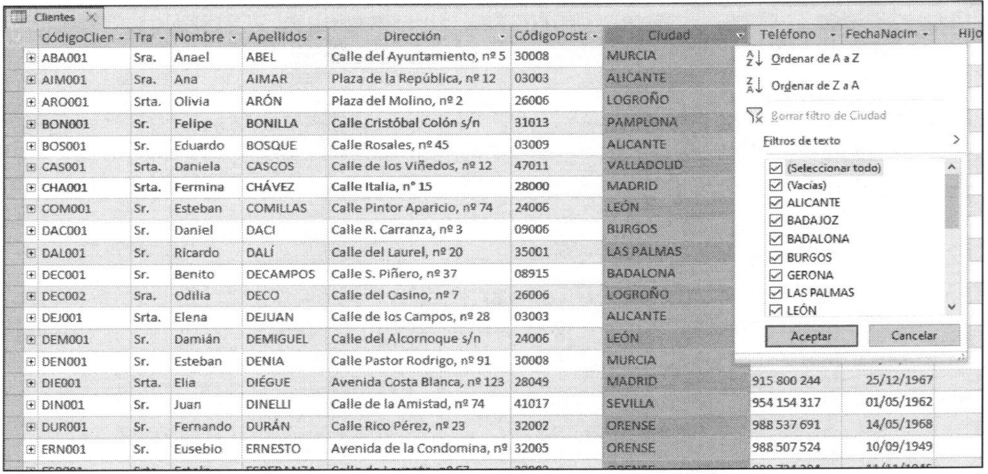

  La parte inferior de la lista que aparece en la pantalla incluye todos los valores de la columna. De forma predeterminada, todos los valores están marcados y, por tanto, se muestran en la hoja de datos.

- Mantenga marcadas las casillas de verificación de los valores que desee filtrar y desmarque el resto.

  *Para filtrar solamente algunos valores, es más rápido desmarcar la opción **(Seleccionar todo)** y, a continuación, marcar los valores deseados en lugar de desmarcar uno por uno todos los valores a los que no se aplicará el filtro.*

- Para filtrar las celdas con texto, marque la opción **(Seleccionar todo)** y, a continuación, desmarque la opción **(Vacías)** situada en la parte superior de la lista de valores. En cambio, si desea filtrar las celdas vacías, desmarque la opción **(Seleccionar todo)** y, a continuación, marque la opción **(Vacías)**.

- Haga clic en el botón **Aceptar**.

- Repita el mismo procedimiento para cada campo al que desee aplicar un filtro.

  Solo aparecerán en la hoja de datos o en el formulario los registros que se correspondan con los valores seleccionados. En el siguiente ejemplo, se muestran los clientes (Sra. o Srta. de Alicante). En la vista Hoja de datos, el símbolo ![símbolo de filtro] *aparece a la derecha del nombre de cada uno de los campos a los que se ha aplicado el filtro.*

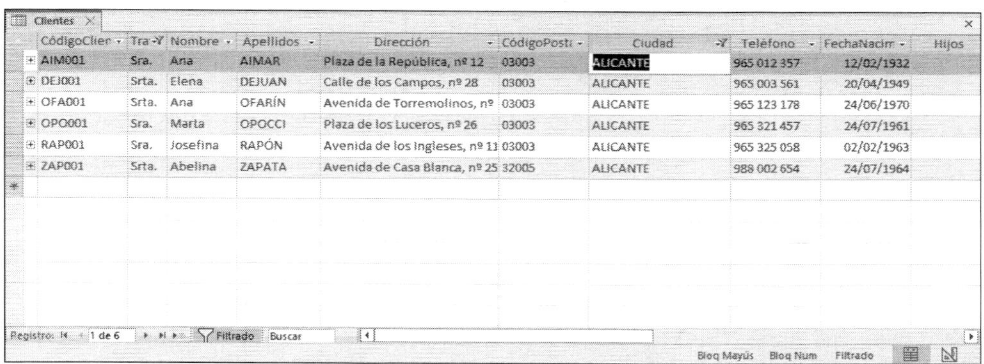

CódigoClier	Tra	Nombre	Apellidos	Dirección	CódigoPost	Ciudad	Teléfono	FechaNacim	Hijos
AIM001	Sra.	Ana	AIMAR	Plaza de la República, nº 12	03003	ALICANTE	965 012 357	12/02/1932	
DEJ001	Srta.	Elena	DEJUAN	Calle de los Campos, nº 28	03003	ALICANTE	965 003 561	20/04/1949	
OFA001	Srta.	Ana	OFARÍN	Avenida de Torremolinos, nº	03003	ALICANTE	965 123 178	24/06/1970	
OPO001	Sra.	Marta	OPOCCI	Plaza de los Luceros, nº 26	03003	ALICANTE	965 321 457	24/07/1961	
RAP001	Sra.	Josefina	RAPÓN	Avenida de los Ingleses, nº 11	03003	ALICANTE	965 325 058	02/02/1963	
ZAP001	Srta.	Abelina	ZAPATA	Avenida de Casa Blanca, nº 25	32005	ALICANTE	988 002 654	24/07/1964	

El número del registro activo y el número total de registros filtrados aparecen en la barra del selector de registro situada en la parte inferior izquierda de la ventana (en nuestro ejemplo, 1 de 6). La etiqueta ***Filtrado****, que también aparece en la barra del selector de registro, indica que se ha aplicado un filtro al objeto.*

Cuando filtra varios campos, los filtros se combinan con el operador AND (o Y). Asimismo, los registros deben responder a todos los filtros para que aparezcan en la hoja de datos o en el formulario.

- Cierre, si es necesario, la tabla, el formulario o la consulta haciendo clic en el botón ✕ de su ventana y, a continuación, conserve, si lo desea, el filtro haciendo clic en el botón **Sí** del mensaje que le pregunta si desea guardar los cambios realizados en el objeto.

© Editions ENI - Reproducción prohibida

Aplicar un filtro específico a los tipos de datos

Access dispone de varios filtros que permiten mostrar un intervalo de valores.

- Abra el formulario en la vista **Formulario**, o la tabla o la consulta en la vista **Hoja de datos**.
- Asegúrese que no se haya aplicado ningún filtro al objeto: la etiqueta **Sin filtro** o **Sin filtrar** debe aparecer en la barra del selector de registro. De lo contrario, solo se filtrarán los registros mostrados y no la totalidad de los registros del objeto.
- En el caso de una tabla o de una consulta, haga clic en el botón situado a la derecha del nombre del campo que desee filtrar.

  *También puede hacer clic en cualquier valor del campo que desee filtrar y, a continuación, seleccionar el botón **Filtro** del grupo **Ordenar y filtrar** (pestaña **Inicio**).*

  En el caso de un formulario, haga clic en el control del campo que desee filtrar y, a continuación, seleccione el botón **Filtro** del grupo **Ordenar y filtrar** (pestaña **Inicio**).
- Señale, según el tipo de datos del campo, la opción **Filtros de texto**, **Filtros de fechas** o **Filtros de números**.

La lista de filtros propuestos por Access varía en función del tipo de datos del campo al que se debe aplicar el filtro. En el ejemplo anterior, se muestran los filtros relacionados con un campo de fechas.

- Haga clic en la opción correspondiente al filtro que desee aplicar.
- Si es necesario, especifique el o los criterios deseados para el filtro en el cuadro de diálogo que aparece.

En el ejemplo anterior, solo se mostrarán los clientes nacidos en los años setenta.

- Haga clic en el botón **Aceptar**.

  En la hoja de datos o en el formulario, solo aparecerán los registros que coincidan con los criterios especificados. En la vista Hoja de datos, el símbolo aparece a la derecha del nombre del campo filtrado. La etiqueta ***Filtrado*** *que aparece en la barra del selector de registro indica que se ha aplicado un filtro al objeto.*

- Repita este procedimiento para todos los campos a los que desee aplicar un filtro.

  Cuando filtra varios campos, los filtros se combinan con el operador AND (o Y). No obstante, para que aparezcan en la hoja de datos o en el formulario, los registros deben responder a todos los filtros.

- Cierre, si es preciso, la tabla, el formulario o la consulta haciendo clic en el botón de su ventana y, si es necesario, conserve el filtro haciendo clic en el botón **Sí** del mensaje que le pregunta si desea guardar los cambios realizados en el objeto.

Cuando se aplica un filtro a un campo ya filtrado, el primer filtro se elimina antes de aplicar el nuevo.

© Editions ENI - Reproducción prohibida

Filtrar en función de la selección

- Abra el formulario en la vista **Formulario**, o la tabla o la consulta en la vista **Hoja de datos**.
- Haga clic en el valor del campo en función del cual desee filtrar; si debe utilizarse únicamente una parte del valor del campo, seleccione los caracteres correspondientes.
- En la pestaña **Inicio**, haga clic en el botón **Selección** del grupo **Ordenar y filtrar**.

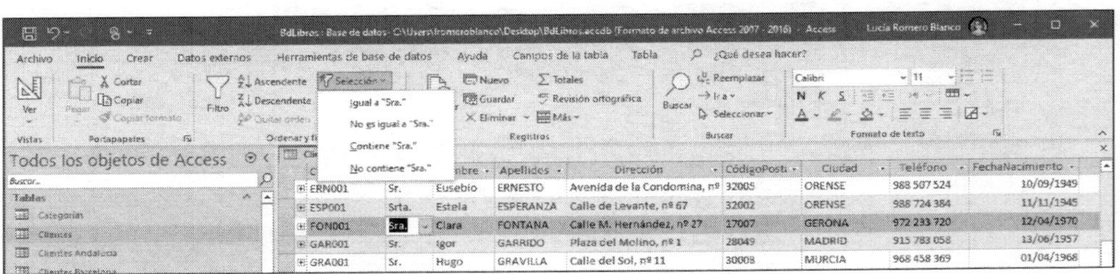

*Access muestra cuatro filtros: **Igual a "valor activo"**, **No es igual a "valor activo"**, **Contiene "valor activo"** o **No contiene "valor activo"**.*

*Si solamente se ha seleccionado el principio del valor del campo, los filtros **Igual a** y **No es igual a** serán reemplazados por **Comienza por "selección"** y **No comienza por "selección"**. Si se ha seleccionado el final del campo, en este caso, encontrará los filtros **Termina por "selección"** y **No termina por "selección"**.*

- Haga clic en la opción que se corresponda con el filtro que desee aplicar.

*En la hoja de datos o en el formulario, solo aparecerán los registros que se correspondan con el filtro. En la vista Hoja de datos, el símbolo aparece a la derecha del nombre de cada uno de los campos filtrados. La etiqueta **Filtrado** que aparece en la barra del selector de registro indica que se ha aplicado un filtro al objeto.*

- Repita este procedimiento para todos los campos a los que desee aplicar un filtro.

Cuando filtra varios campos, los filtros se combinan con el operador AND (o Y). No obstante, para que aparezcan en la hoja de datos o en el formulario, los registros deben responder a todos los filtros.

- Cierre, si es necesario, la tabla, el formulario o la consulta haciendo clic en el botón [×] de su ventana y, a continuación, conserve, si lo desea, el filtro haciendo clic en el botón **Sí** del mensaje que le pregunta si desea guardar los cambios realizados en el objeto.

Para filtrar en función de la selección, también puede hacer clic con el botón derecho en el valor del campo que sirve de criterio de filtro y, a continuación, seleccionar la opción que se corresponde con el filtro que debe aplicar.

Filtrar por formulario

Cuando filtra varios campos con los métodos descritos en los apartados anteriores, los filtros se combinan con el operador Y: los registros deben coincidir con todos los filtros para que aparezcan en la hoja de datos o en el formulario. El método que vamos a presentar a continuación permitirá combinar los filtros mediante los operadores Y y O. De esta forma, podrá pedir que se muestren los registros correspondientes a uno de ambos filtros.

- Abra el formulario en la vista **Formulario**, o la tabla o la consulta en la vista **Hoja de datos**.
- Asegúrese de que no se haya aplicado ningún filtro al objeto: la etiqueta **Sin filtro** o **Sin filtrar** debe aparecer en la barra del selector de registro. De lo contrario, los criterios correspondientes se agregarán a los nuevos criterios especificados.
- En la pestaña **Inicio**, haga clic en el botón **Avanzadas** del grupo **Ordenar y filtrar** y, a continuación, seleccione la opción **Filtro por formulario**.

  Aparecerá en la pantalla una hoja de datos o un formulario en blanco denominado cuadrícula de diseño; si ya se ha aplicado un filtro al objeto, los criterios de dicho filtro aparecerán automáticamente en la cuadrícula.

- Especifique los diferentes criterios introduciendo los datos correspondientes o seleccionándolos en las listas de valores asociadas a cada campo.

© Editions ENI - Reproducción prohibida

El criterio de selección puede incluir operadores de comparación, como >, <, >=, <=, o <> (diferente).

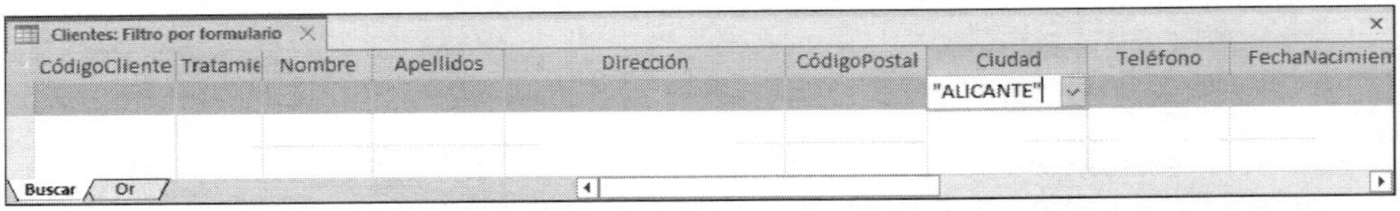

Un criterio de un campo Texto aparecerá automáticamente entre comillas.

Cuando se definen varios criterios en una misma cuadrícula de diseño, Access filtra los registros que responden simultáneamente a todos los criterios definidos.

- Para filtrar los registros que responden a varios grupos de criterios, haga clic en la pestaña **Or** que aparece en la parte inferior de la ventana.

  *Aparecerá una nueva cuadrícula de diseño en blanco. Los criterios definidos anteriormente pueden mostrarse haciendo clic en la pestaña **Buscar**.*

- Especifique otro grupo de criterios.

  Access filtrará los registros que respondan al primer grupo de criterios o al segundo.

- Cuando se hayan definido todos los criterios, haga clic en el botón **Alternar filtro** del grupo **Ordenar y filtrar** (pestaña **Inicio**).
- Cierre, si es necesario, la tabla, el formulario o la consulta haciendo clic en el botón ✕ de su ventana y, si es preciso, conserve el filtro haciendo clic en el botón **Sí** del mensaje que le pregunta si desea guardar los cambios realizados en el objeto.

Un filtro (al igual que una ordenación) está asociado a un objeto de la base de datos, de modo que se puede guardar un primer filtro con un formulario y un segundo filtro con la hoja de datos de una tabla. No obstante, ¡solo se puede asociar un filtro a un mismo objeto!

Para modificar un filtro por formulario, muestre la cuadrícula de diseño haciendo clic en el botón **Avanzadas** del grupo **Ordenar y filtrar** (pestaña **Inicio**) y, a continuación, seleccione la opción **Filtro por formulario**. Realice los cambios deseados y, a continuación, haga clic en el botón **Alternar filtro**.

Si crea un informe o un formulario basados en una tabla o en una consulta que lleve asociado un filtro, este también se asociará al nuevo informe o formulario. La próxima vez que abra el objeto, si hace clic en el botón **Alternar filtro** del grupo **Ordenar y filtrar** (pestaña **Inicio**), podrá aplicar el filtro.

 La opción **Filtro avanzado/Ordenar** del botón **Avanzadas** del grupo **Ordenar y filtrar** (pestaña **Inicio**) permite crear filtros o definir criterios de ordenación más complejos, como los definidos al crear consultas. Esta opción muestra una cuadrícula de diseño similar a la utilizada en una consulta, en la que podrá ver los criterios correspondientes al filtro activo.

Administrar los filtros

- Si aún no lo ha hecho, abra la tabla, la consulta o el formulario en cuestión y aplíquele los filtros deseados (véanse los apartados anteriores).
- Para mostrar de nuevo todos los registros del objeto, haga clic en la etiqueta **Filtrado** que aparece en la barra del selector de registro situada en la parte inferior izquierda de la ventana o seleccione el botón **Alternar filtro** del grupo **Ordenar y filtrar** (pestaña **Inicio**) para desactivarlo.

  *La etiqueta **Sin filtrar** aparecerá ahora en la barra del selector de registro situada en la parte inferior izquierda de la ventana. Atención: los filtros ya no se aplicarán al objeto, pero esto no significa que se hayan eliminado.*
- Para aplicar el último filtro creado, haga clic de nuevo en el botón **Alternar filtro** del grupo **Ordenar y filtrar** (pestaña **Inicio**) o en la etiqueta **Sin filtrar** de la barra del selector de registro situada en la parte inferior izquierda de la ventana.
- Para eliminar el filtro aplicado a un campo, compruebe que los filtros se hayan aplicado. Abra la lista asociada al campo correspondiente (vista Hoja de datos) o haga clic en el control de dicho campo (vista Formulario) y, a continuación, seleccione el botón **Filtro** del grupo **Ordenar y filtrar** (pestaña **Inicio**). A continuación, haga clic en la opción **Borrar filtro de "nombre del campo"**.

  En el caso de un filtro por formulario, muestre la cuadrícula de diseño, seleccione el criterio del campo deseado y, a continuación, pulse la tecla [Supr].

  Para eliminar un grupo de criterios, haga clic en la pestaña correspondiente, seleccione el botón **Avanzadas** del grupo **Ordenar y filtrar** y, a continuación, haga clic en la opción **Eliminar pestaña**; la opción **Borrar cuadrícula** del mismo botón permite eliminar todos los grupos de criterios. A continuación, haga clic en el botón **Alternar filtro** del grupo **Ordenar y filtrar** para mostrar los registros.
- Para conservar el filtro, guarde el objeto haciendo clic en la herramienta : la próxima vez que abra el objeto, si hace clic en el botón **Alternar filtro** del grupo **Ordenar y filtrar** (pestaña **Inicio**) o en la etiqueta **Sin filtrar** que aparece en la parte inferior derecha de la ventana, podrá aplicar de nuevo el filtro.

© Editions ENI - Reproducción prohibida

- Si es necesario, cierre la tabla, el formulario o la consulta haciendo clic en el botón [x] de su ventana.

Si desea que los filtros activos se apliquen automáticamente al abrir la tabla, el formulario o la consulta, muestre el objeto correspondiente en la vista Diseño y, a continuación, en la pestaña **Diseño de tabla** (o **Diseño de formulario** o **Diseño de informe**), haga clic en el botón **Hoja de propiedades** del grupo **Herramientas** o **Mostrar u ocultar**. En el caso de un formulario o de una consulta, haga clic en una zona vacía de la ventana del objeto para visualizar sus propiedades en la **Hoja de propiedades**. A continuación, elija la opción **Sí** para la propiedad **Filtrar al cargar** (en un formulario, esta opción se encuentra en la pestaña **Datos**) y guarde el objeto haciendo clic en el botón .

Para eliminar todos los filtros de todos los campos en una sola acción, en la pestaña **Inicio**, haga clic en el botón **Avanzadas** del grupo **Ordenar y filtrar** y, a continuación, seleccione la opción **Borrar todos los filtros**.

Agregar/ocultar una fila de totales en una hoja de datos

Se trata de agregar una fila de totales a una hoja de datos para realizar cálculos en las columnas de dicha tabla. De este modo, podrá, por ejemplo, sumar los datos de una columna, contar el número de elementos de una columna o, incluso, encontrar el valor más pequeño o más grande de una columna de datos.

- Abra la tabla o la consulta en la vista **Hoja de datos** , o abra un formulario dividido en la vista **Formulario** .
- En la pestaña **Inicio**, haga clic en el botón **Totales** del grupo **Registros**.

  *La nueva fila **Total** aparecerá al final de la hoja de datos, debajo de la fila marcada con un asterisco.*

  *Independientemente del registro activo, la fila **Total** siempre se mostrará en la pantalla. No obstante, debe saber que, a pesar de que la fila **Total** aparezca en la parte inferior de la ventana, en realidad está insertada al final de la hoja de datos.*

- Puede acceder, si lo desea, al final de la hoja de datos.

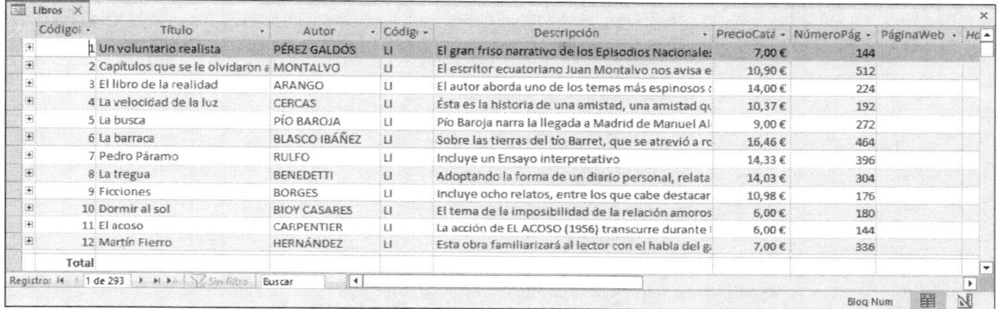

*Esta operación no es obligatoria, puesto que puede realizar cálculos en las columnas de datos con la fila **Total** situada encima de la barra del selector de registro.*

- En la fila **Total**, haga clic en la columna del campo en el que desee realizar el cálculo y, a continuación, muestre la lista de funciones haciendo clic en el botón ☐.

Las funciones propuestas en la lista varían en función del tipo de datos del campo.

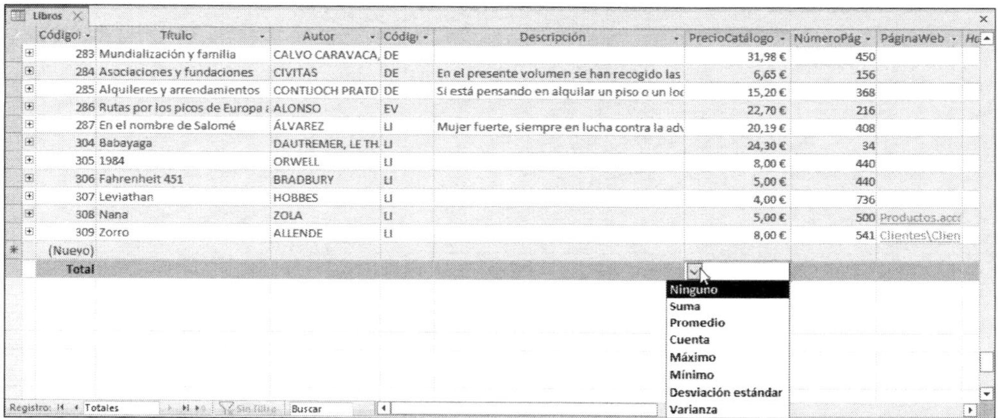

*En el ejemplo anterior, se muestran las funciones disponibles para un campo que contiene valores. En el caso de un campo de tipo **Texto**, solo está disponible la función **Cuenta**, que le permite contar el número de registros (filas) que contiene la hoja de datos.*

© Editions ENI - Reproducción prohibida

- Haga clic en una de las funciones de la lista en función del cálculo que desee realizar.

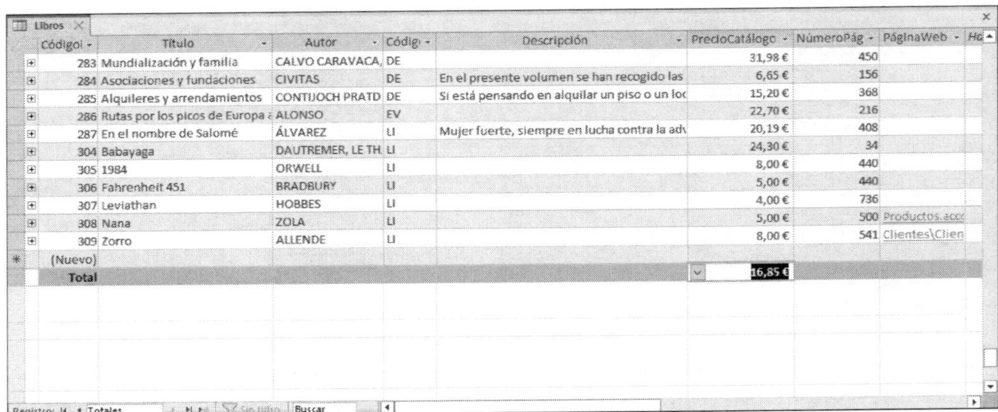

*En el ejemplo anterior, se muestra el promedio de los valores de la columna **Precio-Catálogo**.*

- Para anular el cálculo realizado en una columna, haga clic en la columna del campo correspondiente, abra la lista [▾] y, a continuación, haga clic en la opción **Ninguno**.
- Para ocultar la fila **Total**, en la pestaña **Inicio**, haga clic en el botón **Totales** del grupo **Registros** para desactivarla.

  *Al ocultar la fila **Total**, no se eliminarán los cálculos que contiene. De hecho, los cálculos seguirán apareciendo si la muestra de nuevo.*

Cambiar el valor de un campo

- Abra la tabla o la consulta en la vista **Hoja de datos**, o el formulario en la vista **Formulario**.
- Utilice las siguientes teclas para eliminar caracteres:

Supr / ←	Elimina el carácter situado a la derecha/izquierda del punto de inserción.
Ctrl Supr	Elimina el texto situado a la derecha del punto de inserción.
Ctrl ←	Elimina la palabra situada a la izquierda del punto de inserción.

- Utilice los siguientes métodos para insertar o sustituir texto:

Insertar un nuevo valor	En modo Insertar, sitúe el punto de inserción y escriba el dato que desee insertar.
Insertar una fila	Utilice el método abreviado de teclado Ctrl ↵.
Activar/desactivar el modo Insertar	Pulse Insert.
Sustituir el valor de un campo por un nuevo valor	Seleccione el valor (puede utilizar la tecla F2) y, a continuación, introduzca el valor nuevo.

- Si es necesario, cierre la tabla o el formulario.

Los cambios realizados se guardarán automáticamente al cerrar la hoja de datos o el formulario.

Puede deshacer los cambios realizados en el registro activo pulsando la tecla esc o haciendo clic en la herramienta .

© Editions ENI - Reproducción prohibida

Copiar/mover datos con el Portapapeles de Office

*En el **Portapapeles de Office**, pueden copiarse o pegarse varios elementos, a diferencia del Portapapeles de Windows, en el que solo se puede almacenar un elemento.*

- Abra el objeto que contenga los datos que desee copiar o mover.
- Haga clic en la pestaña **Inicio**.
- Muestre el panel **Portapapeles** haciendo clic en el botón situado en la parte inferior derecha del grupo **Portapapeles**.
- Para cada elemento que desee copiar o mover, siga los siguientes pasos:
  - Seleccione el elemento. Si este se encuentra en una aplicación distinta a Microsoft Access, abra dicha aplicación.
  - Para mover un elemento, haga clic en el botón **Cortar** del grupo **Portapapeles** o utilice el método abreviado de teclado Ctrl **X**; para copiarlo, haga clic en el botón **Copiar** del grupo **Portapapeles** o utilice el método abreviado de teclado Ctrl **C**.

*El panel **Portapapeles** muestra los elementos cortados o copiados (24 como máximo). Se mostrará una parte del texto de cada elemento.*

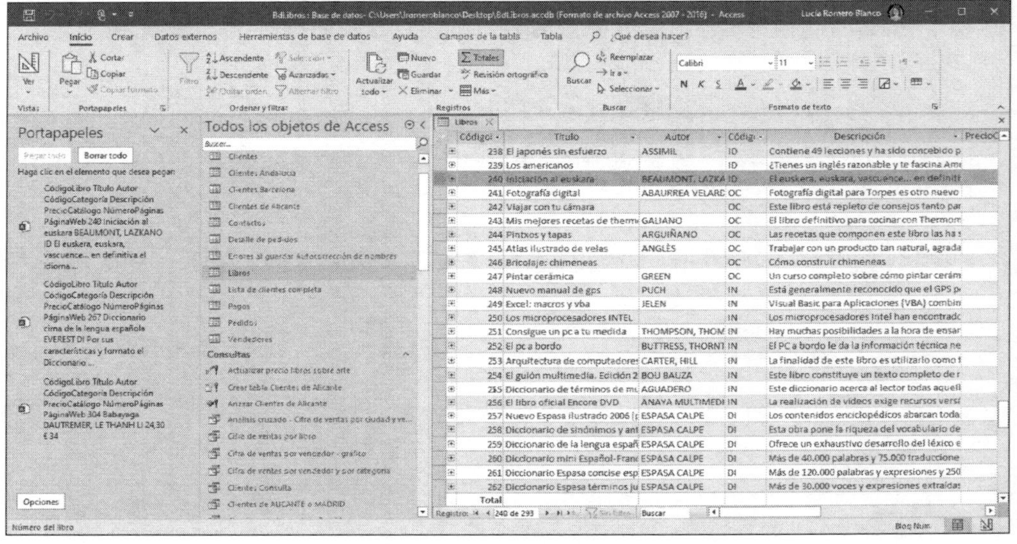

- Para cada elemento que desee pegar, siga los siguientes pasos:
  - Haga clic en el lugar donde desee pegarlo. Si el elemento debe pegarse en una tabla, en una consulta o en un formulario en la Vista Hoja de datos, seleccione la primera fila vacía haciendo clic en el selector de fila correspondiente. Si el elemento debe pegarse en una aplicación distinta a Microsoft Access 2021, abra dicha aplicación.
  - Si es necesario, muestre el panel **Portapapeles** y, a continuación, haga clic en el icono correspondiente al elemento que desee pegar.

  Si el elemento se pega en una aplicación Office, como Word, Excel o PowerPoint, el botón (Ctrl) aparecerá en la parte inferior derecha del elemento pegado.

- Si es necesario, especifique el formato del elemento que acaba de pegar. Para ello, abra la lista asociada al botón (Ctrl) y, a continuación, haga clic en una de las opciones propuestas.
- Cierre el panel **Portapapeles** haciendo clic en el botón ×.

Cuando pega varios elementos en el Portapapeles de Office, el último de ellos se copia siempre en el Portapapeles de Windows.

El Portapapeles se vacía al salir de todas las aplicaciones de Microsoft Office. Si desea vaciar el Portapapeles sin tener que salir de la aplicación, haga clic en el botón Borrar todo del panel **Portapapeles**.

Para eliminar un elemento del Portapapeles, señálelo, abra la lista asociada al mismo haciendo clic en la flecha y, a continuación, haga clic en la opción **Eliminar**.

El botón **Opciones** del panel **Portapapeles** permite definir las opciones de presentación del Portapapeles de Office.

© Editions ENI - Reproducción prohibida

Insertar un hipervínculo

Crear un hipervínculo hacia un archivo existente o hacia una página web para un campo de tipo Hipervínculo

- Si el hipervínculo debe insertarse en una tabla o en una consulta, ábrala en la Vista Hoja de datos.

  Si el hipervínculo debe insertarse en un formulario, ábralo en la Vista Formulario.

- Haga clic con el botón derecho del ratón en el cuadro de texto del campo de tipo **Hipervínculo** del registro correspondiente.

- Señale la opción **Hipervínculo** y, a continuación, haga clic en la opción **Modificar hipervínculo**.

  También puede, después de hacer clic en el cuadro de texto del campo correspondiente, utilizar el método abreviado de teclado Ctrl ***K**.*

- Haga clic en el acceso directo **Archivo o página web existente** que aparece en la barra de ubicación **Vincular a**.

- Si es necesario, introduzca o modifique el texto que desee asignar al hipervínculo en el cuadro **Texto**.

- Complete el cuadro de texto **Dirección** utilizando uno de los siguientes métodos:
  - Escriba directamente en el cuadro de texto **Dirección** el nombre (ruta completa) de la página web (dirección URL) o del archivo al que debe hacer referencia el vínculo.
  - Haga clic en el acceso directo **Carpeta actual**. En la lista **Buscar en**, seleccione la unidad, la carpeta o el archivo al que debe hacer referencia el vínculo. Si el vínculo dirige a una carpeta, al activarlo, la carpeta aparecerá seleccionada en la ventana del Explorador de Windows.
  - Haga clic en el acceso directo **Páginas consultadas** y, en la lista de páginas web mostradas con el navegador, seleccione la página a la que debe hacer referencia el vínculo.
  - Haga clic en el acceso directo **Archivos recientes** y, en la lista de archivos utilizados recientemente, seleccione el archivo al que debe hacer referencia el vínculo.

- Haga clic, si es necesario, en el botón **Info. en pantalla** e introduzca el texto que se mostrará cuando se señale el vínculo. Si no lo hace, Access mostrará de forma predeterminada la dirección del hipervínculo en la información en pantalla.

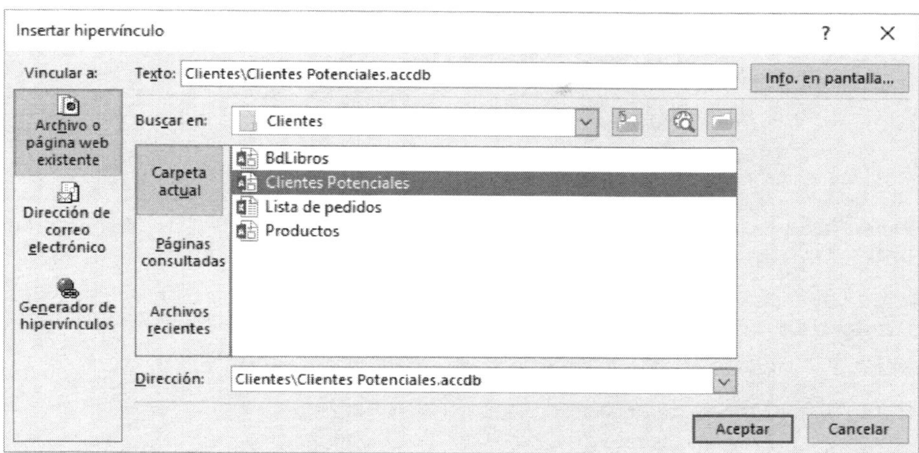

- Haga clic en el botón **Aceptar**.

  *Si no ha escrito ningún texto en el cuadro **Texto** del cuadro de diálogo **Insertar hipervínculo**, el vínculo aparecerá con el nombre de acceso del archivo o de la página web. Cuando señale el vínculo (sin hacer clic), el puntero del ratón tomará la forma de una mano.*

- Para activar el hipervínculo, solo tiene que hacer clic en él.

  Si el hipervínculo hace referencia a un archivo, aparecerá un mensaje de advertencia en el que se le informará que los vínculos pueden dañar su equipo y sus datos.

  Si es necesario, haga clic en el botón **Sí**.

  Si se trata de un archivo, este se mostrará en la ventana de su aplicación; si se trata de una página web, esta se mostrará en el navegador.

- Para mostrar de nuevo la ventana del objeto en el que ha creado el hipervínculo, haga clic en el botón correspondiente de la barra de tareas.
- Si es necesario, cierre la tabla, la consulta o el formulario.

© Editions ENI - Reproducción prohibida

Crear un hipervínculo en un formulario

- Abra el formulario en la vista **Diseño** .
- En la pestaña **Diseño de formulario**, haga clic en la herramienta **Hipervínculo** del grupo **Controles** o utilice el método abreviado de teclado Ctrl **K**.
- Haga clic en el acceso directo **Archivo o página web existente** u **Objeto de esta base de datos** en función de si desea crear un vínculo hacia un archivo, una página web existente o un objeto de la base de datos activa.
- Seleccione el archivo existente, el archivo web (véase el apartado anterior) o el objeto de la base de datos hacia el que desea establecer el vínculo (haga clic en el botón ⊞ asociado al tipo de objeto deseado para ver la lista de objetos).
- Modifique, si lo desea, el texto que asignará al hipervínculo en el cuadro **Texto**.
- Haga clic en el botón **Info. en pantalla** e introduzca el texto que aparecerá cuando señale el vínculo. Si no lo hace, Access mostrará la dirección del hipervínculo en la información en pantalla.
- Haga clic en el botón **Aceptar**.

  El hipervínculo aparecerá en el formulario. Si no ha escrito ningún texto en el cuadro ***Texto*** *del cuadro de diálogo* ***Insertar hipervínculo****, el vínculo tomará el nombre de la ruta de acceso del archivo o de la página web, o el nombre del objeto de la base de datos.*
- Si es necesario, mueva el hipervínculo en la ventana del formulario para situarlo en el lugar deseado.

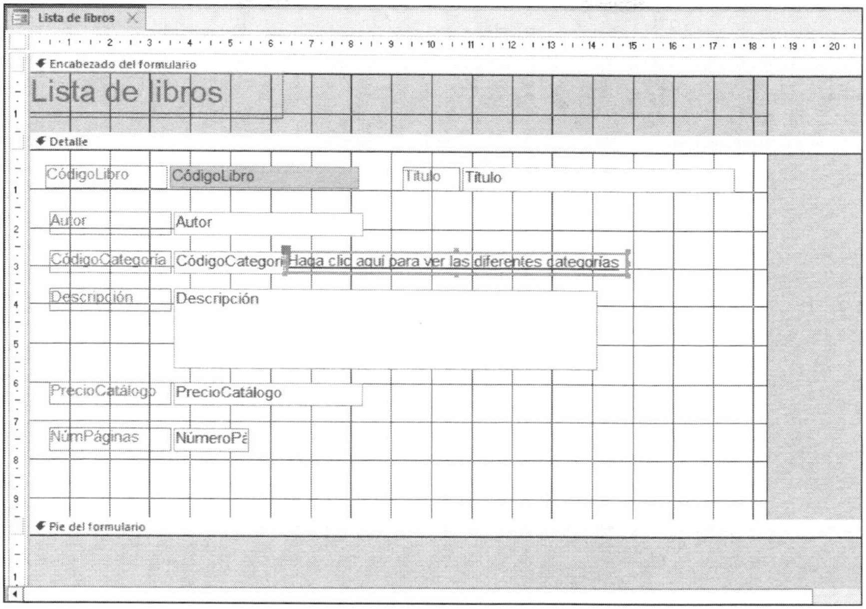

⮑ Para activar el hipervínculo, muestre el formulario en la vista **Formulario** haciendo clic en el botón  situado a la derecha de la barra de estado y, a continuación, seleccione el vínculo.

El objeto de la base de datos, el documento o la página web aparecerá en la pantalla.

© Editions ENI - Reproducción prohibida

- Para mostrar de nuevo la ventana del formulario, haga clic en el botón correspondiente que aparece en la barra de tareas (en el caso de un archivo o de una página web) o seleccione la pestaña correspondiente de la ventana de la aplicación Access (en el caso de un objeto de la base de datos).
- Guarde los cambios realizados en el formulario haciendo clic en la herramienta [icono].
- Si es necesario, cierre el formulario.

Comprobar la ortografía de los textos

- Abra el objeto correspondiente (tabla, formulario o consulta) haciendo doble clic en el nombre del objeto que aparece en el panel de navegación.
- Si es necesario, seleccione el o los campos o registros de los que desee comprobar la ortografía.
- En la pestaña **Inicio**, haga clic en el botón **Revisión ortográfica** del grupo **Registros** o pulse la tecla F7.

  Access se detendrá en la primera palabra que no figure en el diccionario consultado.

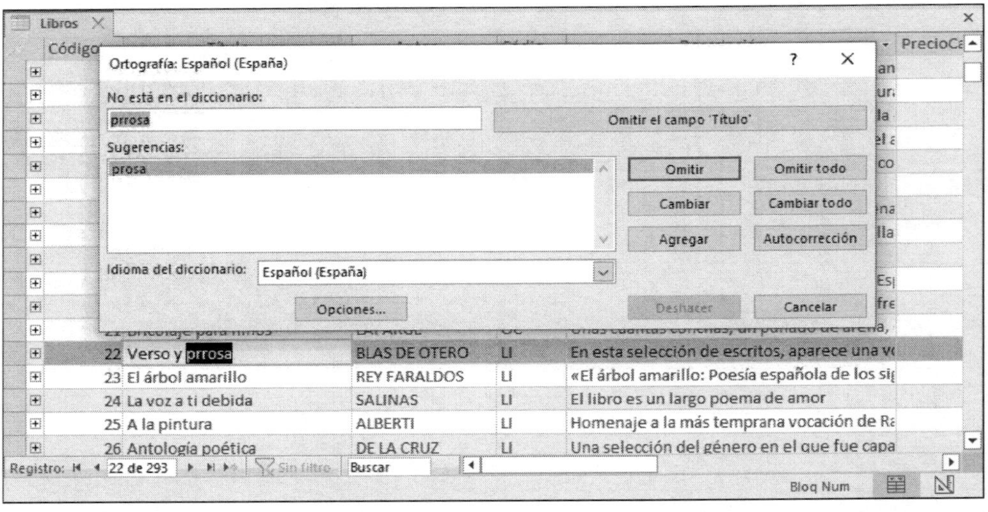

- Modifique, si lo desea, el diccionario que prefiere utilizar para comprobar la ortografía a través de la lista **Idioma del diccionario**.

- Si la palabra no está bien escrita:
  - Si la palabra correcta aparece en la lista **Sugerencias**, haga doble clic en la palabra correcta o un clic en la sugerencia y, a continuación, seleccione el botón **Cambiar**.
  - Si conoce la palabra correcta, introdúzcala en el cuadro de texto **No está en el diccionario** y, a continuación, haga clic en el botón **Cambiar**.
  - Si desea corregir automáticamente un mismo error que se repite en el documento, haga clic en el botón **Cambiar todo**.
- Si la palabra está bien escrita:
  - Haga clic en el botón **Omitir el campo "nombre del campo"** para que Access no compruebe la ortografía de este campo.
  - Haga clic en el botón **Omitir** para no cambiar la palabra y continuar con la comprobación.
  - Haga clic en el botón **Omitir todo** para ignorar la palabra y sus repeticiones durante la comprobación.
  - Haga clic en el botón **Agregar** para agregar la palabra al diccionario personal activo seleccionado para que Access pueda reconocerlo más adelante.
- Al final de la comprobación, haga clic en el botón **Aceptar** del mensaje que aparece.
- Cierre, si es necesario, la tabla, el formulario o la consulta.

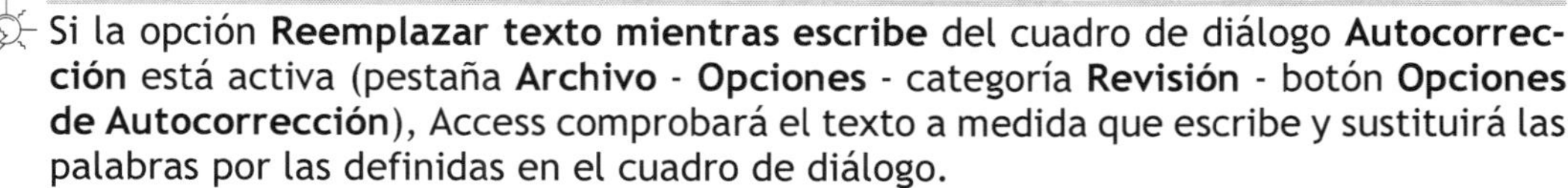

Si la opción **Reemplazar texto mientras escribe** del cuadro de diálogo **Autocorrección** está activa (pestaña **Archivo** - **Opciones** - categoría **Revisión** - botón **Opciones de Autocorrección**), Access comprobará el texto a medida que escribe y sustituirá las palabras por las definidas en el cuadro de diálogo.

Buscar un dato en los registros

Buscar un dato

- Si la búsqueda debe llevarse a cabo en una tabla o en una consulta, abra la tabla o la consulta en la Vista Hoja de datos.

  Si la búsqueda debe llevarse a cabo en un formulario, abra el formulario en la Vista Formulario.
- Haga clic en uno de los valores del campo correspondiente si la búsqueda se lleva a cabo en un solo campo.

© Editions ENI - Reproducción prohibida

- En la pestaña **Inicio**, haga clic en el botón **Buscar** que aparece en el grupo del mismo nombre o utilice el método abreviado de teclado Ctrl **B**.
- Introduzca el texto que desee buscar en el cuadro de texto **Buscar**.
- Indique el sentido de la búsqueda en el cuadro de lista **Buscar**: **Arriba**, **Abajo** o **Todos**.
- En la lista desplegable **Coincidir**, indique si el texto buscado constituye el valor completo (**Hacer coincidir todo el campo**) o parcial (**Cualquier parte del campo** o **Comienzo del campo**) del campo.
- Marque la opción **Coincidir mayúsculas y minúsculas** si Access debe buscar el texto tal y como lo ha introducido, respetando las mayúsculas y las minúsculas.
- Marque la opción **Buscar los campos con formato** si desea que Access recupere los datos tal y como aparecen en la tabla (con el formato atribuido) y no con el formato en el que se han guardado (tal y como se introdujeron).

  Esta opción no está disponible si la opción ***Coincidir mayúsculas y minúsculas*** *está marcada y cuando realiza una búsqueda en todos los campos del objeto (véase el siguiente apartado).*
- En la lista **Buscar en**, seleccione la opción **Campo actual** si la búsqueda debe llevarse a cabo solo en este campo o la opción **Documento actual** si la búsqueda debe realizarse en todos los campos de la hoja de datos o del formulario actual.
- Inicie la búsqueda haciendo clic en el botón **Buscar siguiente**.

  Access seleccionará el primer resultado encontrado. Es posible que el cuadro de diálogo se encuentre encima de la selección. En ese caso, desplácelo arrastrando la barra de título.

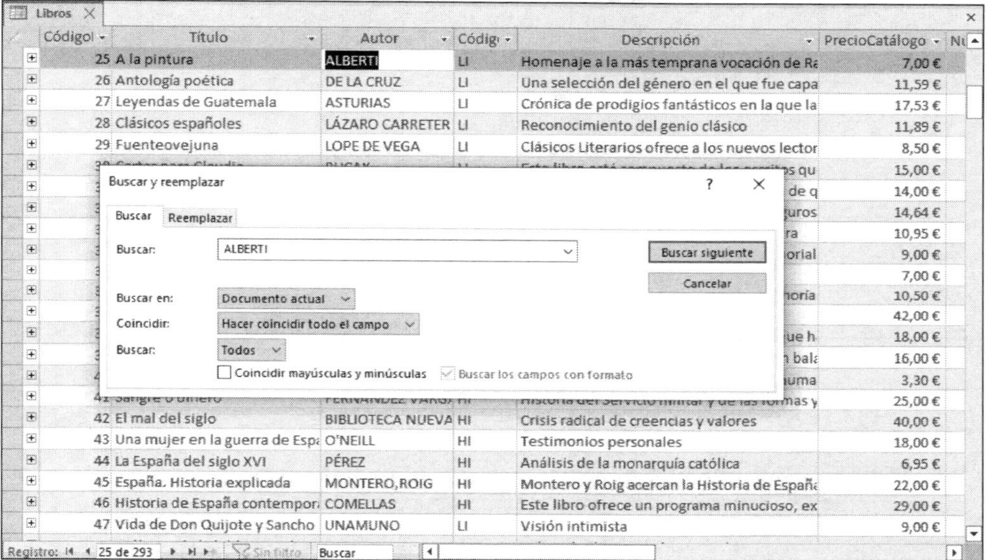

- Si el primer texto encontrado es el que está buscando, cierre el cuadro de diálogo haciendo clic en el botón [X] o en **Cancelar**; de lo contrario, continúe la búsqueda haciendo clic en el botón **Buscar siguiente**.
- Cuando encuentre el dato buscado, haga clic en el botón **Cancelar**.

  Si Access ha finalizado la búsqueda sin encontrar el dato, aparecerá un mensaje. Haga clic en el botón **Aceptar** y, a continuación, cierre el cuadro de diálogo **Buscar y reemplazar** haciendo clic en el botón [X].
- Cierre, si es necesario, la tabla, la consulta o el formulario.

Para llevar a cabo una búsqueda inmediata en todos los registros, haga clic en la sección **Buscar** que aparece a la derecha de la barra del selector de registro (en la parte inferior izquierda de la ventana) y, a continuación, introduzca el texto buscado. El primer texto que coincida con el texto introducido se seleccionará en la hoja de datos o en el formulario.

La combinación de teclas [Mayús] [F4] reinicia la última búsqueda realizada sin que se abra el cuadro de diálogo correspondiente.

© Editions ENI - Reproducción prohibida

Buscar un dato aproximado

- Si la búsqueda debe llevarse a cabo en una tabla o en una consulta, abra la tabla o la consulta en la Vista Hoja de datos.

  Si la búsqueda debe llevarse a cabo en un formulario, abra el formulario en la Vista Formulario.

- Haga clic en uno de los valores del campo deseado si el dato se busca únicamente en un campo.

- En la pestaña **Inicio**, haga clic en el botón **Buscar** que aparece en el grupo del mismo nombre o utilice el método abreviado de teclado Ctrl **B**.

- Especifique el texto buscado en el cuadro de texto **Buscar** insertando caracteres genéricos, como *, ? o # según los siguientes principios:

  - El carácter ***** se utiliza para reemplazar una cadena de caracteres de longitud variable.
  - El carácter **?** se utiliza para reemplazar un solo carácter.
  - El carácter **#** se utiliza para reemplazar una sola cifra.
  - Los corchetes **([ ])** se utilizan para buscar caracteres entre varios datos.
  - El carácter **!** se utiliza para excluir determinados caracteres de la búsqueda.

  Ejemplos:

La cadena	permite encontrar	pero no encuentra
calle	calle Diputación 112	
calle??	calle 5 calle 8	calle 10 calle 112
calle ##	calle 10	la calle
AZCO[IY]EN	AZCOYEN AZCOIEN	AZCOLLEN
AZCO[!IY]EN	AZCOLLEN	AZCOYEN

- Defina, si es necesario, las opciones de la búsqueda (**Buscar**, **Coincidir**, etc.) (véase el apartado anterior) y, a continuación, inicie la búsqueda haciendo clic en el botón **Buscar siguiente**.

- Cuando encuentre el dato buscado, haga clic en el botón **Cancelar**.

Si Access ha finalizado la búsqueda sin resultados, aparecerá un mensaje. Haga clic en el botón **Aceptar** y, a continuación, cierre el cuadro de diálogo **Buscar y reemplazar** haciendo clic en el botón ☒.

- Si es necesario, cierre la tabla, la consulta o el formulario.

Reemplazar un dato

- Abra el objeto correspondiente (tabla, consulta o formulario) haciendo doble clic en el nombre del objeto que se muestra en el panel de navegación.
- Haga clic en uno de los valores del campo correspondiente si busca el dato únicamente en un campo.
- En la pestaña **Inicio**, haga clic en la herramienta del grupo **Buscar** o utilice el método abreviado de teclado Ctrl **H**.
- Introduzca el texto que desee reemplazar en la sección **Buscar**.
- Introduzca en la sección **Reemplazar por** el texto por el que desee sustituir el texto anterior.
- Defina las demás opciones del mismo modo que para la búsqueda de datos (véase Datos - Buscar un dato en los registros).

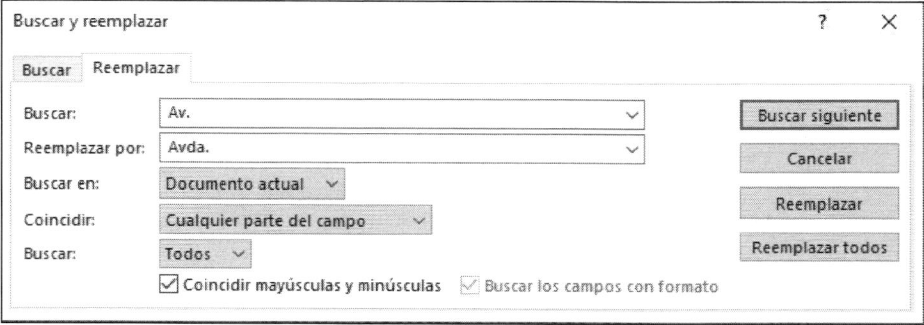

- Haga clic en el botón **Buscar siguiente** para iniciar la búsqueda.

  Access seleccionará el primer resultado encontrado.

© Editions ENI - Reproducción prohibida

- Si debe reemplazar el texto de uno en uno, haga clic en el botón **Reemplazar** para sustituir la cadena de caracteres seleccionada y buscar el siguiente resultado, o en el botón **Buscar siguiente** para buscar el siguiente resultado sin realizar la sustitución. Si todas las sustituciones deben efectuarse al mismo tiempo, haga clic en el botón **Reemplazar todos**.
- Cuando la búsqueda haya finalizado, haga clic, si es necesario, en el botón **Aceptar** para confirmar la sustitución de los datos.

  Si las sustituciones se han realizado de forma simultánea (botón **Reemplazar todos**), haga clic en el botón **Sí** del mensaje que le informa que no podrá deshacer los cambios realizados.
- Cierre el cuadro de diálogo **Buscar y reemplazar** haciendo clic en el botón ✕.
- Si es necesario, cierre el objeto.

Los datos reemplazados en un formulario o en una consulta también se reemplazarán en la tabla vinculada al formulario o a la consulta.

Utilizar la vista preliminar

- En el panel de navegación, haga clic en la tabla, en la consulta, en el formulario o en el informe del que desee obtener la vista preliminar.

  En el caso de un informe, también puede hacer doble clic en su nombre para mostrarlo en la vista preliminar.

- Haga clic en la pestaña **Archivo**, seleccione la opción **Imprimir** y, a continuación, haga clic en la opción **Vista previa de impresión**.

  Los datos aparecerán en la pantalla tal y como se imprimirán. Cuando el puntero del ratón esté situado en la página, tomará la forma de una lupa.

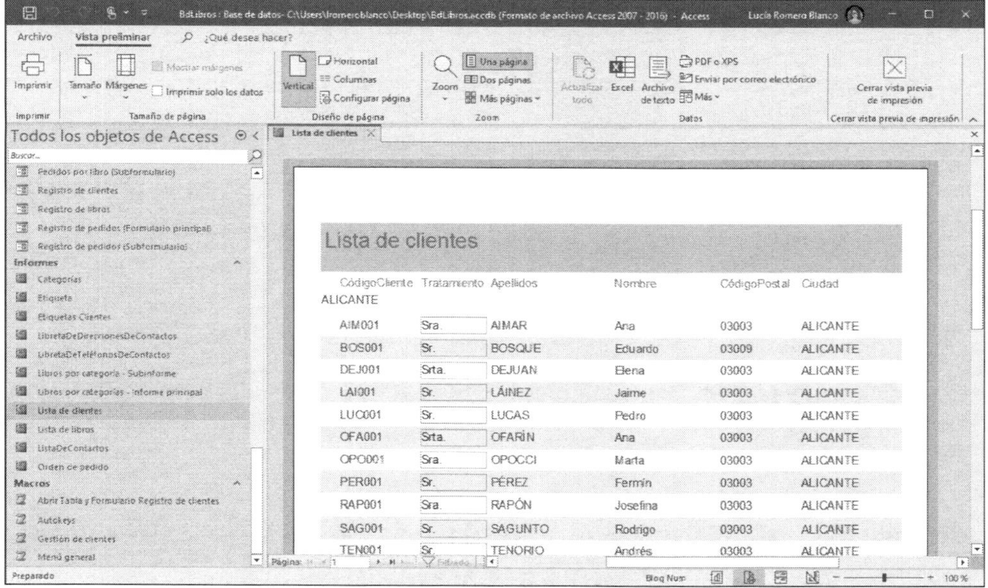

- Para aumentar el zoom, coloque el puntero del ratón en la zona que desee ampliar y, a continuación, haga clic. Para reducirlo, haga clic en la página.

  *Para ampliar o reducir el zoom, también puede hacer clic en la parte superior del botón **Zoom** situado en el grupo del mismo nombre.*

© Editions ENI - Reproducción prohibida

- Para modificar el valor del zoom, utilice el botón **Alejar** situado en la esquina inferior derecha de la ventana para reducir el valor del zoom y el botón **Acercar** para aumentar su valor; también puede modificar el valor del zoom arrastrando el cursor **Zoom** .

  Para seleccionar otro valor de zoom, también puede abrir la lista del botón ***Zoom*** *y, a continuación, hacer clic en uno de los valores de zoom propuestos.*

- Para pasar las páginas, utilice los botones de la barra del selector de registro situados en la esquina inferior izquierda de la ventana. Para acceder a una página determinada, haga doble clic en el número de la página activa, introduzca el número de la página que desee ver y, a continuación, confirme con la tecla ↵.
- Para mostrar dos páginas en la vista preliminar, haga clic en el botón **Dos páginas** del grupo **Zoom**. Para mostrar más de dos páginas, haga clic en el botón **Más páginas** del mismo grupo **Zoom** y, a continuación, seleccione la opción **Cuatro páginas**, **Ocho páginas** o **Doce páginas**.
- Para volver a la presentación de una página, haga clic en el botón **Una página** del grupo **Zoom**.
- Para iniciar la impresión, haga clic en el botón **Imprimir** del grupo del mismo nombre.
- Para cerrar la vista preliminar, haga clic en el botón **Cerrar vista previa de impresión** del grupo **Cerrar vista previa de impresión** o pulse la tecla esc.

También puede acceder a la vista preliminar desde la vista Hoja de datos de una tabla o de una consulta, desde la vista Formulario de un formulario o desde la vista Diseño de un informe.

Modificar los márgenes y la orientación de la impresión

- En el panel de navegación, haga clic en la tabla, en la consulta, en el formulario o en el informe del que desee modificar los márgenes o la orientación.

  En el caso de un informe, también puede hacer doble clic en su nombre para mostrarlo en la vista preliminar.

- Haga clic en la pestaña **Archivo**, seleccione la opción **Imprimir** y, a continuación, haga clic en la opción **Vista previa de impresión**.
- Haga clic en el botón **Configurar página** del grupo **Diseño de página**.

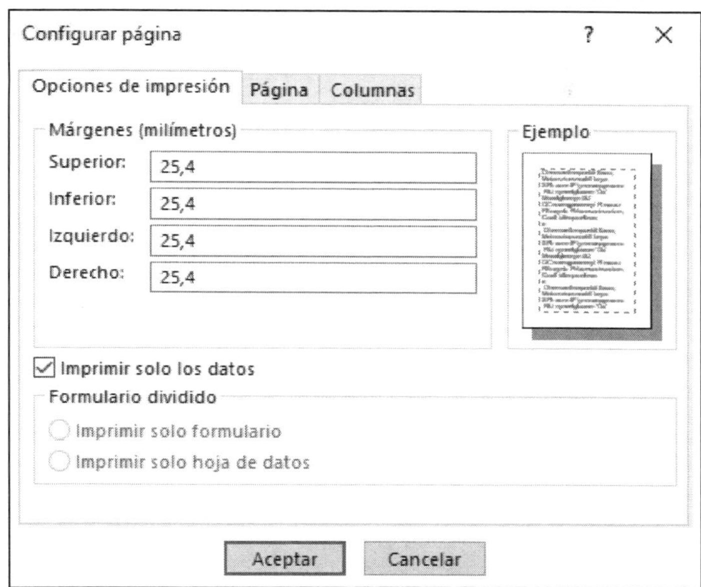

- Para modificar los márgenes, especifique los márgenes que desee establecer en los cuadros de texto **Superior**, **Inferior**, **Izquierdo** o **Derecho** de la pestaña **Opciones de impresión**.
- Active o desactive la opción **Imprimir encabezados** en función de si desea imprimir o no los encabezados y los pies de página. Al configurar la página de un formulario o de un informe, esta opción es sustituida por **Imprimir solo los datos**, que permite omitir o no la impresión de las etiquetas, de los márgenes de control, de las cuadrículas y de los elementos gráficos.

  *En el caso de un formulario o de un informe, la opción **Imprimir solo los datos** también está disponible en el grupo **Tamaño de página** de la pestaña **Vista preliminar**.*
- Haga clic en el botón **Aceptar** para confirmar sus opciones.
- Para aplicar los márgenes predefinidos, haga clic en el botón **Márgenes** del grupo **Tamaño de página** y, a continuación, seleccione el tipo de margen que desea para el objeto. La opción **Última configuración personalizada** permite aplicar los valores de los márgenes previamente definidos en el cuadro de diálogo.
- Para modificar la orientación de las páginas, en el grupo **Diseño de página**, haga clic en el botón **Vertical** para imprimir en sentido vertical o en el botón **Horizontal** para hacerlo en sentido horizontal.

© Editions ENI - Reproducción prohibida

- Si es necesario, inicie la impresión haciendo clic en el botón **Imprimir**.
- Para cerrar la vista preliminar, haga clic en el botón **Cerrar vista previa de impresión** del grupo **Cerrar vista previa de impresión** o pulse la tecla [esc].

Las opciones asociadas a la configuración de la página se guardan con el informe y con el formulario de forma predeterminada. Esta configuración puede modificarse al imprimir una hoja de datos.

Imprimir un objeto

- Abra la tabla, la consulta, el formulario o el informe que desee imprimir haciendo doble clic en su nombre.
- Modifique, si es necesario, el formato según la presentación deseada.
- En el caso de una tabla o de una consulta, si solo deben imprimirse algunos registros, selecciónelos. Si no ha seleccionado ningún registro, se imprimirá todo el contenido de la tabla o de la consulta.
- Haga clic en la pestaña **Archivo**, seleccione la opción **Imprimir** y, a continuación, vuelva a hacer clic en la opción **Imprimir** o utilice el método abreviado de teclado [Ctrl] **P**.

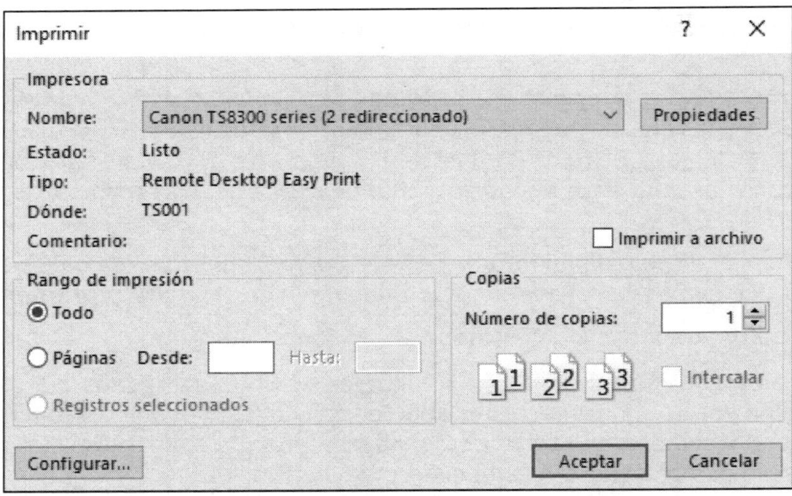

- Para imprimir todos los registros del objeto, asegúrese de que la opción **Todo** esté activada.

- Para imprimir algunas páginas, haga clic en el cuadro de texto **Desde** e introduzca el número de la primera página que desee imprimir y el de la última página en el cuadro de texto **Hasta**.
- Para imprimir los registros seleccionados, active la opción **Registros seleccionados**.
- Para imprimir varios ejemplares, introduzca el número de copias que desee imprimir en el cuadro de texto **Número de copias** de la sección **Copias** y, a continuación, si es necesario, active la opción **Intercalar** para que la impresión se realice ejemplar a ejemplar y no página a página. Por ejemplo, las páginas 2, 3 y 4, y no dos veces la página 2, dos veces la página 3 y dos veces la página 4.

  *No todas las impresoras disponen de la función **Intercalar**.*
- Haga clic en el botón **Aceptar**.
- Si es necesario, cierre el objeto.

También puede imprimir una tabla, una consulta o un formulario seleccionando su nombre en el panel de navegación. En ese caso, no podrá seleccionar los registros que desee imprimir.

De forma predeterminada, Access imprime los encabezados y el nombre de la tabla, de la consulta o del informe, así como la fecha del día y el número de página en la parte inferior de la página.

Para iniciar la impresión según la configuración predeterminada del cuadro de diálogo **Imprimir**, haga clic en la pestaña **Archivo**, seleccione la opción **Imprimir** y, a continuación, haga clic en la opción **Impresión rápida**.

© Editions ENI - Reproducción prohibida

Crear un formulario

Crear un formulario instantáneo

Un formulario permite administrar los registros de una tabla a través de una pantalla de introducción de datos; si este formulario debe servir para administrar solamente determinados registros, debe estar basado en una consulta (la tabla o la consulta seleccionadas se denominan el origen del formulario).

En este apartado, veremos cómo crear rápidamente un formulario según una presentación predefinida.

- En el panel de navegación, seleccione la tabla o la consulta en la que desee basar dicho formulario.
- Haga clic en la pestaña **Crear**.
- Según la presentación que desee para el formulario, haga clic en uno de los siguientes botones del grupo **Formularios**:

Formulario: los campos del origen de los datos (tabla o consulta) se muestran en el formulario unos debajo de otros. Solo se muestra un registro a la vez. Si se ha establecido una relación de tipo "uno a varios" entre la tabla/consulta de origen y otra tabla de la base de datos, se mostrará una hoja de datos basada en la tabla asociada en la parte inferior del formulario. Esta hoja de datos, denominada subformulario, muestra los registros vinculados al registro seleccionado en la parte superior del formulario.

Encontrará más información sobre las relaciones entre las tablas en el capítulo correspondiente.

Más formularios - opción **Formulario dividido**: este tipo de formulario ofrece dos vistas simultáneas: los campos del origen de los datos (tabla o consulta) se presentan en la vista Formulario en la parte superior de este y en la vista Hoja de datos en la parte inferior. Estas dos vistas están sincronizadas, de modo que, cuando selecciona un campo en la parte superior del formulario, se selecciona el mismo campo en la parte inferior. Además, los cambios (agregar, eliminar datos, etc.) realizados en una parte del formulario se reflejan en la otra parte. Puede modificar la posición de la hoja de datos del formulario a través de la propiedad **Orientación del formulario dividido** que aparece en la **Hoja de propiedades** del formulario en la vista Diseño (véase Modificar las propiedades de un formulario más adelante en este capítulo).

© Editions ENI - Reproducción prohibida

Más formularios - opción **Varios elementos:** los campos del origen de los datos (tabla o consulta) se presentan en forma de tabla en el formulario (los datos se muestran en filas y columnas), de modo que pueden verse varios registros a la vez. Este formulario, parecido a una hoja de datos, permite mejorar la personalización de la hoja de datos (por ejemplo, posibilidad de agregar elementos gráficos, controles, etc.).

Access crea instantáneamente el formulario en la vista Presentación. Esta vista permite ver los datos y modificar el diseño. De forma predeterminada, Access aplica automáticamente una disposición ***apilada*** *a los controles del formulario con el fin de facilitar su manejo. Si esta disposición no le resulta práctica, puede deshacerse (véase Gestión de los controles - Aplicar o eliminar una disposición tabular o apilada).*

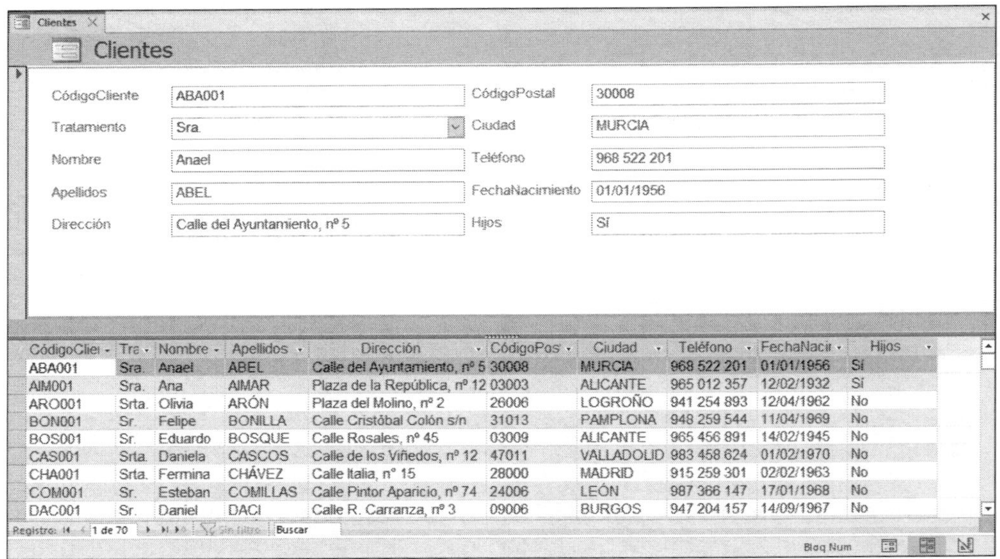

En el ejemplo anterior, puede ver un formulario dividido asociado a la tabla Clientes. Este tipo de formulario resulta muy práctico, ya que la parte inferior puede utilizarse para buscar registros, y la parte superior, para realizar consultas, cambiar o, incluso, crear registros.

- Si es necesario, realice cambios en el diseño del formulario.

- Haga clic en la herramienta **Guardar** o utilice el método abreviado de teclado Ctrl **G** para guardar el formulario.

- Introduzca el nombre del formulario en el cuadro de texto **Nombre del formulario** y, a continuación, haga clic en el botón **Aceptar**.
- Si es necesario, cierre el formulario haciendo clic en el botón ✕ de su ventana.

Puede utilizar este formulario en el informe para agregar, eliminar o modificar registros, acceder a su estructura para adaptarla a sus necesidades o, si es necesario, eliminarlo una vez que haya terminado de utilizarlo.

De forma predeterminada, están disponibles tres vistas para un formulario: la vista **Formulario**, la vista **Presentación** y la vista **Diseño**. Para controlar la disponibilidad de las vistas, muestre la **Hoja de propiedades** del formulario (véase el primer subapartado del apartado Modificar las propiedades de un formulario) y, a continuación, en la pestaña **Formato**, seleccione la opción **Sí** o **No** para las propiedades **Permitir vista Formulario**, **Permitir vista Hoja de datos** y **Permitir vista Presentación**.

Crear un formulario con el Asistente

A diferencia del formulario instantáneo (véase el apartado anterior), el ***Asistente para formularios*** *le permitirá elegir los campos que se incluirán en el formulario, su disposición o, incluso, el estilo del formulario.*

- Seleccione la tabla o la consulta en la que desee basar el formulario.

  La tabla o la consulta podrá seleccionarse más adelante en el Asistente para formularios.

- Haga clic en la pestaña **Crear**.
- En el grupo **Formularios**, haga clic en el botón **Asistente para formularios**.

  Aparecerá en la pantalla la ventana del ***Asistente para formularios****. El nombre de la tabla o de la consulta previamente seleccionadas se muestra en la lista* ***Tablas/Consultas****.*

- Si no le convienen la tabla o la consulta previamente seleccionadas en el panel de navegación, seleccione otra tabla o consulta en la lista **Tablas/Consultas**.

© Editions ENI - Reproducción prohibida

- Indique qué campos de la tabla o de la consulta desea insertar en el formulario:
  - Seleccione los campos que desee insertar en la lista **Campos disponibles** y, a continuación, haga clic en el botón [>].
  - Para insertar todos los campos, haga clic en el botón [>>].
  - Seleccione los campos que desee quitar en la lista **Campos seleccionados** y, a continuación, haga clic en el botón [<].
  - Para quitar todos los campos, haga clic en el botón [<<].

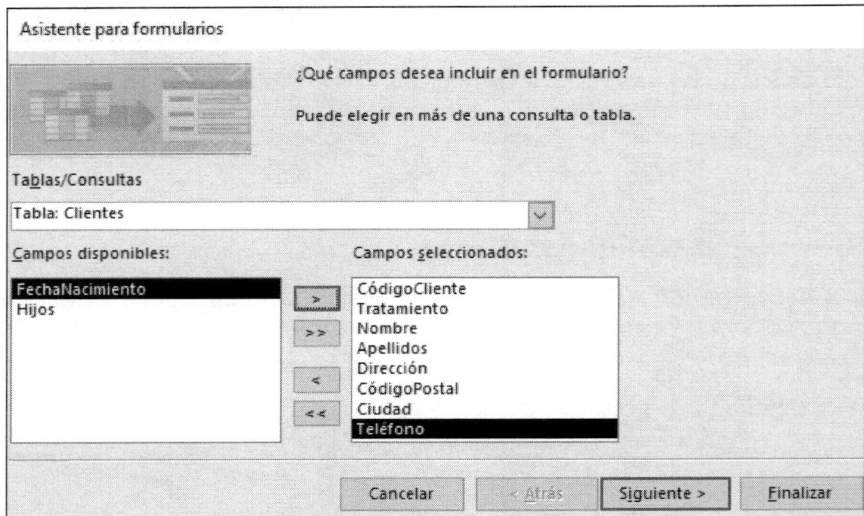

También puede hacer doble clic en un campo para insertarlo en el formulario.

- Haga clic en el botón **Siguiente** para acceder al siguiente paso.
- Active la opción que desee para el tipo de presentación del formulario. Puede hacer clic en cada una de las opciones para ver el ejemplo correspondiente.
- Haga clic en el botón **Siguiente** para acceder al siguiente paso.
- Introduzca el nombre con el que desee guardar el formulario. De forma predeterminada, Access propone el mismo nombre que la tabla o la consulta utilizadas para crear el formulario.

- Seleccione la primera o la segunda opción en función de si desea visualizar los registros a través del formulario (vista Formulario) o mostrar la estructura del formulario (vista Diseño).
- Haga clic en el botón **Finalizar**.

El formulario aparecerá en la pantalla y estará listo para usarse. Access aplica automáticamente una disposición apilada de los controles del formulario, facilitando así su manejo. Si esta disposición no le resulta práctica, puede deshacerla (véase Gestión de los controles - Aplicar o eliminar una disposición tabular o apilada).

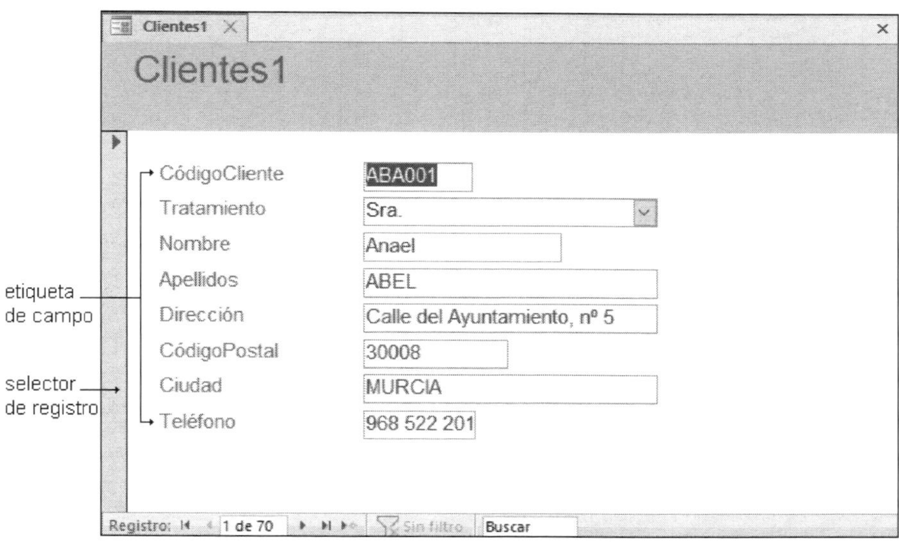

Los botones situados en la esquina inferior izquierda de la ventana permiten, como en una hoja de datos, acceder a los diferentes registros.

En la pestaña **Crear**, el botón **Formulario en blanco** del grupo **Formularios** permite crear un formulario en blanco en la vista Presentación, mientras que el botón **Diseño del formulario** del mismo grupo crea un formulario en blanco en la vista Diseño. En ambos casos, deberá agregar los campos deseados a través del panel **Lista de campos**.

Para crear un formulario, también puede agregar un elemento de aplicación de la categoría **Formularios en blanco** (véase el apartado Agregar un elemento de aplicación a una base de datos del capítulo Bases de datos).

© Editions ENI - Reproducción prohibida

Crear un formulario de navegación

Un formulario de navegación reúne varios formularios o informes accesibles a través de pestañas.

- Haga clic en la pestaña **Crear** y, a continuación, seleccione el botón **Navegación** del grupo **Formularios.**

Aparecerá la lista de los distintos formularios de navegación.

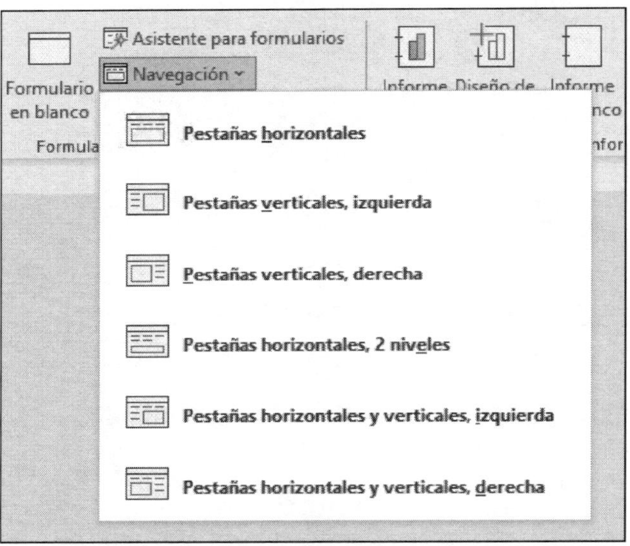

- Haga clic en una de las opciones propuestas en función de la posición en la que desee que se coloquen las pestañas en su formulario.

*Access creará el formulario de navegación y lo mostrará en la vista Presentación. El panel **Lista de campos** aparecerá a la derecha del formulario, que estará vacío. Visualizará una o varias zonas de pestañas según la opción que haya escogido. En nuestro ejemplo, hemos seleccionado la opción **Pestañas horizontales**; por tanto, las pestañas se colocarán horizontalmente en la parte superior de la ventana del formulario.*

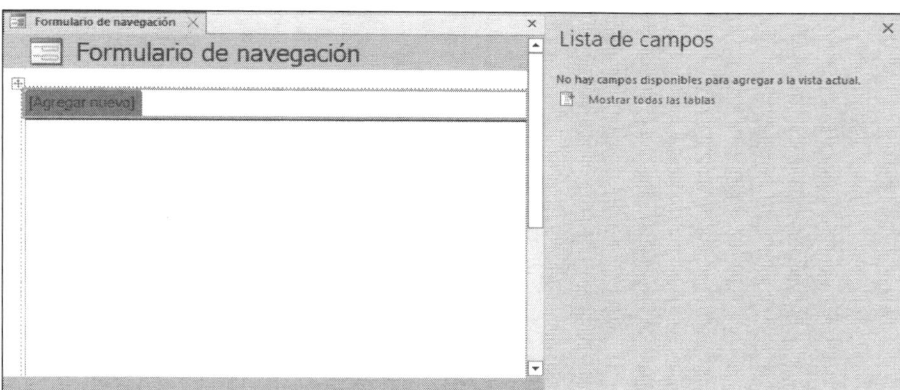

- Para agregar un formulario o un informe al formulario de navegación, haga clic en el botón **[Agregar nuevo]**, introduzca el nombre del formulario o del informe que desee agregar y, a continuación, confirme pulsando la tecla ⏎.

  El nombre introducido debe ser similar al del objeto que desee agregar. De lo contrario, la página de la pestaña estará vacía. En ese caso, debe tener en cuenta que siempre puede elegir el formulario o el informe que desee agregar a la página posteriormente (véase más adelante en este capítulo).

- Repita este procedimiento para cada formulario o informe que desee agregar al formulario de navegación.

- Para cambiar el nombre de una pestaña, haga clic en el botón correspondiente para seleccionarla y, a continuación, haga clic de nuevo en su interior para que se muestre el punto de inserción. Modifique el nombre de la pestaña y, a continuación, confirme pulsando la tecla ⏎.

  Si escribe el nombre de otro formulario o informe existente, no se reemplazará el objeto inicialmente agregado a la página de la pestaña.

- Para modificar el tamaño de una pestaña, arrastre su borde izquierdo o derecho hacia la derecha o hacia la izquierda hasta obtener el tamaño deseado.

© Editions ENI - Reproducción prohibida

- Para modificar la posición de una página, haga clic en su pestaña para seleccionarla y, a continuación, arrástrela a su nueva posición.

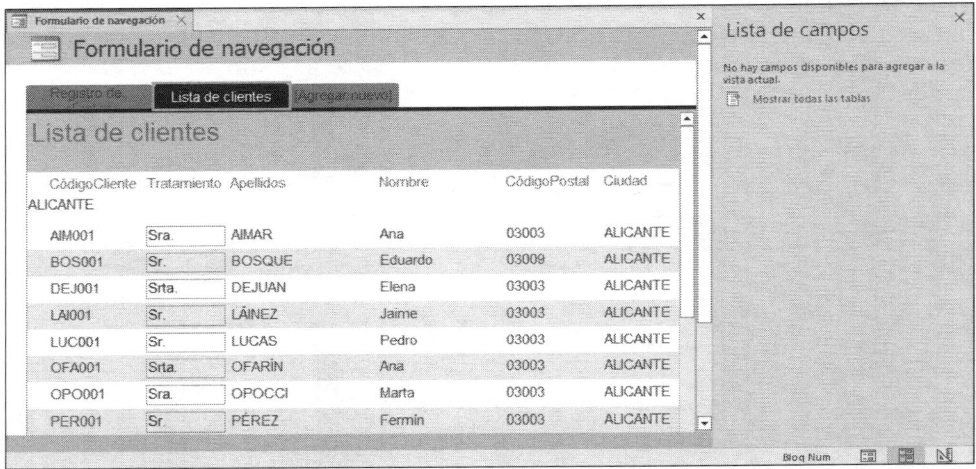

*En nuestro ejemplo, la página de pestaña **Lista de clientes** se va a situar antes de la página de pestaña **Registro de clientes**.*

- Para modificar el formulario o el informe que desee asociar a una página, haga clic en la pestaña de la página correspondiente y, a continuación, muestre el panel de propiedades haciendo clic en el botón **Hoja de propiedades** de la pestaña **Diseño de visualización de formulario** (grupo **Herramientas**).

  A continuación, haga clic en la pestaña **Datos** de la **Hoja de propiedades** y seleccione el nombre del formulario o del informe que desee asociar a la página en la propiedad **Nombre de destino de navegación**.

  *Si no se debe asociar ningún objeto a la página de pestaña, elimine el contenido de la propiedad **Nombre de destino de navegación**.*

- Para eliminar una página de pestaña, haga clic en pestaña correspondiente y, a continuación, pulse la tecla Supr.

- Si es necesario, realice cambios en el o los formularios o informes.
- Haga clic en el botón **Guardar** o utilice el método abreviado de teclado Ctrl **G** para guardar el formulario de navegación.
- Escriba el nombre del formulario en el cuadro de texto **Nombre del formulario** y, a continuación, haga clic en el botón **Aceptar**.
- Si es necesario, cierre el formulario de navegación haciendo clic en el botón de su ventana.

Mostrar un formulario en la vista Diseño

La vista Diseño permite modificar la estructura del formulario.

- En el panel de navegación, haga clic con el botón derecho en el nombre del formulario que desee modificar y, a continuación, seleccione la opción **Vista Diseño.**

  En la ventana del formulario en la vista Formulario o Presentación, abra la lista del botón **Ver** de la pestaña **Inicio** y, a continuación, haga clic en la opción **Vista Diseño** o en el botón **Vista Diseño** situado a la derecha de la barra de estado.

  *Los botones **Ver** de la pestaña **Inicio** y **Vista Formulario** de la barra de estado permiten acceder de nuevo a la vista Formulario. Además de la ventana del formulario, es posible que aparezca en la pantalla el panel con la lista de campos o la hoja de propiedades del formulario.*

- Para mostrar u ocultar la hoja de propiedades, en la pestaña **Diseño de formulario**, haga clic en el botón **Hoja de propiedades** del grupo **Herramientas** o pulse la tecla F4.
- Para mostrar u ocultar el panel **Lista de campos**, en la pestaña **Diseño de formulario**, haga clic en el botón **Agregar campos existentes** del grupo **Herramientas**.

© Editions ENI - Reproducción prohibida

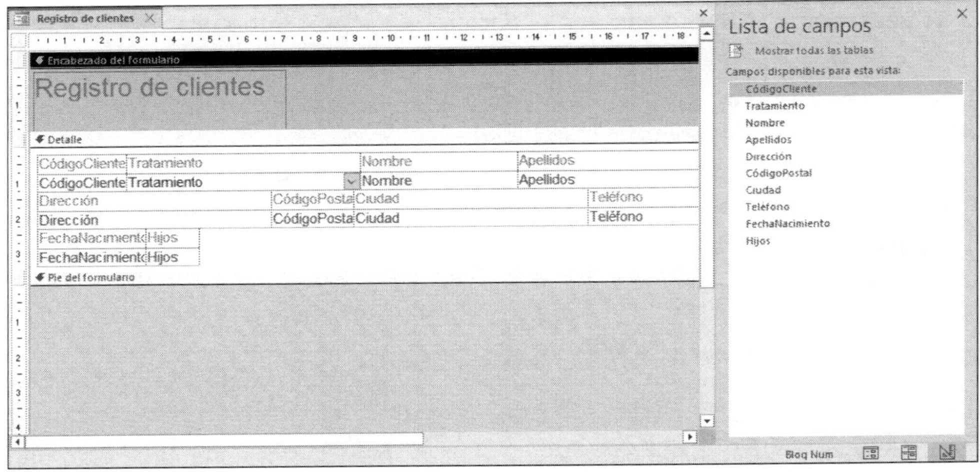

De forma predeterminada, un formulario se compone de tres partes:

- *El* ***Encabezado del formulario***
- *La sección* ***Detalle***
- *El* ***Pie del formulario***

Cada uno de los elementos insertados en un formulario se conoce como control: el título del formulario y las diferentes etiquetas son controles.

Cuando inserta un campo en un formulario, Access inserta dos controles: la ***etiqueta del campo****, que contiene texto (se corresponde inicialmente con el nombre del campo) que se puede modificar o eliminar, y el* ***cuadro de texto*** *utilizado en la vista Formulario para mostrar el valor del campo (es imprescindible para administrar los datos del campo en el formulario).*

Existen tres tipos de controles:

- *Los* ***controles independientes*** *muestran información totalmente independiente de la tabla o de la consulta de origen. Por ejemplo, un texto que se muestre en el formulario o cualquier dibujo (una línea, un rectángulo, etc.).*
- *Los* ***controles dependientes*** *están vinculados a un campo de la tabla de origen y generalmente muestran el valor de este campo.*
- *Los* ***controles calculados*** *muestran datos calculados a partir de uno o varios valores de campo y según una expresión de cálculo definida. Por ejemplo, en un formulario Artículos, un control Precio con IVA puede mostrar el precio con IVA de cada artículo a partir del precio sin IVA y del IVA existente en una tabla.*

Si es necesario, cierre el formulario haciendo clic en el botón [×] de su ventana.

La **Vista Presentación** (botón situado a la derecha en la barra de estado) también permite realizar la mayoría de los cambios de estructura de un formulario y ver a la vez los datos que contiene.

Para mostrar u ocultar la cuadrícula que aparece en el fondo del formulario en la vista Diseño, en la pestaña **Organizar**, haga clic en el botón **Tamaño y espacio** del grupo **Tamaño y orden** y, a continuación, seleccione la opción **Cuadrícula**; la opción **Regla** permite mostrar u ocultar las reglas horizontal y vertical.

Ordenar el acceso a los campos del formulario

Este comando permite definir el orden de tabulación: indica el orden de los campos a los que accede pulsando la tecla [Tab] o [Intro] cuando utiliza el formulario.

En el panel de navegación, haga clic con el botón derecho en el nombre del formulario correspondiente y, a continuación, seleccione la opción **Vista Diseño**.

En la pestaña **Diseño de formulario**, haga clic en el botón **Orden de tabulación** que aparece en la categoría **Herramientas**.

© Editions ENI - Reproducción prohibida

El orden de acceso a los campos está definido de arriba abajo y de izquierda a derecha.

- En la zona **Sección**, active la opción correspondiente a la sección del formulario en cuestión.
- Para mover un campo en la lista **Orden personalizado**, seleccione el campo haciendo clic en su selector de campo (el cuadrado situado a la izquierda del campo). A continuación, haga clic de nuevo en el selector de campo y arrastre el ratón hasta colocar la línea horizontal negra en la nueva posición del campo.
- Para definir un orden de tabulación relacionado con la ubicación física de los campos en el formulario, de izquierda a derecha y de arriba abajo, haga clic en el botón **Orden automático**.
- Haga clic en el botón **Aceptar**.
- Si es necesario, haga clic en el botón para acceder a la vista **Presentación** y comprobar el resultado.
- Haga clic en la herramienta para guardar los cambios y, si es necesario, cierre el formulario.

Modificar las propiedades de un formulario

Mostrar la hoja de propiedades de un formulario

- En el panel de navegación, haga clic con el botón derecho en el nombre del formulario correspondiente y, a continuación, seleccione la opción **Vista Diseño**.
- Si es necesario, muestre la **Hoja de propiedades** del formulario: en la pestaña **Diseño de formulario**, haga clic en el botón **Hoja de propiedades** del grupo **Herramientas** (o F4) y, a continuación, seleccione la opción **Formulario** en la lista **Tipo de selección** que aparece en la parte superior de la hoja de propiedades.

  *Una vez que haya mostrado la **Hoja de propiedades**, también puede hacer doble clic en la casilla situada en el ángulo superior izquierdo que forman las reglas horizontal y vertical (■) para mostrar las propiedades del formulario en el panel **Hoja de propiedades**.*

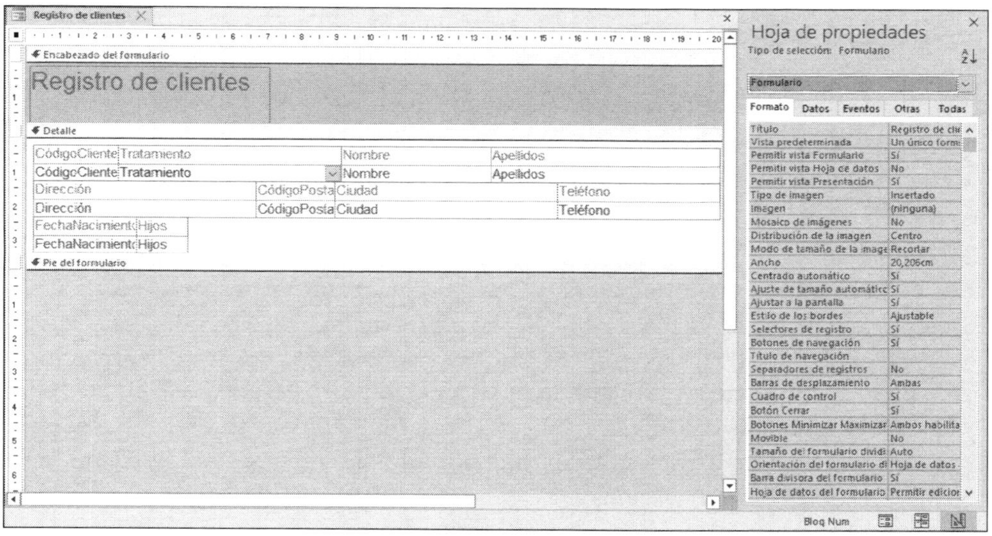

*Las propiedades del formulario aparecen en una ventana. Están agrupadas por tipo, y cada tipo corresponde a una página de la ventana a la que puede acceder haciendo clic en la pestaña correspondiente. La pestaña **Todas** agrupa todas las propiedades, sea cual sea su tipo.*

© Editions ENI - Reproducción prohibida

El botón [A↓Z], disponible en la esquina superior derecha, permite ordenar las propiedades alfabéticamente.

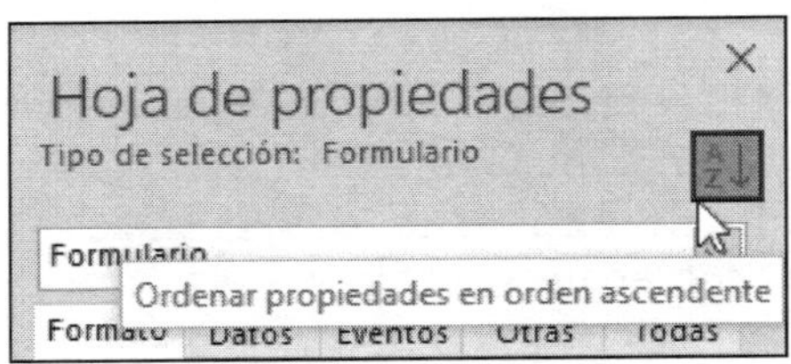

- Haga clic en la pestaña que contenga las propiedades que desee modificar y, a continuación, realice los cambios en las zonas correspondientes.
- Si es necesario, cierre la hoja de propiedades haciendo clic en el botón [×] de su ventana o seleccionando el botón **Hoja de propiedades** de la pestaña **Diseño de formulario**.
- Haga clic en la herramienta [Guardar] para guardar los cambios y, a continuación, cierre el formulario si es necesario.

Modificar el origen de un formulario

Este método se emplea para utilizar los datos de una tabla o de una consulta a través de un formulario creado inicialmente para otra tabla o consulta (ambas tablas o consultas deben tener estructuras similares).

- En el panel de navegación, haga clic con el botón derecho en el nombre del formulario correspondiente y, a continuación, seleccione la opción **Vista Diseño.**
- Si es necesario, muestre la **Hoja de propiedades** del formulario: en la pestaña **Diseño de formulario**, haga clic en el botón **Hoja de propiedades** del grupo **Herramientas** (o [F4]) y, a continuación, seleccione la opción **Formulario** en la lista **Tipo de selección** que aparece en la parte superior de la hoja de propiedades.

  *Una vez que haya mostrado la **Hoja de propiedades**, también puede hacer clic en la casilla situada en el ángulo superior izquierdo que forman las reglas horizontal y vertical (■) para mostrar las propiedades del formulario en el panel **Hoja de propiedades**.*
- Haga clic en la pestaña **Datos** y, a continuación, en la sección **Origen del registro**, seleccione la tabla o la consulta que desee asociar al formulario.

- Haga clic en la pestaña **Formato** y, en el cuadro de texto **Título**, modifique, si lo desea, el texto que aparecerá en la pestaña de la ventana del formulario cuando este se muestre en la vista Formulario.
- Guarde los cambios realizados en el formulario haciendo clic en la herramienta y, a continuación, ciérrelo si es necesario.

Acceder a la consulta de origen del formulario

- En el panel de navegación, haga clic con el botón derecho en el nombre del formulario correspondiente y, a continuación, seleccione la opción **Vista Diseño**.
- Si es necesario, muestre la **Hoja de propiedades** del formulario: en la pestaña **Diseño de formulario**, haga clic en el botón **Hoja de propiedades** del grupo **Herramientas** (o F4) y, a continuación, seleccione la opción **Formulario** en la lista **Tipo de selección** que aparece en la parte superior de la hoja de propiedades.
- Haga clic en el cuadro asociado a la propiedad **Origen del registro** de la pestaña **Datos** y, a continuación, seleccione el botón .

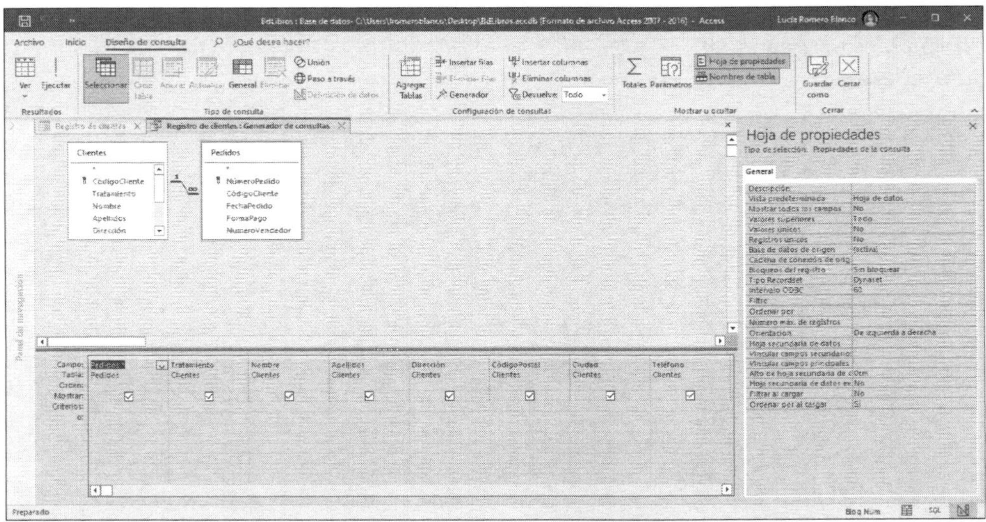

Access iniciará el Generador de consultas, en el que podrá verse la consulta de origen del formulario.

- Modifique esta consulta como si se tratara de una consulta tradicional.

© Editions ENI - Reproducción prohibida

- Cierre el Generador de consultas haciendo clic en el botón de su ventana o en el botón **Cerrar** de la pestaña **Diseño de consulta**.
- Haga clic en el botón **Sí** del mensaje que aparece para guardar los cambios realizados en la consulta y actualizar el origen del formulario.
- Si es necesario, guarde los cambios realizados en el formulario haciendo clic en la herramienta y, a continuación, ciérrelo.

En el caso de un formulario basado en una tabla, cuando haga clic en el botón de la zona **Origen del registro**, Access le propondrá crear una consulta basada en la tabla de origen. Para ello, haga clic en el botón **Sí** del mensaje y, a continuación, cree la consulta asegurándose de que contiene todos los campos insertados en el formulario.

Crear un formulario que contenga un subformulario

El objetivo de los subformularios es mostrar simultáneamente los datos de dos tablas vinculadas a través de una relación de tipo "uno a varios": el formulario principal representa el lado "uno" de la relación, mientras que el subformulario representa el lado "varios". El subformulario puede representarse en forma de hoja de datos o de formulario tradicional. El siguiente ejemplo permite mostrar los libros solicitados por cliente.

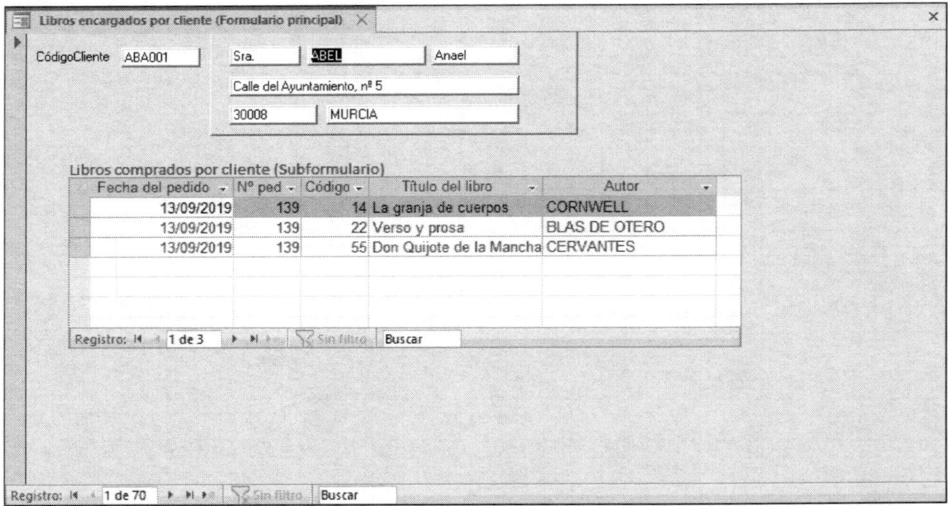

Crear un formulario

Primer método

Este método consiste en arrastrar un formulario (subformulario) hacia otro formulario (formulario principal).

- Cree, si es necesario, el subformulario como un formulario tradicional y, a continuación, muéstrelo en la vista Diseño.

  Si el subformulario debe incluir los valores de los campos procedentes de varias tablas, cree una consulta que permita agrupar estos campos y, a continuación, seleccione esta consulta como origen del subformulario.

- Muestre la **Hoja de propiedades** del subformulario: haga doble clic en el ángulo superior izquierdo que forman las reglas horizontal y vertical ( ).

- En la pestaña **Formato**, en la propiedad **Vista predeterminada**, seleccione la vista que se aplicará al subformulario al abrirlo. La opción **Formularios continuos** se corresponde con la vista de tipo formulario, aunque pueden mostrarse varios registros a la vez en función del alto del formulario. La opción **Un único formulario** también se corresponde con la vista de tipo formulario, pero solo puede mostrar un registro de forma simultánea.

- Haga clic en la pestaña **Datos** y, a través de las siguientes propiedades, defina el modo de utilización del subformulario:

Entrada de datos	Active esta propiedad si el formulario debe utilizarse únicamente para agregar registros.
Permitir agregar	¿Puede utilizarse el formulario para agregar nuevos registros?
Permitir eliminación	¿Puede utilizarse el formulario para eliminar registros?
Permitir ediciones	¿Puede utilizarse el formulario para modificar registros?
Permitir filtros	¿Se podrán filtrar los registros desde este formulario?

- Haga clic en la herramienta para guardar el subformulario y, a continuación, ciérrelo haciendo clic en el botón de su ventana.

- Abra el formulario principal en la **Vista Diseño** ( ) y, a continuación, asegúrese de que el panel de navegación sigue siendo visible.

© Editions ENI - Reproducción prohibida

- Arrastre el icono del subformulario desde el panel de navegación hasta la sección **Detalle** de la ventana del formulario principal.

  Access insertará un control que tomará el nombre del subformulario. Dentro de este control, podrá ver el ***Subformulario****.*

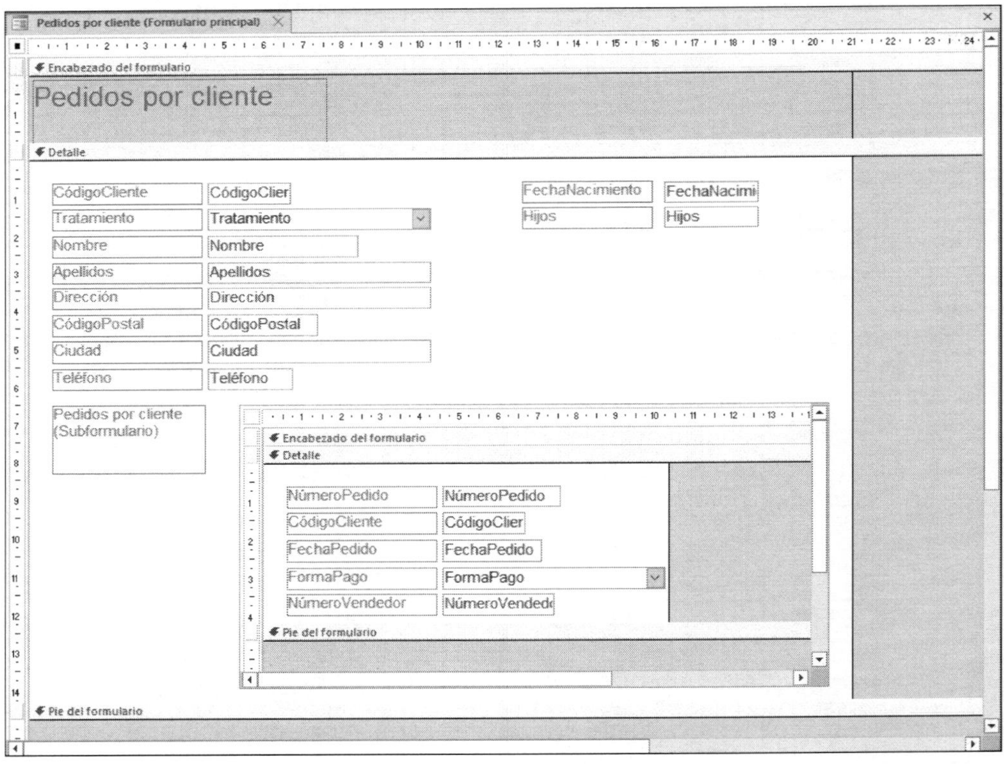

- Si es necesario, haga clic en el subformulario (aparecerán controladores de selección en forma de cuadrados alrededor del control) y, a continuación, muestre su hoja de propiedades pulsando la tecla F4.

- Haga clic en la pestaña **Datos** y, a continuación, compruebe las propiedades **Vincular campos principales** y **Vincular campos secundarios**: el campo secundario se corresponde con el nombre del campo de vínculo en el subformulario y el campo principal hace referencia al nombre del campo de vínculo en el formulario principal.

  *Access determina automáticamente estos dos elementos cuando existe una relación entre dos tablas o, si no existe una, si hay en las dos tablas dos campos con el mismo nombre y con el mismo tipo de datos. Sin embargo, si el formulario principal está basado en una consulta, deberá definir usted mismo las propiedades **Vincular campos principales** y **Vincular campos secundarios**. Si uno de los dos formularios está basado en una consulta, el formulario en cuestión deberá contener obligatoriamente el campo de vínculo (el campo secundario del subformulario o el campo principal del formulario principal), aunque este no deba aparecer obligatoriamente en el formulario.*

- Si es necesario, mueva el control del subformulario o modifique su tamaño.
- Elimine o modifique el contenido de la etiqueta asociada al subformulario que aparece en la parte superior izquierda del control del subformulario.
- Si lo desea, realice cambios en la estructura del subformulario. Asegúrese que el control del subformulario esté seleccionado y, a continuación, en la pestaña **Diseño de formulario**, haga clic en el botón **Subformulario en nueva ventana** del grupo **Herramientas**. A continuación, realice las modificaciones que desee, guarde la nueva estructura del subformulario ( ) y haga clic en el botón de la ventana del subformulario para cerrarlo.
- Para ver el resultado en la vista Formulario, haga clic en el botón **Ver** o en el botón **Vista Formulario** de la barra de estado.
- Utilice, a continuación, los botones situados en la esquina inferior izquierda del subformulario para desplazarse por los registros del subformulario y los botones situados en la esquina inferior izquierda del formulario principal para desplazarse por los registros del formulario principal.
- Haga clic en la herramienta para guardar el formulario y, si es necesario, ciérrelo.

© Editions ENI - Reproducción prohibida

Segundo método

*Se trata de crear un formulario que contenga un subformulario con el **Asistente para formularios**.*

- Haga clic en la pestaña **Crear**.
- En el grupo **Formularios**, haga clic en el botón **Asistente para formularios.**

  *Aparecerá en la pantalla la ventana del **Asistente para formularios**.*
- Abra la lista **Tablas/Consultas**, seleccione la tabla o la consulta de origen del formulario principal y, a continuación, agregue los campos que desee incluir en él (véase Crear un formulario con el Asistente).

  El formulario principal representa el lado "uno" de la relación "uno a varios".
- Abra de nuevo la lista **Tablas/Consultas**, seleccione la tabla o la consulta de origen del subformulario y, a continuación, agregue los campos que desee incluir en él.

  El subformulario representa el lado "varios" de la relación entre el formulario principal y el subformulario.

  *Si el formulario y el subformulario no están vinculados a través de una relación de tipo "uno a varios", un mensaje le informará que debe modificar las relaciones y volver a iniciar a continuación el **Asistente para formularios**.*
- Haga clic en el botón **Siguiente** para acceder al siguiente paso.
- Seleccione el nombre de la tabla/consulta en función de la cual desee mostrar sus datos. Este objeto debe ser la tabla o la consulta de origen del formulario principal (el lado "uno" de la relación "uno a varios").
- Active la opción **Formulario con subformularios.**

Se mostrará una vista previa del formulario: la parte superior representa el formulario principal, mientras que la parte inferior representa el subformulario.

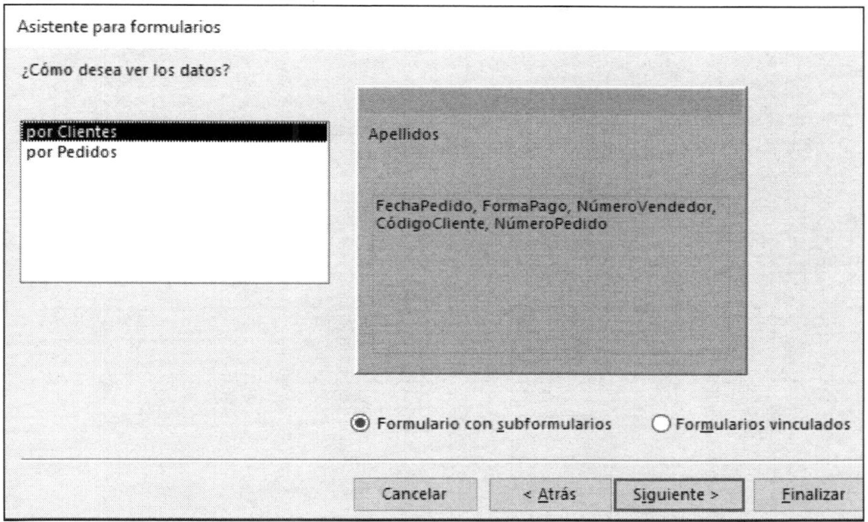

*La opción **Formularios vinculados** permite crear un segundo formulario vinculado al primero. En ese caso, se insertará en el primer formulario un botón con el nombre del segundo formulario. Si hace clic en este botón, podrá abrir el formulario correspondiente.*

- Haga clic en el botón **Siguiente** para acceder al siguiente paso.
- Active la opción correspondiente al tipo de presentación que desee asignar al subformulario: **Tabular** u **Hoja de datos**.
- Haga clic en el botón **Siguiente**.

© Editions ENI - Reproducción prohibida

- Introduzca en los cuadros de texto **Formulario** y **Subformulario** los nombres con los que se guardarán el formulario y el subformulario.

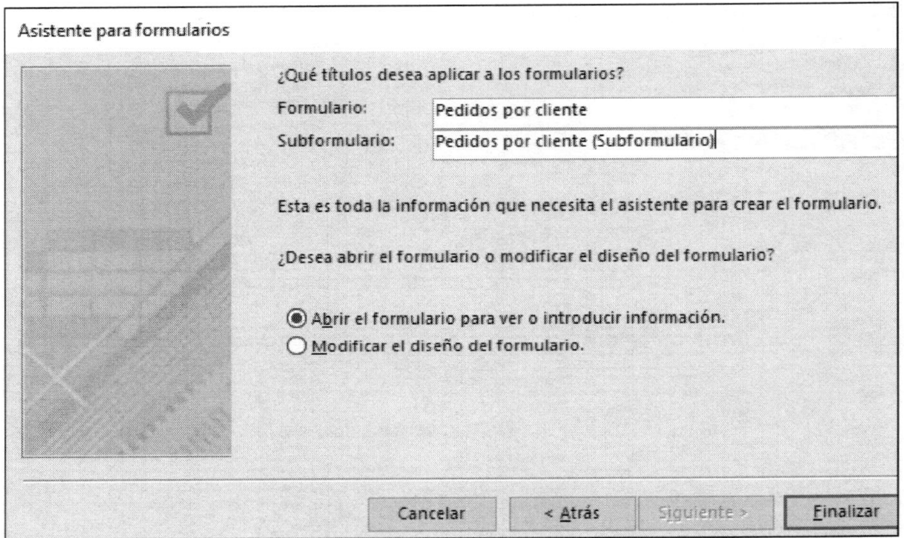

- Active la primera o la segunda opción en función de si desea ver los registros a través del formulario (vista Formulario) o mostrar la estructura del formulario (vista Diseño).
- Haga clic en el botón **Finalizar**.

  El formulario principal que incluye el contenido del subformulario aparecerá en la pantalla y estará listo para usarse.

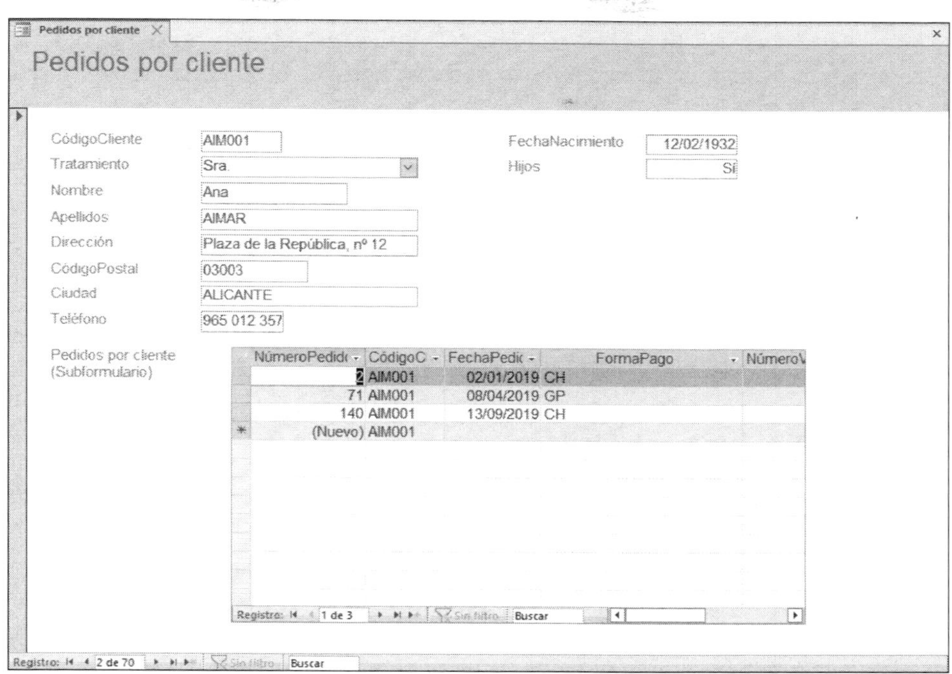

Dos nuevos formularios (el formulario principal y el subformulario) aparecerán a partir de ahora en el panel de navegación.

- Utilice los botones situados en la esquina inferior izquierda del subformulario para desplazarse por los registros del subformulario y los botones situados en la esquina inferior izquierda del formulario principal para desplazarse por los registros del formulario principal.
- Para mostrar el formulario en la vista **Diseño**, haga clic en el botón de la barra de estado.

  Se mostrará el control que contiene la estructura del subformulario.
- Modifique, si es preciso, la disposición o la presentación de los controles del formulario o del subformulario.

© Editions ENI - Reproducción prohibida

También puede crear de la misma forma un formulario que contenga dos subformularios a través del **Asistente para formularios**. Para ello, además de la tabla/consulta que represente el primer subformulario, deberá agregar otra tabla/consulta que represente el segundo subformulario. La tabla/consulta de origen del segundo subformulario deberá estar vinculada a través de una relación de tipo "uno a varios" con el primer subformulario: el primer subformulario representará el lado "uno", mientras que el segundo hará referencia al lado "varios".

Si, para crear un formulario instantáneo, utiliza el botón **Formulario** de la pestaña **Crear** (grupo **Formularios**), y la tabla o la consulta de origen del formulario está vinculada a través de una relación de tipo "uno a varios" a otra tabla de la base de datos, un subformulario basado en la tabla vinculada aparecerá automáticamente en la parte inferior del formulario instantáneo.

Administrar los subformularios

Aquí veremos cómo administrar el control que representa un subformulario visible en un formulario principal.

En el panel de navegación, haga clic con el botón derecho en el nombre del formulario que contenga el subformulario correspondiente y, a continuación, seleccione la opción **Vista Diseño** para mostrar su estructura.

El control del subformulario aparecerá en la parte inferior del formulario. La parte superior mostrará el contenido del formulario principal.

Para seleccionar el control del subformulario, haga clic en cualquier lugar dentro del control correspondiente.

Atención: no haga clic en la etiqueta asociada al control del subformulario situada a la izquierda de este. Esta etiqueta toma el nombre del subformulario, mientras que el control del subformulario muestra los campos que contiene.

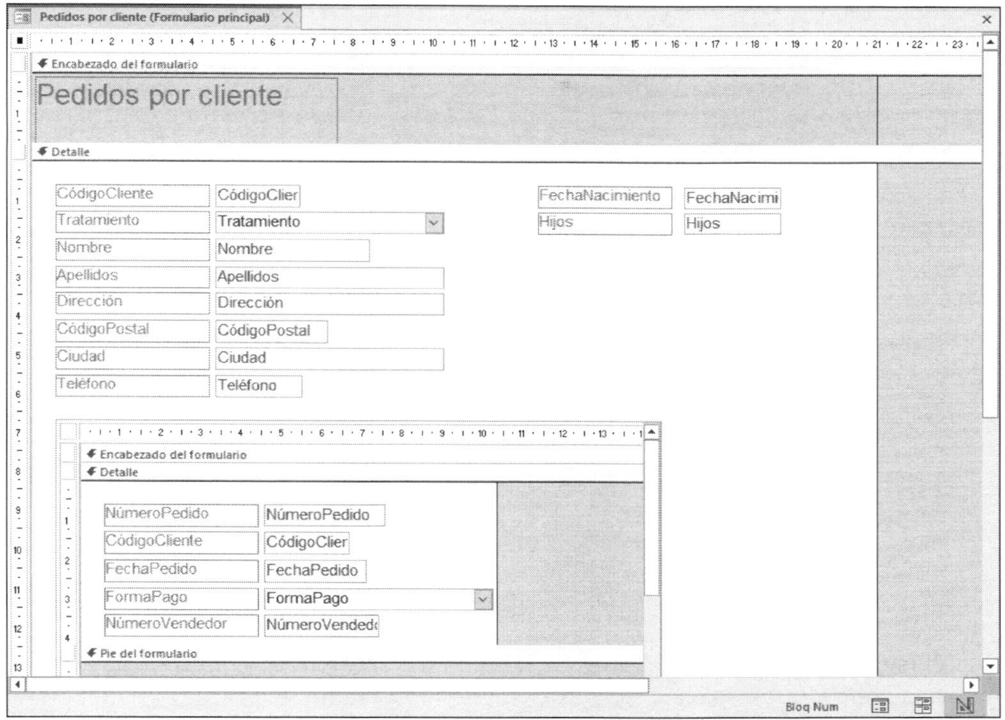

- Para eliminar la etiqueta asociada al control del subformulario, haga clic en ella para seleccionarla y, a continuación, pulse la tecla Supr.
- Para mover o cambiar el tamaño del control del subformulario o de su etiqueta, utilice los métodos para mover y cambiar el tamaño usados en Access (véanse los apartados Copiar/mover controles y Cambiar el tamaño de un control del capítulo Gestión de los controles).
- Para mostrar las propiedades del control del subformulario, selecciónelo y, a continuación, pulse la tecla F4; pulse de nuevo la tecla F4 para ocultar la **Hoja de propiedades**.
- Para abrir el subformulario en una nueva ventana, selecciónelo y, a continuación, en la pestaña **Diseño de formulario**, haga clic en el botón **Subformulario en nueva ventana** del grupo **Herramientas**.

© Editions ENI - Reproducción prohibida

- Para eliminar el control de un subformulario, haga clic en él para seleccionarlo y, a continuación, pulse la tecla [Supr].

- Para modificar el contenido de un subformulario, también puede mostrar su estructura desde el panel de navegación: haga clic con el botón derecho en su nombre y, a continuación, seleccione la opción vista **Diseño**.

Insertar campos de varias tablas

- Existen dos métodos para insertar campos de varias tablas o consultas en un formulario o en un informe:
  - Puede crear una consulta que le permita vincular las diferentes tablas insertando en ella los campos necesarios para crear el formulario o el informe. En la vista Diseño del formulario o del informe, indique que esta consulta es el origen del objeto.
  - Puede crear una instrucción SQL con el Generador de consultas: para iniciarlo, haga clic en el botón disponible en la propiedad **Origen del registro** del formulario o del informe.
- Dos casos justifican la creación de una consulta:
  - La consulta contiene una expresión que desea utilizar en otros formularios o informes.
  - Debe definir los criterios con el fin de limitar los registros utilizados para el formulario o el informe, y dichos criterios deben estar definidos para otros formularios o informes.

- Para establecer el vínculo entre dos tablas insertadas en una consulta, realice el mismo procedimiento que en la ventana **Relaciones**. El vínculo establecido en la consulta no aparecerá en la ventana **Relaciones**.

Impedir el acceso y la modificación de un campo

- En el panel de navegación, haga clic con el botón derecho en el nombre del formulario correspondiente y, a continuación, seleccione la opción **Vista Diseño.**
- Haga clic en el campo correspondiente, muestre sus propiedades pulsando la tecla [F4] y, a continuación, seleccione la pestaña **Datos**.

- Para impedir el acceso al campo, seleccione la opción **No** de la propiedad **Habilitado**.

  El cuadro de texto pasará a estar atenuado.

- Para impedir la modificación del campo, seleccione la opción **Sí** de la propiedad **Bloqueado**.

- Guarde los cambios realizados en el formulario ( ).

- Haga clic en el botón **Vista Formulario** para ver el resultado y, a continuación, cierre el formulario si es necesario.

De forma predeterminada, el cuadro de texto de un campo calculado está bloqueado. No podrá modificar su contenido aunque la opción seleccionada en la propiedad correspondiente sea **No**.

Definir una máscara de entrada

Una máscara de entrada facilita la introducción de datos en un formato predefinido.

- En el panel de navegación, haga clic con el botón derecho en el nombre del formulario correspondiente y, a continuación, seleccione la opción **Vista Diseño**.

- Haga clic en el campo correspondiente, muestre sus propiedades pulsando la tecla F4 y, a continuación, seleccione la pestaña **Datos**.

- Haga clic en la propiedad **Máscara de entrada**.

- Introduzca el valor de la máscara de entrada o haga clic en el botón para activar el **Asistente para máscaras de entrada**.

  Este Asistente le propondrá una serie de máscaras de entrada predefinidas.

- Seleccione la máscara de entrada que desee en la sección **Máscara de entrada**.

© Editions ENI - Reproducción prohibida

- Haga clic en la sección **Probar** y, a continuación, introduzca los datos para probar la máscara de entrada.

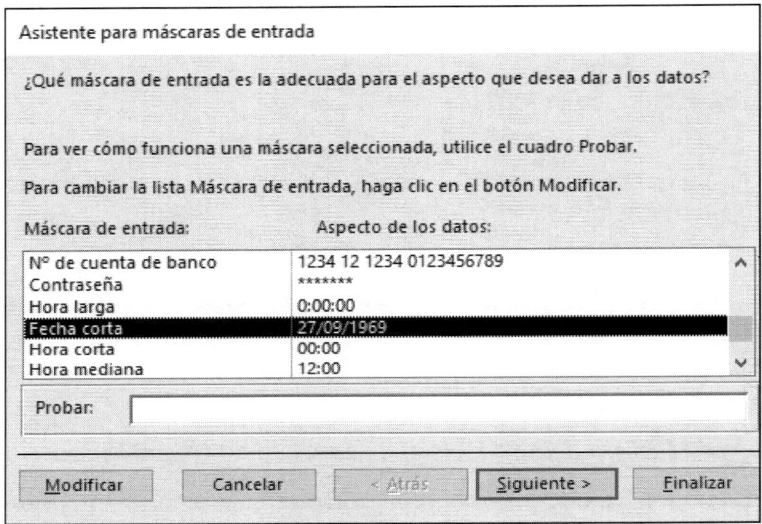

- Haga clic en el botón **Siguiente**.
- Personalice, si lo desea, la máscara de entrada en la sección **Máscara de entrada**.
- Si es necesario, modifique en la sección **Carácter marcador** el carácter que debe aparecer en el cuadro de texto al introducir los datos, el cual será reemplazado por los datos que introduzca.
- Si es necesario, haga clic en la sección **Probar** y, a continuación, introduzca datos para probar los cambios realizados en la máscara de entrada.

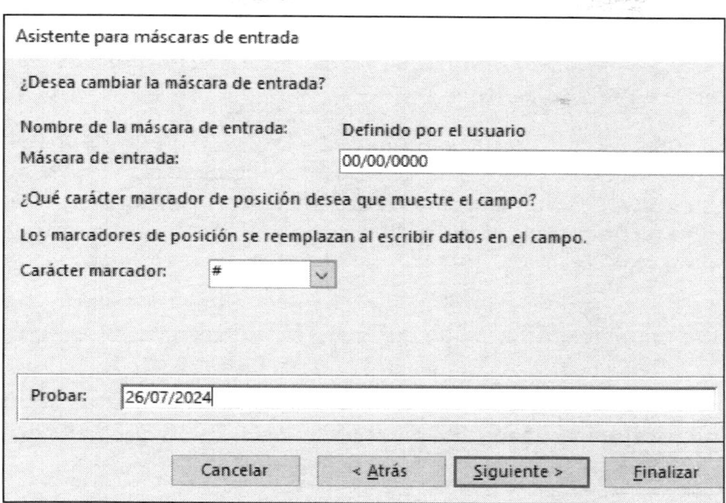
Asistente para máscaras de entrada
¿Desea cambiar la máscara de entrada?
Nombre de la máscara de entrada: Definido por el usuario
Máscara de entrada: 00/00/0000
¿Qué carácter marcador de posición desea que muestre el campo?
Los marcadores de posición se reemplazan al escribir datos en el campo.
Carácter marcador: #
Probar: 26/07/2024
Cancelar | < Atrás | Siguiente > | Finalizar

- Haga clic en el botón **Siguiente**.
- Active la opción correspondiente a la forma en la que deben guardarse los datos: **Con los símbolos de la máscara** o **Sin los símbolos de la máscara**.

  Este paso no se muestra si la máscara de entrada hace referencia a la introducción de una contraseña, de una fecha o de una hora.
- Si es necesario, haga clic en el botón **Siguiente** y, a continuación, seleccione el botón **Finalizar**.
- Haga clic en la herramienta para guardar los cambios realizados en el formulario.
- Si es necesario, cierre el formulario.

  En la hoja de propiedades, la máscara de entrada se compone de tres elementos:

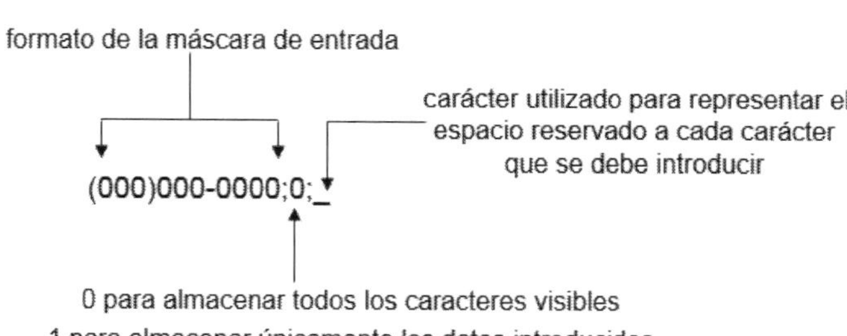

© Editions ENI - Reproducción prohibida

Crear un gráfico que represente los datos de una tabla

*Se trata de crear un gráfico **independiente** que represente el conjunto de valores mostrados en una tabla o en una consulta.*

- Si es necesario, cree la consulta que permita agrupar los datos que desee representar. Dicha tabla o consulta deberá contener el o los campos que incluyan los valores numéricos que desee representar, así como los campos que incluyan las etiquetas identificadoras de cada valor (en un gráfico de tipo Gráfico de barras o lineal, estas etiquetas se mostrarán en el eje de abscisas).
- En el panel de navegación, haga clic con el botón derecho en el formulario o en el informe en el que desee crear el gráfico y, a continuación, seleccione la opción vista **Diseño**.
- En la pestaña **Diseño de formulario**, haga clic en el botón **Más** del grupo **Controles** y, a continuación, seleccione la herramienta **Gráfico** .
- Dibuje el cuadro del gráfico en una de las secciones.

  *El **Asistente para gráficos** le guiará para definir los diferentes elementos del gráfico.*

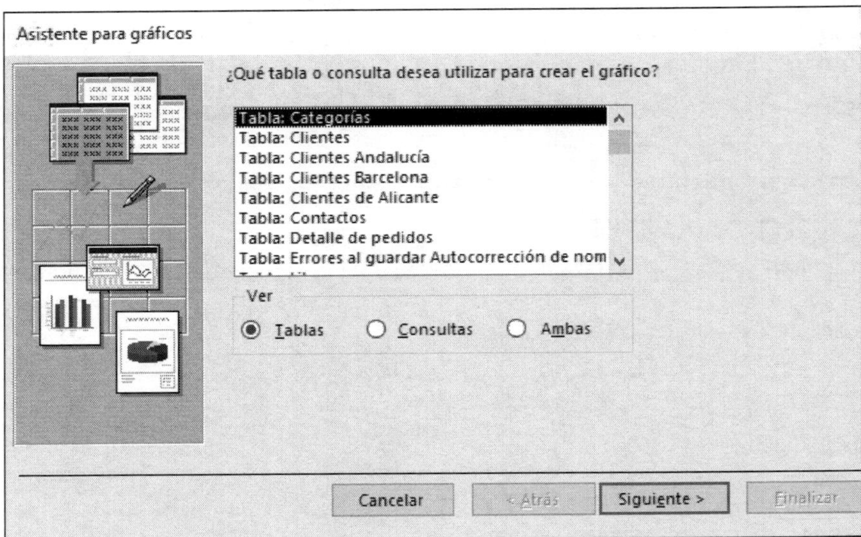

- En la sección **Ver**, indique si es una tabla o una consulta el elemento que contiene los datos que desea representar.
- A continuación, seleccione en el cuadro de lista la tabla o la consulta que contenga los datos que desee representar.
- Haga clic en el botón **Siguiente**.
- Indique los campos que contengan los diferentes elementos del gráfico:
  - Seleccione cada campo que desee insertar en la lista **Campos disponibles** y, a continuación, haga clic en el botón [>].
  - Para insertar todos los campos, haga clic en el botón [>>].
  - Seleccione cada campo que desee quitar en la lista **Campos para gráficos** y, a continuación, haga clic en el botón [<].
  - Para quitar todos los campos, haga clic en el botón [<<].

  Le recordamos que uno o varios de estos campos deben contener valores, y que otro de ellos debe incluir las etiquetas correspondientes a esos valores.
- Haga clic en el botón **Siguiente**.

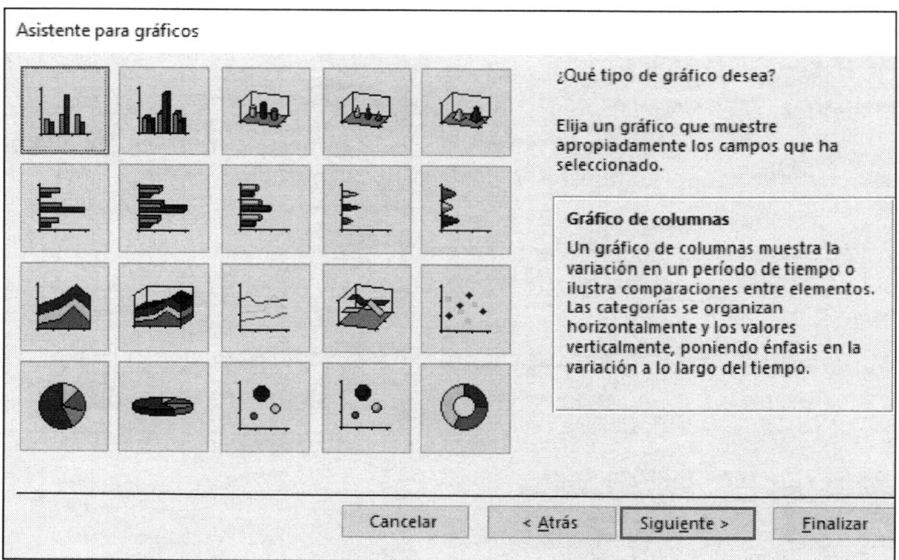

© Editions ENI - Reproducción prohibida

- Seleccione el tipo de gráfico deseado y, a continuación, haga clic en el botón **Siguiente**.

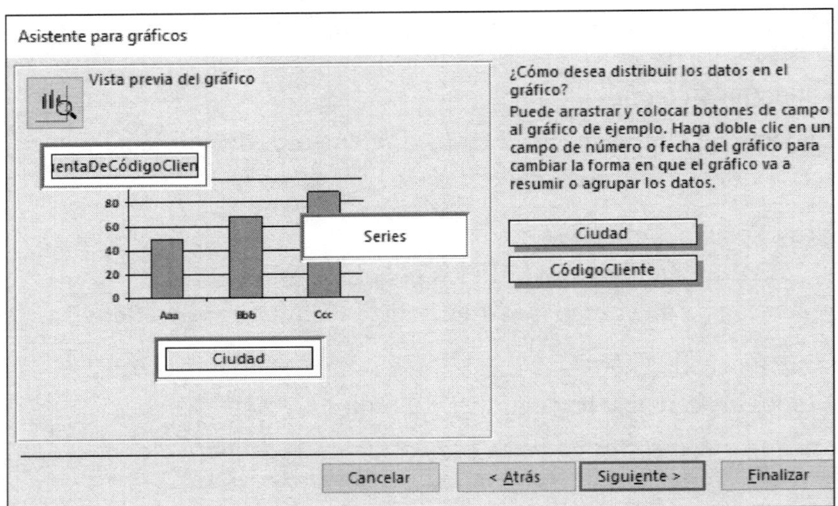

- Para comprobar o modificar la agrupación de los datos y el cálculo aplicado a los valores, haga doble clic en cada "campo de botón" situado debajo del eje de abscisas y sobre el eje de ordenadas.

  *El botón **Vista previa del gráfico** permite mostrar un ejemplo del gráfico.*

- Haga clic en el botón **Siguiente** y, a continuación, si es necesario, seleccione el botón **Aceptar** del mensaje que se muestra y que le propone agregar un campo al origen del registro.
- Puesto que el gráfico es independiente, elimine, si es necesario, los nombres de los campos que aparecen en las dos listas y, a continuación, haga clic en el botón **Siguiente**.
- Especifique el título del gráfico en el cuadro de texto correspondiente.
- Indique si el gráfico debe mostrar o no una leyenda activando la opción correspondiente.
- Haga clic en el botón **Finalizar**.

El gráfico aparecerá en la estructura del informe o del formulario. Los datos mostrados en la siguiente imagen son utilizados a modo de ejemplo.

- Modifique, si es necesario, el tamaño del control asociado al gráfico.
- Si es necesario, haga doble clic en el control del gráfico para utilizar las funciones de la aplicación Microsoft Graph y poder modificar la presentación del gráfico.

En el caso de un formulario, puede hacer doble clic en el gráfico en la vista Formulario para iniciar Microsoft Graph.

Una vez que haya terminado de realizar las modificaciones, haga clic fuera del gráfico para salir de Microsoft Graph.

- Haga clic en el botón **Vista Formulario** o en el botón **Vista previa de impresión** de la barra de estado para ver el gráfico.

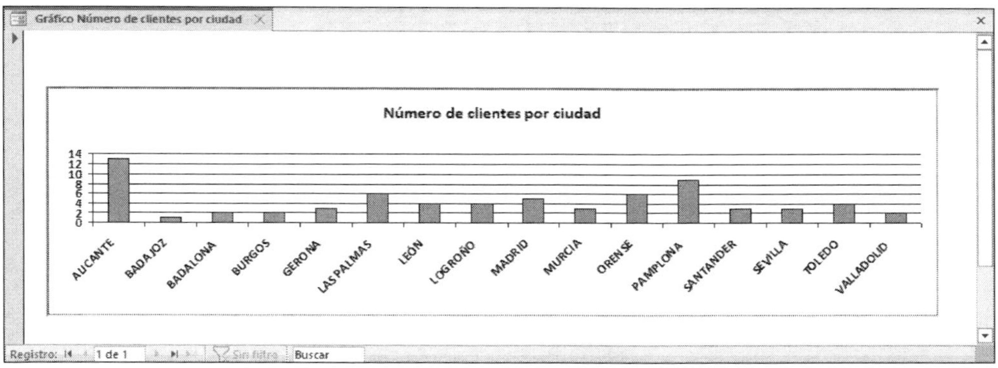

- Guarde las modificaciones realizadas en el informe o en el formulario y, a continuación, ciérrelo si es necesario.

© Editions ENI - Reproducción prohibida

Insertar un gráfico vinculado en un formulario

*Un **gráfico vinculado** es un gráfico insertado en un formulario que debe modificarse para cada registro.*

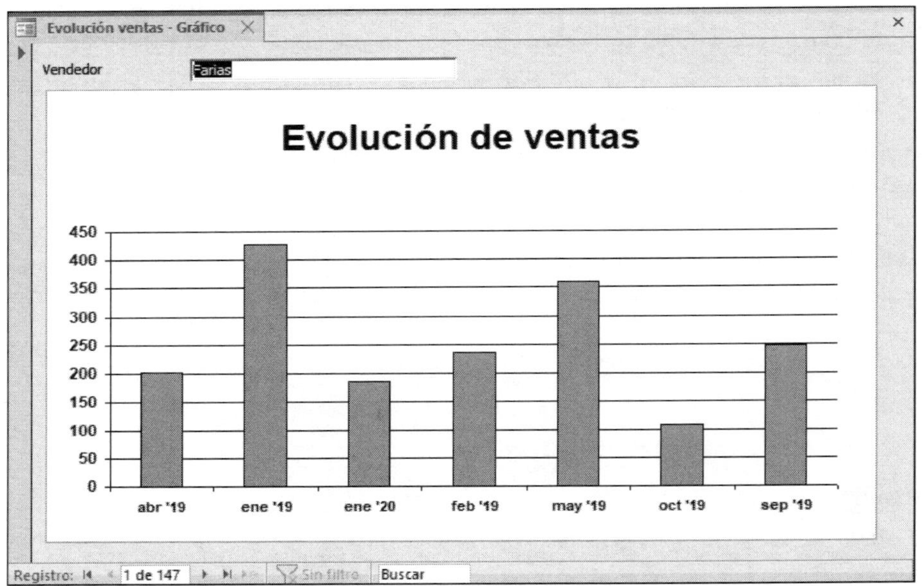

En este ejemplo, el formulario está vinculado a la tabla Vendedores (ya que cada registro corresponde a un vendedor). El gráfico está basado en una consulta que contiene los siguientes campos: el número del vendedor, la fecha del pedido y el importe de cada pedido. En la medida en la que el gráfico deba estar relacionado con cada registro del origen del formulario, es obligatorio que un campo común en los dos objetos sirva de vínculo.

Si es necesario, prepare la consulta que permitirá elaborar el gráfico. Esta consulta debe incluir lo siguiente:

- el campo que contiene los datos que se deben mostrar en el eje de abscisas (en el ejemplo anterior, se trata de fechas),
- el campo que contiene los valores que se deben representar (en el ejemplo anterior, se trata del importe de cada pedido),
- el campo común al origen del formulario que permite el vínculo entre el gráfico y el formulario (en el ejemplo anterior, se trata del campo Numero Vendedor).

Crear un formulario

- En el panel de navegación, haga clic con el botón derecho en el formulario en el que desee crear el gráfico y, a continuación, seleccione la opción **Vista Diseño.**
- En la pestaña **Diseño de formulario**, haga clic en el botón **Más** del grupo **Controles** y, a continuación, seleccione la herramienta **Gráfico** .
- Dibuje el cuadro del gráfico en la sección **Detalle.**
- En la sección **Ver**, indique si es una tabla o una consulta el elemento que contiene los datos que desea representar.
- A continuación, seleccione en el cuadro de lista la tabla o la consulta que contenga los datos que desee representar.
- Haga clic en el botón **Siguiente.**

  El origen del gráfico puede ser el mismo que el del formulario, lo que permite representar en el formulario los valores de determinados campos de la tabla.
- Indique los campos que contienen los diferentes elementos del gráfico:
  - Seleccione cada campo que desee insertar en la lista **Campos disponibles** y, a continuación, haga clic en el botón > .
  - Para insertar todos los campos, haga clic en el botón >> .
  - Seleccione cada campo que desee quitar en la lista **Campos para gráficos** y, a continuación, haga clic en el botón < .
  - Para quitar todos los campos, haga clic en el botón << .
- Haga clic en el botón **Siguiente.**

© Editions ENI - Reproducción prohibida

- Seleccione el tipo de gráfico y, a continuación, haga clic en el botón **Siguiente**.

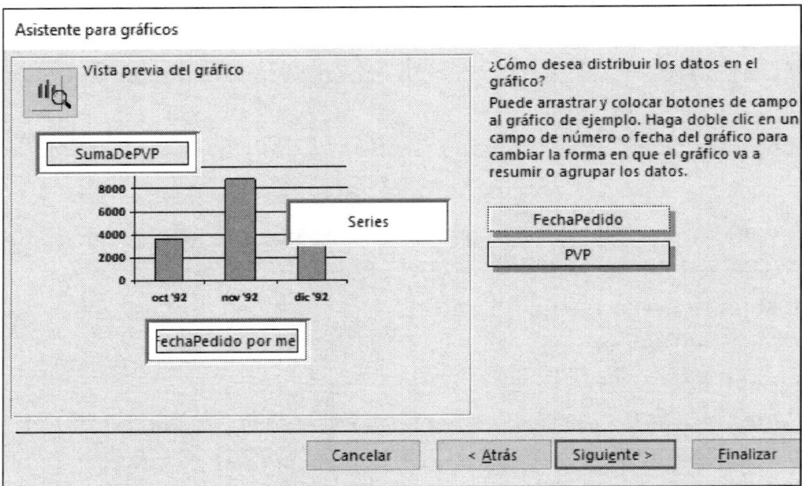

- Para modificar o comprobar la agrupación de los datos y el cálculo aplicado a los valores, haga doble clic en el botón correspondiente.
- Haga clic en el botón **Siguiente**.

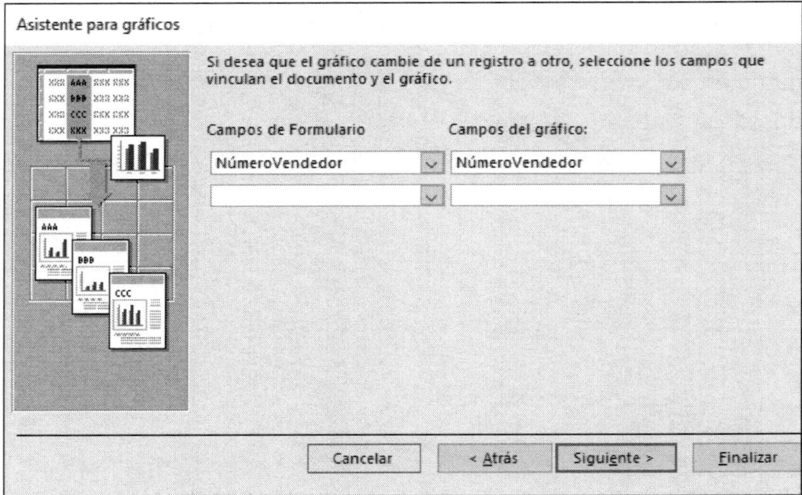

- Seleccione el campo que servirá de vínculo entre los registros del formulario y el gráfico en las listas **Campos de Formulario** y **Campos del gráfico**.

  Este campo debe existir en el origen del formulario y en el del gráfico.
- Haga clic en el botón **Siguiente**.
- Especifique el título del gráfico en el cuadro de texto correspondiente.
- Indique si el gráfico debe o no mostrar una leyenda.
- Haga clic en el botón **Finalizar**.
- Si es necesario, modifique el tamaño del control asociado al gráfico.
- Haga clic en el botón para ver el gráfico en la vista **Formulario**.
- Si es necesario, haga doble clic en el control del gráfico para utilizar las funciones de la aplicación Microsoft Graph y poder modificar su presentación.

  Una vez que haya realizado las modificaciones, haga clic fuera del gráfico para salir de Microsoft Graph.
- Guarde las modificaciones realizadas en el formulario ( ) y, a continuación, ciérrelo si es necesario.

© Editions ENI - Reproducción prohibida

Crear un informe con el Asistente

Un informe permite imprimir los datos de una tabla o de una consulta con una presentación específica y con la posibilidad de incluir diversos cálculos.

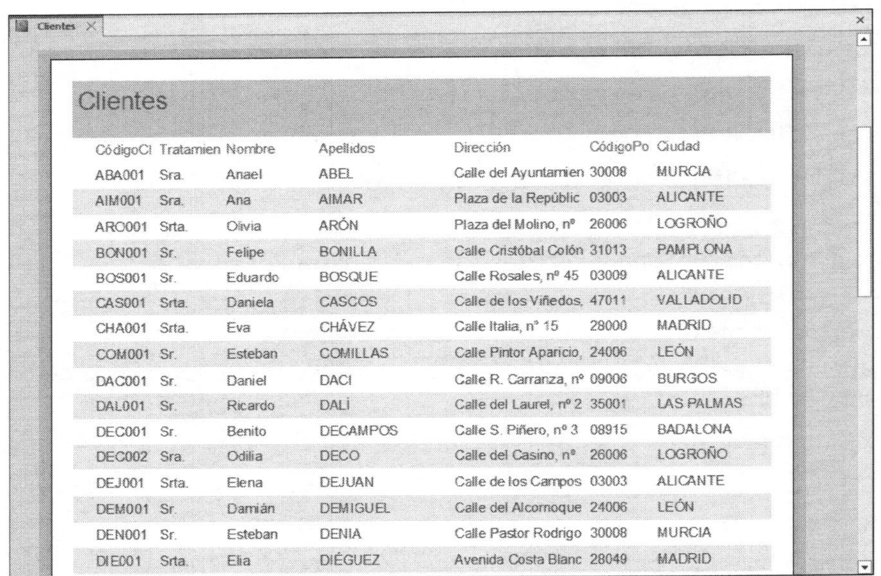

Clientes

CódigoCl	Tratamien	Nombre	Apellidos	Dirección	CódigoPo	Ciudad
ABA001	Sra.	Anael	ABEL	Calle del Ayuntamien	30008	MURCIA
AIM001	Sra.	Ana	AIMAR	Plaza de la Repúblic	03003	ALICANTE
ARO001	Srta.	Olivia	ARÓN	Plaza del Molino, nº	26006	LOGROÑO
BON001	Sr.	Felipe	BONILLA	Calle Cristóbal Colón	31013	PAMPLONA
BOS001	Sr.	Eduardo	BOSQUE	Calle Rosales, nº 45	03009	ALICANTE
CAS001	Srta.	Daniela	CASCOS	Calle de los Viñedos,	47011	VALLADOLID
CHA001	Srta.	Eva	CHÁVEZ	Calle Italia, nº 15	28000	MADRID
COM001	Sr.	Esteban	COMILLAS	Calle Pintor Aparicio,	24006	LEÓN
DAC001	Sr.	Daniel	DACI	Calle R. Carranza, nº	09006	BURGOS
DAL001	Sr.	Ricardo	DALÍ	Calle del Laurel, nº 2	35001	LAS PALMAS
DEC001	Sr.	Benito	DECAMPOS	Calle S. Piñero, nº 3	08915	BADALONA
DEC002	Sra.	Odilia	DECO	Calle del Casino, nº	26006	LOGROÑO
DEJ001	Srta.	Elena	DEJUAN	Calle de los Campos	03003	ALICANTE
DEM001	Sr.	Damián	DEMIGUEL	Calle del Alcornoque	24006	LEÓN
DEN001	Sr.	Esteban	DENIA	Calle Pastor Rodrigo	30008	MURCIA
DIE001	Srta.	Elia	DIÉGUEZ	Avenida Costa Blanc	28049	MADRID

El informe anterior establece la lista de direcciones de los clientes.

- Si es necesario, seleccione la tabla o la consulta en la que desee basar el informe.

  La tabla o la consulta podrá seleccionarse más adelante en el ***Asistente para informes****.*

- Haga clic en la pestaña **Crear**.
- En el grupo **Informes**, haga clic en el botón **Asistente para informes**.

  Aparecerá en la pantalla la ventana del ***Asistente para informes****. El nombre de la tabla o de la consulta seleccionadas anteriormente puede verse en la lista* ***Tablas/Consultas****.*

- Si la tabla o la consulta previamente seleccionadas en el panel de navegación no le convienen, seleccione otra tabla o consulta en la lista **Tablas/Consultas**.

  Si este informe debe permitir imprimir solamente determinados registros, debe estar basado en una consulta; la tabla o la consulta seleccionadas se denominan el origen del informe.

- Indique los campos que desee insertar en el informe:
  - Seleccione cada campo que desee insertar en la lista **Campos disponibles** y, a continuación, haga clic en el botón  .
  - Para insertar todos los campos, haga clic en el botón 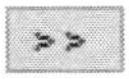 .
  - Seleccione los campos que desee quitar en la lista **Campos seleccionados** y, a continuación, haga clic en el botón 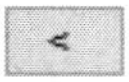 .
  - Para quitar todos los campos, haga clic en el botón  .

  También puede hacer doble clic en un campo para insertarlo en el informe.
- Haga clic en el botón **Siguiente** para acceder al siguiente paso.
- Si desea agrupar los registros, seleccione el campo en función del cual debe efectuarse el agrupamiento y, a continuación, haga clic en el botón  . Repita este procedimiento una o varias veces si deben agregarse uno o varios niveles de agrupamiento.

  Para eliminar un nivel de agrupamiento, haga clic en el nombre del campo correspondiente en la ventana de la vista previa y, a continuación, seleccione el botón 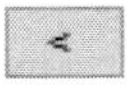 .

  Para cambiar el orden de los campos de agrupamiento, haga clic en el nombre del campo correspondiente en la ventana de la vista previa y, a continuación, utilice el botón  para subir un nivel o el botón 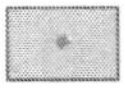 para bajar un nivel.

© Editions ENI - Reproducción prohibida

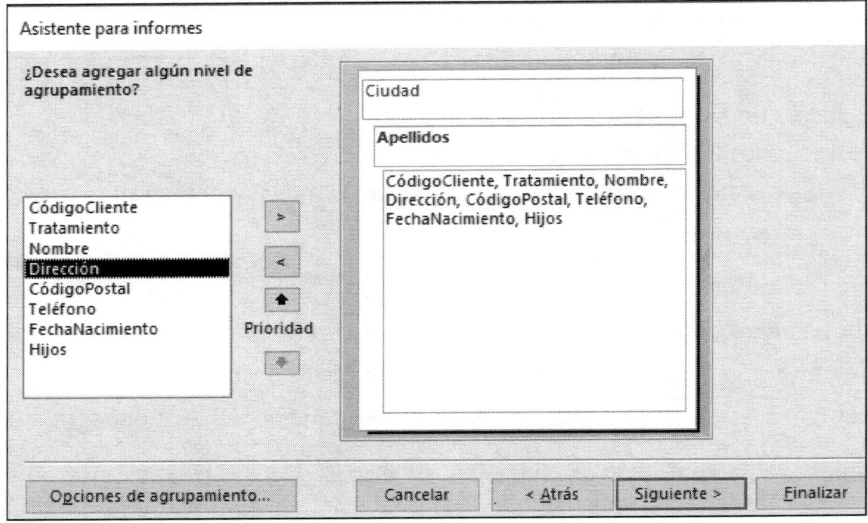

*El botón **Opciones de agrupamiento** permite definir los intervalos de agrupamiento de los campos de agrupamiento.*

- Haga clic en el botón **Siguiente** para acceder al siguiente paso.
- Indique el criterio de ordenación utilizado para imprimir los registros: para cada campo que se deba ordenar, abra el primer cuadro de lista vacío, seleccione el campo y, a continuación, haga clic en el botón **Ascendente** para ordenar los elementos en orden creciente o en el botón **Descendente** para ordenarlos en orden decreciente.

  El campo de la lista 1 se utilizará como clave de ordenación primaria, el de la lista 2, como clave de ordenación secundaria, y así sucesivamente.
- Haga clic en el botón **Siguiente.**
- Indique la presentación de los campos que debe aplicar Access:

En columnas Los campos están dispuestos unos sobre otros, como en los formularios o en los informes de tipo **Columna simple**.

Tabular Los campos están dispuestos unos junto a otros, y los registros, unos debajo de otros. Su presentación en forma de tabla recuerda a la de las hojas de datos.

Justificado Los datos de cada registro aparecen en una tabla del mismo ancho y alto.

*Las presentaciones disponibles son diferentes en función de si se han definido uno o varios niveles de agrupamiento en el informe: **En pasos**, **Bloque** o **Esquema**; haga clic en cada opción para visualizar la presentación correspondiente.*

- Active la opción **Ajustar el ancho del campo de forma que quepan todos los campos en una página** para que cada registro se imprima en una línea.
- Seleccione la orientación deseada en la sección **Orientación**: **Vertical** u **Horizontal**.
- Haga clic en el botón **Siguiente**.
- Introduzca el nombre con el que desee guardar el informe. De forma predeterminada, Access propone el mismo nombre que la tabla o la consulta utilizadas para crear el informe.
- Active la opción **Vista previa del informe** para ver el resultado o la opción **Modificar el diseño del informe** para mostrar el informe en la vista Diseño.
- Haga clic en el botón **Finalizar**.

  El informe aparecerá en la pantalla y estará listo para imprimirse.
- Si está viendo la vista previa del informe, desplácese por las páginas con los botones situados en la esquina inferior izquierda de la ventana.

En la pestaña **Crear**, el botón **Informe en blanco** del grupo **Informes** permite crear un informe vacío en la vista Presentación, mientras que el botón **Diseño de informe** del mismo grupo crea un informe vacío en la vista Diseño. En ambos casos, debe agregar a continuación los campos deseados a través del panel **Lista de campos**.

Al igual que ocurre con los formularios, también puede crear un informe instantáneo: en el panel de navegación, seleccione la tabla o la consulta en la que desee basar el informe y, a continuación, en la pestaña **Crear**, haga clic en el botón **Informe** del grupo **Informes**.

Mostrar el informe en la vista Diseño

- En el panel de navegación, haga clic con el botón derecho en el nombre del informe que desee modificar y, a continuación, seleccione la opción **Vista Diseño**.

Desde la vista Informes, haga clic en el botón **Vista Diseño** situado a la derecha de la barra de estado.

© Editions ENI - Reproducción prohibida

Desde la vista preliminar, haga clic en el botón **Cerrar vista previa de impresión** del grupo **Cerrar vista previa de impresión**.

Al igual que en el formulario, además de la ventana del informe, puede que el panel que contiene la lista de campos o la hoja de propiedades del informe aparezca en la pantalla.

Al igual que en el formulario, el informe se compone de varias secciones:

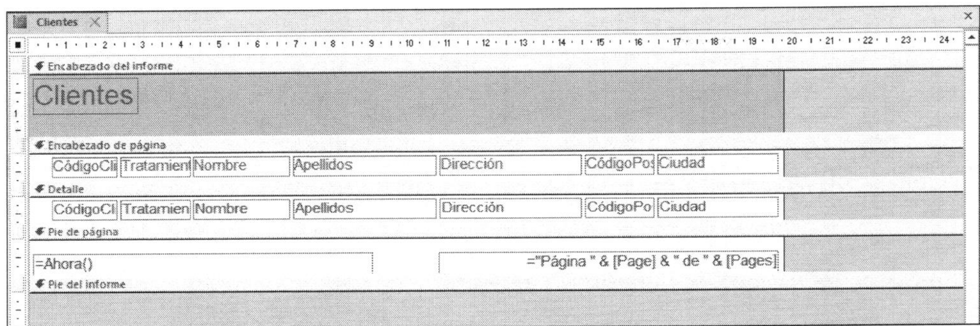

- El **Encabezado del informe** contiene los datos que se imprimirán al principio de la primera página del informe.
- El **Encabezado de página** contiene los datos impresos al principio de cada página (por ejemplo, los títulos de las columnas).
- La sección **Detalle** contiene los datos impresos para cada registro (generalmente, se trata de los cuadros de texto de cada campo).
- El **Pie de página** contiene los datos impresos en la parte inferior de cada página: la fecha del día se obtiene gracias a la función **Ahora()**, la numeración automática de las páginas se obtiene gracias a la función **[Page]** y el número total de páginas es el resultado de la función **[Pages]**.
- El **Pie del informe** está reservado a los datos impresos en la última página después de todos los registros.

Al igual que en el formulario, la estructura del informe incluye diferentes tipos de controles:

- Los controles dependientes están vinculados a un campo de la tabla o de la consulta de origen y, en general, muestran el valor de este campo.
- Los controles independientes muestran la información totalmente independiente de la tabla o de la consulta de origen; son, por ejemplo, el título del informe, los títulos de las columnas, las líneas horizontales, etc.

- Los controles calculados son, por ejemplo, controles que permiten mostrar la fecha del día o numerar las páginas.

Si es necesario, guarde los cambios realizados en la estructura del informe haciendo clic en la herramienta .

Cierre el informe si es necesario.

La vista **Presentación** (botón situado a la derecha de la barra de estado) también permite realizar la mayoría de los cambios en la estructura de un informe y ver los datos al mismo tiempo.

El ancho del informe no debe superar el ancho físico del papel teniendo en cuenta los márgenes de impresión.

Para mostrar las propiedades del informe, haga doble clic en la parte situada fuera de los límites del informe o en la casilla del ángulo superior izquierdo que forman las reglas horizontal y vertical ( ).

La fecha del día y la numeración automática de las páginas pueden insertarse en el informe con los botones **Fecha y hora** y **Números de página** de la pestaña **Diseño de informe** (grupo **Encabezado y pie de página**).

Cambiar el criterio de ordenación asociado a un informe

En el panel de navegación, haga clic con el botón derecho en el nombre del informe en el que desea cambiar el criterio de ordenación y, a continuación, seleccione la opción vista **Diseño**.

En la pestaña **Diseño de informe**, haga clic en el botón **Agrupar y ordenar** del grupo **Agrupación y totales**.

*Aparecerá el panel **Agrupación, orden y total** en la parte inferior de la ventana.*

Para cada campo que desee ordenar:

- Haga clic en el botón **Agregar un orden** y, a continuación, en la lista de campos que aparece, haga clic en el campo que servirá de criterio de ordenación: aparecerá una nueva fila con el nombre del campo seleccionado en el panel **Agrupación, orden y total**.

© Editions ENI - Reproducción prohibida

- Para cambiar el criterio de ordenación, abra la segunda lista haciendo clic en la flecha y, a continuación, haga clic en la opción **con A en la parte superior** para una ordenación ascendente o en la opción **con Z en la parte superior** para una ordenación descendente.

*Las etiquetas que permiten cambiar el criterio de ordenación varían en función del tipo de campo que se debe ordenar. Por ejemplo, para un campo de tipo Fecha/Hora, las etiquetas son **de más antigua a más reciente** y **de más reciente a más antigua**.*

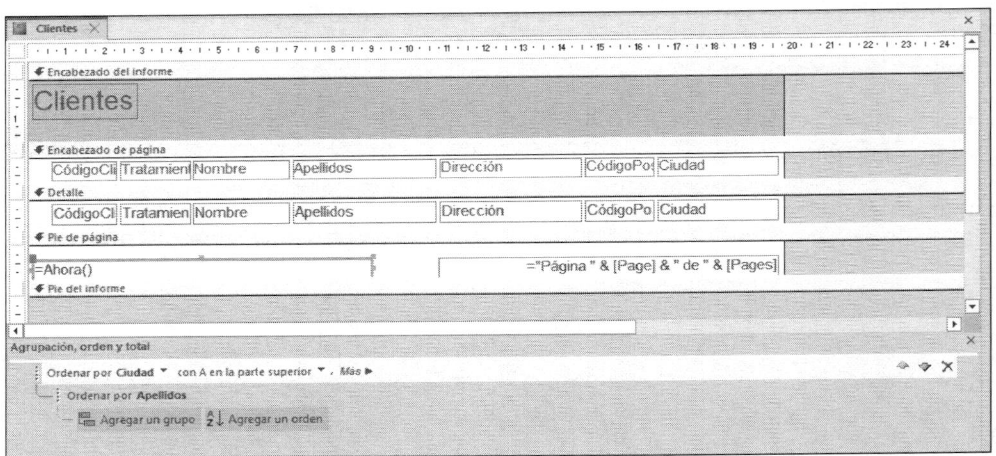

La primera fila debe contener el nombre del campo utilizado como clave de ordenación primaria; la segunda fila, el del campo utilizado como clave de ordenación secundaria, y así sucesivamente.

- Si es necesario, muestre todas las opciones relacionadas con el nivel de orden haciendo clic en el botón **Más** de la fila de orden correspondiente si deben cambiarse los criterios de ordenación. Estas opciones son idénticas a las relacionadas con el nivel de agrupamiento. Para obtener más información, consulte el apartado Definir la agrupación de los registros del capítulo Imprimir un informe.

- Para modificar la posición (la prioridad) de un nivel de orden, haga clic en la fila del campo correspondiente en el panel **Agrupación, orden y total** y, a continuación, seleccione el botón **Subir** o el botón **Bajar** que aparece a la derecha de la fila.

- Para eliminar un nivel de orden, haga clic en la fila del campo correspondiente en el panel **Agrupación, orden y total** y, a continuación, seleccione el botón **Eliminar** situado a la derecha de la fila o pulse la tecla Supr.

- Haga clic en el botón del panel **Agrupación, orden y total** para cerrarlo o vuelva a hacer clic en el botón **Agrupar y ordenar** que aparece en la pestaña **Diseño de informe**.

- Haga clic en la herramienta para guardar los cambios realizados en el informe y, a continuación, ciérrelo si es necesario.

Si solo debe asociarse un nivel de orden al informe, haga clic con el botón derecho en el valor del campo correspondiente en la estructura del informe y, a continuación, seleccione la opción **Orden ascendente** u **Orden descendente**: la fila correspondiente al orden elegido se agregará al panel **Agrupación, orden y total**. Si ya había un orden asociado al informe, este se eliminará y se reemplazará por el nuevo.

El criterio de ordenación asociado al informe también puede definirse en la página **Datos** de la **Hoja de propiedades** del informe: en la fila **Ordenar por**, indique el nombre de los campos utilizados como clave de ordenación separándolos por una coma; agregue DESC detrás del nombre del campo para ordenar por valor descendente (por ejemplo, Ciudad DESC, Apellidos). A continuación, active la opción **Ordenar por al cargar**.

Insertar subinformes independientes del informe principal

Este método permite reunir varios informes para imprimirlos simultáneamente.

- Cree y muestre en la vista Diseño el informe que servirá de informe principal como un objeto independiente. El origen del informe debe estar vacío.

  *Para crear un informe en blanco en la vista Diseño, puede hacer clic en el botón **Informe en blanco** que aparece en la pestaña **Crear** (grupo **Informes**).*

- Inserte cada uno de los informes que servirán de subinforme en la sección **Detalle** del informe principal arrastrando el icono correspondiente del panel de navegación hasta la ventana del informe principal.

- Haga clic en la herramienta para guardar los cambios realizados en el informe y, si es necesario, ciérrelo.

© Editions ENI - Reproducción prohibida

Insertar subinformes vinculados al informe principal

Este método permite aplicar a los informes los principios vinculados a la inserción de subformularios. El informe principal representa el lado "uno" de la relación y, cada subinforme representa el lado "varios".

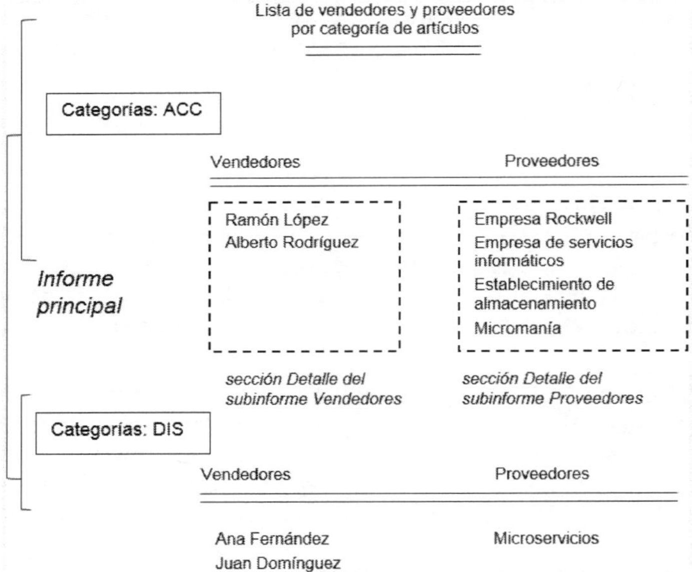

Cada subinforme está vinculado al informe principal a través de un campo común (que, en este caso, podría ser el campo Categorías), pero ambos subinformes no están vinculados entre sí.

- Muestre el informe que se utilizará como informe principal en la vista Diseño.
- Inserte cada informe que servirá de subinforme en la sección **Detalle** del informe principal arrastrando el icono correspondiente del panel de navegación hasta la ventana del informe principal.

Access sincronizará automáticamente el informe principal y el subinforme si dichos informes están basados en tablas o en una o varias consultas que contengan vínculos. La sincronización también se llevará a cabo automáticamente si el informe principal está basado en una tabla con una clave principal cuyo nombre sea idéntico a uno de los campos del subinforme (el tipo de datos debe, por supuesto, ser parecido o compatible).

- Para controlar o modificar los vínculos entre el informe principal y el o los subinformes, seleccione, si es necesario, el control del subinforme (aparecerán controladores de selección en forma de cuadrados alrededor del control).
- Pulse la tecla F4 para mostrar las propiedades del subinforme y, a continuación, haga clic en la pestaña **Datos**.
- Si es necesario, indique en la propiedad **Vincular campos secundarios** el nombre del campo de vínculo del subinforme y, a continuación, en la propiedad **Vincular campos principales**, indique el nombre del campo o del control de vínculo del informe principal.

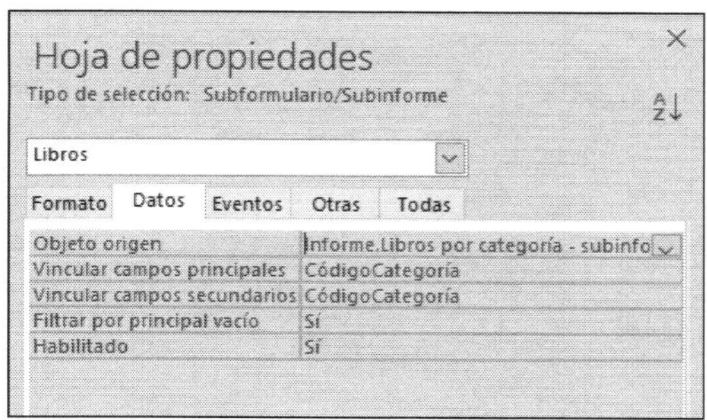

- Si es necesario, mueva el control del informe o cambie su tamaño.
- Si es preciso, realice cambios en la estructura de un subinforme. Para ello, haga clic en el subinforme correspondiente y, a continuación, en la pestaña **Diseño de informe**, seleccione el botón **Subinforme en nueva ventana** que aparece en el grupo **Herramientas**. A continuación, realice los cambios, guarde la nueva estructura del subinforme ( ) y haga clic en el botón de la ventana del subinforme para cerrarlo.
- Haga clic en el botón de la barra de estado para ver el resultado en la pestaña **Vista preliminar**.

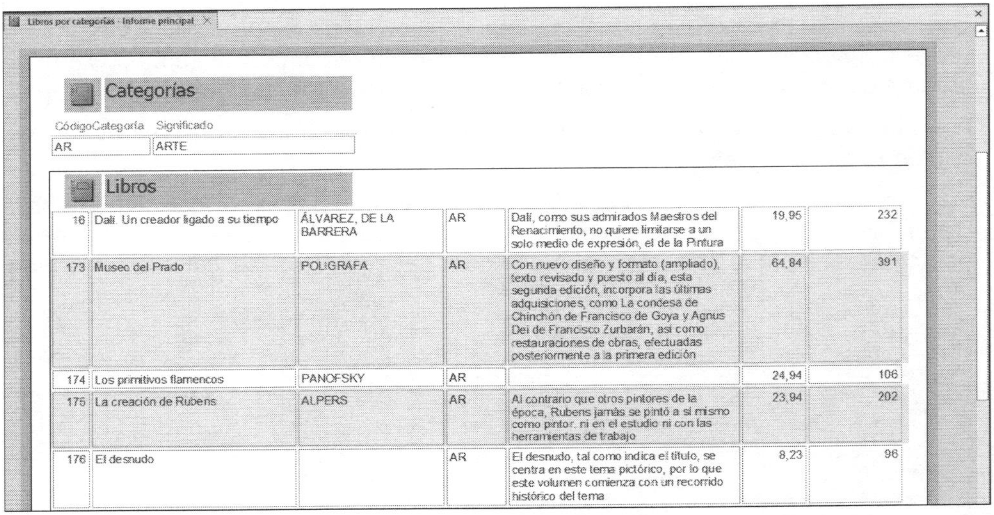

- Utilice los botones situados en la esquina inferior izquierda del subinforme para desplazarse por las páginas.
- Haga clic en la herramienta para guardar el informe y, a continuación, ciérrelo si es necesario.

Si no sabe exactamente qué campo de vínculo debe utilizar para las propiedades **Vincular campos principales** y **Vincular campos secundarios** de un subinforme, haga clic en el botón **Generar** para abrir la ventana del **Vinculador de campos de subinforme.**

Crear un informe para imprimir etiquetas

- En el panel de navegación, seleccione la tabla o la consulta en la que desee basar sus etiquetas.
- Haga clic en la pestaña **Crear** y, a continuación, en el grupo **Informes**, seleccione el botón **Etiquetas.**

  *Aparecerá en la pantalla la ventana del **Asistente para etiquetas**.*

- Seleccione el formato en función de la hoja de etiquetas que utilizará para imprimir las etiquetas.

*El botón **Personalizar** permite definir un formato no propuesto de forma predeterminada.*

- Indique si el papel utilizado es un listado (**Continua**) o si se trata de **Hojas sueltas**.
- Haga clic en el botón **Siguiente** para acceder al siguiente paso.
- Defina el estilo del texto a través de las opciones de la sección **Apariencia del texto** y, a continuación, haga clic en el botón **Siguiente**.
- Defina el contenido de cada etiqueta insertando cada campo con el botón [>] e introduciendo, si es necesario, caracteres de texto. Utilice la tecla [Intro] para pasar a la siguiente línea.

  Para insertar un campo, también puede hacer doble clic en el nombre del campo después de haber hecho clic en la línea correspondiente.

  Para quitar un campo o un carácter de la etiqueta, selecciónelo y, a continuación, pulse la tecla Supr.

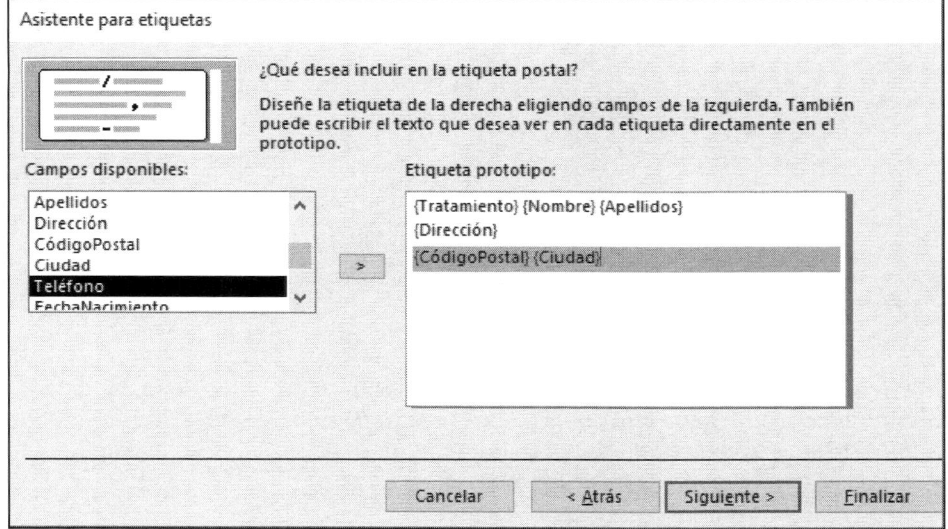

- Haga clic en el botón **Siguiente**.
- Seleccione el o los campos utilizados como criterio de ordenación al imprimir las etiquetas: seleccione cada campo en la lista **Campos disponibles** y, a continuación, haga clic en el botón [>] o doble clic en el campo de la sección **Campos disponibles**.

© Editions ENI - Reproducción prohibida

- Haga clic en el botón **Siguiente** y, a continuación, introduzca el nombre con el que desee guardar el informe. De forma predeterminada, Access propone el mismo nombre que la tabla o la consulta utilizadas para crear el informe, precedido de la designación **Etiquetas**.
- Active la opción **Ver las etiquetas tal y como se imprimirán** para ver el resultado en la vista preliminar o la opción **Modificar el diseño de la etiqueta** para acceder a la vista Diseño.
- Haga clic en el botón **Finalizar**.
- Si está viendo la vista preliminar de las etiquetas, haga clic en el botón **Cerrar vista previa de impresión** para mostrar el informe en la vista Diseño.

En la vista Diseño, el informe solo muestra una etiqueta: se trata de la opción de múltiples columnas (vinculada a la configuración de la página de impresión), que permite imprimir varias etiquetas en el ancho de la página.

- Si es necesario, ajuste el tamaño de la sección **Detalle** en función de las dimensiones de las etiquetas en las que imprima.
- Si es necesario, haga clic en la herramienta 💾 para guardar los cambios realizados en el informe y, a continuación, ciérrelo.

Cambiar la configuración de las etiquetas

- En el panel de navegación, haga clic con el botón derecho en el nombre del informe del que desee cambiar el diseño y, a continuación, seleccione la opción **Vista Diseño.**
- Haga clic en la pestaña **Configurar página** y, a continuación, seleccione el botón **Configurar página** del grupo **Diseño de página**.
- Haga clic en la pestaña **Columnas**.
- En el cuadro de texto **Número de columnas**, indique el número de etiquetas que desea imprimir a lo ancho.
- Si es necesario, cambie el espacio entre las filas y las columnas con las opciones **Espacio entre filas** y **Espacio entre columnas** de la sección **Configuración de cuadrícula**.
- Active la opción **Igual que en detalle** para aplicar a las etiquetas las dimensiones de la sección **Detalle**.
- En la sección **Diseño de columna**, indique el orden de impresión de las etiquetas activando la opción correspondiente.
- Haga clic en el botón **Aceptar**.
- Haga clic en la herramienta para guardar los cambios realizados en el informe.
- Haga clic en el botón de la barra de estado para visualizar el resultado.
- Si es necesario, cierre el informe.

© Editions ENI - Reproducción prohibida

Introducción

Para obtener una vista previa, imprimir o configurar la impresión de un informe, proceda de la misma forma que con cualquier objeto de la base de datos (véase el capítulo Imprimir datos).

Imprimir un informe para determinados registros

Utilizar un filtro

- En el panel de navegación, haga clic con el botón derecho en el informe correspondiente y, a continuación, seleccione la opción vista **Diseño.**
- Si es necesario, muestre la **Hoja de propiedades** del informe: en la pestaña **Diseño de informe**, haga clic en el botón **Hoja de propiedades** del grupo **Herramientas** o pulse la tecla F4. A continuación, seleccione la opción **Informe** en la lista **Tipo de selección** que aparece en la parte superior de la hoja de propiedades.

  *Una vez que haya mostrado la **Hoja de propiedades**, también puede hacer clic en la casilla del ángulo superior izquierdo que forman las reglas horizontal y vertical ( ) para mostrar las propiedades del informe en el panel **Hoja de propiedades**. Si la **Hoja de propiedades** no aparece, haga doble clic en la casilla del ángulo superior izquierdo que forman las reglas horizontal y vertical para mostrar las propiedades vinculadas al informe en el panel **Hoja de propiedades**.*
- Haga clic en la pestaña **Datos** de la **Hoja de propiedades.**
- Haga clic en el cuadro de texto de la propiedad **Filtro** y, a continuación, especifique una expresión SQL que permita seleccionar los registros. En su formulación más simple, esta expresión se presenta en forma de **nombre del campo = valor**. Si el valor es un tipo de datos Texto, deberá escribirlo entre comillas.

  *Si, en el momento de la creación del informe, la tabla o la consulta de origen poseen un filtro guardado, la expresión correspondiente a este filtro aparecerá automáticamente en la propiedad **Filtro**.*

- Seleccione la opción **Sí** para la propiedad **Filtrar al cargar**.

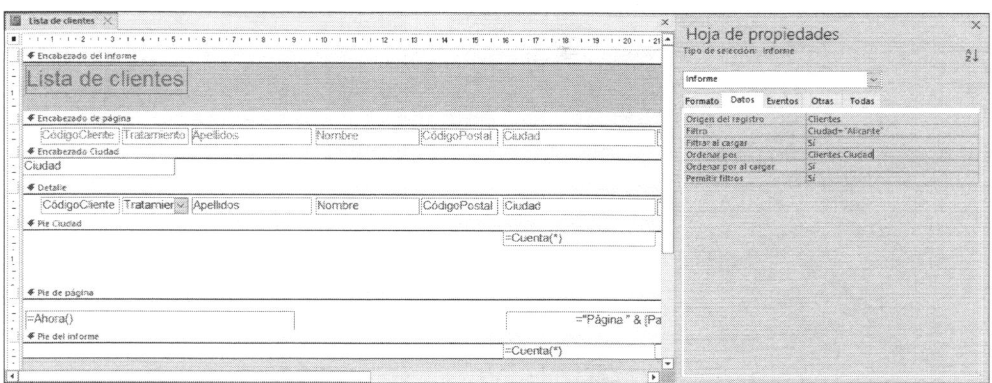

- Guarde los cambios realizados en el informe haciendo clic en el botón y, a continuación, ciérrelo.
- Para comprobar el resultado, haga doble clic en el nombre del informe que desee mostrar en modo **Vista previa de impresión**.

Si se ha guardado un criterio de ordenación con la tabla o la consulta de origen del informe en el momento de su creación, este aparecerá automáticamente en la propiedad **Ordenar por**. La propiedad **Ordenar por al cargar** permite activar o desactivar dicho orden.

Utilizar una consulta

- En el panel de navegación, haga clic con el botón derecho en el informe correspondiente y, a continuación, seleccione la opción **Vista Diseño**.
- Si es necesario, muestre la **Hoja de propiedades** del informe: en la pestaña **Diseño de informe**, haga clic en el botón **Hoja de propiedades** del grupo **Herramientas** o pulse la tecla F4. A continuación, seleccione la opción **Informe** en la lista **Tipo de selección** que aparece en la parte superior de la hoja de propiedades.
- Haga clic en la pestaña **Datos** de la **Hoja de propiedades**.
- En la propiedad **Origen del registro**, seleccione el nombre de la consulta que le permitirá imprimir solo determinados registros del informe.

© Editions ENI - Reproducción prohibida

La consulta debe, evidentemente, incluir los campos que figuran en el informe.

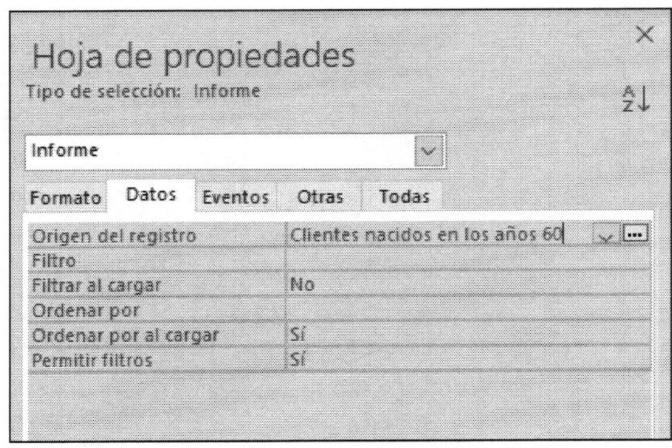

- Guarde el informe haciendo clic en la herramienta .
- Inicie la vista preliminar o la impresión del informe para ver el resultado.
- Si es necesario, cierre el informe.

Definir la agrupación de los registros

- En el panel de navegación, haga clic con el botón derecho en el nombre del informe para el que desee agregar un grupo y, a continuación, seleccione la opción **Vista Diseño.**
- En la pestaña **Diseño de informe**, haga clic en el botón **Agrupar y ordenar** del grupo **Agrupación y totales.**

  *La sección **Agrupación, orden y total** aparecerá en la parte inferior de la ventana.*
- Para agregar un nivel de agrupación, haga clic en el botón **Agregar un grupo** y, a continuación, en la lista de campos que aparece, seleccione el que servirá de criterio de agrupación.

  *Aparecerá una nueva línea con el nombre del campo seleccionado en el panel **Agrupación, orden y total**.*
- Muestre todas las opciones vinculadas al nivel de agrupación haciendo clic en el botón **Más** que aparece en la línea correspondiente. Haga clic en el botón **Menos** para ocultar estas opciones.

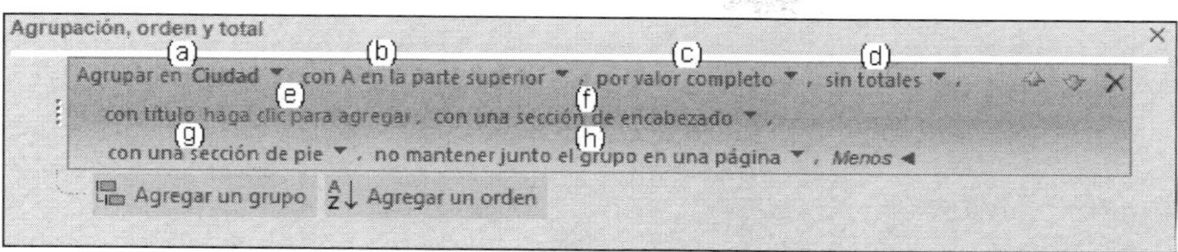

Defina los criterios de agrupación a través de las diferentes listas asociadas al nivel de agrupación:

(a) Modifique, si lo desea, el campo que sirve de criterio de agrupación.

(b) Defina el criterio de ordenación de los registros.

(c) Defina el modo de agrupación de los registros. Independientemente del tipo de campo en el que se haya basado la agrupación, Access le propondrá siempre agrupar los registros en los que el valor entero del campo sea idéntico (opción **por valor completo**). Sin embargo, existen otras agrupaciones en función del tipo de campo: para un campo de tipo Texto, puede agrupar los registros en función de los X primeros caracteres idénticos de ese campo; para un campo de tipo Número, Moneda y Autonumeración, la agrupación puede llevarse a cabo en función del intervalo propuesto en la lista o del intervalo que defina usted mismo en la sección **Intervalo** asociada a la opción **Personalizado**; por último, para un campo de tipo Fecha/Hora, la agrupación de los registros puede hacerse **por día**, **por semana**, **por mes**, **por trimestre** o **por año**, así como en función del intervalo de fecha definido a través de las secciones asociadas a la opción **Personalizado**.

(d) Si es necesario, agregue totales al informe: seleccione el campo en el que debe realizarse el cálculo en la lista **Total de** y elija el **Tipo** de cálculo que se debe efectuar. A continuación, active las opciones correspondientes en el lugar en el que deben aparecer los totales en el informe.

Pueden definirse totales para varios campos.

(e) Si es necesario, agregue texto en la sección **Encabezado** haciendo clic en el vínculo **haga clic para agregar**.

(f) Puede agregar o no una **sección de encabezado** antes de cada grupo nuevo.

(g) Puede agregar o no una **sección de pie** después de cada grupo nuevo.

© Editions ENI - Reproducción prohibida

(h) Indique a Access cómo debe administrar los saltos de página dentro de un grupo:
no mantener junto el grupo en una página: un grupo puede imprimirse en dos páginas.
mantener todo el grupo junto en una página: Access inserta un salto de página antes de imprimir el grupo si este no cabe en el espacio que queda en la parte inferior de la página.
mantener el encabezado y el primer registro juntos en una página: el encabezado de grupo no puede imprimirse al final de la página si no va seguido de un registro.

- Proceda de esta forma para agregar los niveles de agrupación deseados.
- Para cambiar la posición (la prioridad) de un nivel de agrupación, haga clic en la fila del campo correspondiente en el panel **Agrupación, orden y total** y, a continuación, pulse el botón **Subir** o el botón **Bajar** que aparecen a la derecha de la fila.
- Para eliminar un nivel de agrupación, haga clic en la fila del campo correspondiente en el panel **Agrupación, orden y total** y, a continuación, seleccione el botón **Eliminar** que aparece a la derecha de la fila o pulse la tecla Supr.
- Haga clic en el botón del panel **Agrupación, orden y total** para cerrarlo o haga clic de nuevo en el botón **Agrupar y ordenar** que aparece en la pestaña **Diseño de informe**.
- Si es necesario, defina el contenido de las secciones **Encabezado de grupo** y/o **Pie de grupo.**
- Inicie la vista preliminar o la impresión del informe.
- Guarde el informe y, a continuación, ciérrelo si es necesario.

Los niveles de agrupación también pueden definirse en la vista Presentación. La agrupación puede basarse en un campo calculado. También puede crear uno o varios niveles de agrupación al crear un informe con el **Asistente para informes** (véase el apartado Crear un informe con el Asistente del capítulo Crear un informe). Para crear un nivel de agrupación, también puede hacer clic con el botón derecho en el valor del campo correspondiente en la estructura del informe y, a continuación, seleccionar la opción **Agrupar en**: la fila correspondiente a la agrupación se agregará al panel **Agrupación, orden y total**. Si una o varias agrupaciones ya estaban asociadas al informe, esta se agregará a las demás.

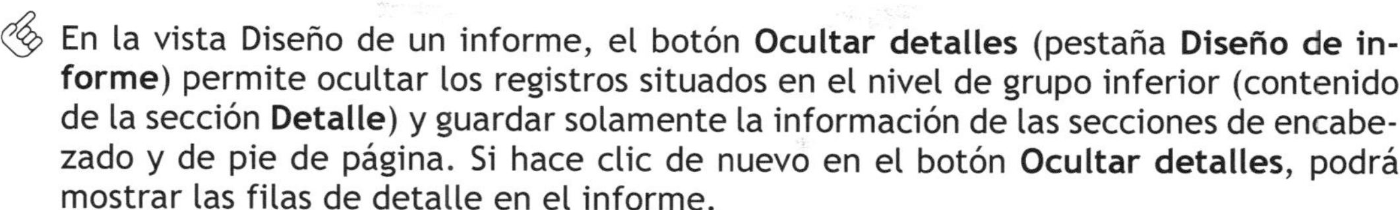

En la vista Diseño de un informe, el botón **Ocultar detalles** (pestaña **Diseño de informe**) permite ocultar los registros situados en el nivel de grupo inferior (contenido de la sección **Detalle**) y guardar solamente la información de las secciones de encabezado y de pie de página. Si hace clic de nuevo en el botón **Ocultar detalles**, podrá mostrar las filas de detalle en el informe.

Para agregar un total a un campo, también puede hacer clic con el botón derecho en el campo correspondiente en la estructura del informe, señalar la opción **Total** y, a continuación, seleccionar la opción que se corresponda con la acción que desee realizar. Si el informe no contiene ningún nivel de agrupación, el control calculado se agregará al pie del informe. De lo contrario, se insertará un control calculado en cada pie de página.

Imprimir cada grupo en una página

- En el panel de navegación, haga clic con el botón derecho en el informe correspondiente y, a continuación, seleccione la opción **Vista Diseño**.
- Seleccione la sección afectada por el salto haciendo clic en su barra de título.
- Muestre la **Hoja de propiedades** pulsando la tecla F4.
- Haga clic en la pestaña **Formato** de la hoja de propiedades.
- Abra la lista asociada a la propiedad **Forzar nueva página** y, a continuación, seleccione una de las opciones propuestas: **Antes de la sección**, **Después de la sección** o **Antes y después**.
- Guarde los cambios realizados en el informe haciendo clic en la herramienta .
- Haga clic en el botón de la barra del informe para ver el resultado.
- Si es necesario, cierre el informe.

Evitar imprimir el encabezado o el pie de página

- En el panel de navegación, haga clic con el botón derecho en el informe correspondiente y, a continuación, seleccione la opción **Vista Diseño**.
- Si es necesario, muestre la **Hoja de propiedades** del informe: pulse la tecla F4 y, a continuación, seleccione la opción **Informe** en la lista **Tipo de selección** que aparece en la parte superior de la hoja de propiedades.

© Editions ENI - Reproducción prohibida

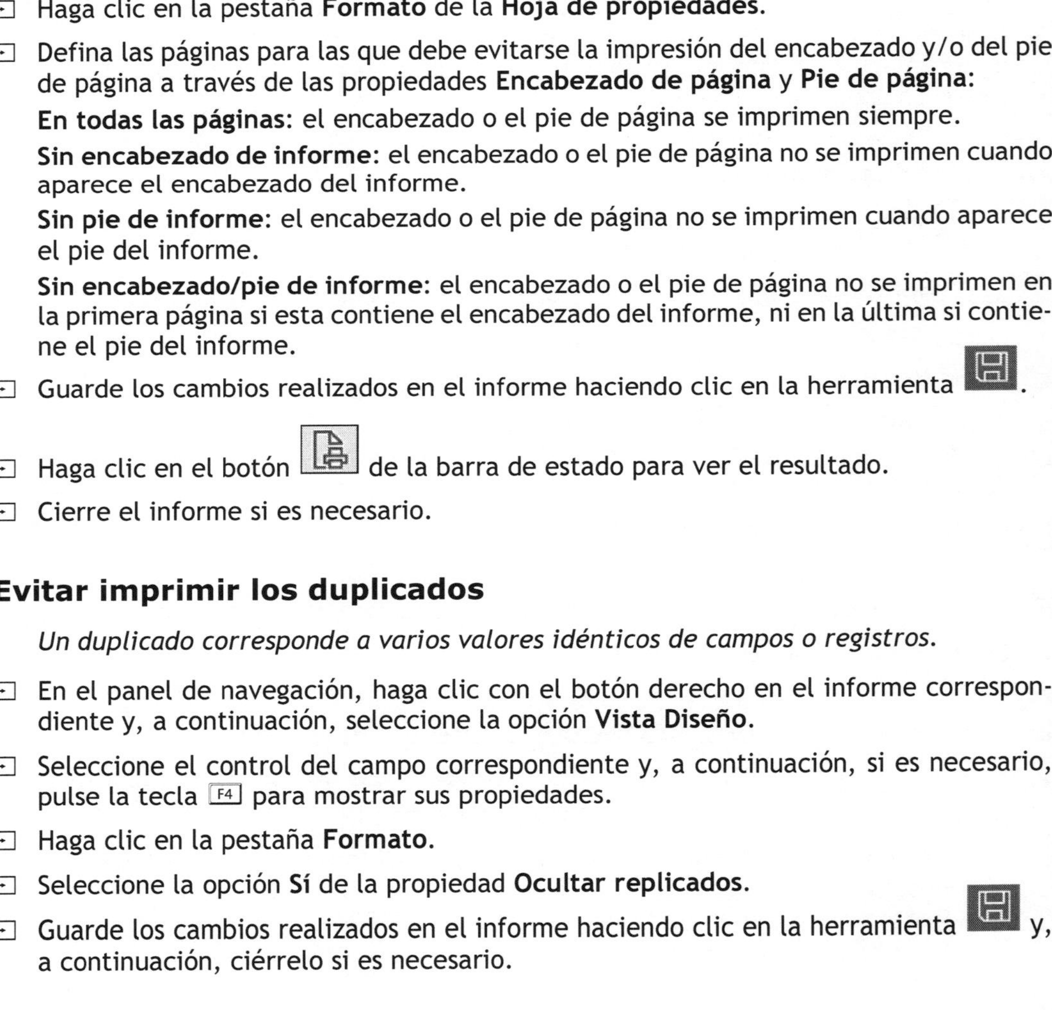

*Una vez que haya mostrado la **Hoja de propiedades**, también puede hacer clic en la casilla del ángulo superior izquierdo formado por las reglas horizontal y vertical (■) para mostrar las propiedades del informe en el panel **Hoja de propiedades**; si no aparece la **Hoja de propiedades**, haga doble clic en la casilla ■ del ángulo superior izquierdo formado por las reglas horizontal y vertical para mostrar las propiedades relativas al informe en el panel **Hoja de propiedades**.*

- Haga clic en la pestaña **Formato** de la **Hoja de propiedades**.
- Defina las páginas para las que debe evitarse la impresión del encabezado y/o del pie de página a través de las propiedades **Encabezado de página** y **Pie de página**:

  En todas las páginas: el encabezado o el pie de página se imprimen siempre.

  Sin encabezado de informe: el encabezado o el pie de página no se imprimen cuando aparece el encabezado del informe.

  Sin pie de informe: el encabezado o el pie de página no se imprimen cuando aparece el pie del informe.

  Sin encabezado/pie de informe: el encabezado o el pie de página no se imprimen en la primera página si esta contiene el encabezado del informe, ni en la última si contiene el pie del informe.
- Guarde los cambios realizados en el informe haciendo clic en la herramienta.
- Haga clic en el botón de la barra de estado para ver el resultado.
- Cierre el informe si es necesario.

Evitar imprimir los duplicados

Un duplicado corresponde a varios valores idénticos de campos o registros.

- En el panel de navegación, haga clic con el botón derecho en el informe correspondiente y, a continuación, seleccione la opción **Vista Diseño**.
- Seleccione el control del campo correspondiente y, a continuación, si es necesario, pulse la tecla F4 para mostrar sus propiedades.
- Haga clic en la pestaña **Formato**.
- Seleccione la opción **Sí** de la propiedad **Ocultar replicados**.
- Guarde los cambios realizados en el informe haciendo clic en la herramienta y, a continuación, ciérrelo si es necesario.

Controles dependientes

Insertar un cuadro de texto

Un cuadro de texto es un control dependiente que permite mostrar el valor de un campo en un formulario o en un informe.

- En el panel de navegación, haga clic con el botón derecho en el formulario o en el informe en cuestión y, a continuación, seleccione la opción **Vista Diseño** para que aparezca su estructura.
- Muestre el panel que contenga la lista de campos: en la pestaña **Diseño de formulario** o **Diseño de informe**, haga clic en el botón **Agregar campos existentes** del grupo **Herramientas.**

*El panel **Lista de campos** aparecerá a la derecha de la ventana de la aplicación. Este puede dividirse, según el caso, en una, dos o tres secciones:*

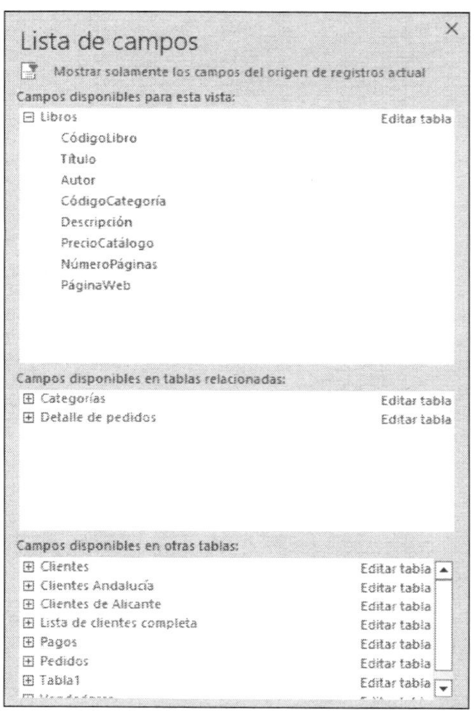

- *La sección **Campos disponibles para esta vista** muestra la lista de campos de la tabla de origen en la que se basa el formulario o el informe.*

© Editions ENI - Reproducción prohibida

- *La sección* ***Campos disponibles en tablas relacionadas*** *contiene los campos, agrupados por tablas, en relación con la tabla de origen. Esta sección no aparece si no se ha establecido ninguna relación con la tabla de origen. Encontrará más información sobre las relaciones entre tablas en el capítulo Relaciones entre las tablas.*
- *La sección* ***Campos disponibles en otras tablas*** *contiene los campos de la base de datos, agrupados por tablas, que no se encuentran ni en la primera ni en la segunda sección.*

Para ver todas las secciones del panel **Lista de campos**, haga clic en el vínculo **Mostrar todas las tablas** situado en la parte superior del panel; de lo contrario, para visualizar únicamente los campos de la sección **Campos disponibles**, haga clic en el vínculo **Mostrar solamente los campos del origen de registros actual**.

En el panel **Lista de campos**, haga clic en el nombre del campo que desee insertar y, a continuación, arrástrelo al lugar en el que desee insertar el cuadro de texto en la ventana del formulario o del informe; también puede seleccionar el campo que desee insertar y, a continuación, pulsar la tecla ⏎ o hacer doble clic en el campo que desee insertar.

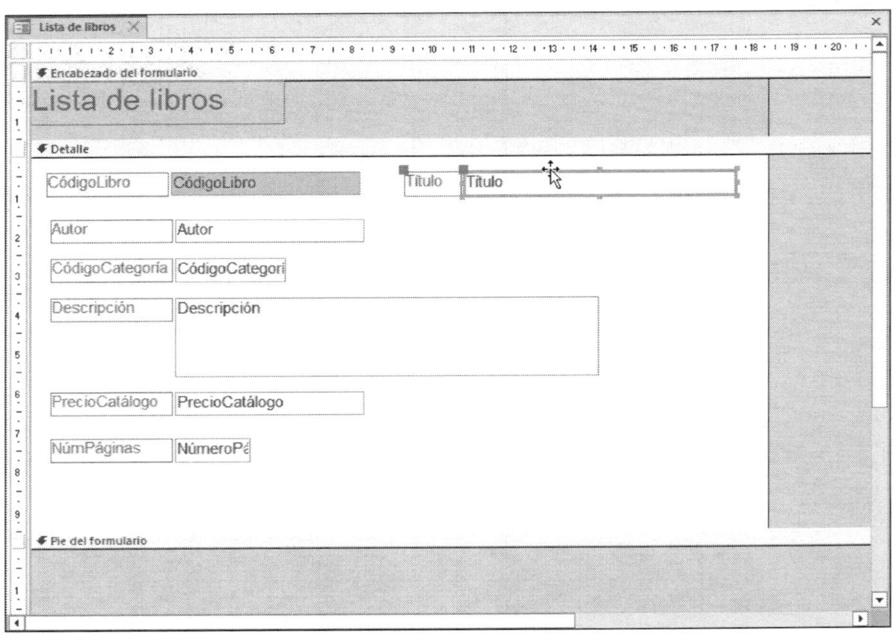

De forma predeterminada, hay una etiqueta asociada al cuadro de texto.

*La propiedad **Nombre de etiqueta** permite asociar un control de etiqueta a otro control.*

- No obstante, si no la usa, puede eliminar la etiqueta asociada al cuadro de texto.
- Modifique, si lo desea, la posición, las dimensiones y las características del cuadro de texto.
- Para cerrar la ventana que contiene la lista de campos, haga clic en el botón [×] o seleccione de nuevo el botón **Agregar campos existentes** del grupo **Herramientas**.
- Guarde las modificaciones realizadas en el formulario o en el informe y, a continuación, ciérrelo si es necesario.

Es posible insertar varios campos en una sola operación:

- Para seleccionar varios campos contiguos en la lista de campos, seleccione el primero y, a continuación, pulse la tecla Mayús cuando seleccione el último.
- Para seleccionar campos no contiguos, seleccione el primer campo y, a continuación, pulse la tecla Ctrl al seleccionar los otros campos.

Insertar un campo en forma de casilla, botón de opción o botón de alternancia

La casilla, el botón de opción y el botón de alternancia permiten gestionar los campos de tipo Sí/No.

- En el panel de navegación, haga clic con el botón derecho en el formulario o en el informe en cuestión y, a continuación, seleccione la opción **Diseño de formulairo** o **Diseño de informe** para que aparezca su estructura.
- Muestre, si es, el panel **Lista de campos** haciendo clic en el botón **Agregar campos existentes** del grupo **Herramientas**.
- Asegúrese de que la pestaña **Diseño de formulario** o **Diseño de informe** esté activada.
- Haga clic en el botón **Más** del grupo **Controles** y, a continuación, seleccione una de las herramientas en función del tipo de control que desee insertar: (**Casilla**), (**Botón de opción**), (**Botón de alternancia**).

© Editions ENI - Reproducción prohibida

- En la lista de campos, haga clic en el campo de tipo **Sí/No** correspondiente y, a continuación, arrástrelo hasta la ventana del formulario o del informe en el lugar donde desee insertarlo.

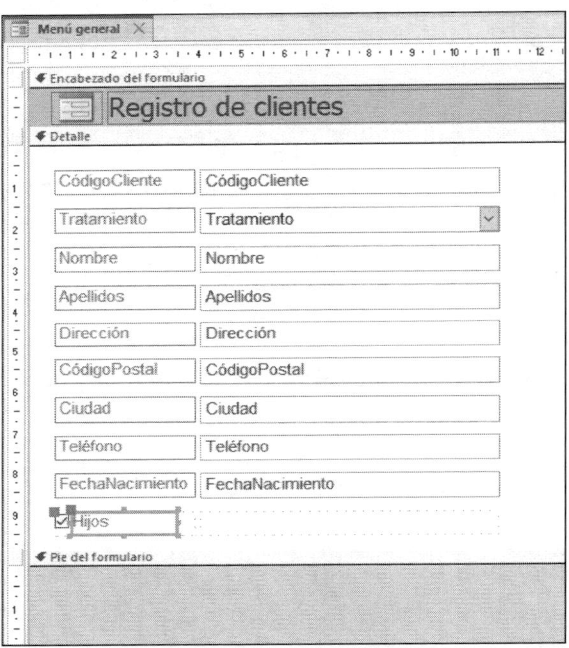

- Si ha insertado un botón de alternancia, haga clic en su interior, escriba el texto que debe contener y, a continuación, confirme pulsando la tecla ⏎.

  *El texto introducido se corresponde con la propiedad **Título** (pestaña **Formato**) de la hoja de propiedades del botón de alternancia. Este botón aparece con un efecto de relieve.*

- Modifique, si lo desea, la presentación de la casilla, del botón de opción o del botón de alternancia.
- Si es necesario, cierre el panel **Lista de campos** haciendo clic en el botón ✕ de su ventana.
- Haga clic en la herramienta 🖫 para guardar las modificaciones realizadas en el formulario o el informe y, a continuación, ciérrelo si es necesario.

Es posible insertar varias casillas, botones de opción o botones de alternancia en un grupo de opciones para permitir la selección de uno de los valores mostrados en el grupo (véase Insertar un grupo de opciones en un formulario).

Si el campo de tipo Sí/No contiene el valor Sí (o Verdadero o Activo), en la casilla aparecerá una cruz, en el botón de opción aparecerá un punto, y el botón de alternancia aparecerá pulsado; si el campo contiene el valor No (o Falso o Inactivo), la casilla y el botón de opción aparecerán vacíos, y el botón de alternancia se mostrará sin pulsar.

Crear una lista de datos fijos

Access pone a su disposición dos herramientas para seleccionar datos en lugar de tener que escribirlos: los cuadros de lista y los cuadros combinados. Estos dos tipos de controles presentan una lista de valores en la que se puede seleccionar el valor del campo; en el caso de un cuadro combinado, también podrá introducir un valor que no aparezca en la lista. La creación de este tipo de control necesita la definición de ciertas propiedades. Le aconsejamos que al principio utilice el Asistente para controles para ayudarle en esta tarea.

- En el panel de navegación, haga clic con el botón derecho en el formulario al que desee agregar una lista de datos fijos y, a continuación, seleccione la opción **Vista Diseño** para que aparezca su estructura.
- Compruebe que el Asistente para controles esté activado: en la pestaña **Diseño de formulario**, haga clic en el botón **Más** del grupo **Controles** y, a continuación, si es necesario, haga clic en la opción **Utilizar Asistentes para controles** para activarla.
- Dentro del grupo **Controles**, haga clic en el botón **Más** y, a continuación, seleccione la herramienta correspondiente al tipo de lista que desee crear: (**Cuadro combinado**) o (**Cuadro de lista**).
- Haga clic y arrastre el ratón para dibujar el cuadro del control.

  *Access activará el **Asistente para cuadros combinados** o el **Asistente para cuadros de lista**.*
- Active la opción **Escribiré los valores que desee** y, a continuación, haga clic en el botón **Siguiente**.

© Editions ENI - Reproducción prohibida

- Especifique el número de columnas deseadas de la lista en el cuadro de texto **Número de columnas** y, a continuación, seleccione la primera celda vacía de la columna **Col1**.
- Introduzca los valores de la lista de la misma forma que lo haría en una hoja de datos: la tecla ⇥ permite acceder a la siguiente celda.

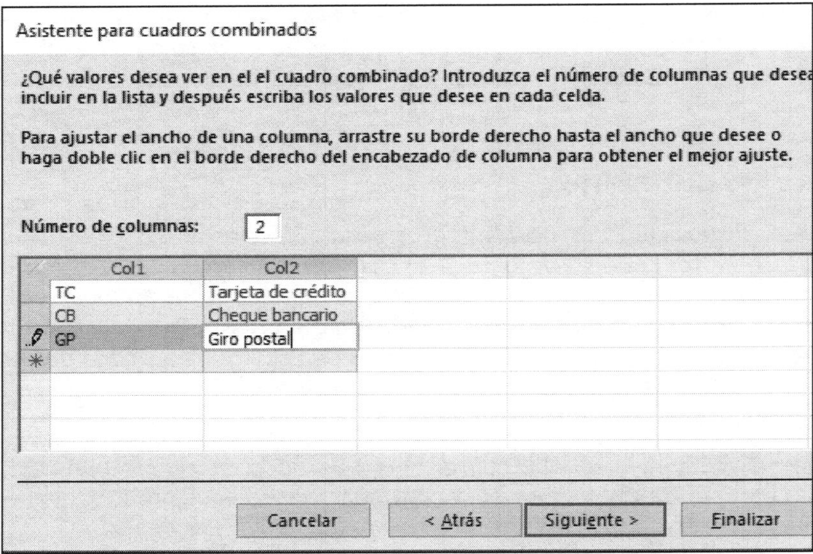

- Haga clic en el botón **Siguiente** para acceder al siguiente paso.
- Seleccione, si es necesario, el nombre de la columna que contenga el valor que desee almacenar o utilizar en su base de datos.

  Este paso aparece únicamente si el número de columnas definido en el paso anterior es superior a 1.
- Si es necesario, haga clic en el botón **Siguiente** para acceder al siguiente paso.
- Active la opción **Almacenar el valor en el campo** y, a continuación, seleccione el campo para el que esté creando la lista de valores.
- Haga clic en el botón **Siguiente**.
- Introduzca el texto de la etiqueta de la lista en el cuadro de texto correspondiente y, a continuación, haga clic en el botón **Finalizar**.
- Si es necesario, cambie de sitio, de tamaño o de formato el control de la lista de opciones.

Para visualizar las propiedades de la lista, asegúrese de que el control esté seleccionado, pulse la tecla F4 para que aparezca la hoja de propiedades de la lista y, a continuación, haga clic en la pestaña **Datos**: la propiedad **Tipo de origen de la fila** muestra la opción **Lista de valores**; los valores de la lista aparecen en la fila **Origen de la fila** separados por un punto y coma; el número de columnas de la lista se encuentra en la propiedad **Número de columnas** de la pestaña **Formato**.

Si crea la lista de valores sin la ayuda del Asistente para controles, deberá definir estas propiedades usted mismo.

Haga clic en la herramienta para guardar las modificaciones realizadas en el formulario y, a continuación, ciérrelo si es necesario.

En el caso de un cuadro combinado, podrá introducir cualquier dato con la condición de que, en la hoja de propiedades de la lista, esté seleccionado el valor **No** para la propiedad **Limitar a la lista** de la pestaña **Datos**.

Puede crearse una lista de datos fijos desde la vista Diseño de una tabla. Para ello, seleccione el tipo de datos **Asistente para búsquedas** para el campo correspondiente (véase el apartado Crear una lista de opciones del capítulo Estructura de una tabla).

Crear una lista con datos derivados de otra tabla

Este método permite insertar, en un formulario que agrupe datos de varias tablas, un cuadro de lista que contenga datos de uno o varios campos de una de estas tablas.

En el panel de navegación, haga clic con el botón derecho en el formulario o en el informe en cuestión y, a continuación, seleccione la opción **Vista Diseño** para que aparezca su estructura.

Asegúrese de que la pestaña **Diseño de formulario** esté activada.

Haga clic en el botón del grupo **Controles** y, a continuación, seleccione la herramienta correspondiente al tipo de lista que desee crear: (**Cuadro combinado**) o (**Cuadro de lista**).

Haga clic y arrastre el ratón para dibujar el cuadro de texto del control.

© Editions ENI - Reproducción prohibida

*El **Asistente para cuadros de lista** o **cuadros combinados** le ayudará a definir las características del control.*

- Mantenga activada la primera opción para que la búsqueda se realice sobre los valores de una tabla o de una consulta y, a continuación, haga clic en el botón **Siguiente** para acceder al siguiente paso.
- En la sección **Ver**, active la opción correspondiente a la lista de objetos que desee ver.
- Seleccione la tabla o la consulta que contenga los valores que desee insertar en la lista y, a continuación, haga clic en el botón **Siguiente**.
- En la lista **Campos disponibles**, seleccione cada campo cuyos valores deban aparecer en el cuadro de lista y, a continuación, haga clic en el botón > para agregarlo a la lista **Campos seleccionados**.

  Uno de estos campos debe ser común a la tabla seleccionada y al origen del formulario activo.
- Haga clic en el botón **Siguiente**.
- Indique el criterio de ordenación utilizado para la lista: abra el primer cuadro de lista vacío correspondiente a cada uno de los campos en los que desee establecer un orden, seleccione el campo y, a continuación, haga clic en el botón **Ascendente** para que se ordene en orden creciente o en el botón **Descendente** para ordenarlo en orden decreciente.

  El campo de la lista 1 se utilizará como clave de ordenación primaria, el de la lista 2, como clave de ordenación secundaria, y así sucesivamente.
- Haga clic en el botón **Siguiente**.

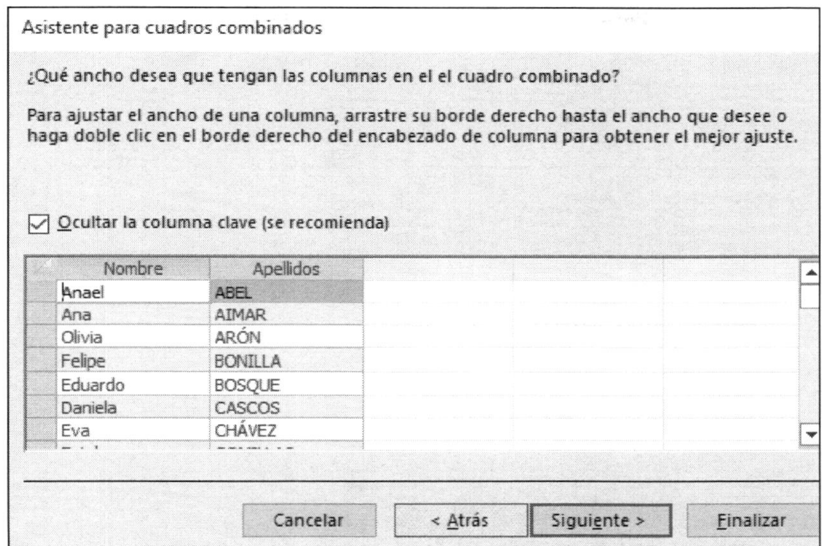

- Desactive la opción **Ocultar la columna clave (se recomienda)** si debe mostrarse la columna que contiene los valores de la clave.
- Modifique, si es necesario, el ancho de las columnas de la lista arrastrando el borde derecho de los encabezados de columna correspondientes y, a continuación, seleccione la opción **Siguiente**.
- En la sección **Campos disponibles**, seleccione el campo en el que debe almacenarse el valor y, a continuación, haga clic en el botón **Siguiente**.

  *Este paso únicamente es accesible si la opción **Ocultar la columna clave (se recomienda)** ha sido desactivada en el paso anterior.*
- Active la opción **Almacenar el valor en el campo** y, a continuación, seleccione el campo del origen del formulario en el que debe almacenarse el valor.
- Haga clic en el botón **Siguiente**.
- Introduzca el texto de la etiqueta del cuadro de lista y, a continuación, haga clic en el botón **Finalizar**.
- Si es necesario, cambie de sitio, de tamaño o de formato el control de la lista de opciones.

© Editions ENI - Reproducción prohibida

- Para ver las propiedades de la lista, asegúrese de que el control correspondiente esté seleccionado, pulse la tecla F4 para que aparezca la **Hoja de propiedades** de la lista y, a continuación, haga clic en la pestaña **Todas** para que se muestren todas las propiedades definidas por el Asistente durante la creación del cuadro de lista o del cuadro combinado.

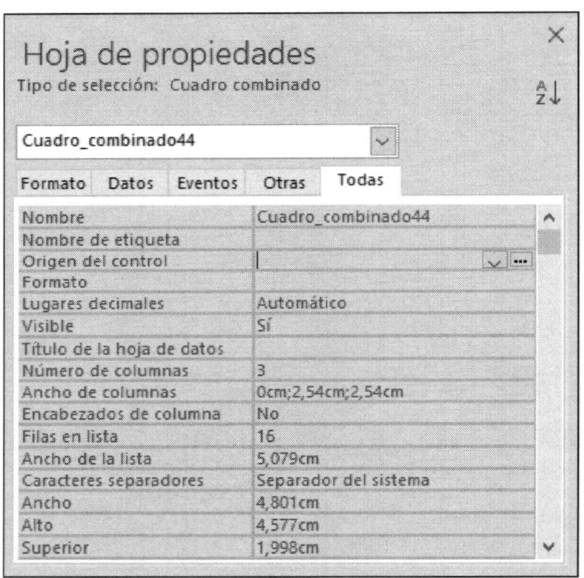

Estas son las propiedades que habría tenido que definir si no hubiera utilizado el Asistente:

Origen del control	Nombre del campo asociado al control.
Tipo de origen de la fila	Seleccione la opción **Tabla/Consulta.**
Origen de la fila	Nombre de la tabla o de la consulta que contiene los valores del campo o de la instrucción SQL que permite seleccionar los campos insertados en la lista. Si solo se especifica un nombre de tabla o de consulta, las columnas de la lista contendrán los valores de los x primeros campos de la tabla o de la consulta, donde x se corresponde con el número de columnas.
Número de columnas	Número de columnas de la lista.

Encabezados de columna Active esta opción para que aparezcan los encabezados de columna en la lista (nombre de los campos).

Ancho de columnas Anchos de las columnas de la lista, separados por un punto y coma; si una columna tiene ancho 0, no se muestra.

Columna dependiente Número de la columna que contiene los valores del campo común al origen de la lista y al origen del formulario.

Filas en lista Número de filas visibles en la lista.

Ancho de la lista Suma del ancho de las columnas de la lista.

Limitar a la lista Seleccione la opción **No** si se trata de una lista modificable y desea poder introducir cualquier valor.

*Todas estas opciones puede encontrarlas en las páginas **Formato** y **Datos** de la **Hoja de propiedades**.*

- Haga clic en la herramienta para guardar las modificaciones realizadas en el formulario.
- Si es necesario, haga clic en el botón **Vista Formulario** y, a continuación, abra la lista de opciones para ver su contenido.

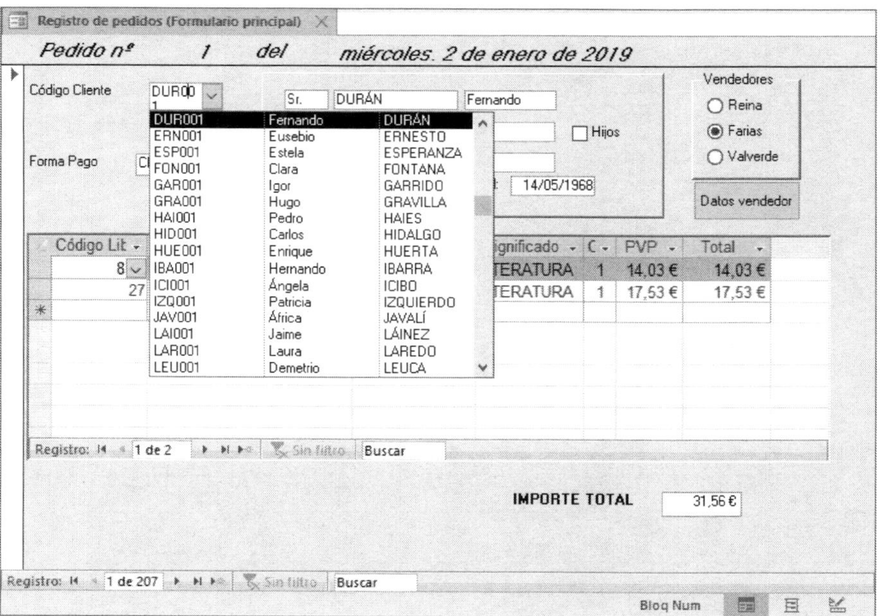

Si es necesario, cierre el formulario.

Puede crear una lista que contenga datos procedentes de otra tabla desde la vista Diseño de una tabla. Para ello, seleccione el tipo de datos para el campo en cuestión con la opción **Asistente para búsquedas** (véase Estructura de una tabla - Crear una lista de opciones).

Insertar un grupo de opciones en un formulario

Los tres vendedores disponibles en este formulario forman parte de un grupo de opciones:

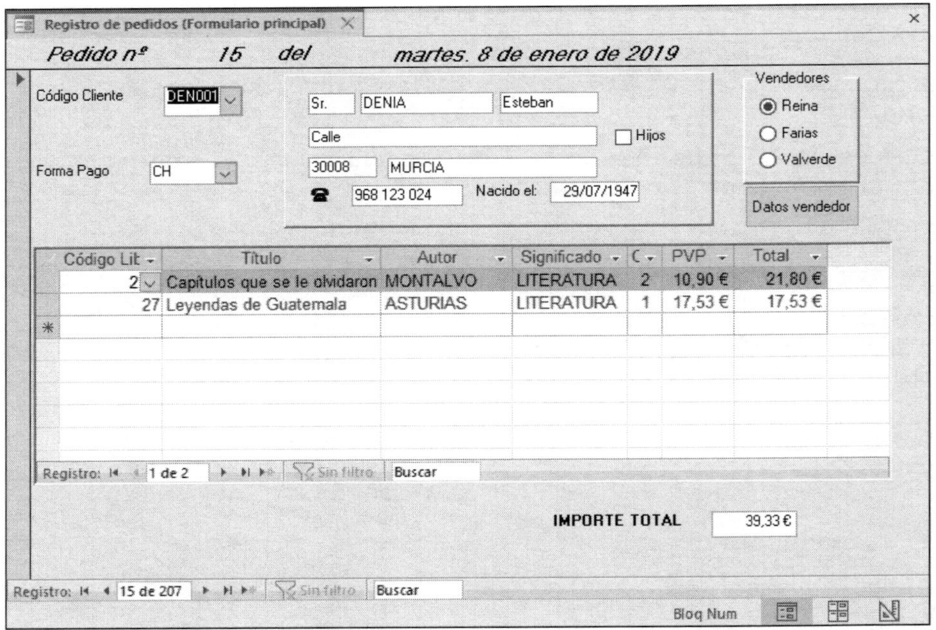

En el panel de navegación, haga clic con el botón derecho en el formulario correspondiente y, a continuación, seleccione la opción **Vista Diseño** para que aparezca su estructura.

- Compruebe que el Asistente para controles esté activo: en la pestaña **Diseño de formulario**, haga clic en el botón **Más** del grupo **Controles** y, a continuación, si es necesario, seleccione la opción **Utilizar Asistentes para controles** para activarla.
- Dentro del grupo **Controles**, haga clic, si es necesario, en el botón **Más** y, a continuación, seleccione el botón XYZ.
- Haga clic y arrastre el ratón para dibujar el cuadro del grupo de opciones.

  *Access iniciará el **Asistente para grupos de opciones**.*
- Introduzca el texto de cada etiqueta del grupo como en una hoja de datos: la tecla ⇥ o la tecla ↓ permiten acceder a la siguiente celda.

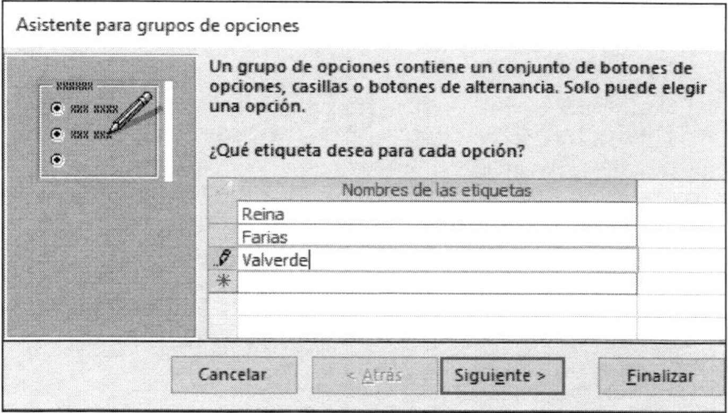

- Haga clic en el botón **Siguiente**.
- Modifique, si es necesario, el valor propuesto de forma predeterminada en el cuadro combinado y, a continuación, haga clic en el botón **Siguiente**.
- Indique el valor asignado a cada opción del grupo.

© Editions ENI - Reproducción prohibida

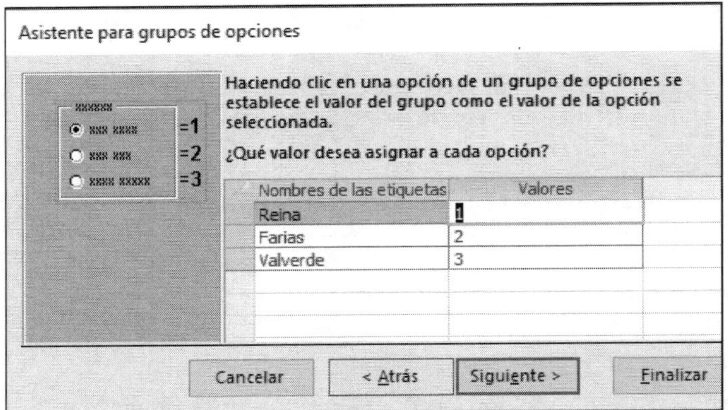

Estos son los valores que se almacenarán en la tabla. Este dato debe ser obligatoriamente numérico: un grupo de opciones solo puede crearse para campos de tipo Número o Autonumeración.

- Haga clic en el botón **Siguiente**.
- Active la opción **Guardar el valor en este campo** y, a continuación, seleccione el campo en el que debe almacenarse el valor.
- Haga clic en el botón **Siguiente**.
- Seleccione el tipo de botón y el estilo del cuadro.

  En principio, los botones de opción se utilizan cuando solo puede activarse una opción del grupo.
- Haga clic en el botón **Siguiente**.
- Escriba el texto de la etiqueta del grupo de opciones en el cuadro de texto correspondiente y, a continuación, haga clic en el botón **Finalizar**.

  Las opciones del grupo se presentan unas debajo de otras.
- Si es necesario, cambie de sitio, de tamaño o de formato el control del grupo de opciones.
- Para ver las propiedades de un botón del grupo, haga clic en él para seleccionarlo, pulse la tecla F4 para que aparezca su **Hoja de propiedades** y, a continuación, haga clic en la pestaña **Datos**: la propiedad **Valor de la opción** determina el valor almacenado en la tabla de origen del formulario si el usuario selecciona esta opción.

- Haga clic en la herramienta [icono guardar] para guardar las modificaciones realizadas en el formulario y, a continuación, ciérrelo si es necesario.

Cambiar el tipo de control de un campo

- En el panel de navegación, haga clic con el botón derecho en el formulario correspondiente y, a continuación, seleccione la opción **Vista Diseño** para que aparezca su estructura.
- Asegúrese de que la pestaña **Diseño de formulario** esté activada.
- Haga clic con el botón derecho en el control correspondiente, señale la opción **Cambiar a** y, a continuación, seleccione la opción correspondiente al tipo de control que desee.

  Las opciones disponibles dependen del tipo de campo.
- Guarde las modificaciones realizadas en el formulario y, a continuación, ciérrelo si es necesario.

Insertar un objeto

<u>Insertar un objeto dependiente</u>

*El objeto está vinculado a un campo de tipo **Objeto OLE** (Object Linking and Embedding). Los campos de tipo **Objeto OLE** le permiten insertar en un formulario un objeto creado en otra aplicación del entorno Windows (este objeto puede ser una imagen creada con el programa de dibujo Paint, una tabla creada con la aplicación Excel, etc.).*

*Esta aplicación debe ser una aplicación **servidor**. En este caso, Access se denomina aplicación **cliente**. El método conocido como vínculo OLE, específico del entorno Windows, permite insertar el objeto procedente de una aplicación servidor en una aplicación cliente. Para ello, existen dos métodos:*

- *Cuando se **inserta** un objeto, el objeto insertado forma parte integrante del documento de destino: solo puede modificarlo abriendo previamente dicho documento.*
- *En el caso de un **vínculo** hacia un objeto, este objeto no existe en el documento de destino; este solo contiene una fórmula de enlace que le permite mostrar dicho objeto cuando es necesario. El objeto se puede modificar desde la aplicación servidor, independientemente de la aplicación cliente (en este caso, puede actualizar el documento de destino).*

© Editions ENI - Reproducción prohibida

- En el panel de navegación, haga clic con el botón derecho en el formulario correspondiente y, a continuación, seleccione la opción **Vista Diseño** para que aparezca su estructura.
- En la pestaña **Diseño de formulario**, haga clic en el botón **Más** del grupo **Controles** y, a continuación, seleccione la herramienta **Marco de objeto dependiente** .

- Haga clic y arrastre el ratón para dibujar el cuadro del objeto dependiente.
- Pulse la tecla F4 para que aparezca la **Hoja de propiedades** del objeto dependiente seleccionado y, a continuación, haga clic en la pestaña **Datos**.
- En la propiedad **Origen del control**, seleccione el origen del objeto dependiente que debe ser un campo de tipo **Objeto OLE**.
- Modifique, si es necesario, el texto de la etiqueta del control: haga clic en la etiqueta de texto para seleccionarla, haga clic dentro del texto, efectúe las modificaciones deseadas y, a continuación, pulse la tecla ↵.
- Haga clic en el botón de la barra de estado para que aparezca el formulario en la vista **Formulario**.
- Muestre el registro para el que desee insertar el objeto utilizando las flechas que aparecen en la parte inferior izquierda de la ventana.
- Haga clic con el botón derecho en el cuadro del objeto y, a continuación, seleccione la opción **Insertar objeto**.

  El cuadro de diálogo contiene la lista de los tipos de objetos que pueden insertarse (esta lista depende de las aplicaciones instaladas en su ordenador).

- Si tiene que crear el objeto en la aplicación, compruebe que la opción **Crear nuevo** esté activada, seleccione el **Tipo de objeto** que desee insertar, marque la opción **Mostrar como icono** si el icono del archivo debe aparecer en el documento de Access y, a continuación, haga clic en el botón **Aceptar**.

  *Si la opción **Mostrar como icono** está activada, aparecerá la ventana de la aplicación en su totalidad; de lo contrario, se mostrará un cuadro con un borde discontinuo: los comandos de Access se reemplazarán momentáneamente por los comandos de la aplicación que le permitirá crear el objeto.*

  Cree el objeto y, a continuación, según el caso, cierre la ventana de la aplicación servidor o haga clic en el formulario.

- Si el objeto ya existe, haga clic en la opción **Crear desde archivo**. Seleccione el botón **Examinar** y, a continuación, haga doble clic en el archivo correspondiente.

  Marque la opción **Vincular** si no desea incorporar el objeto, pero sí establecer un vínculo entre el documento de Access y dicho objeto.

  Marque la opción **Mostrar como icono** si el icono del archivo debe aparecer en el documento de Access.

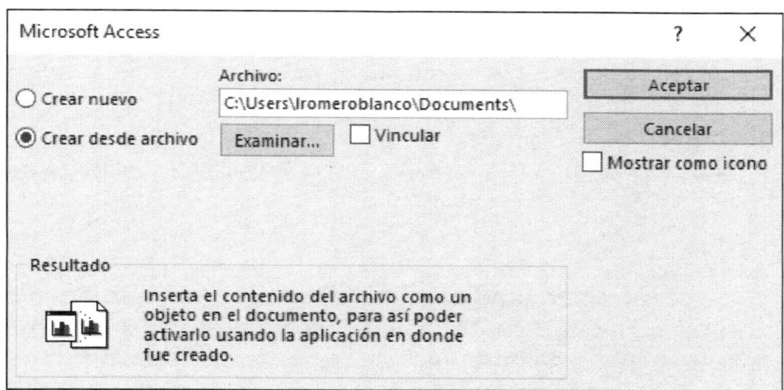

- Haga clic en el botón **Aceptar**.

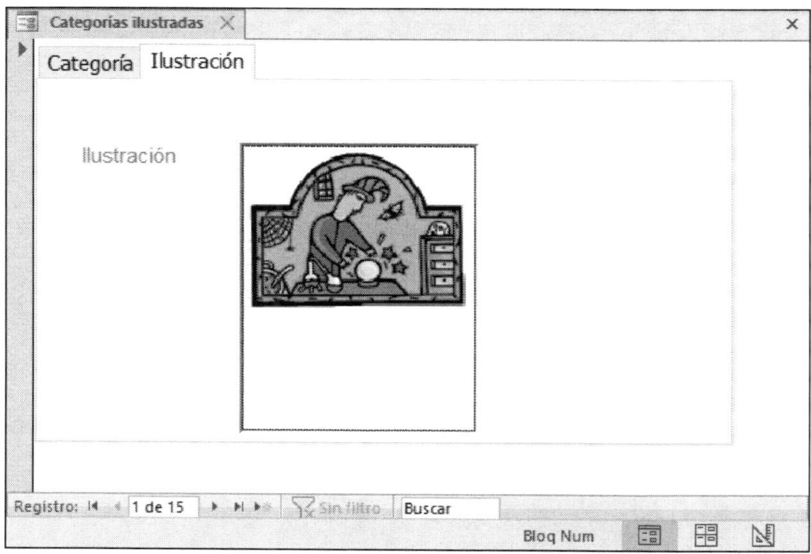

© Editions ENI - Reproducción prohibida

- Repita este procedimiento para cada registro al que desee insertar un objeto.
- Haga clic en la herramienta [icono] para guardar las modificaciones realizadas en el formulario y, a continuación, ciérrelo si es necesario.

Para eliminar el objeto, haga clic en el cuadro del objeto en la vista Formulario y, a continuación, pulse la tecla Supr.

De forma predeterminada, el vínculo establecido entre el objeto dependiente y el documento de Access es automático; de esta forma, el objeto se actualizará automáticamente cuando abra el formulario. Si desea actualizar el objeto de forma manual, muestre la **Hoja de propiedades** del control y, a continuación, seleccione la opción **Manual** de la propiedad **Opciones de actualización** que aparece en la pestaña **Datos.**

También puede insertar un objeto independiente en un formulario o en un informe a través del botón **Marco de objeto independiente** [icono] de la pestaña **Diseño de formulario** o **Diseño de informe**. En ese caso, el objeto aparecerá en todos los registros del formulario o en todas las páginas del informe, ya que no estará vinculado a ningún campo de ninguna tabla.

Modificar un objeto dependiente

- En el panel de navegación, haga doble clic en el formulario para que se muestre en la vista Formulario.
- Acceda al registro que contenga el objeto que desee modificar.
- Haga doble clic en el objeto o en su icono para iniciar la aplicación servidor.

Según el caso, el objeto aparecerá en una ventana independiente o en un cuadro con un borde discontinuo (los comandos de la aplicación servidor reemplazarán momentáneamente a los de la aplicación Access para que pueda modificar el objeto).

- Lleve a cabo las modificaciones deseadas.
- Según el caso, haga clic en cualquier parte de la ventana del formulario para recuperar los comandos de la aplicación Access o cierre la ventana de la aplicación servidor guardando las modificaciones.

© Editions ENI - Reproducción prohibida

Crear una etiqueta de texto

- En el panel de navegación, haga clic con el botón derecho en el formulario o en el informe en cuestión y, a continuación, seleccione la opción **Vista Diseño** para que aparezca su estructura.
- En la pestaña **Diseño de formulario** o **Diseño de informe**, haga clic en el botón **Más** [▽] del grupo **Controles** y, a continuación, seleccione la herramienta **Etiqueta** [Aa].

  El puntero del ratón tomará la forma de una A cuando se sitúe en el formulario o en el informe.
- Haga clic y arrastre el ratón para dibujar el cuadro de la etiqueta, o haga clic en la posición en la que desee empezar a introducir el texto.

  Al dibujar la etiqueta, podrá ver su tamaño sobre la regla. El punto de inserción parpadeará en el interior del cuadro.
- Introduzca el texto de la etiqueta; utilice las teclas [Mayús] [↵] si desea insertar una nueva línea.
- Pulse la tecla [↵] para confirmar.

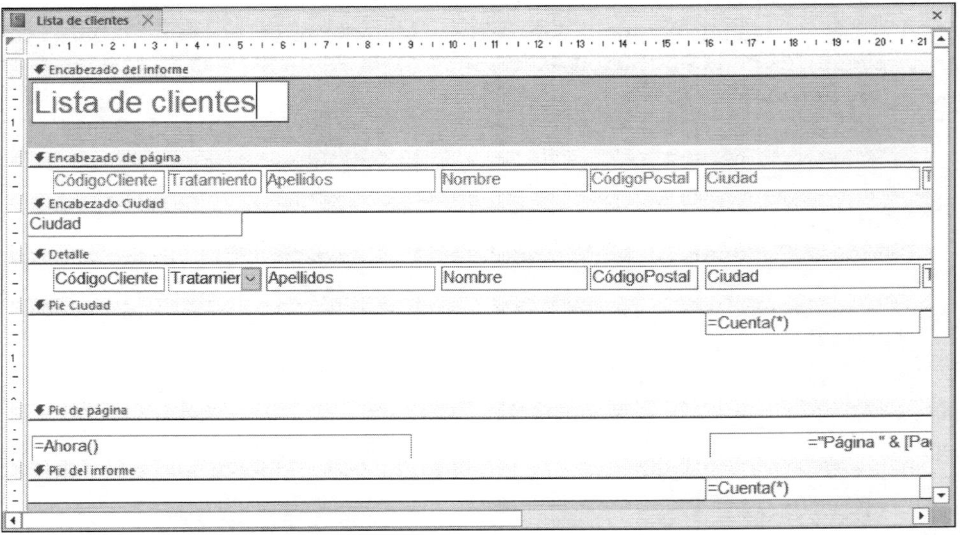

De esta forma, creará un control independiente. De forma predeterminada, el texto de la etiqueta se alinea a la izquierda.

- Guarde las modificaciones realizadas en el formulario o en el informe y, a continuación, ciérrelo si es necesario.

Después de utilizar una herramienta, la herramienta **Seleccionar** del grupo **Controles** volverá a ser la herramienta activa.

Para modificar el texto de una etiqueta, haga clic en la etiqueta correspondiente para seleccionarla, señale el texto de la etiqueta [el puntero del ratón tomará la forma de una "i" mayúscula (I)] y, a continuación, haga clic. Efectúe las modificaciones deseadas y, a continuación, confirme con la tecla Intro.

Para ajustar el tamaño de una etiqueta al texto, seleccione la etiqueta correspondiente y, a continuación, en la pestaña **Organizar**, haga clic en el botón **Tamaño y espacio** (grupo **Tamaño y orden**) y, a continuación, seleccione la opción **Ajustar**; esta operación también puede utilizarse para adaptar el tamaño de un cuadro a la imagen que contiene.

Dibujar un rectángulo o una línea

- En el panel de navegación, haga clic con el botón derecho en el formulario o en el informe en cuestión y, a continuación, seleccione la opción **Vista Diseño** para que aparezca su estructura.
- Asegúrese de que la pestaña **Diseño de formulario** o **Diseño de informe** esté activada.
- En el grupo **Controles**, haga clic en el botón **Más** y, a continuación, seleccione el botón para dibujar un rectángulo o el botón para dibujar una línea.
- Haga clic y arrastre el ratón para realizar el dibujo.

  El elemento dibujado aparecerá en primer plano.

- Haga clic en la herramienta para guardar las modificaciones realizadas en el formulario o en el informe y, a continuación, ciérrelo si es necesario.

© Editions ENI - Reproducción prohibida

Las páginas de pestañas

Crear páginas de pestañas

El siguiente formulario está formado por dos páginas:

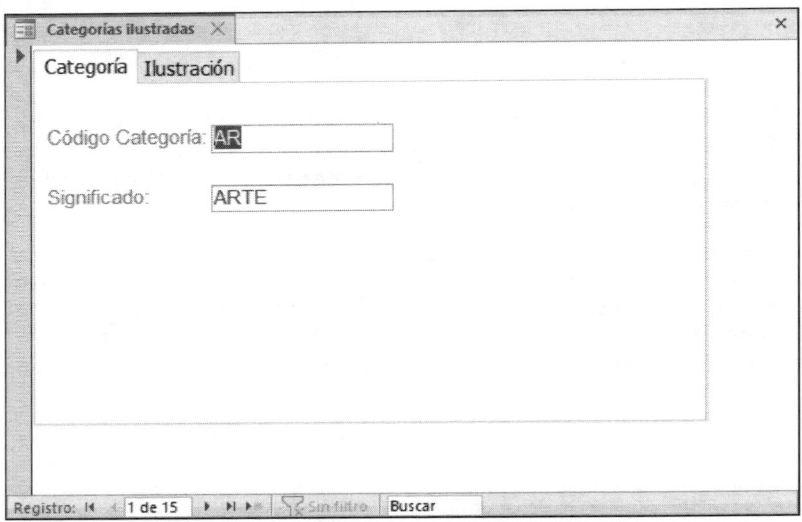

- En el panel de navegación, haga clic con el botón derecho en el formulario en el que desee crear páginas de pestañas y, a continuación, seleccione la opción **Vista Diseño** para que aparezca su estructura.
- En la pestaña **Diseño de formulario**, haga clic en el botón **Control de pestaña** del grupo **Controles**.
- Haga clic y arrastre el ratón en la ventana del formulario para dibujar la página.

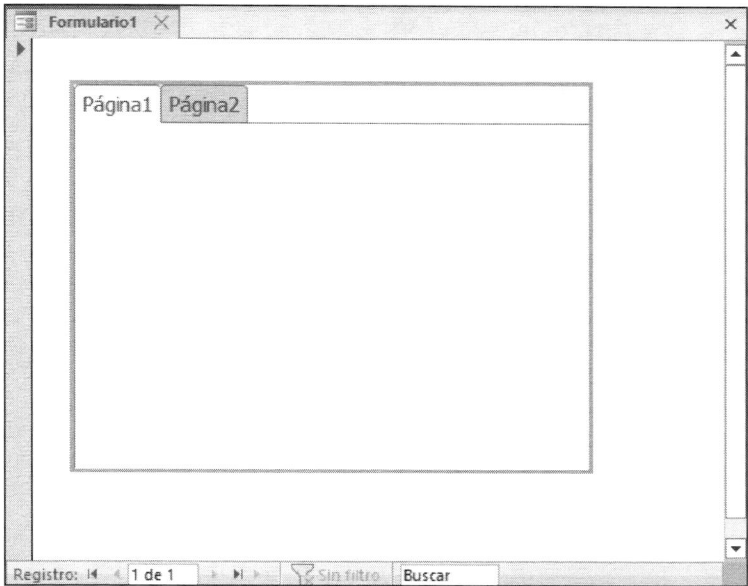

Access insertará dos páginas de pestañas denominadas de forma predeterminada Página1 y Página2.

- Para acceder a una página, haga clic en su pestaña.
- Si es necesario, haga clic en el botón **Agregar campos existentes** de la pestaña **Diseño de formulario** (grupo **Herramientas**) para que aparezca la lista de campos y, a continuación, inserte los distintos controles en cada una de las páginas.
- Modifique, si es necesario, la presentación de los controles.
- Haga clic en el botón **Vista Formulario** de la barra de estado si desea ver el resultado.
- Haga clic en la herramienta para guardar las modificaciones realizadas en el formulario y, a continuación, ciérrelo si es necesario.

Todas las páginas, así como el control de pestaña, poseen propiedades específicas. Para que aparezca la **Hoja de propiedades** de una página, haga clic en su pestaña y, a continuación, pulse la tecla F4; para mostrar las propiedades del control de pestaña, haga clic en el espacio en blanco situado a la derecha de las pestañas.

© Editions ENI - Reproducción prohibida

Administrar los controles

- En el panel de navegación, haga clic con el botón derecho en el formulario que contenga los controles de pestañas y, a continuación, seleccione la opción **Vista Diseño** para que aparezca su estructura.
- Para cambiar el nombre de una página, haga clic en la pestaña correspondiente y, a continuación, pulse la tecla F4 para que aparezca su **Hoja de propiedades**. Haga clic en la pestaña **Formato** y, a continuación, introduzca el nuevo nombre en la propiedad **Título**.
- Para insertar una nueva página, haga clic con el botón derecho del ratón en una pestaña de página y, a continuación, seleccione la opción **Insertar página**.
- Para eliminar una página, haga clic con el botón derecho del ratón en la pestaña de página correspondiente y, a continuación, haga clic en la opción **Eliminar página**.
- Para cambiar el orden de las páginas, haga clic con el botón derecho del ratón en una pestaña de página y, a continuación, seleccione la opción **Orden de las páginas**.

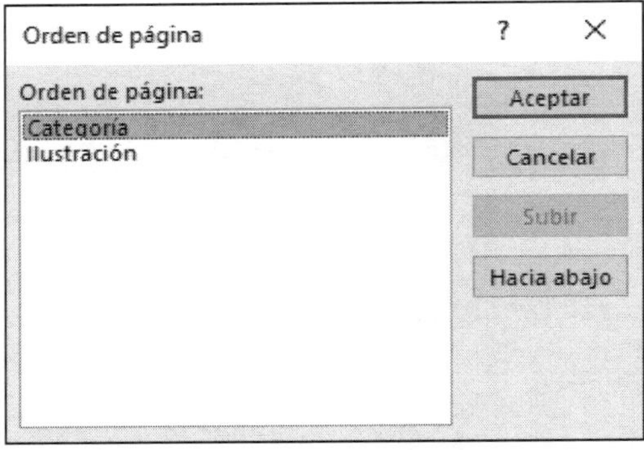

Haga clic en el nombre de la página que desee mover y, a continuación, seleccione el botón **Subir** o el botón **Hacia abajo**. Para terminar, haga clic en el botón **Aceptar**.

- Guarde las modificaciones realizadas en el formulario y, a continuación, ciérrelo si es necesario.

Insertar un salto de página

En un informe o en un formulario, la inserción de un salto de página implica que se produzca un salto de línea durante la impresión.

- En el panel de navegación, haga clic con el botón derecho en el formulario o en el informe en el que desee insertar el salto de página y, a continuación, seleccione la opción **Vista Diseño** para que aparezca su estructura.
- En la pestaña **Diseño de formulario** o **Diseño de informe**, haga clic en el botón **Más** del grupo **Controles** y, a continuación, seleccione la herramienta .
- Dentro de la ventana, haga clic en el lugar en el que Access deba insertar un salto de página.

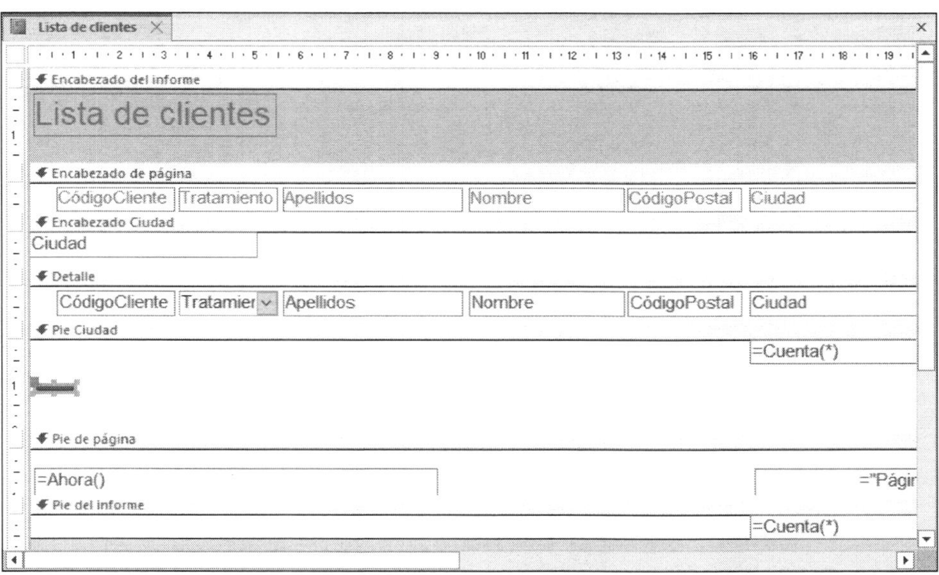

*El salto de página se representa por una línea gruesa de puntos (en el ejemplo anterior, en el **Pie Ciudad**). Independientemente del lugar en el que haga clic, el control aparecerá siempre al principio de la línea.*

© Editions ENI - Reproducción prohibida

- Haga clic en la herramienta [icono Guardar] para guardar las modificaciones realizadas en el formulario o en el informe y, a continuación, ciérrelo si es necesario.

- Para eliminar un salto de página, seleccione el control correspondiente y, a continuación, pulse la tecla Supr.

Insertar una imagen

La imagen aparecerá en todas las páginas del formulario o del informe, y no estará vinculada a ningún campo de la tabla ni a ningún objeto externo.

- En el panel de navegación, haga clic con el botón derecho en el formulario o en el informe en el que desee insertar una imagen y, a continuación, seleccione la opción **Vista Diseño** para que aparezca su estructura.
- En la pestaña **Diseño de formulario** o **Diseño de informe**, haga clic en el botón **Insertar imagen** del grupo **Controles**.

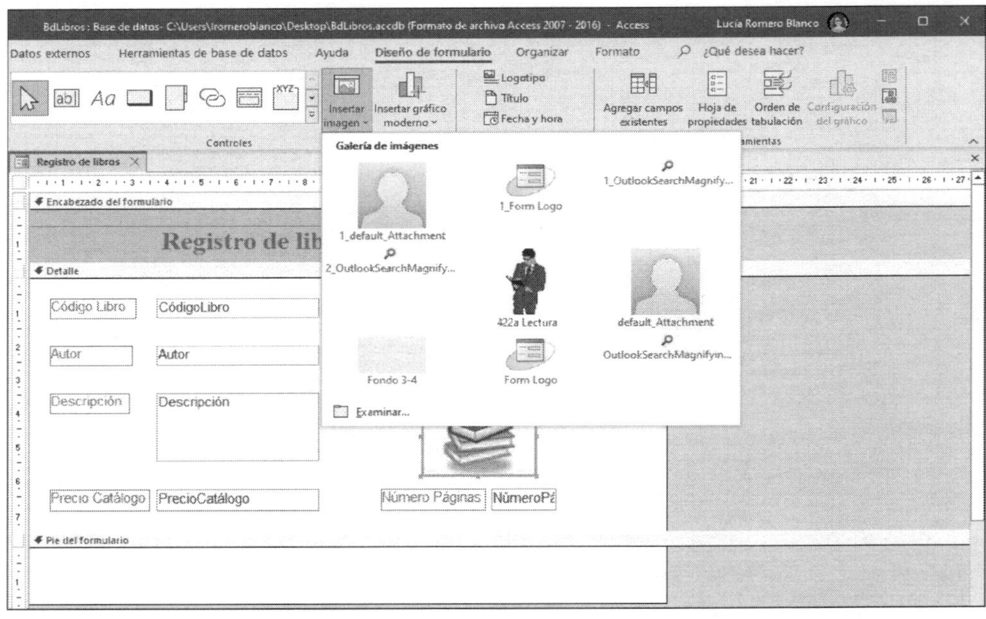

Si ya se han insertado imágenes en los objetos de su base de datos, estas se mostrarán en la sección ***Galería de imágenes****.*

- Si desea utilizar una de las imágenes propuestas en la sección **Galería de imágenes**, haga clic en ella; de lo contrario, haga clic en la opción **Examinar**, acceda a la carpeta que contenga la imagen que desee insertar y, a continuación, haga doble clic en ella.
- Haga clic y arrastre el ratón a la ventana del formulario o del informe para dibujar el cuadro de la imagen.
- Si la imagen no se ve por completo en el cuadro, modifique el tamaño de dicho cuadro arrastrando uno de sus controladores de tamaño.

  Un controlador de ángulo permite modificar el alto y el ancho del cuadro.

- Haga clic en la herramienta para guardar las modificaciones realizadas en el formulario o en el informe y, a continuación, ciérrelo si es necesario.

Puede utilizar las acciones **Eliminar**, **Actualizar** (reemplazar una imagen por otra) y **Cambiar nombre** con las imágenes de la **Galería de imágenes**. Para ello, abra la lista **Insertar imagen**, haga clic con el botón derecho en la imagen en cuestión y, a continuación, seleccione la opción correspondiente a la acción deseada.

Insertar una imagen de fondo

La imagen aparecerá de fondo en todas las páginas del formulario o del informe. No se insertará en un control y, por tanto, no podrá seleccionarla.

- En el panel de navegación, haga clic con el botón derecho en el formulario o en el informe en el que desee insertar la imagen de fondo y, a continuación, seleccione la opción **Vista Diseño** para que aparezca su estructura.
- En la pestaña **Formato**, haga clic en el botón **Imagen de fondo** del grupo **Fondo**.

  *Si ya se han insertado imágenes en los objetos de su base de datos, estas se mostrarán en la sección **Galería de imágenes**.*

- Si desea utilizar una de las imágenes propuestas en la sección **Galería de imágenes**, haga clic en ella; de lo contrario, haga clic en la opción **Examinar**, acceda a la carpeta que contenga la imagen que desee insertar como fondo de su formulario o de su informe y, a continuación, haga doble clic en ella.

  De forma predeterminada, la imagen se insertará en el centro de su formulario o de su informe.

© Editions ENI - Reproducción prohibida

- Para modificar la posición de la imagen en el objeto, así como su presentación, muestre la **Hoja de propiedades** del formulario o del informe haciendo doble clic en la intersección de las reglas horizontal y vertical.

  Active la pestaña **Formato** y, a continuación, según el resultado deseado, seleccione una de las opciones propuestas en las propiedades **Distribución de la imagen** o **Modo de cambiar el tamaño**.

- Para mostrar las imágenes en mosaico, seleccione la opción **Sí** de la propiedad **Mosaico de imágenes** de la **Hoja de propiedades** del formulario o del informe (pestaña **Formato**).

Para eliminar la imagen de fondo, elimine el contenido de la propiedad **Imagen** de la **Hoja de propiedades** del formulario o del informe correspondientes (pestaña **Formato**). A continuación, valide pulsando la tecla [Intro] y confirme la eliminación haciendo clic en el botón **Sí** del mensaje que aparece.

Crear un control calculado

Este método permite mostrar un valor calculado a partir de uno o de varios campos en un formulario o en un informe.

- En el panel de navegación, haga clic con el botón derecho en el formulario o en el informe en el que desee crear un control calculado y, a continuación, seleccione la opción **Vista Diseño** para que aparezca su estructura.
- En la pestaña **Diseño de formulario** o **Diseño de informe**, haga clic en la herramienta **Cuadro de texto** [ab|] del grupo **Controles**.
- Haga clic y arrastre el ratón para dibujar el cuadro del control, o haga clic en la posición en la que desee insertar el control.

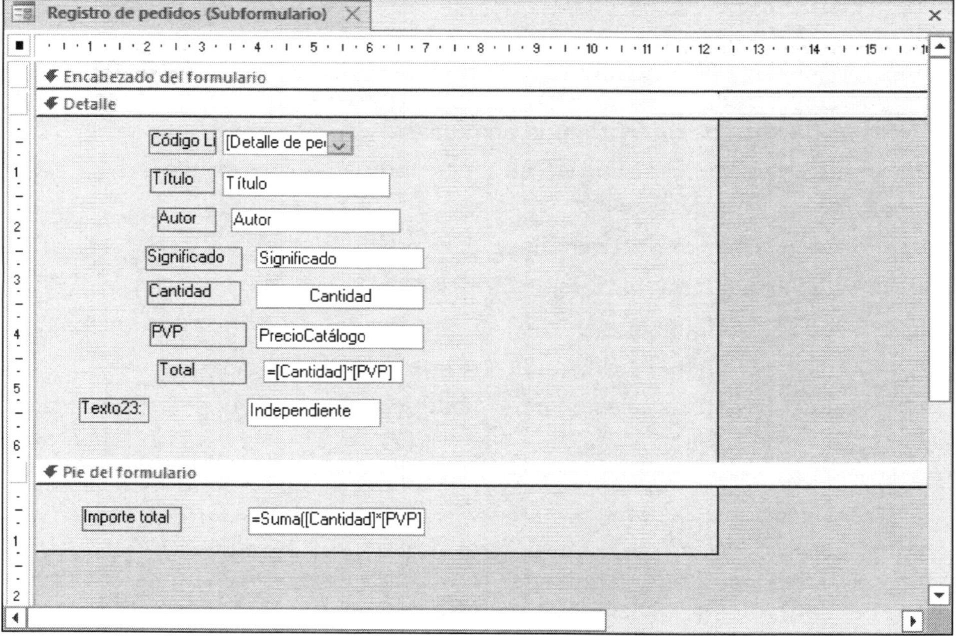

El control que acaba de crear es independiente, en la medida en que no está vinculado a ningún campo de la tabla de origen.

© Editions ENI - Reproducción prohibida

- Si es necesario, pulse la tecla F4 para que aparezca la **Hoja de propiedades** del control o haga clic en el botón **Hoja de propiedades** del grupo **Herramientas** (pestaña **Diseño de formulario** o **Diseño de informe**).
- Haga clic en la pestaña **Otras** y, a continuación, especifique el nombre que desee asignar al control en la propiedad **Nombre**.

  Obviamente, no puede asignar el nombre de un control ya existente.
- Haga clic en la pestaña **Datos** y, a continuación, escriba el signo igual (=) en la propiedad **Origen del control**.
- Especifique la expresión que debe permitir a Access calcular el valor del control o haga clic en el botón ... para iniciar el **Generador de expresiones**. Esta expresión puede estar compuesta de los siguientes elementos:
  - El nombre de uno o de varios campos de la tabla de origen: los nombres de campo deben aparecer entre corchetes.
  - Operadores aritméticos: * (multiplicación), + (suma), - (resta), / (división de un número cualquiera), \ (división de un número entero por otro: el resultado corresponderá a la parte entera del valor), ^ (para elevar un número a una potencia: 2^3=8), Mod (resto de la división de un número).
  - El paréntesis para indicar el orden de ejecución de las operaciones.
  - El operador de concatenación &.
  - Texto (debe escribirse entre comillas).
  - Funciones diversas (matemáticas, estadísticas, etc.):

SiInm	Calcula la expresión en función de una o varias condiciones.
Fecha()	Calcula la fecha del sistema.
Suma	Calcula la suma de los valores de un campo.
Promedio	Calcula la media de los valores.

  A medida que vaya escribiendo una expresión, Access mostrará la lista de funciones y de identificadores (controles, propiedades y objetos) que contienen los caracteres introducidos. Cuando la función o el identificador que se vaya a utilizar sea el que aparece seleccionado en la lista, pulse la tecla ↵ para insertarlo en la propiedad ***Origen del control****; para insertar otro elemento distinto al seleccionado, haga doble clic en él. Cuando una función esté seleccionada en la lista, se mostrará una descripción en la información en pantalla.*

Ejemplos:

[Precio]*[Tasa de IVA]	Calcula el IVA.
[Precio]*(1+[Tasa de IVA])	Calcula el precio incluyendo impuestos.
[Título]&" "&![Nombre]	Concatena los campos Título y Nombre.
Mes([Fecha de contacto])	Extrae el mes del valor del campo Fecha de contacto.
Suma([Cantidad])	Calcula la suma de los valores del campo Cantidad.
Promedio([Precio]*(1+[Tasa de IVA]))	Calcula el precio medio con IVA.

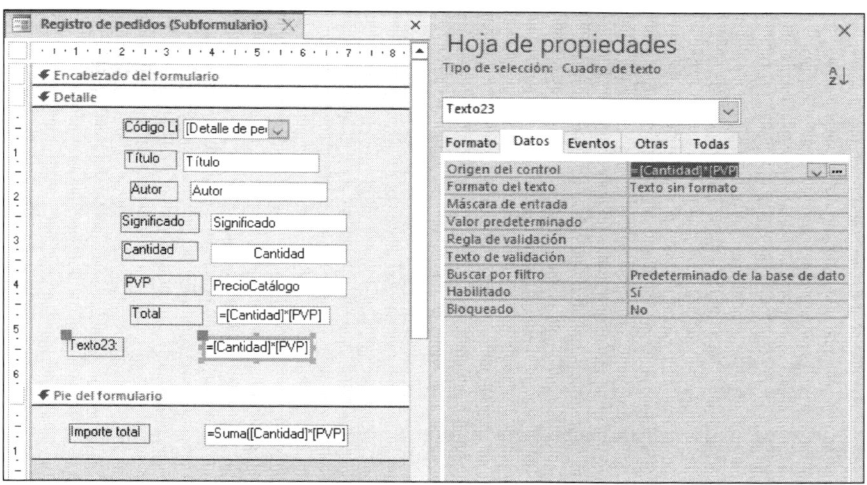

*En nuestro ejemplo, el campo **Cantidad** se multiplica por el campo **PVP**. Además de aparecer en la **Hoja de propiedades**, la fórmula también se muestra directamente en el control calculado.*

Haga clic en la herramienta para guardar las modificaciones realizadas en el formulario o en el informe y, a continuación, ciérrelo si es necesario.

En un informe con un agrupamiento, la ubicación del control determina los registros en los que se basa el cálculo.

Para obtener más información sobre el uso del **Generador de expresiones**, consulte el apartado Utilizar el Generador de expresiones más adelante en este capítulo.

© Editions ENI - Reproducción prohibida

Para agrupar los valores de varios campos de texto (concatenar), utilice una fórmula del tipo [campo1]&[campo2], etc. La fórmula [Título]&" "&[Nombre], por ejemplo, concatena el valor de los campos Título y Nombre.

Realizar un cálculo según una condición

- En el panel de navegación, haga clic con el botón derecho en el formulario o en el informe en cuestión y, a continuación, seleccione la opción **Vista Diseño** para que aparezca su estructura.
- En la pestaña **Diseño de formulario** o **Diseño de informe**, haga clic en la herramienta **Cuadro de texto** del grupo **Controles** y, a continuación, dibuje el cuadro del control.
- Si es necesario, seleccione el control y, a continuación, muestre su **Hoja de propiedades** pulsando la tecla F4.
- Especifique el nombre que desee asignar al control en la propiedad **Nombre** de la página **Otras**.
- Haga clic en la pestaña **Datos** y, a continuación, escriba el signo igual (=) en la propiedad **Origen del control**.
- Introduzca una expresión que utilice la función SiInm y que respete la siguiente sintaxis: **SiInm(expresión;resultado si verdadero;resultado si falso)**.

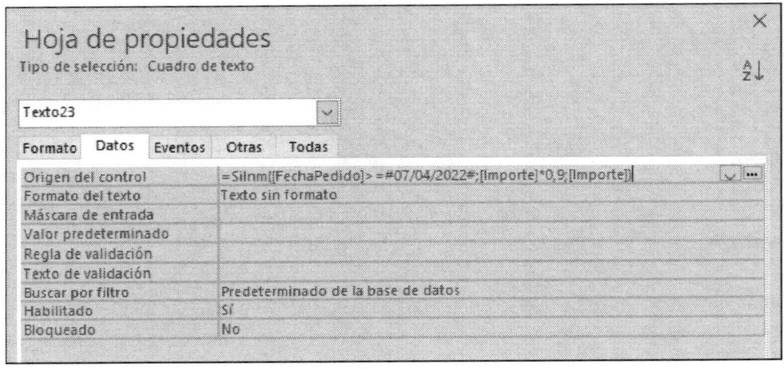

Si la fecha es superior al 7 de abril de 2022, el valor del campo será igual al 90% del Importe; si no, será igual al Importe.

El resultado de esta función puede ser:

- texto, escrito entre comillas ("),
- un valor numérico (escrito sin presentación),
- una fecha escrita entre almohadillas (#),
- otra expresión (por ejemplo, [cantidad]+10).

Guarde las modificaciones realizadas en el formulario o en el informe y, a continuación, ciérrelo si es necesario.

Es posible evaluar varias condiciones uniendo las diferentes expresiones con los operadores Y u O. Por ejemplo:
SiInm([Fecha]>#01/06/2022#Y[Importe]>=1000;[Importe]*0,9;[Importe])

Utilizar el Generador de expresiones

*El **Generador de expresiones** le ayuda en la creación de fórmulas de cálculo.*

En el panel de navegación, haga clic con el botón derecho en el formulario o en el informe en cuestión y, a continuación, seleccione la opción **Vista Diseño** para que aparezca su estructura.

En la pestaña **Diseño de formulario** o **Diseño de informe**, haga clic en la herramienta **Cuadro de texto** [ab|] del grupo **Controles** y, a continuación, dibuje el cuadro del control.

Muestre la **Hoja de propiedades** del control calculado pulsando la tecla F4.

En la pestaña **Datos**, haga clic en la propiedad **Origen del control** y, a continuación, seleccione el botón [...].

Si es necesario, haga clic en el botón **Más** para expandir la ventana del **Generador de expresiones**; el botón **Más** se sustituirá por el botón **Menos**, que permite reducir la ventana.

© Editions ENI - Reproducción prohibida

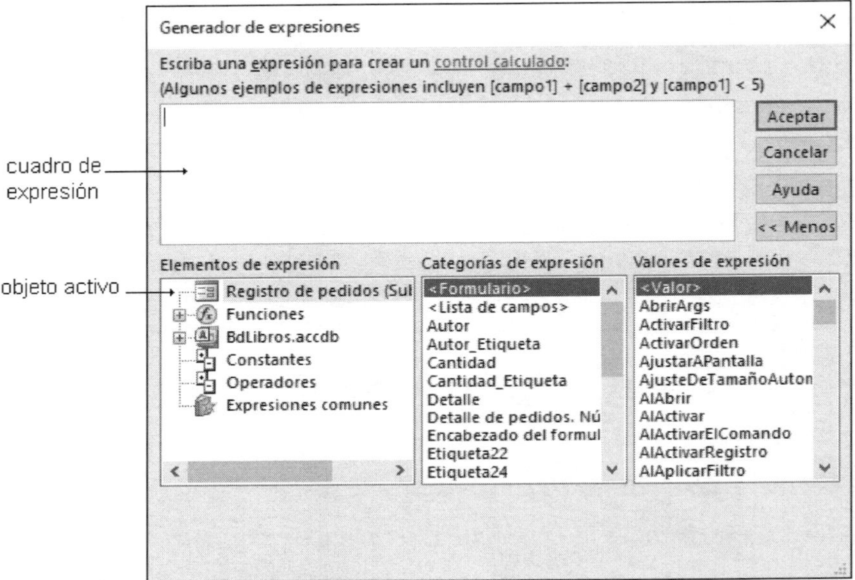

- Para mostrar la lista de controles que contenga el objeto activo, haga clic en el nombre del objeto que aparece en la parte superior de la sección **Elementos de expresión**.

  *Los controles del objeto se muestran en la sección **Categorías de expresión**.*

  Haga clic en **<Lista de campos>** para mostrar la lista de los campos en la sección **Valores de expresión**.

- Para mostrar la lista de tablas, consultas, formularios o informes, haga doble clic en el nombre de la base de datos que aparece en la sección **Elementos de expresión**. A continuación, haga doble clic en el nombre del tipo de objeto que se mostrará o seleccione el botón asociado; haga doble clic de nuevo o seleccione el botón para ocultar la lista de objetos.

- Para mostrar la lista de funciones, haga doble clic en la carpeta **Funciones** de la sección **Elementos de expresión** y, a continuación, seleccione la carpeta **Funciones incorporadas**.

Para insertar una función, seleccione la categoría que contenga la función en la sección **Categorías de expresión** y, a continuación, haga doble clic en la función que desee insertar en la sección **Valores de expresión**; para ver todas las funciones en la sección **Valores de expresión**, seleccione la categoría **<Todas>**.

Cuando seleccione una función, verá la sintaxis y la descripción de esta en la parte inferior de la ventana.

- Para mostrar la lista de operadores, haga clic en la carpeta **Operadores** de la sección **Elementos de expresión**.

  Para insertar un operador, seleccione la categoría que contenga el operador en la sección **Categorías de expresión** y, a continuación, haga doble clic en el operador que desee insertar en la sección **Valores de expresión**; para ver todos los operadores en la sección **Valores de expresión**, seleccione la categoría **<Todas>**.

- Para insertar un elemento en el cuadro de expresión, haga doble clic en el elemento.

- Para introducir la expresión, haga clic en el cuadro de expresión y, a continuación, empiece directamente a introducirla; no es necesario empezar la expresión por el signo igual (=).

  A medida que vaya escribiendo la expresión, Access mostrará la lista de funciones y de identificadores (controles, propiedades y objetos) que contienen los caracteres introducidos.

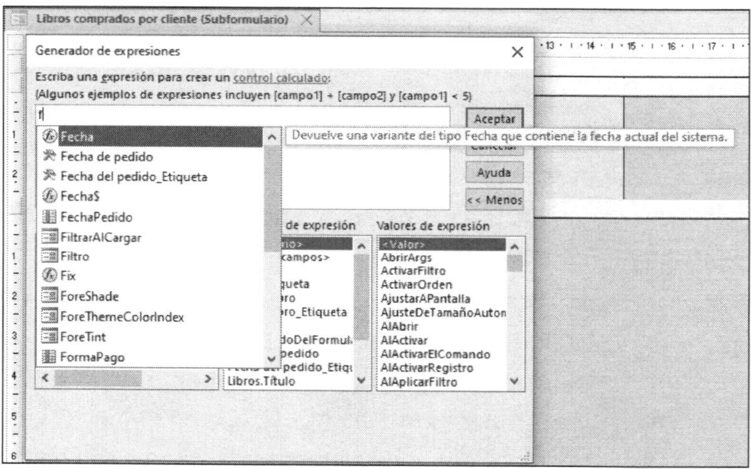

Cuando una función esté seleccionada en la lista, se mostrará una descripción en la información en pantalla.

© Editions ENI - Reproducción prohibida

Cuando la función o el identificador que desee utilizar esté seleccionado en la lista, pulse la tecla ⏎ para insertarlo; si desea insertar otro elemento distinto al que está seleccionado, haga doble clic en él.

- Cuando haya terminado la fórmula, haga clic en el botón **Aceptar**.

  *La fórmula aparecerá en la **Hoja de propiedades**.*

- Guarde las modificaciones realizadas en el formulario o en el informe y, a continuación, ciérrelo si es necesario.

Insertar un cálculo estadístico en un informe/formulario

- En el panel de navegación, haga clic con el botón derecho en el formulario o en el informe en cuestión y, a continuación, seleccione la opción **Vista Diseño** para que aparezca su estructura.
- En la pestaña **Diseño de formulario** o **Diseño de informe**, haga clic en la herramienta **Cuadro de texto** [ab|] del grupo **Controles** y, a continuación, dibuje el cuadro del control.
- Si es necesario, muestre la **Hoja de propiedades** del control calculado pulsando la tecla F4.
- Haga clic en la pestaña **Datos** y, a continuación, seleccione la propiedad **Origen del control**.
- Escriba el signo = y, a continuación, especifique la expresión del tipo Función([campo]).

  Estas son las funciones estadísticas de las que dispone:

Suma	Calcula la suma de los valores de un campo.
Promedio	Calcula la media de los valores de un campo.
Cuenta	Calcula el número de registros.
Mín/Máx	Calcula el valor mínimo/máximo del conjunto de valores de un campo.
DesvEst	Calcula la desviación estándar de población del conjunto de valores de un campo.
DesvEstP	Calcula la desviación estándar de una muestra de la población.
Var	Calcula la varianza de población del conjunto de valores de un campo.
VarP	Calcula la varianza de una muestra de población.

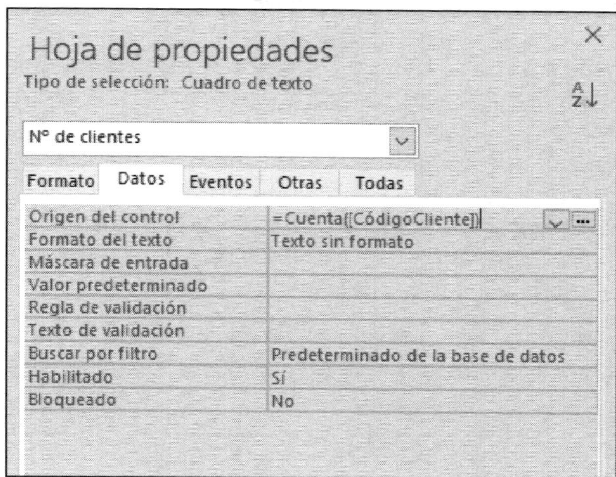

*El campo **N° de clientes** le permite contabilizar el número de códigos de cliente (y, por tanto, de clientes) existentes.*

- Guarde las modificaciones realizadas en el formulario o en el informe y, a continuación, ciérrelo si es necesario.

© Editions ENI - Reproducción prohibida

Aplicar o eliminar una disposición tabular o apilada

*Cuando crea un formulario/informe instantáneo o un formulario/informe en blanco, de forma predeterminada Access aplica automáticamente una disposición **apilada** a los controles del formulario y una disposición **tabular** a los controles del informe. Estas disposiciones permiten agrupar los controles, facilitando así ciertas operaciones que deban efectuarse en todos los controles de una disposición (como, por ejemplo, la selección, el desplazamiento o, incluso, el cambio de tamaño). Sin embargo, si esta disposición no es adecuada, se puede eliminar o, a la inversa, puede aplicarse a los controles a los que no haya sido aplicada.*

- En el panel de navegación, haga clic con el botón derecho en el formulario o en el informe en cuestión y, a continuación, seleccione la opción **Vista Diseño** para que aparezca su estructura.
- Haga clic en la pestaña **Organizar**.
- Para aplicar una disposición tabular o apilada a los controles de un formulario o de un informe, seleccione los controles correspondientes (véase el siguiente apartado) y, a continuación, según la disposición que desee, haga clic en uno de los siguientes botones del grupo **Tabla**:

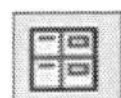 **Apilado** Los controles están dispuestos verticalmente unos debajo de otros. A la izquierda de cada control, aparece una etiqueta.

 **Tabular** Los controles se disponen en columnas (campos) y en filas (registros) como en una hoja de datos. Las etiquetas de los campos aparecen en la parte superior.

Una disposición tabular puede pasar a ser una disposición apilada y a la inversa.

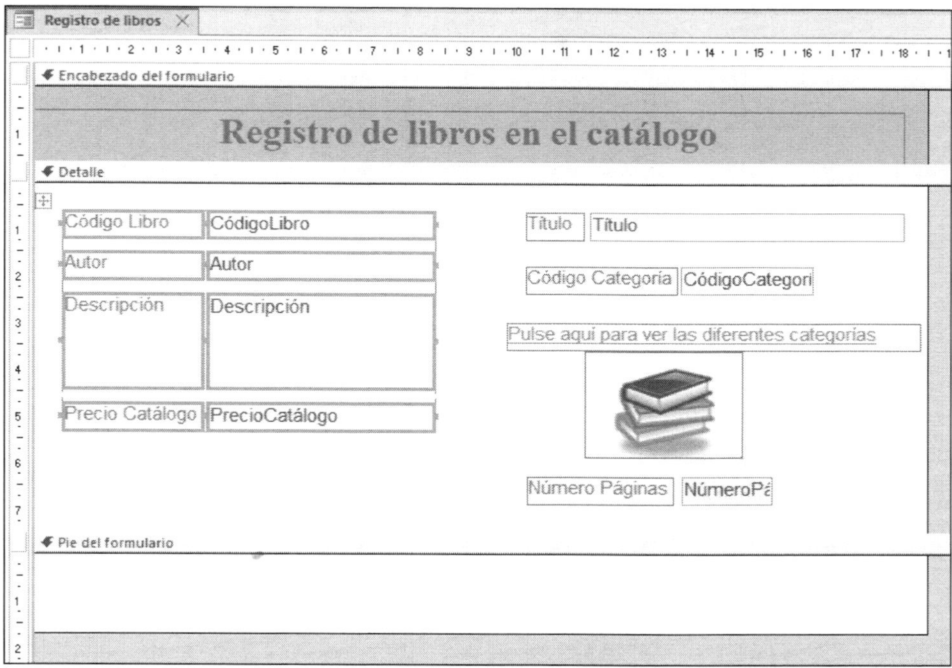

En el ejemplo anterior, se ha aplicado una disposición apilada a los controles seleccionados.

Para dividir una disposición de controles en dos disposiciones, seleccione los controles que deban formar parte de la nueva disposición (véase el siguiente apartado) y, a continuación, haga clic en el botón **Tabular** o **Apilado** del grupo **Tabla**.

Access creará una nueva disposición de controles a la que se añadirán los controles seleccionados.

Es posible que, tras la división, la disposición original contenga filas vacías. En ese caso, bastará con seleccionar las filas vacías y pulsar la tecla Supr *para eliminarlas.*

© Editions ENI - Reproducción prohibida

- Para eliminar los controles de una disposición tabular o apilada, seleccione los controles correspondientes y, a continuación, haga clic en la herramienta **Quitar diseño** del grupo **Tabla**; para eliminar todos los controles de una disposición, selecciónelos todos antes de hacer clic en la herramienta **Quitar diseño** 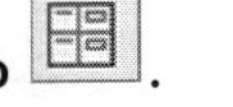.

Una vez que se hayan eliminado de la disposición tabular o apilada, los controles podrán manipularse individualmente (podrá desplazarlos, cambiar su tamaño, etc.).

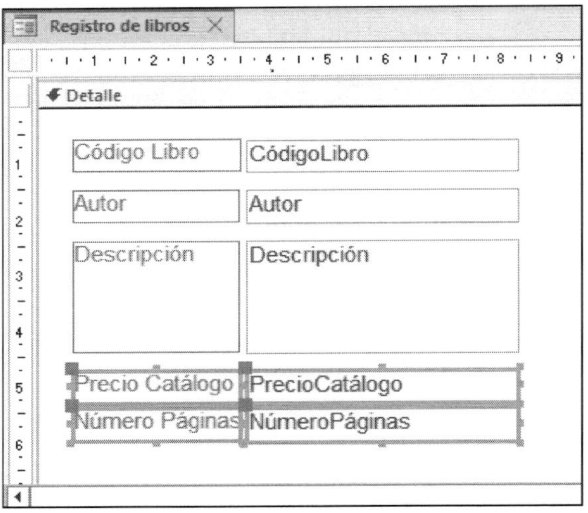

Los controles seleccionados han sido eliminados de la disposición apilada: los controladores de desplazamiento y de cambio de tamaño están disponibles, desde este momento, en dichos controles.

Para agregar una fila a una disposición, seleccione el control encima o debajo del que desee insertar la nueva fila y, a continuación, haga clic en el botón **Insertar arriba** o **Insertar debajo**.

Para agregar una columna a una disposición, seleccione el control a la izquierda o a la derecha del que desee insertar la nueva columna y, a continuación, haga clic en el botón **Insertar a la izquierda** o **Insertar a la derecha**.

Puede ser interesante agregar filas o columnas para, por ejemplo, integrar texto en la disposición o crear espacios vacíos entre dos controles.

- Para dividir un control vertical u horizontalmente, selecciónelo y, a continuación, según su preferencia, haga clic en el botón **Dividir verticalmente** o **Dividir horizontalmente** del grupo **Combinar/Dividir**.

  En la división vertical de un control, se crea una fila debajo del control, mientras que, en la división horizontal, se crea una columna a la derecha del control.

*En nuestro ejemplo, el control **Título** se ha dividido horizontalmente, mientras que el control **Descripción** se ha dividido verticalmente.*

- Para fusionar controles, selecciónelos (véase Seleccionar los controles) y, a continuación, haga clic en el botón **Combinar** del grupo **Combinar/Dividir**.

  Solo se pueden combinar filas o columnas vacías, o bien un control con filas o columnas vacías.

La acción de agregar una disposición **Tabular** o **Apilada** también puede hacerse en la vista Presentación.

Para agregar controles a una disposición de controles ya existente, selecciónelos y, a continuación, arrastre la selección hacia la disposición correspondiente: cuando la barra horizontal o vertical alcance el lugar deseado en la disposición, podrá soltar el botón del ratón. Para obtener más información sobre el desplazamiento de los controles, consulte el apartado Copiar/mover controles de este mismo capítulo.

© Editions ENI - Reproducción prohibida

Seleccionar los controles

- En el panel de navegación, haga clic con el botón derecho en el formulario o en el informe en cuestión y, a continuación, seleccione la opción **Vista Diseño** para que aparezca su estructura.
- En la pestaña **Diseño de formulario**, asegúrese de que la herramienta **Seleccionar** del grupo **Controles** esté activa.
- Para seleccionar un cuadro de texto y su etiqueta asociada, haga clic en el cuadro de texto.

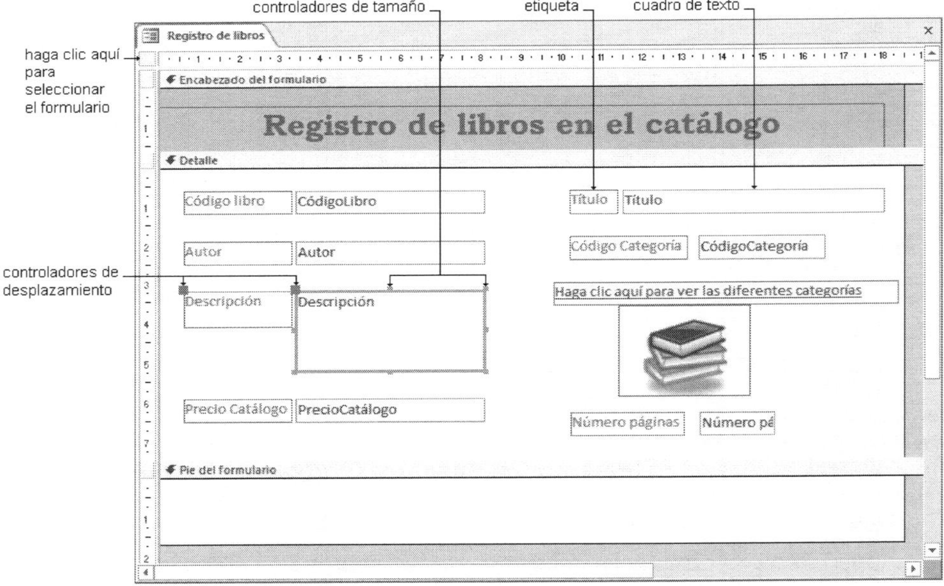

Los controladores aparecen alrededor de los elementos seleccionados. Estos controladores no se muestran si el o los controles seleccionados forman parte de una disposición tabular o apilada.

*Si se muestra el panel **Hoja de propiedades**, el nombre del control seleccionado aparecerá en la lista situada en la parte superior del panel; también puede seleccionar un cuadro de texto a partir de las distintas opciones de esta lista.*

- Para seleccionar una etiqueta sin el cuadro de texto asociado, haga clic en ella.

En ese caso, los controladores de tamaño rodearán la etiqueta (el cuadrado situado en la esquina superior izquierda del control se denomina controlador de desplazamiento).

- Para seleccionar varios controles adyacentes, rodee estos controles con un rectángulo ficticio arrastrando el ratón.
- Para seleccionar controles no adyacentes, haga clic en el primer control y mantenga pulsada la tecla Mayús durante la selección de los siguientes controles.
- Para seleccionar todos los controles situados en un eje vertical u horizontal, haga clic en la regla a nivel del eje y, a continuación, arrastre el ratón sobre la regla para ampliar el área de selección.

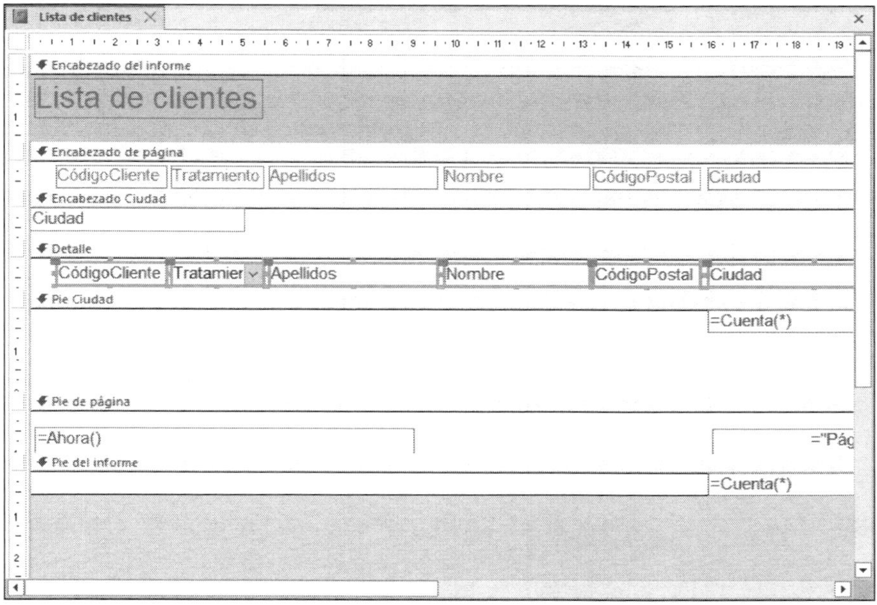

- En el caso de una disposición tabular o apilada, para seleccionar una fila o una columna, seleccione una celda de la fila o de la columna correspondientes y, a continuación, según el caso, haga clic en el botón **Seleccionar fila** o **Seleccionar columna** de la pestaña **Organizar** (grupo **Filas y columnas**).

© Editions ENI - Reproducción prohibida

- Para seleccionar todos los controles de una disposición tabular o apilada, haga clic en un control que forme parte de la disposición correspondiente y, a continuación, seleccione el botón ⊞ que aparece en la parte superior izquierda de la disposición o el botón **Seleccionar diseño** del grupo **Filas y columnas**.
- Para seleccionar todos los controles del formulario o del informe, en la pestaña **Formato**, haga clic en el botón **Seleccionar todo** del grupo **Selección** o pulse las teclas Ctrl **E**.
- Para anular la selección actual, haga clic en cualquier parte del formulario o del informe.

De la misma forma que en la vista Diseño, puede seleccionar controles cuando su formulario o informe aparezca en la vista Presentación.

Para seleccionar varios objetos, indique si es necesario encuadrar parcialmente los objetos (opción predeterminada) o si hace falta encuadrarlos totalmente activando una de las opciones asociadas a la opción **Comportamiento de la selección** de la categoría **Diseñadores de objetos** del cuadro de diálogo **Opciones de Access** (pestaña **Archivo - Opciones**).

Copiar/mover controles

Mover controles dentro de una sección

- En el panel de navegación, haga clic con el botón derecho en el formulario o en el informe en cuestión y, a continuación, seleccione la opción **Vista Diseño** para que aparezca su estructura.
- Seleccione el o los controles correspondientes.
- Para mover el cuadro de texto y su etiqueta asociada, señale uno de los bordes del cuadro de texto: el puntero tomará la forma de una cruz de cuatro puntas: ✥.

Para mover el cuadro de texto o su etiqueta, señale el controlador de desplazamiento del control:

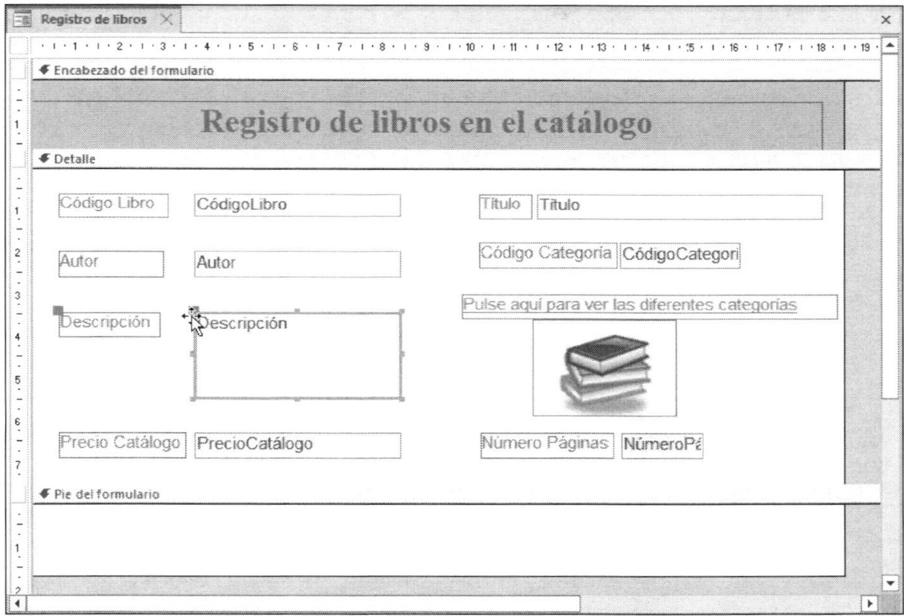

En los dos casos, el puntero del ratón tomará la forma de una cruz de cuatro puntas: ✥.

- Haga clic y arrastre el control hacia su nueva posición; mantenga pulsada la tecla Ctrl si no desea que el control se vea atraído hacia los puntos de la cuadrícula magnética.

  Si se trata de un control que forma parte de una disposición tabular o apilada, no podrá moverlo libremente en la sección. De hecho, únicamente podrá cambiar su posición horizontal (en el caso de una disposición tabular) o su posición vertical (en el caso de una disposición apilada) arrastrándolo hacia la disposición correspondiente.

- Guarde las modificaciones realizadas en el formulario o en el informe y, a continuación, ciérrelo.

© Editions ENI - Reproducción prohibida

Si el control forma parte de una disposición tabular o apilada, podrá desplazarlo utilizando los botones **Subir** y **Bajar** de la pestaña **Organizar**. Sin embargo, debe tener en cuenta que, si el control seleccionado es un cuadro de texto, este método no permitirá desplazar su etiqueta de forma simultánea. Para ello, deberá seleccionarla junto con el cuadro de texto.

Los controles también pueden desplazarse en la vista Presentación. En ese caso, los controladores de desplazamiento y de tamaño no aparecerán cuando un control esté seleccionado y, a diferencia de la vista Diseño, no podrá mover un cuadro de texto y su etiqueta al mismo tiempo. Será necesario hacerlo en dos pasos.

Si la opción **Ajustar a la cuadrícula** del botón **Tamaño y espacio** de la pestaña **Organizar** está activa, cuando mueva los controles, estos se verán atraídos hacia los puntos de la cuadrícula magnética de la ventana, lo que facilita su alineación.

Copiar/mover controles de una sección a otra

- En el panel de navegación, haga clic con el botón derecho en el formulario o en el informe que contenga los controles que desee copiar/mover y, a continuación, seleccione la opción **Vista Diseño** para que aparezca su estructura.
- Seleccione el o los controles que desee copiar/mover y, a continuación, haga clic en la pestaña **Inicio**.
- Para copiar los controles, haga clic en la herramienta **Copiar** del grupo **Portapapeles** o utilice el método abreviado de teclado Ctrl **C**.

  Para mover los controles, haga clic en la herramienta **Cortar** del grupo **Portapapeles** o utilice el método abreviado de teclado Ctrl **X**.

  Estos comandos permiten copiar o mover los datos seleccionados en el Portapapeles de Windows.
- Haga clic en la barra de título de la sección en la que desee copiar o mover los controles.
- Haga clic en la herramienta **Pegar** del grupo **Portapapeles** o utilice el método abreviado de teclado Ctrl **V**.
- Guarde las modificaciones realizadas en el formulario o en el informe y, a continuación, ciérrelo si es necesario.

Al hacer clic y arrastrar de una sección a otra, puede mover un cuadro de texto **y** su etiqueta asociada. Sin embargo, este método no puede utilizarse para mover únicamente un cuadro de texto o una etiqueta.

Gestión de los controles

Eliminar controles

- En el panel de navegación, haga clic con el botón derecho en el formulario o en el informe que contenga los controles que desee eliminar y, a continuación, seleccione la opción **Vista Diseño** para que aparezca su estructura.
- Seleccione los controles correspondientes: para eliminar un cuadro de texto y su etiqueta asociada, haga clic en el cuadro de texto; para eliminar una etiqueta sin el cuadro de texto al que esté asociada, haga clic en ella.

  En el caso de una disposición tabular, no es posible eliminar un cuadro de texto con su etiqueta y viceversa.

  Cuando se trata de controles que forman parte de una disposición tabular o apilada, una fila o una celda vacías reemplazan el control eliminado.
- En la pestaña **Inicio**, haga clic en el botón **Eliminar** del grupo **Registros** o pulse la tecla Supr.
- Guarde las modificaciones realizadas en el formulario o en el informe y, a continuación, ciérrelo si es necesario.

Si elimina un cuadro de texto, la etiqueta asociada se eliminará automáticamente.

En el caso de una disposición tabular o apilada, para eliminar una fila o una columna de controles, haga clic con el botón derecho en un control de la fila o de la columna y, a continuación, seleccione la opción **Eliminar fila** o **Eliminar columna**.

Cambiar el tamaño de un control

- En el panel de navegación, haga clic con el botón derecho en el formulario o en el informe que contenga los controles de los que desee cambiar el tamaño y, a continuación, seleccione la opción **Vista Diseño** para que aparezca su estructura.
- Seleccione el control del que desee cambiar el tamaño; si se deben cambiar las dimensiones de varios controles al mismo tiempo, selecciónelos.
- Señale uno de los controladores de tamaño situados en el centro de cada borde del control para cambiar el alto o el ancho. Para cambiar el alto y el ancho, señale un controlador situado en uno de los ángulos.

© Editions ENI - Reproducción prohibida

En el caso de controles que formen parte de una disposición tabular, los controladores de tamaño aparecerán únicamente sobre el borde superior y el borde inferior del control. Si se trata de una disposición apilada, los controladores de tamaño se mostrarán únicamente sobre el borde izquierdo y el borde derecho del control.

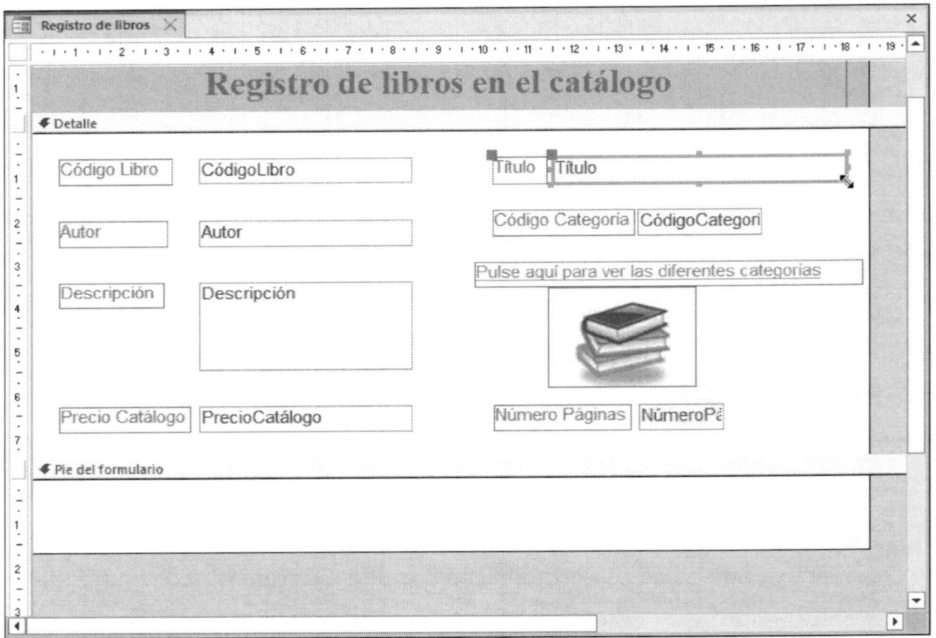

El puntero del ratón se convertirá en una flecha de dos puntas.

- Haga clic y, a continuación, arrastre el ratón para cambiar el tamaño.
- Suelte el botón del ratón cuando el tamaño sea el adecuado.

En el caso de controles que formen parte de una disposición tabular o apilada, el nuevo tamaño se aplicará a todos los controles de la disposición, aunque no hayan sido seleccionados previamente.

Cuando cambia el tamaño de un cuadro de texto, el ancho, expresado en número de caracteres, aparece en la barra de estado mientras se arrastra el ratón: este valor está vinculado a la fuente aplicada al cuadro de texto. El ancho del cuadro de texto puede ser superior al tamaño del campo. Asegúrese de que no sea inferior, ya que, en ese caso, una parte del valor del campo no aparecerá en el formulario o en el informe.

Guarde las modificaciones realizadas en el formulario o en el informe y, a continuación, ciérrelo si es necesario.

En el caso de una etiqueta, es posible ajustar el tamaño de la etiqueta al ancho del texto que contiene utilizando la opción **Ajustar** del botón **Tamaño y espacio** de la pestaña **Organizar** (grupo **Tamaño y orden**).

En la pestaña **Organizar**, la opción **A la cuadrícula** del botón **Tamaño y espacio** del grupo **Tamaño y orden** permite mover y cambiar el tamaño del control seleccionado para que se alinee con los puntos más próximos de la cuadrícula magnética.

El tamaño de los controles también puede cambiarse en la vista Presentación. En ese caso, cuando un control esté seleccionado, no aparecerán los controladores de desplazamiento y de tamaño. Bastará con señalar el borde o el ángulo deseados y, a continuación, arrastrar el ratón para definir el nuevo tamaño.

Para definir con exactitud el ancho de un control, muestre su Hoja de propiedades (F4), haga clic en la pestaña **Formato** y, a continuación, modifique los valores de las propiedades **Ancho** y **Alto**.

Adaptar el alto de un control a la impresión

Esta propiedad es muy interesante para imprimir el contenido de un campo de tipo Texto largo, ya que permite ajustar automáticamente el alto del cuadro representándolo en función del número de filas que contiene.

En el panel de navegación, haga clic con el botón derecho en el formulario o en el informe que contenga el o los controles correspondientes y, a continuación, seleccione la opción **Vista Diseño** para que aparezca su estructura.

Seleccione el control correspondiente y, a continuación, pulse la tecla F4 para que aparezca su Hoja de propiedades.

Haga clic en la pestaña **Formato** y, a continuación, seleccione la opción **Sí** de las propiedades **Autoextensible** y **Autocomprimible**.

Esta propiedad solo está disponible al imprimir.

© Editions ENI - Reproducción prohibida

- Antes de la impresión, muestre la vista previa del formulario o del informe para ver el resultado.
- Guarde las modificaciones realizadas en el formulario o en el informe y, a continuación, ciérrelo si es necesario.

Modificar la delimitación de un control

De forma predeterminada, el tamaño y la posición de los controles contenidos en un formulario permanecen fijos independientemente del tamaño de la ventana del formulario. De todas formas, en el caso de un formulario independiente (un formulario que se abre en una nueva ventana), si desea que un control cambie de posición o de tamaño en función del tamaño de la ventana del formulario cuando se muestra en la vista Formulario, debe modificar su delimitación.

- En el panel de navegación, haga clic con el botón derecho en el formulario correspondiente y, a continuación, seleccione la opción **Vista Presentación**.

  También puede modificar la delimitación de un control en la vista Diseño del formulario. En ese caso, para ver el efecto de la delimitación sobre el control, el formulario deberá mostrarse en la vista Formulario o en la vista Presentación.

- Seleccione el o los controles en los que desee modificar la delimitación; si varios controles están afectados por la misma delimitación, selecciónelos utilizando la tecla [Mayús].

  En el caso de controles que formen parte de una disposición tabular o apilada, la nueva delimitación se aplicará a todos los controles de la disposición, aunque no hayan sido seleccionados previamente.

- En la pestaña **Organizar**, haga clic en el botón **Delimitación** del grupo **Posición** y, a continuación, seleccione la opción correspondiente a la delimitación deseada:

Arriba a la izquierda	La posición y el tamaño del control permanecen fijos, independientemente del tamaño de la ventana del formulario; es la opción seleccionada de forma predeterminada.
Extender por parte inferior	El control cambia de tamaño por la parte inferior cuando aumenta el alto de la ventana del formulario; el aumento del ancho de la ventana no tiene ningún efecto en la posición ni en el tamaño del control.

Abajo a la izquierda	El control se desplaza hacia abajo cuando aumenta el alto de la ventana del formulario en la vista Formulario; el aumento del ancho de la ventana no tiene ningún efecto en la posición ni en el tamaño del control.
Extender por parte superior	El control cambia de tamaño hacia la derecha cuando aumenta el ancho de la ventana del formulario; el aumento del alto de la ventana no tiene ningún efecto en la posición ni en el tamaño del control.
Expandir hacia arriba y a lo ancho	El control cambia de tamaño hacia la derecha o hacia abajo cuando aumenta el ancho o el alto de la ventana del formulario.
Expandir a lo ancho en la parte inferior	El control cambia de tamaño hacia la derecha o se desplaza hacia abajo cuando aumenta el ancho o el alto de la ventana del formulario.
Arriba a la derecha	El control se desplaza hacia la derecha cuando aumenta el ancho de la ventana del formulario; el aumento del alto de la ventana no tiene ningún efecto en la posición ni en el tamaño del control.
Expandir hacia arriba y hacia la derecha	El control se desplaza hacia la derecha o cambia de tamaño por la parte inferior cuando aumenta el ancho o el alto de la ventana del formulario.
Abajo a la derecha	El control se desplaza hacia la parte inferior o hacia la derecha cuando aumenta el alto o el ancho de la ventana del formulario.

© Editions ENI - Reproducción prohibida

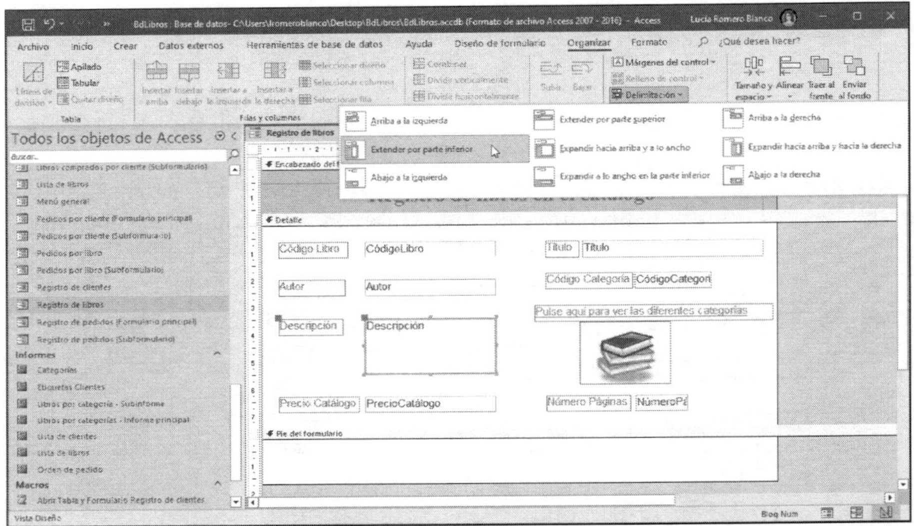

En este caso, para el control ***Descripción*** *se ha elegido la opción* ***Extender por parte inferior****; de esta forma, el control cambia de tamaño por la parte inferior al aumentar el alto de la ventana del formulario.*

- Guarde las modificaciones realizadas en el formulario.
- En la vista Presentación o en la vista Formulario, modifique el tamaño de la ventana del formulario independiente para ver el efecto de la delimitación sobre los controles.

  La vista Diseño permite mostrar la posición real de los controles en el formulario.

- Si es necesario, cierre el formulario.

Si ya no desea que la posición o el tamaño de un control se modifiquen en función del tamaño de la ventana del formulario (vista Formulario o Presentación), debe seleccionar la delimitación **Arriba a la izquierda** para ese control.

Cambiar el tamaño de los controles en función de los otros

- En el panel de navegación, haga clic con el botón derecho en el formulario o en el informe que contenga el o los controles correspondientes y, a continuación, seleccione la opción **Vista Diseño** para que aparezca su estructura.
- Seleccione los controles correspondientes.

- En la pestaña **Organizar**, haga clic en una de las opciones del botón **Tamaño y espacio** del grupo **Tamaño y orden**:

	Ajustar al más alto	Atribuye a los controles el alto del control más alto.
	Ajustar al más corto	Atribuye a los controles el alto del control más bajo.
	Ajustar al más ancho	Atribuye el ancho del control más ancho.
	Ajustar al más estrecho	Atribuye el ancho del control más estrecho.

- Guarde las modificaciones realizadas en el formulario o en el informe y, a continuación, ciérrelo si es necesario.

Alinear los controles en función de los otros

- En el panel de navegación, haga clic con el botón derecho en el formulario o en el informe que contenga el o los controles correspondientes y, a continuación, seleccione la opción **Vista Diseño** para que aparezca su estructura.
- Seleccione los controles correspondientes.
- En la pestaña **Organizar**, haga clic en una de las opciones del botón **Alinear** del grupo **Tamaño y orden**:

	Izquierda	Alinea el borde izquierdo de los controles al nivel del borde izquierdo del control situado más a la izquierda.
	Derecha	Alinea el borde derecho de los controles al nivel del borde derecho del control situado más a la derecha.
	Arriba	Alinea el borde superior de los controles al nivel del borde superior del control situado más arriba.
	Abajo	Alinea el borde inferior de los controles al nivel del borde inferior del control situado más abajo.
	A la cuadrícula	Alinea la esquina superior izquierda de los controles con el punto más próximo de la cuadrícula.

© Editions ENI - Reproducción prohibida

- Guarde las modificaciones realizadas en el formulario o en el informe y, a continuación, ciérrelo si es necesario.

Uniformar el espacio entre cada control

En este caso, se trata de uniformar el espacio existente entre cada control seleccionado.

- En el panel de navegación, haga clic con el botón derecho en el formulario o en el informe en cuestión y, a continuación, seleccione la opción **Vista Diseño** para que aparezca su estructura.
- Seleccione los controles correspondientes.

El espacio entre los controles de una disposición tabular o apilada no se podrá uniformar.

- En la pestaña **Organizar**, haga clic en una de las opciones del botón **Tamaño y Espaciado** del grupo **Tamaño y orden**:

/	**Igualar horizontal/ Igualar vertical**	Para igualar la separación horizontal/vertical entre cada control.
/	**Aumentar horizontal/ Aumentar vertical**	Para igualar la separación horizontal/vertical entre los controles y aumentar el valor de un punto de la cuadrícula.
/	**Disminuir horizontal/ Disminuir vertical**	Para igualar la separación horizontal/vertical entre los controles y disminuir el valor de un punto de la cuadrícula.

- Guarde las modificaciones realizadas en el formulario o en el informe y, a continuación, ciérrelo si es necesario.

Para modificar la separación entre varios controles de una disposición tabular o apilada, en la vista Diseño o Presentación, seleccione los controles correspondientes y, a continuación, haga clic en la pestaña **Organizar**. Haga clic a continuación en el botón **Relleno de control** del grupo **Posición** y, después, seleccione la opción correspondiente a la separación deseada: **Ninguno**, **Estrecha**, **Medio** o **Ancha**.

Mostrar un control al frente/al fondo

- En el panel de navegación, haga clic con el botón derecho en el formulario o en el informe que contenga el o los controles correspondientes y, a continuación, seleccione la opción **Vista Diseño** para que aparezca su estructura.
- Seleccione el control correspondiente y, a continuación, haga clic en la pestaña **Organizar**.
- Para mostrar el control en primer plano, haga clic en el botón **Traer al frente** del grupo **Tamaño y orden**.
- Para mostrar el control al fondo, haga clic en el botón **Enviar al fondo** del grupo **Tamaño y orden**.
- Guarde las modificaciones realizadas en el formulario o en el informe y, a continuación, ciérrelo si es necesario.

Si el control se encuentra al fondo, solo podrá seleccionarlo si se puede acceder a una parte de él; de lo contrario, deberá seleccionar los controles superpuestos y enviarlos al fondo.

Agrupar/desagrupar controles

- En el panel de navegación, haga clic con el botón derecho en el formulario o en el informe que contenga el o los controles correspondientes y, a continuación, seleccione la opción **Vista Diseño** para que aparezca su estructura.
- Seleccione los controles que desee agrupar o desagrupar.

  No podrá agrupar controles si forman parte de una disposición tabular o apilada.
- En la pestaña **Organizar**, haga clic en el botón **Tamaño y espacio** del grupo **Tamaño y orden** y, a continuación, seleccione, según el caso, la opción **Agrupar** o **Desagrupar**.

© Editions ENI - Reproducción prohibida

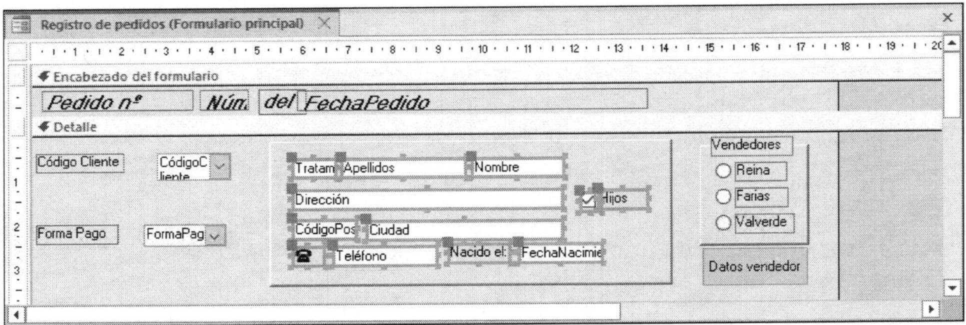

Los controles situados en el interior del rectángulo se han agrupado.

- Para realizar operaciones en el grupo (mover, cambiar el tamaño, cambiar la presentación, etc.), haga clic en uno de los controles del grupo: a partir de ahora, todos los controles del grupo estarán seleccionados.
- Para realizar operaciones en un control del grupo, haga doble clic en el control correspondiente; cuando se haya seleccionado un control en un grupo, un simple clic permitirá seleccionar otro control del mismo grupo.
- Guarde las modificaciones realizadas en el formulario o en el informe y, a continuación, ciérrelo si es necesario.

Cambiar la presentación del texto de un control

Modificar la alineación

- En el panel de navegación, haga clic con el botón derecho en el formulario o en el informe en cuestión y, a continuación, seleccione la opción **Vista Diseño** para que aparezca su estructura.
- Haga clic en la pestaña **Formato** o en la pestaña **Inicio**.
- Seleccione los controles para los que desee modificar la alineación del texto.

- Haga clic en una de las siguientes herramientas del grupo **Fuente** o **Formato de texto**:

  Para alinear el texto a la izquierda.

  Para centrar el texto en la etiqueta.

  Para alinear el texto a la derecha.

- Para anular la alineación de un texto, haga clic de nuevo en la herramienta correspondiente.
- Guarde las modificaciones realizadas en el formulario o en el informe y, a continuación, ciérrelo si es necesario.

Al igual que en la vista Diseño, puede modificar la alineación del texto de un control cuando su formulario o informe se muestre en la vista Presentación.

Cambiar la fuente y el estilo del texto

- En el panel de navegación, haga clic con el botón derecho en el formulario o en el informe en cuestión y, a continuación, seleccione la opción **Vista Diseño** para que aparezca su estructura.
- Seleccione el o los controles para los que desee modificar la fuente o el estilo de texto.
- Haga clic en la pestaña **Formato** o en la pestaña **Inicio**.
- Para modificar la fuente, abra la lista Calibri y, a continuación, seleccione una de las fuentes propuestas.
- Para modificar el tamaño de los caracteres, abra la lista 8 y, a continuación, haga clic en uno de los tamaños propuestos; si el tamaño que desea aplicar no está disponible en la lista, puede introducir su valor y, a continuación, confirmar dicha elección con la tecla ↵.

© Editions ENI - Reproducción prohibida

- Para modificar el estilo del texto, haga clic en las herramientas correspondientes del grupo **Fuente** o **Formato de texto**:

  N Para aplicar/anular el estilo **negrita**.

  K Para aplicar/anular el estilo *cursiva*.

  S Para aplicar/anular el estilo subrayado.

- Para modificar el color del texto, abra la lista asociada a la herramienta A y, a continuación, haga clic en el color que desee aplicar al texto.

- Guarde las modificaciones realizadas en el formulario o en el informe y, a continuación, ciérrelo si es necesario.

El conjunto de estas propiedades aparece detallado en la ventana de la **Hoja de propiedades** del control:

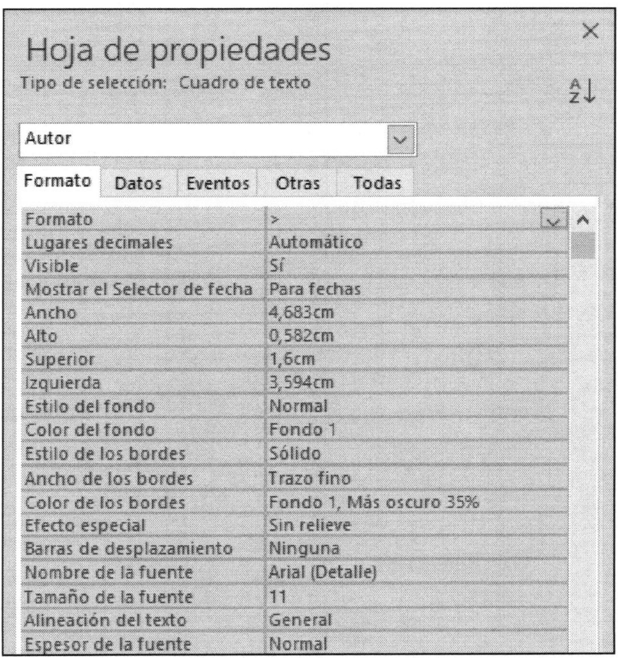

Algunas propiedades ofrecen más opciones que los botones del grupo **Fuente**:

- Podrá justificar el texto en la propiedad **Alineación del texto**.
- La propiedad **Espesor de la fuente** contiene varias opciones que permiten seleccionar el espesor de los caracteres.

Modificar los márgenes de un control

- En el panel de navegación, haga clic con el botón derecho en el formulario o en el informe en cuestión y, a continuación, seleccione la opción **Vista Diseño** para que aparezca su estructura.
- Seleccione los controles en los que desee modificar los márgenes.
- En la pestaña **Organizar**, haga clic en el botón **Márgenes del control** del grupo **Posición**.
- Haga clic en una de las opciones propuestas en la lista que aparece: **Ninguno**, **Estrecha**, **Medio** o **Ancha**.
- Guarde las modificaciones realizadas en el formulario o en el informe y, a continuación, ciérrelo si es necesario.

Los valores de los márgenes se detallan en las propiedades **Margen superior**, **Margen inferior**, **Margen izquierdo** y **Margen derecho** de la Hoja de propiedades del control correspondiente (pestaña **Formato**); a diferencia del método que aparece a continuación, estas propiedades le permitirán definir con exactitud los márgenes de un control. Al igual que en la vista Diseño, puede modificar los márgenes de un control cuando su formulario o informe se muestre en la vista Presentación.

Cambiar la presentación de los controles

- En el panel de navegación, haga clic con el botón derecho en el formulario o en el informe en cuestión y, a continuación, seleccione la opción **Vista Diseño** para que aparezca su estructura.
- Seleccione los controles en los que desee cambiar la presentación y, a continuación, haga clic en la pestaña **Formato**.
- Para modificar el grosor del borde, en el grupo **Formato de controles**, haga clic en el botón **Contorno de forma**, señale la opción **Grosor de línea** y, a continuación, seleccione el grosor que desee aplicar.

© Editions ENI - Reproducción prohibida

- Para modificar el estilo del borde, en el grupo **Formato de controles**, haga clic en el botón **Contorno de forma**, señale la opción **Tipo de línea** y, a continuación, seleccione el estilo de borde que desee aplicar.
- Para modificar el color del borde, en el grupo **Formato de controles**, haga clic en el botón **Contorno de forma** y, a continuación, seleccione el color que desee aplicar.
- Para modificar el color de fondo del control, haga clic en el botón **Relleno de forma** y, a continuación, seleccione el color que desee aplicar; este botón también permite modificar el color de fondo de una sección si está seleccionada (para ello, haga clic en su título).
- Guarde las modificaciones realizadas en el formulario o en el informe y, a continuación, ciérrelo si es necesario.

El conjunto de estas propiedades se detalla en la ventana de la **Hoja de propiedades** del control o de los controles correspondientes (pestaña **Formato**).

Para modificar el formato de un control de tipo **Botón de alternancia**, haga clic en **Efectos de forma** y, a continuación, escoja un tipo de **Sombra**, un color de **Iluminado**, un grosor de **Bordes suaves**, o la forma **Bisel**. Asimismo, podrá modificar el estilo del cuadro de un control (sombra, relieve, etc.) a través de la propiedad **Efecto especial** de la **Hoja de propiedades** del control (pestaña **Formato**).

Al igual que en la vista Diseño, podrá cambiar la presentación de los controles de una disposición cuando su formulario o informe se muestre en la vista Presentación.

Copiar la presentación de un control en otro

- En el panel de navegación, haga clic con el botón derecho en el formulario o en el informe en cuestión y, a continuación, seleccione la opción **Vista Diseño** o **Vista Presentación**.
- Seleccione el control que posea la presentación que desee copiar.
- En la pestaña **Formato**, haga clic en la herramienta **Copiar formato** 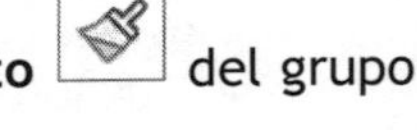 del grupo **Fuente**.

  El puntero del ratón tomará la forma de un pincel: .
- Haga clic en el control al que desee aplicar el formato.

  El control mostrará automáticamente la misma presentación.

- Guarde las modificaciones realizadas en el formulario o en el informe y, a continuación, ciérrelo si es necesario.

Al igual que en la vista Diseño, puede copiar la presentación de un control en otro cuando su formulario o informe se muestre en la vista Presentación.

Al hacer doble clic en el botón [pincel], podrá seleccionar varios controles a los que aplicar el formato. Bastará con pulsar la tecla Esc para abandonar el proceso.

Modificar el formato de los valores de un control

- En el panel de navegación, haga clic con el botón derecho en el formulario o en el informe en cuestión y, a continuación, seleccione la opción **Vista Diseño** para que aparezca su estructura.
- Seleccione el control de cuyos valores desee cambiar el formato y, a continuación, haga clic en la pestaña **Formato**.
- Abra la lista **Formato** situada en el grupo **Número**.

  La lista de formatos depende, por supuesto, del tipo de datos permitido en el campo.
- Haga clic en el formato que desee aplicar al control.

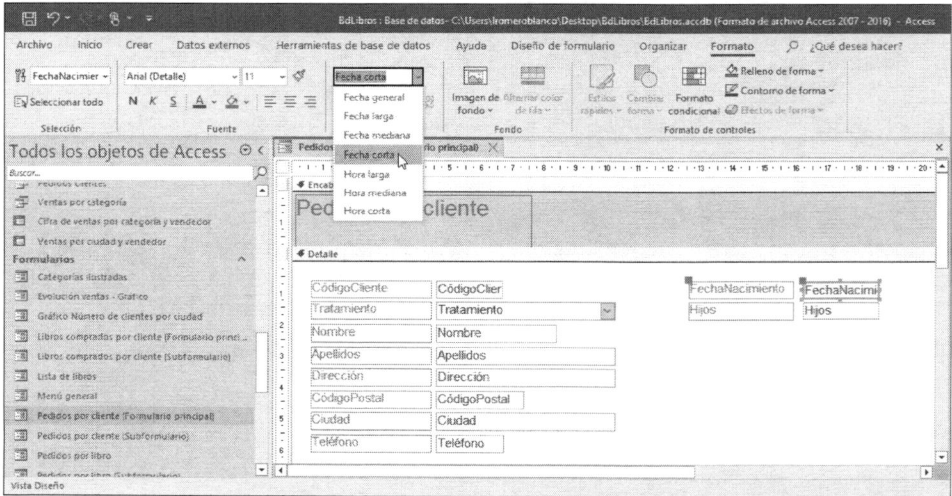

© Editions ENI - Reproducción prohibida

- Si es necesario, modifique el número de decimales utilizando las herramientas **Aumentar decimales** y **Disminuir decimales** del grupo **Número**.
- Guarde las modificaciones realizadas en el formulario o en el informe y, a continuación, ciérrelo si es necesario.

También puede modificar el formato de los valores de un control utilizando las propiedades **Formato** y **Lugares decimales** de la **Hoja de propiedades** del control correspondiente (pestaña **Formato**).

Cambiar la presentación de las páginas de un control de pestaña

- En el panel de navegación, haga clic con el botón derecho en el formulario correspondiente y, a continuación, seleccione la opción **Vista Diseño** para que aparezca su estructura.
- Para cambiar la presentación de una página de un control de pestaña, haga clic en la pestaña correspondiente y, a continuación, pulse la tecla F4 para mostrar su Hoja de propiedades. Haga clic en la pestaña **Formato** y, a continuación, defina la presentación de la página a través de las siguientes propiedades:

Título	Texto mostrado en la pestaña.
Índice de páginas	Número que define la posición de la página (la numeración empieza en cero).
Visible	Seleccione **No** si la página debe ocultarse en la vista Formulario.
Tipo de imagen	Indique si la imagen debe incorporarse en el objeto (**Insertado**) o si es necesario establecer un vínculo con el documento correspondiente (**Vinculadas**).
Imagen	Imagen de mapa de bits mostrada en la pestaña.

- Para cambiar la presentación de un control de pestaña, haga clic en el espacio en blanco situado a la derecha de las pestañas y, a continuación, pulse la tecla F4 para mostrar la **Hoja de propiedades**. Haga clic en la pestaña **Formato** y, a continuación, defina la presentación del control a través de las siguientes propiedades:

Visible	Seleccione **No** si el control debe ocultarse en la vista Formulario.
Varias filas	Active esta propiedad si el control puede tener varias filas de pestañas.

Alto fijo de la pestaña/ Ancho fijo de la pestaña	Si todas las pestañas de la página deben tener el mismo tamaño, especifique su alto y su ancho.
Estilo	Defina la presentación de las pestañas de cada página.
Estilo del fondo	Seleccione **Transparente** para que se muestre el fondo de la sección del formulario.

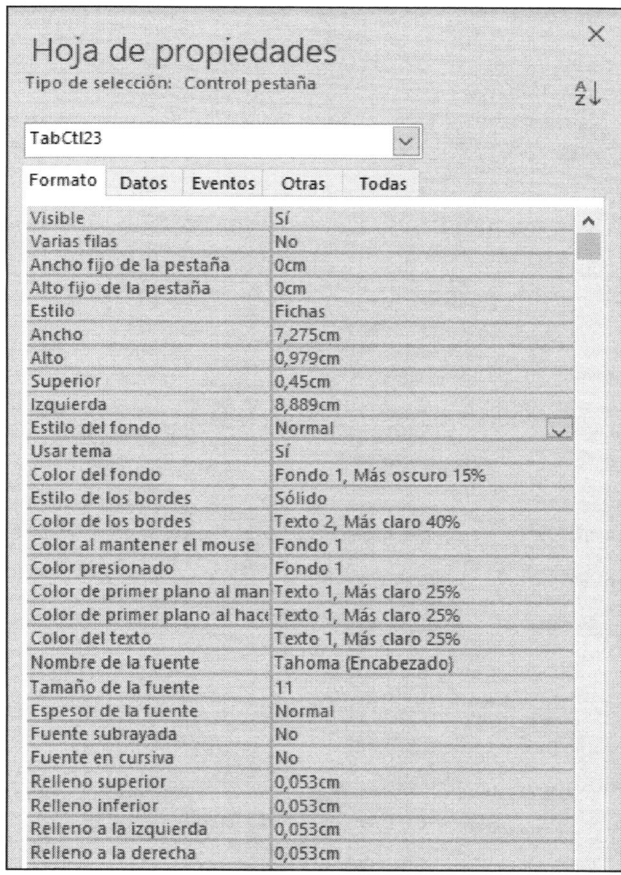

Aquí también se encuentran las propiedades que permiten definir la presentación del texto de las pestañas.

© Editions ENI - Reproducción prohibida

- Guarde las modificaciones realizadas en el formulario y, a continuación, ciérrelo si es necesario.

Crear un formato personalizado

Cuando tenga que definir el formato de presentación de un dato, puede crear un formato personalizado que contenga un determinado número de símbolos siguiendo las reglas que se indican más adelante.

Para datos numéricos

- En el panel de navegación, haga clic con el botón derecho en el formulario o en el informe en cuestión y, a continuación, seleccione la opción **Vista Diseño** para que aparezca su estructura.
- Seleccione el control en cuestión y, a continuación, muestre su **Hoja de propiedades** pulsando la tecla F4.
- Haga clic en la pestaña **Formato** y, a continuación, cree el formato personalizado en la propiedad **Formato**. Los símbolos permitidos son los siguientes:

0	Permite mostrar un dígito o un cero.
#	Permite mostrar un dígito o nada.
. o ,	Representa el separador decimal.
€	Muestra el carácter € tal cual.
%	Se muestra el signo %, y el valor se multiplica por 100.
. o Espacio	Representa el separador de miles.
E- e-, E+ e+	Permite mostrar el número en notación científica (523,10 = 5,23E+10^2).
"texto"	Muestra el texto que va entre comillas.
[color]	Muestra el valor según el color.

El formato definido puede componerse de cuatro secciones que definen el formato según el valor del dato: formato1, formato2, formato3 y formato4, donde:

formato1	Se corresponde con el formato que se aplicará si el valor es positivo.
formato2	Se corresponde con el formato que se aplicará si el valor es negativo.

formato3 Se corresponde con el formato que se aplicará si el valor es igual a 0.

formato4 Se corresponde con el formato que se aplicará si el valor es "Nulo".

Ejemplos:

El formato	muestra el valor	como
00,00	8	08,00
#.###,00	1200	1.200,00
#.### €	1200,82	1.201 €
0,00%	0,1866	18,66%
0 "km"	50	50 km
0;(0);"Cero";"Desconocido"	10 -10 0	10 (10) Cero
0;(0)[Rojo]	10 -10	10 (10) en rojo

- Guarde las modificaciones realizadas en el formulario o en el informe y, a continuación, ciérrelo si es necesario.

Para fechas u horas

- En el panel de navegación, haga clic con el botón derecho en el formulario o en el informe en cuestión y, a continuación, seleccione la opción **Vista Diseño** para que aparezca su estructura.
- Seleccione el control en cuestión y, a continuación, muestre su **Hoja de propiedades** pulsando la tecla F4.
- Haga clic en la pestaña **Formato** y, a continuación, cree el formato personalizado en la propiedad **Formato**. Los símbolos permitidos son los siguientes:

d Muestra el día sin el cero no significativo (de 1 a 31).

dd Muestra el día precedido de un cero si es inferior a 10 (de 01 a 31).

ddd Muestra el día en forma literal abreviada (de lun a dom).

dddd Muestra el día en forma literal completa (de lunes a domingo).

ddddd Muestra un número de fecha en forma de fecha completa según el formato abreviado definido en el Panel de control.

© Editions ENI - Reproducción prohibida

dddddd Muestra un número de fecha en forma de fecha completa según el formato completo definido en el Panel de control.

e Muestra el día de la semana como un número (1 para el lunes, 2 para el martes, etc.).

ee Muestra la semana en forma de número (de 1 a 53).

m Muestra el mes en forma de un número sin el cero no significativo (de 1 a 12).

mm Muestra el mes con el cero no significativo (de 01 a 12).

mmm Muestra el mes en forma abreviada (de ene a dic).

mmmm Muestra el mes en forma completa (de enero a diciembre).

t Muestra el trimestre del año como un número (de 1 a 4).

A Muestra el día del año como un número sin el cero no significativo (de 1 a 366).

aa Muestra las dos últimas cifras del año (de 00 a 99).

aaaa Muestra el año completo.

/ Separador de fecha.

h o **hh** Muestra las horas.

n o **nn** Muestra los minutos.

s o **ss** Muestra los segundos.

tttt Muestra un número de hora en forma de hora completa según el formato definido en el Panel de control.

: Separador de hora.

Ejemplos:

El formato	muestra el dato	como
ddd d mmm aaaa	4/01/16	Jue 4 ene 2016
dddd"," d mmmm	4/01/16	Jueves, 4 enero
hh "horas" nn	12:10	12 horas 10

Guarde las modificaciones realizadas en el formulario o en el informe y, a continuación, ciérrelo si es necesario.

Para datos de tipo texto corto o texto largo

- En el panel de navegación, haga clic con el botón derecho en el formulario o en el informe en cuestión y, a continuación, seleccione la opción **Vista Diseño** para que aparezca su estructura.
- Seleccione el control en cuestión y, a continuación, muestre su **Hoja de propiedades** pulsando la tecla F4.
- Haga clic en la pestaña **Formato** y, a continuación, cree el formato personalizado en la propiedad **Formato**. Los símbolos permitidos son los siguientes:

  @ Para representar un carácter de texto obligatorio.

  & Para representar un carácter de texto no obligatorio.

  < Para que aparezcan todos los caracteres en minúsculas.

  > Para que aparezcan todos los caracteres en mayúsculas.

  Ejemplos:

El formato	muestra el dato	como
@@-@@-@@-@@	40102010	40-10-20-10
>	Martín	MARTÍN
<	Martín	martín

- Guarde las modificaciones realizadas en el formulario o en el informe y, a continuación, ciérrelo si es necesario.

Ocultar un control en la pantalla o en la impresión

- En el panel de navegación, haga clic con el botón derecho en el formulario correspondiente y, a continuación, seleccione la opción **Vista Diseño** para que aparezca su estructura.
- Seleccione el control en cuestión y, a continuación, muestre su **Hoja de propiedades** pulsando la tecla F4.
- Haga clic en la pestaña **Formato** y, a continuación, seleccione la opción **solo al imprimir** o **solo en pantalla** de la propiedad **Mostrar cuando**: la opción **Siempre** está seleccionada de forma predeterminada.
- Guarde las modificaciones realizadas en el formulario y, a continuación, ciérrelo si es necesario.

© Editions ENI - Reproducción prohibida

Cambiar las características predeterminadas de los controles

Este comando permite definir las propiedades y características propuestas de forma predeterminada durante la creación de cada tipo de control de un formulario o de un informe.

- En el panel de navegación, haga clic con el botón derecho en el formulario o en el informe en cuestión y, a continuación, seleccione la opción **Vista Diseño** para que aparezca su estructura.
- Seleccione el control que posea los parámetros que se deban activar de forma predeterminada.
- En la pestaña **Diseño de formulario** o **Diseño de informe**, haga clic en el botón **Más** del grupo **Controles** y, a continuación, seleccione la opción **Definir valores predeterminados de los controles**.

  Cualquier control nuevo de este tipo que se cree en el formulario o en el informe tendrá las mismas características que este control.
- Guarde las modificaciones realizadas en el formulario o en el informe y, a continuación, ciérrelo si es necesario.

Crear formatos condicionales

<u>Aplicar un formato al valor del control</u>

- En el panel de navegación, haga clic con el botón derecho en el formulario o en el informe en cuestión y, a continuación, seleccione la opción **Vista Diseño** para que aparezca su estructura.
- Seleccione el control correspondiente.
- En la pestaña **Formato**, haga clic en el botón **Formato condicional** del grupo **Formato de controles**.
- Compruebe que el control al que desee aplicar la regla esté seleccionado en la lista **Mostrar reglas de formato para** y, a continuación, haga clic en el botón **Nueva regla**.
- Seleccione la opción **Compruebe los datos en el registro actual o use una expresión** de la sección **Seleccione un tipo de regla**.
- En la primera lista, seleccione la opción **El valor del campo es** si la condición se basa en los valores del control seleccionado o la opción **La expresión es** si la condición se basa en una expresión.

*La opción **El campo tiene foco**, disponible únicamente en los formularios, permite modificar el formato del control seleccionado.*

- Si la condición se basa en los valores del campo, seleccione un operador de comparación y, a continuación, escriba un valor en el cuadro de texto correspondiente. Si la condición se basa en una expresión, escriba la expresión en el cuadro de texto.
- Utilice las herramientas disponibles para definir el formato que se aplicará si la condición establecida se cumple.

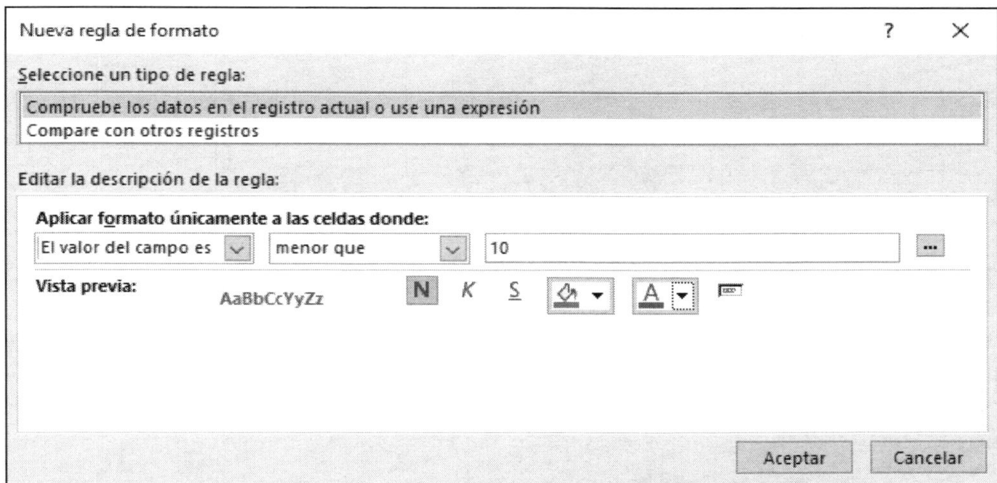

En el ejemplo anterior, los valores del campo seleccionado aparecerán en rojo y en negrita si son inferiores a 10.

- Haga clic en el botón **Aceptar**.
- Para definir otro formato que se aplicará según otra condición (en particular, para definir un formato si la condición anterior no se cumple), haga clic en el botón **Nueva regla** y, a continuación, defina un formato condicional de la misma forma.

© Editions ENI - Reproducción prohibida

- Repita el mismo procedimiento para definir todas las reglas de formato para el control seleccionado.

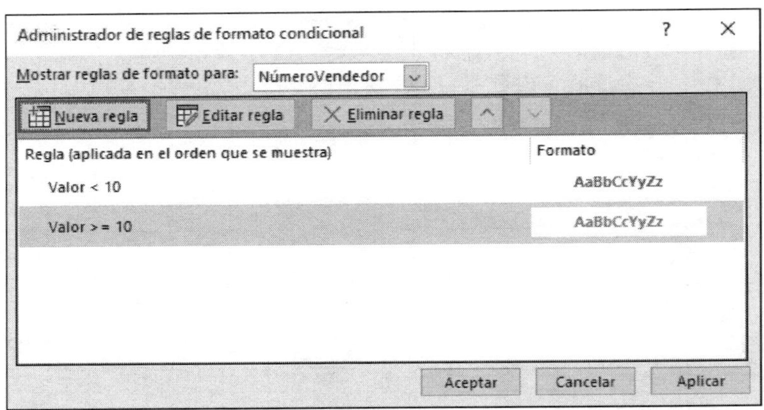

- Una vez que haya definido todas las reglas de formato, haga clic en el botón **Aceptar**.
- Haga clic en el botón o y, a continuación, utilice los botones que aparecen en la parte inferior izquierda de la ventana para, según el caso, desplazarse por los registros o por las páginas con el fin de poder ver el resultado del formato condicional.
- Guarde las modificaciones realizadas en el formulario o en el informe y, a continuación, ciérrelo si es necesario.

Administrar las reglas de formato condicional

- Muestre el formulario o el informe correspondientes en la vista Diseño y, a continuación, seleccione el control en cuestión.
- En la pestaña **Formato**, haga clic en el botón **Formato condicional** del grupo **Formato de controles**.
- Compruebe que el control al que desee aplicar la regla esté seleccionado en la lista **Mostrar reglas de formato para**.

  Aparecerá(n) la(s) regla(s) aplicada(s) al control seleccionado en la sección ***Regla****. Estas se aplicarán al control en el orden que se muestran en la lista.*

- Seleccione la regla correspondiente en la sección **Regla**.
- Para editar la regla, haga clic en el botón **Editar regla**, realice los cambios que desee y, a continuación, confirme con el botón **Aceptar**.
- En el caso de varias reglas, para desplazar la regla seleccionada, utilice los botones ˄ y ˅ tantas veces como sea necesario.
- Para eliminar la regla seleccionada, haga clic en el botón **Eliminar regla**.
- Haga clic en el botón **Aceptar**.

Comprobar los errores en un formulario o en un informe

Access puede comprobar algunos de los errores cometidos en los formularios y en los informes (por ejemplo, propiedades del control no válidas, ancho de un informe superior al de la página de impresión, selección de una etiqueta y de un control no asociados entre sí, etc.). Cuando se detecte un problema, aparecerá un triángulo denominado indicador de error.

Activar/desactivar la comprobación de errores

- Haga clic en la pestaña **Archivo** y, a continuación, seleccione la opción **Opciones.**
- Seleccione la categoría **Diseñadores de objetos** y, a continuación, desplácese por la lista hacia abajo para ver la sección **Comprobación de errores en la vista de diseño de formularios e informes.**

© Editions ENI - Reproducción prohibida

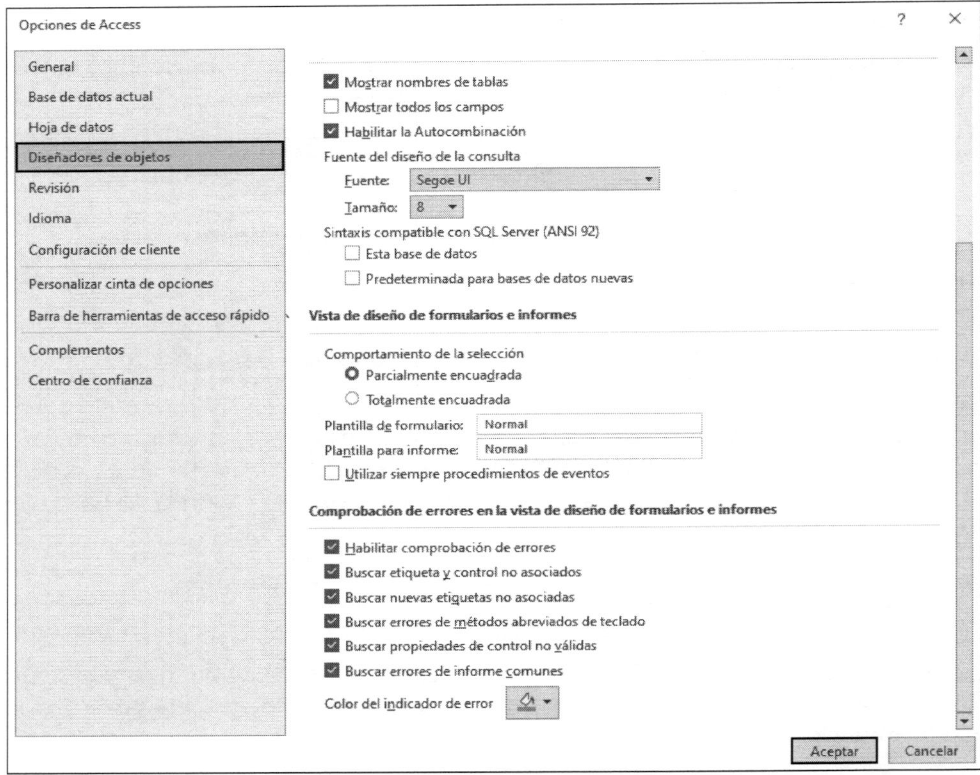

- Para activar/desactivar la comprobación de errores, marque o desmarque la opción **Habilitar comprobación de errores.**
- Para modificar el color del indicador de error, abra la lista **Color del indicador de error** y, a continuación, haga clic en el color deseado.
- Si la comprobación de errores está activada, modifique, si es necesario, las reglas de creación de errores a través del resto de opciones que aparecen en la sección **Comprobación de errores en la vista de diseño de formularios e informes.**

  *Estas opciones no se encuentran disponibles cuando la opción **Habilitar comprobación de errores** está desactivada.*
- Haga clic en el botón **Aceptar**.

Utilizar el indicador de error

- En un informe o en un formulario en la vista Diseño, muestre el botón asociado al error que desee corregir o ignorar haciendo clic en el indicador de error (triángulo verde) correspondiente.
- A continuación, haga clic en el botón .

En la parte superior de la lista, aparecerá el tipo de error detectado. Se propondrán una o varias opciones para corregir el error.

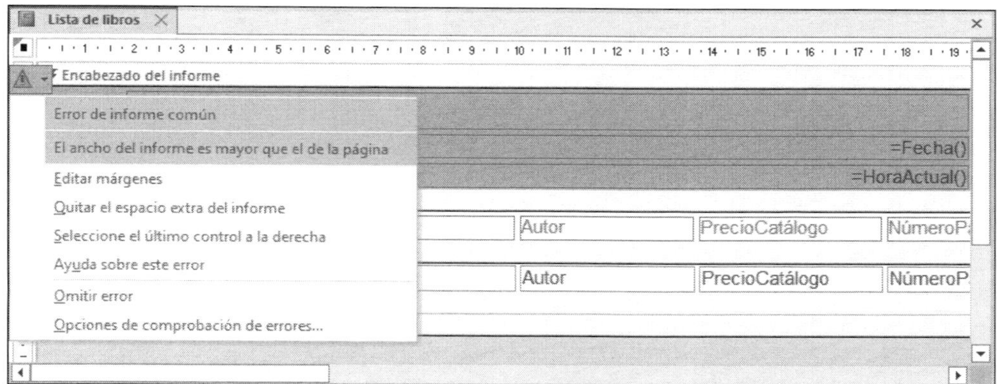

- Para corregir el error, haga clic en la opción más adecuada en función de la corrección que desee realizar: según el tipo de error, se propondrán una o varias correcciones.

Si un control presenta varios errores, el indicador de error permanecerá visible hasta que todos los errores hayan sido corregidos o ignorados.

- Para ignorar el error y de ese modo ocultar el indicador de error, haga clic en la opción **Omitir error**.
- Para ver la ayuda relacionada con el error, haga clic en la opción **Ayuda sobre este error**.
- Para modificar la configuración vinculada a la comprobación de errores, haga clic en la opción **Opciones de comprobación de errores**.
- Guarde las modificaciones realizadas en el formulario o en el informe y, a continuación, ciérrelo si es necesario.

© Editions ENI - Reproducción prohibida

Para conocer el tipo de error detectado, no es necesario abrir la lista asociada al botón ⚠, basta simplemente con señalarlo.

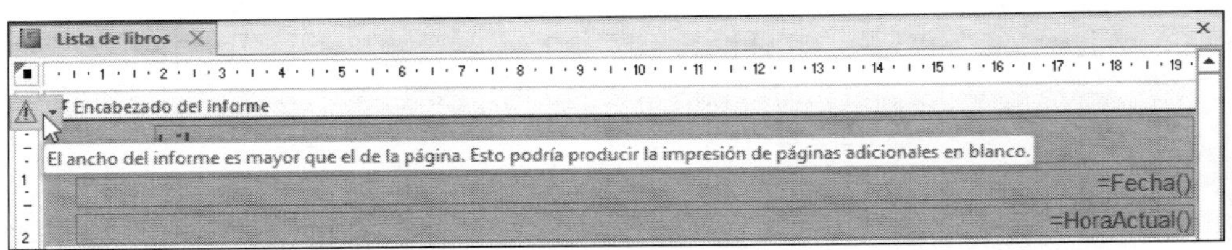

Mostrar/ocultar las secciones

- En el panel de navegación, haga clic con el botón derecho en el formulario o en el informe en cuestión y, a continuación, seleccione la opción **Vista Diseño** para que aparezca su estructura.
- Haga clic con el botón derecho en la barra de título de una de las secciones visibles (por ejemplo, la sección **Detalle**) y active o desactive una o las dos opciones siguientes:

Encabezado o pie de formulario/informe	Permite mostrar u ocultar las secciones **Encabezado del formulario/informe** y **Pie del formulario/informe**.
Encabezado o pie de página	Permite mostrar u ocultar la sección **Encabezado de página** y **Pie de página**.

- Si las secciones que intenta ocultar contienen controles, Access mostrará un mensaje que le informará de que se eliminarán todos los controles: haga clic en el botón **Sí** para ocultar las secciones y eliminar los controles, o en el botón **No** para no ocultar las secciones y conservar los controles.
- Guarde las modificaciones realizadas en el formulario o en el informe y, a continuación, ciérrelo si es necesario.

Modificar el alto de una sección

- En el panel de navegación, haga clic con el botón derecho en el formulario o en el informe en cuestión y, a continuación, seleccione la opción **Vista Diseño** para que aparezca su estructura.
- Señale la parte superior de la barra de título de la sección siguiente.

© Editions ENI - Reproducción prohibida

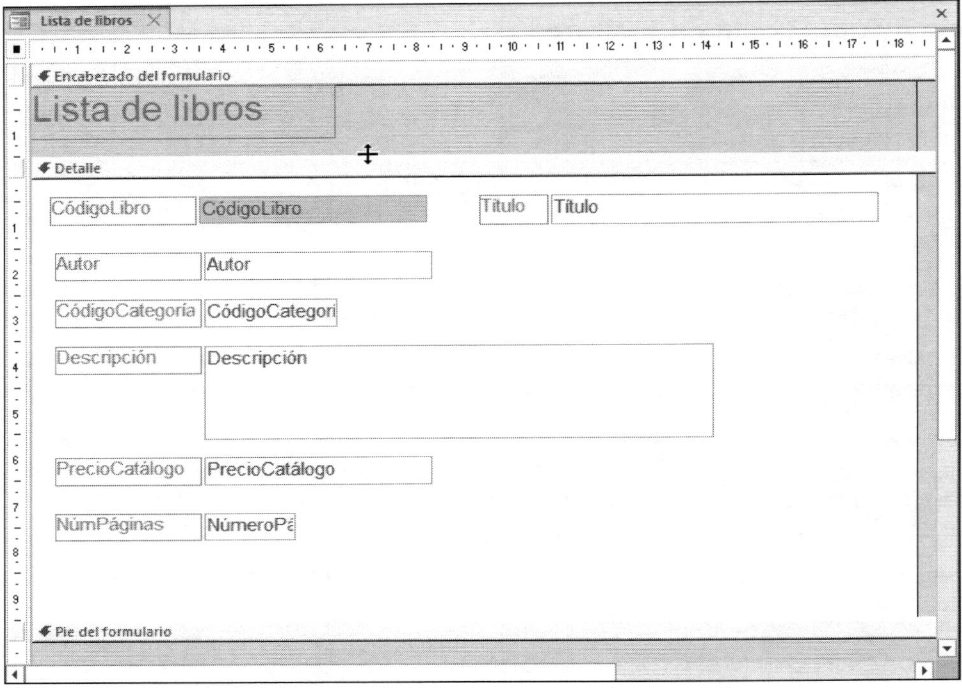

El puntero del ratón tomará una forma específica ‡ (este tipo de puntero aparece también cuando modifica el alto de una fila o el ancho de una columna).

- Haga clic y arrastre el ratón hacia arriba o hacia abajo en función de si desea reducir o aumentar el alto de la sección.
- Guarde las modificaciones realizadas en el formulario o en el informe y, a continuación, ciérrelo si es necesario.

Los datos existentes en la sección **Encabezado de página** y **Pie de página** aparecen en la parte superior y en la parte inferior de cada página del formulario o del informe.

Los datos de las secciones **Encabezado del formulario** (o **Encabezado del informe**) y **Pie del formulario** (o **Pie del informe**) aparecen en la primera y en la última página del formulario (o del informe).

Crear una consulta de una sola tabla

Las consultas de selección permiten seleccionar registros en función de uno o de varios criterios. Además, pueden guardarse y ejecutarse en cualquier momento: cuando ejecuta una consulta, Access selecciona automáticamente los registros de la tabla de origen de la consulta que responden a los criterios establecidos.

*Este tipo de consulta se denomina **consulta de selección**.*

Sin utilizar el Asistente

- En la pestaña **Crear**, haga clic en el botón **Diseño de consulta** del grupo **Consultas**.
- En el panel **Agregar tablas** que se muestra en la parte derecha de la pantalla, haga clic en la pestaña **Tablas**, **Vínculos** o **Consultas** en función del tipo de objeto en el que se debe basar la consulta; la pestaña **Todo** permite ver la lista de tablas, de tablas vinculadas y de consultas.
- Seleccione el nombre del objeto que desee agregar a la consulta y, a continuación, haga clic en el botón **Agregar las tablas seleccionadas** o doble clic en el nombre del objeto que desee agregar.
- Cierre el panel **Agregar tablas** haciendo clic en el botón ×.

  *La parte superior de la ventana muestra la lista de campos. La parte inferior, denominada **cuadrícula de diseño**, está reservada a la definición de criterios. Es posible modificar el alto de estas dos partes arrastrando la barra horizontal que las separa.*
- En la cuadrícula de diseño, inserte los campos que desee que aparezcan en la hoja de datos (resultado de la consulta): haga doble clic en el nombre de cada campo que desee insertar o arrastre dicho campo a la primera celda vacía de la fila **Campo** de la cuadrícula de diseño; también puede hacer clic en la primera celda vacía de la fila **Campo**, abrir la lista correspondiente y, a continuación, seleccionar el nombre del campo que desee agregar.

© Editions ENI - Reproducción prohibida

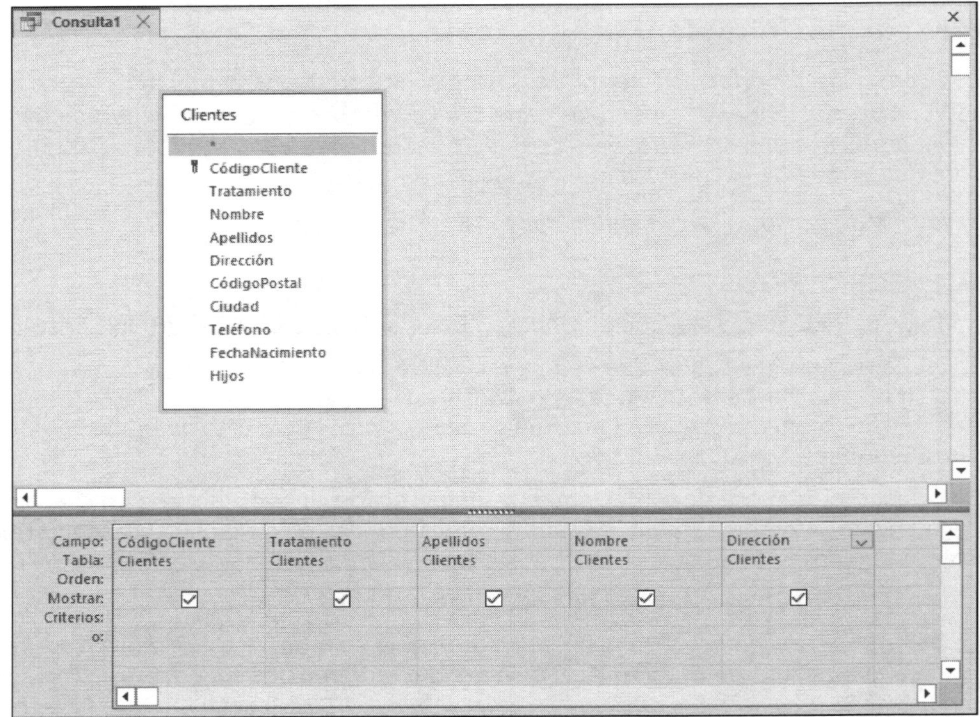

Como podrá observar, las casillas de la fila ***Mostrar*** *se marcan automáticamente. Si el botón* ***Nombres de tabla*** *de la pestaña* ***Diseño de consulta*** *está activo (grupo* ***Mostrar u ocultar****), el nombre de las tablas aparecerá en la fila* ***Tabla*** *de la cuadrícula de diseño.*

- Especifique el o los criterios de selección desde la fila **Criterios** en las columnas correspondientes al campo o a los campos en los que se basen los criterios (véase Consultas de selección - Definir los criterios de la consulta).
- Si un criterio se basa en un campo que no debe mostrarse, desactive la opción **Mostrar** de ese campo.
- Para cada campo en el que desee especificar un criterio de ordenación, haga clic en la fila **Orden** de la columna correspondiente al campo utilizado como clave de ordenación y, a continuación, seleccione la opción **Ascendente** o **Descendente** en función del criterio de ordenación que desee aplicar.

Si deben utilizarse varias claves de ordenación, sitúe a la izquierda de la cuadrícula el campo que se utilizará como clave de ordenación primaria, a continuación, el que se utilizará como clave de ordenación secundaria, y así sucesivamente.

- Para ver el resultado de la consulta, acceda a la **Vista Hoja de datos** haciendo clic en el botón **Ver** del grupo **Resultados** (pestaña **Diseño** - pestaña **Herramientas de consultas**) o en el botón de la barra de estado, o ejecute la consulta haciendo clic en el botón **Ejecutar** del grupo **Resultados**.

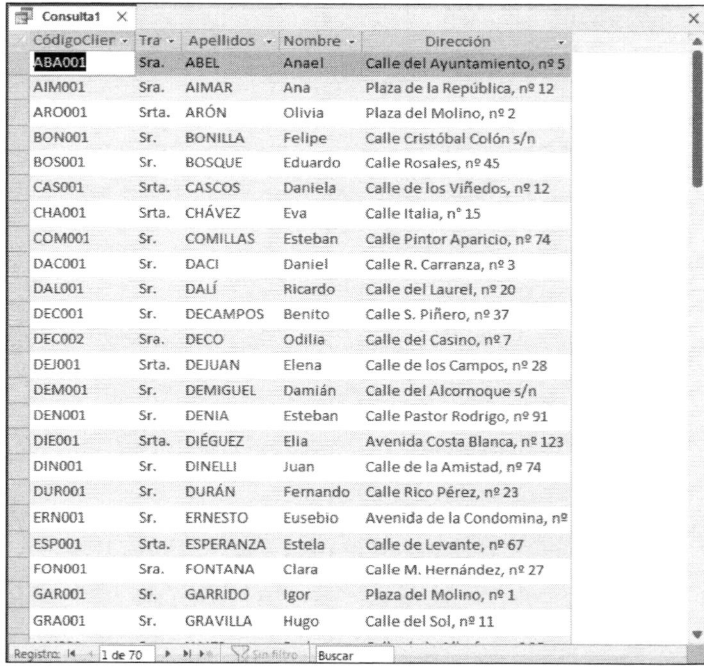

CódigoClier	Tra	Apellidos	Nombre	Dirección
ABA001	Sra.	ABEL	Anael	Calle del Ayuntamiento, nº 5
AIM001	Sra.	AIMAR	Ana	Plaza de la República, nº 12
ARO001	Srta.	ARÓN	Olivia	Plaza del Molino, nº 2
BON001	Sr.	BONILLA	Felipe	Calle Cristóbal Colón s/n
BOS001	Sr.	BOSQUE	Eduardo	Calle Rosales, nº 45
CAS001	Srta.	CASCOS	Daniela	Calle de los Viñedos, nº 12
CHA001	Srta.	CHÁVEZ	Eva	Calle Italia, n° 15
COM001	Sr.	COMILLAS	Esteban	Calle Pintor Aparicio, nº 74
DAC001	Sr.	DACI	Daniel	Calle R. Carranza, nº 3
DAL001	Sr.	DALÍ	Ricardo	Calle del Laurel, nº 20
DEC001	Sr.	DECAMPOS	Benito	Calle S. Piñero, nº 37
DEC002	Sra.	DECO	Odilia	Calle del Casino, nº 7
DEJ001	Srta.	DEJUAN	Elena	Calle de los Campos, nº 28
DEM001	Sr.	DEMIGUEL	Damián	Calle del Alcornoque s/n
DEN001	Sr.	DENIA	Esteban	Calle Pastor Rodrigo, nº 91
DIE001	Srta.	DIÉGUEZ	Elia	Avenida Costa Blanca, nº 123
DIN001	Sr.	DINELLI	Juan	Calle de la Amistad, nº 74
DUR001	Sr.	DURÁN	Fernando	Calle Rico Pérez, nº 23
ERN001	Sr.	ERNESTO	Eusebio	Avenida de la Condomina, nº
ESP001	Srta.	ESPERANZA	Estela	Calle de Levante, nº 67
FON001	Sra.	FONTANA	Clara	Calle M. Hernández, nº 27
GAR001	Sr.	GARRIDO	Igor	Plaza del Molino, nº 1
GRA001	Sr.	GRAVILLA	Hugo	Calle del Sol, nº 11

Esta hoja de datos puede utilizarse como cualquier hoja de datos de una tabla. En particular, puede modificar su presentación (ancho de columnas, alto de fila, etc.), pero también puede modificar los datos que contiene: estas modificaciones se reflejarán automáticamente en la tabla de origen.

© Editions ENI - Reproducción prohibida

- Si es necesario, haga clic en el botón **Ver** del grupo **Vistas** o en el botón **Vista Diseño** de la barra de estado para volver a la vista Diseño.
- Puede guardar la consulta en la vista Hoja de datos o en la vista Diseño: haga clic en la herramienta , introduzca su nombre y, a continuación, seleccione el botón **Aceptar**.
- Si es necesario, cierre la consulta haciendo clic en el botón de su ventana.

Para modificar el título de una columna de la hoja de respuestas, especifique el campo que la compone en la cuadrícula de diseño de la siguiente forma:
nombre de la columna:nombre del campo

Con el Asistente

- Seleccione, si es necesario, la tabla o la consulta en la que desee basar su consulta.

  *La tabla o la consulta podrá seleccionarse posteriormente en el **Asistente para consultas sencillas**.*
- En la pestaña **Crear**, haga clic en el botón **Asistente para consultas** del grupo **Consultas**.
- Seleccione la opción **Asistente para consultas sencillas** y, a continuación, haga clic en el botón **Aceptar**.

  *Aparecerá en la pantalla la ventana del **Asistente para consultas sencillas**. El nombre de la tabla o de la consulta seleccionadas previamente se mostrará en la lista **Tablas/Consultas**.*
- Si la tabla o la consulta seleccionadas previamente en el panel de navegación no son las adecuadas, seleccione otra tabla o consulta en la lista **Tablas/Consultas**.

  Access le propondrá integrar en la consulta todos los campos de la tabla o de la consulta seleccionadas.
- Indique qué campos deben agregarse a la consulta:
  - Seleccione cada campo que desee insertar en la lista **Campos disponibles** y, a continuación, haga clic en el botón .
  - Para insertar todos los campos, haga clic en el botón .

- Seleccione cada campo que desee quitar en la lista **Campos seleccionados** y, a continuación, haga clic en el botón < .
- Para quitar todos los campos, haga clic en el botón << .

También puede hacer doble clic en un campo para agregarlo a la consulta.

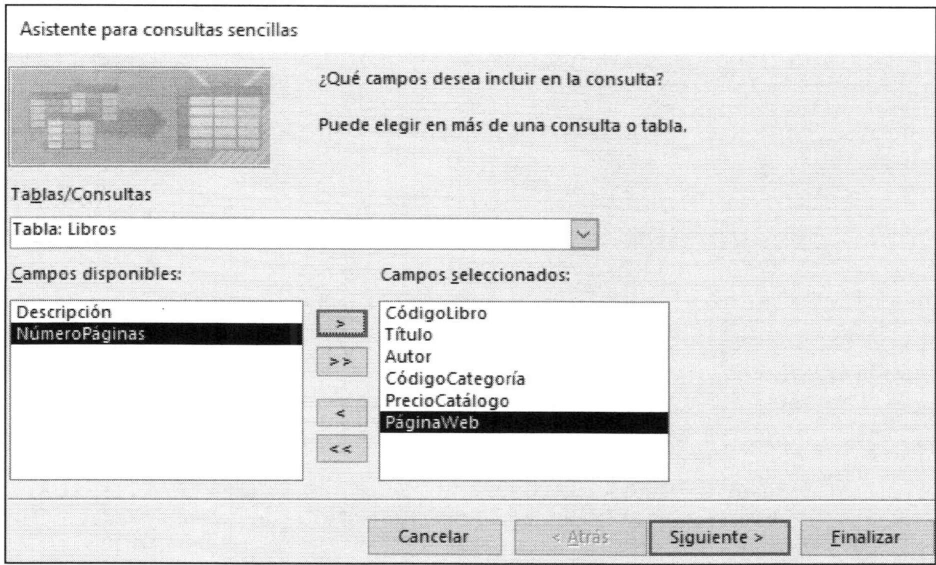

*En el ejemplo anterior, los campos **Descripción** y **NúmeroPáginas** de la tabla **Libros** no se agregarán a la consulta.*

- Haga clic en el botón **Siguiente** para acceder al siguiente paso.
- Si desea que la consulta agrupe los registros para realizar cálculos estadísticos, active la opción **Resumen**. En caso contrario, mantenga activada la opción **Detalle** (**muestra cada campo de cada registro**) y, a continuación, haga clic en el botón **Siguiente**.
- Introduzca el nombre con el que se debe guardar la consulta.
- Seleccione la primera o la segunda opción en función de si desea acceder a la hoja de datos o a la estructura de la consulta (Vista Diseño).
- Haga clic en el botón **Finalizar**.

© Editions ENI - Reproducción prohibida

- Para mostrar la consulta en la vista **Diseño** y modificar su estructura, haga clic en el botón  de la barra de estado.

  El botón le permite acceder de nuevo a la vista ***Hoja de datos***.
- A continuación, administre la cuadrícula de diseño de la consulta siguiendo los mismos pasos que para la creación de una consulta sin utilizar el Asistente.
- Si es necesario, ejecute la consulta haciendo clic en el botón **Ejecutar** del grupo **Resultados.**
- Guarde las modificaciones realizadas en la consulta y, a continuación, ciérrela si es necesario.

Crear una consulta multitabla

Sin utilizar el Asistente

- Si es necesario, establezca las relaciones entre las tablas a partir de las cuales debe crearse la nueva consulta multitabla (véase Relaciones entre las tablas - Establecer una relación entre dos tablas).
- En la pestaña **Crear**, haga clic en el botón **Diseño de consulta** del grupo **Consultas.**
- Haga clic en la pestaña **Tablas**, **Vínculos** o **Consultas** en función de los objetos en los que se debe basar la consulta; la pestaña **Todo** permite ver la lista de tablas, de tablas vinculadas y de consultas.
- Seleccione los nombres de los objetos que desee agregar a la consulta: para seleccionar varios objetos adyacentes, haga clic en el primero y mantenga la tecla ⇧ presionada mientras hace clic en los otros; para seleccionar varios objetos no adyacentes, haga clic en el nombre de un objeto y, a continuación, mantenga pulsada la tecla Ctrl mientras selecciona los demás.

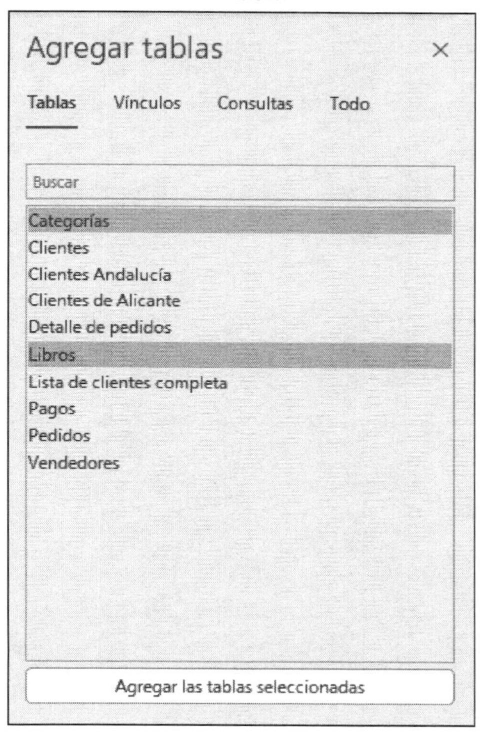

- Haga clic en el botón **Agregar las tablas seleccionadas** y, a continuación, en el botón .

*Para agregar un objeto a la consulta, también puede hacer doble clic en el nombre del objeto correspondiente en el panel **Agregar tablas**.*

*Si las tablas (o consultas) se han relacionado en la ventana **Relaciones**, estarán vinculadas por una línea de combinación. De lo contrario, la unión se hará automáticamente si Access detecta un campo común en las dos tablas (o consultas).*

© Editions ENI - Reproducción prohibida

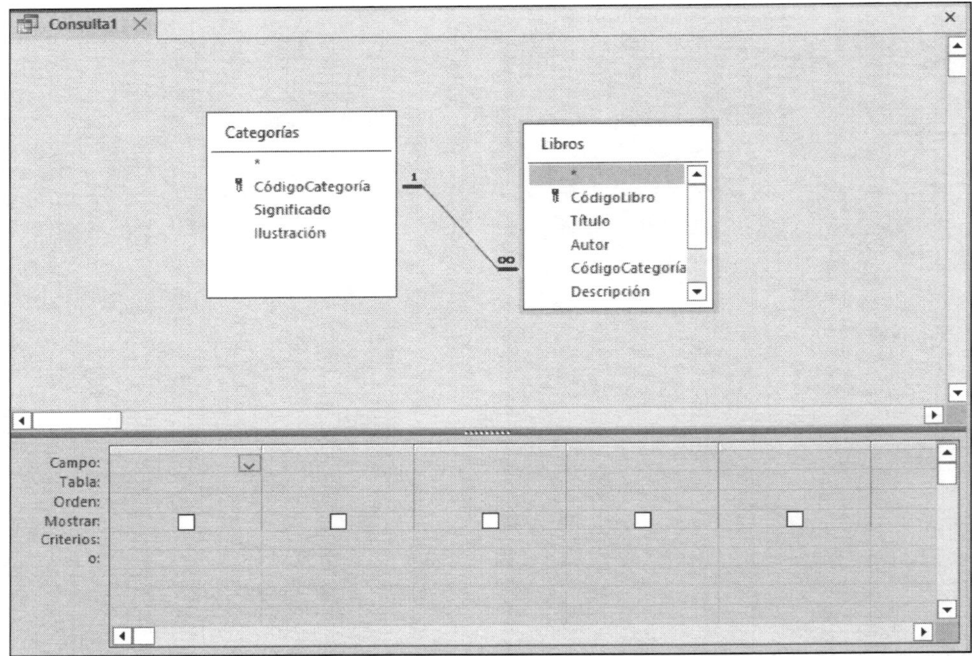

*En el ejemplo anterior, las tablas **Categorías** y **Libros** están vinculadas por el campo **CódigoCategoría**.*

- A continuación, administre la cuadrícula de diseño de la consulta de la misma forma que lo haría para una consulta de una sola tabla.
- Haga clic en el botón **Ejecutar** del grupo **Resultados** para ejecutar la consulta.
- Para guardar la consulta, haga clic en la herramienta, introduzca el nombre de la consulta en el cuadro de texto **Nombre de la consulta** y, a continuación, haga clic en el botón **Aceptar**.
- Si es necesario, cierre la consulta haciendo clic en el botón × de su ventana.

El botón **Agregar tablas** del grupo **Configuración de consultas** (pestaña **Diseño de consulta**) permite agregar una nueva tabla (o consulta) a la consulta.

Consultas de selección

Con el Asistente

- Si es necesario, establezca las relaciones entre las tablas a partir de las cuales debe crearse la nueva consulta multitabla (véase Relaciones entre las tablas - Establecer una relación entre dos tablas).
- Seleccione, si es necesario, una de las tablas/consultas en las que desee basar su consulta.
- En la pestaña **Crear**, haga clic en el botón **Asistente para consultas** del grupo **Consultas**.
- Seleccione la opción **Asistente para consultas sencillas** y, a continuación, haga clic en el botón **Aceptar**.

  *Aparecerá en la pantalla la ventana del **Asistente para consultas sencillas**. El nombre de la tabla o de la consulta seleccionadas previamente se mostrará en la lista **Tablas/Consultas**.*
- Si la tabla o la consulta seleccionadas previamente en el panel de navegación no le convienen, seleccione otra tabla o consulta en la lista **Tablas/Consultas**.

  Access le propondrá integrar en la consulta todos los campos de la tabla seleccionada.
- Indique qué campos se deben agregar a la consulta:
  - Seleccione cada campo que desee insertar en la lista **Campos disponibles** y, a continuación, haga clic en el botón > .
  - Para insertar todos los campos, haga clic en el botón >> .
  - Seleccione cada campo que desee quitar en la lista **Campos seleccionados** y, a continuación, haga clic en el botón < .
  - Para quitar todos los campos, haga clic en el botón << .

  También puede hacer doble clic en un campo para insertarlo en la consulta.
- En la lista **Tablas/Consultas**, seleccione la segunda tabla o consulta que desee insertar en la consulta.

© Editions ENI - Reproducción prohibida

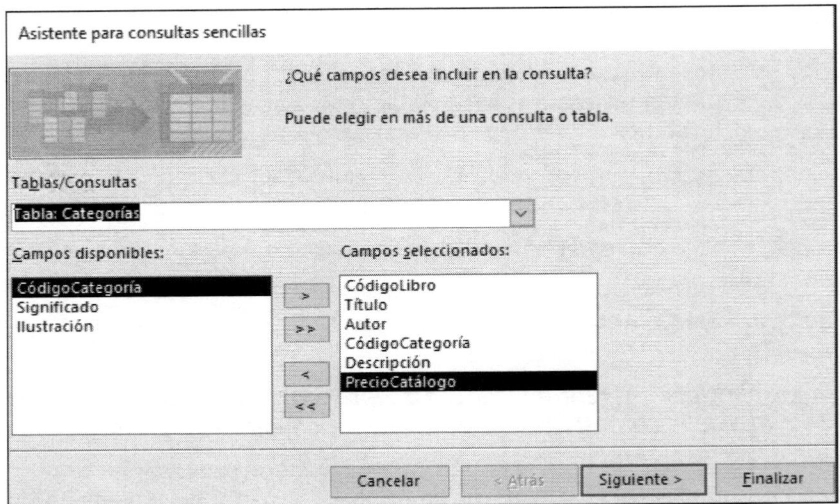

- Añada, de la misma forma, los campos de esta segunda tabla o consulta en la lista **Campos seleccionados** procurando no repetirlos.

  *Si se han añadido campos idénticos a la consulta, en la lista **Campos seleccionados** su nombre aparecerá precedido del nombre de la tabla/consulta de la que forma parte.*
- Siga el mismo procedimiento que para insertar campos de otras posibles tablas o consultas.
- Haga clic en el botón **Siguiente** para acceder al siguiente paso.
- Si desea que la consulta agrupe los registros para realizar cálculos estadísticos, active la opción **Resumen**. En caso contrario, mantenga activada la opción **Detalle** (**muestra cada campo de cada registro**).
- Haga clic en el botón **Siguiente**.
- Introduzca el nombre con el que se debe guardar la consulta.
- Seleccione la primera o la segunda opción en función de si desea acceder a la hoja de datos o a la estructura de la consulta (Vista Diseño).
- Haga clic en el botón **Finalizar**.
- Para mostrar la consulta en la vista **Diseño** y administrar la cuadrícula de diseño, haga clic en el botón de la barra de estado.

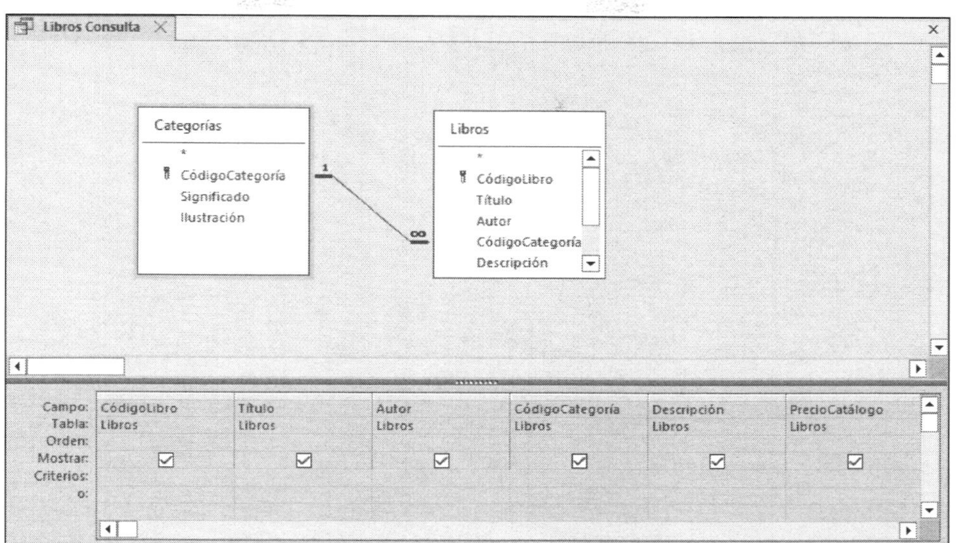

*Si las tablas (o consultas) se han relacionado en la ventana **Relaciones**, aparecerán vinculadas por una línea de combinación. De lo contrario, la unión se hará automáticamente si Access detecta un campo común en las dos tablas (o consultas).*

- A continuación, administre la cuadrícula de diseño de la consulta de la misma forma que lo haría para una consulta de una sola tabla.
- Si es necesario, ejecute la consulta haciendo clic en el botón **Ejecutar** del grupo **Resultados**.
- Guarde las modificaciones realizadas en la consulta y, a continuación, ciérrela si es necesario.

Definir las propiedades de una consulta

- En el panel de navegación, haga clic con el botón derecho en el nombre de la consulta correspondiente y, a continuación, seleccione la opción **Vista Diseño** para que aparezca su estructura.
- Haga clic en un espacio en blanco de la parte superior de la ventana de la consulta y, a continuación, pulse la tecla F4 para que aparezca la **Hoja de propiedades** de la consulta.

© Editions ENI - Reproducción prohibida

*También puede mostrar la **Hoja de propiedades** de la consulta haciendo clic en el botón **Hoja de propiedades** del grupo **Mostrar u ocultar** (pestaña **Diseño de consulta**).*

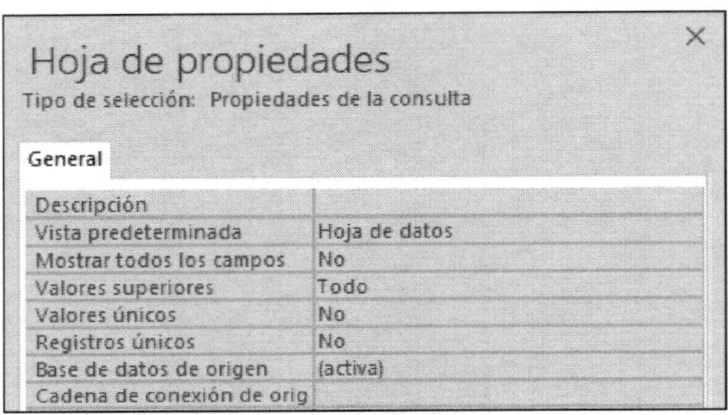

- Defina las siguientes opciones:

Mostrar todos los campos	Si desea que aparezcan o no todos los campos del origen de la consulta en la hoja de datos; de forma predeterminada, está seleccionada la opción **No**. De esta forma, solo aparecerán en la hoja de datos los campos insertados en la cuadrícula de diseño. Si selecciona la opción **Sí**, aparecerán todos los campos del origen de la consulta, aunque no todos ellos se hayan añadido a la cuadrícula de diseño.
Valores superiores	Para especificar el número de registros que debe mostrar la hoja de datos.
Valores únicos	Si desea que aparezcan o no los registros cuyos valores de los campos incluidos en la hoja de datos sean idénticos.
Registros únicos	Si desea que aparezcan o no los registros duplicados en la hoja de datos.

- Cierre la **Hoja de propiedades** de la consulta haciendo clic en el botón ×.
- Guarde las modificaciones realizadas en la consulta y, a continuación, ciérrela si es necesario.

Administrar la cuadrícula de consultas

- En el panel de navegación, haga clic con el botón derecho en el nombre de la consulta correspondiente y, a continuación, seleccione la opción **Vista Diseño** para que aparezca su estructura.
- Para eliminar uno o varios campos de la cuadrícula de diseño, selecciónelos haciendo clic en el selector de campo que aparece encima del nombre del campo y, a continuación, haga clic en el botón **Eliminar columnas** del grupo **Configuración de consultas** (pestaña **Diseño de consulta**) o pulse la tecla [Supr].
- Para agregar todos los campos de una tabla a la cuadrícula de diseño, haga doble clic en la barra de título de la tabla y, a continuación, arrastre la selección hacia la primera celda vacía de la fila **Campo** de la cuadrícula de diseño.

  *También puede arrastrar hasta la cuadrícula de diseño el símbolo * que aparece en la primera fila de la lista de campos: el símbolo * indica que todos los campos de la tabla se añadirán a la cuadrícula de diseño. Sin embargo, deberá insertar los campos en los que se basen los criterios y desactivar en ellos la opción **Mostrar** si no desea que aparezcan duplicados.*
- Para mover un campo, haga clic en el selector de campo para seleccionarlo. Haga clic de nuevo en el selector de campo y, a continuación, arrastre el ratón para situar la línea vertical en el lugar en el que desee insertar la columna.
- Para insertar un campo en la cuadrícula de diseño, selecciónelo en la tabla y, a continuación, arrástrelo en la cuadrícula de diseño hasta el nombre del campo delante del cual desee insertarlo.
- Haga clic en la herramienta para guardar las modificaciones realizadas en la consulta y, a continuación, ciérrela si es necesario.

El botón **Insertar filas** del grupo **Configuración de consultas** (pestaña **Diseño de consulta**) permite insertar una nueva fila de criterios. El botón **Insertar columnas** permite insertar una nueva columna a la izquierda de la columna activa.

© Editions ENI - Reproducción prohibida

Ejecutar una consulta

- Existen dos métodos que permiten ejecutar una consulta:
  - Desde el panel de navegación, haga doble clic en el nombre de la consulta que desee ejecutar.
  - Desde la Vista Diseño de la consulta, haga clic en el botón **Ejecutar** del grupo **Resultados** (pestaña **Diseño de consulta**).

  La consulta extraerá los registros de la tabla de origen que respondan a los criterios.

- Si es necesario, cierre la ventana de hoja de datos de la consulta haciendo clic en el botón ✕.

Definir los criterios de la consulta

Establecer un criterio según el tipo de campo

- Muestre la estructura de la consulta: en el panel de navegación, haga clic con el botón derecho del ratón en el nombre de la consulta para la que desee especificar los criterios y, a continuación, seleccione la opción **Vista Diseño**.
- En la fila **Criterios**, haga clic en la columna del campo en el que se base el criterio y, a continuación, especifíquelo. Para ello, no olvide los siguientes principios:

Tipo de campo	Principios	Ejemplos
Número, Moneda o Autonumeración	Introduzca el valor sin presentación.	1.500,45
Fecha/Hora	Introduzca la fecha o la hora en el formato que prefiera.	10/01/19 >10/01/19 10 enero 2019 10-ene-2019
Sí/No	Para seleccionar los valores correspondientes a Sí Para seleccionar los valores correspondiente a No	Escriba: Sí, Verdadero, Activo o -1 Escriba: No, Falso, Inactivo o 0

- Haga clic en el botón **Ejecutar** para ejecutar la consulta y ver el resultado.
- Guarde las modificaciones realizadas en la consulta haciendo clic en la herramienta 🖫 y, a continuación, cierre la consulta si es necesario.

Utilizar operadores

- Muestre la estructura de la consulta y, a continuación, en la fila **Criterios**, haga clic en la columna del campo en el que se base el criterio.
- Especifique el criterio utilizando los seis operadores de comparación disponibles: < (inferior a), <= (inferior o igual a), > (superior a), >= (superior o igual a), = (igual a) y <> (diferente de).

  Access pone a su disposición otros operadores:

Operador	Selecciona los registros	Ejemplos
Entre	Para los cuales el valor de un campo está incluido en un intervalo de valores.	Entre "A" y "C" Entre 10 y 20 Entre 01/12/18 y 31/12/18
In	Para los cuales el valor de un campo está incluido en una lista.	In ("BARCELONA";"MADRID")
Es	Para los cuales un campo está o no vacío.	EsNulo NoEsNulo
Como	Que contienen datos aproximados.	Como "*calle*"
NoEs	Que no cumplen el criterio.	NoEsNulo NoEsIn ("BARCELONA";"MADRID")

  Ejemplos:

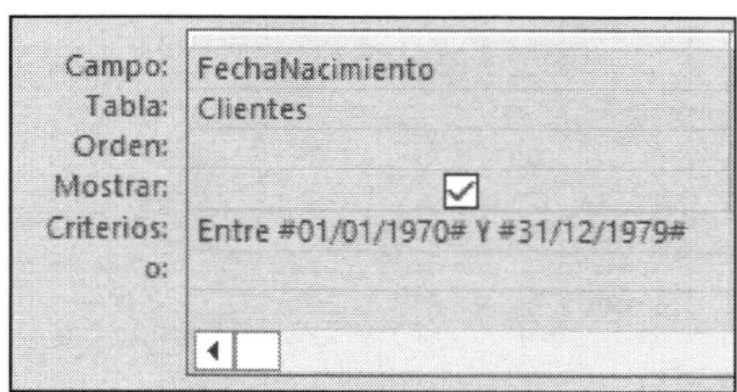

Selecciona los clientes nacidos en los años 70.

© Editions ENI - Reproducción prohibida

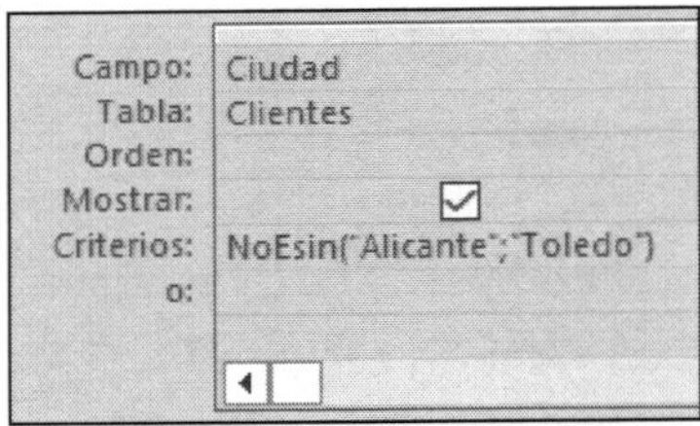

Selecciona todos los clientes, salvo los de Alicante y Toledo.

- Haga clic en el botón **Ejecutar** del grupo **Resultados** (pestaña **Diseño de consulta**) para ejecutar la consulta y ver el resultado.
- Guarde las modificaciones realizadas en la consulta haciendo clic en la herramienta

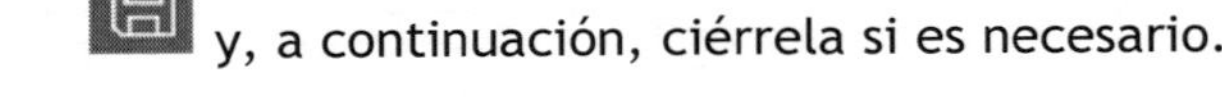
y, a continuación, ciérrela si es necesario.

Las expresiones de criterio también pueden incorporar funciones (en este caso, el nombre de los campos debe ir entre corchetes). Ejemplos:

Año([Fecha de nacimiento])=1966: selecciona los clientes nacidos en 1966.
Mes([Fecha de nacimiento])=11: selecciona los clientes nacidos en el mes de noviembre.
<Fecha()-30: selecciona los clientes contactados hace 30 días (la función Fecha() calcula la fecha actual).

Cuando un criterio es relativamente largo para introducirlo en la celda correspondiente, puede pulsar las teclas Mayús F2 para que aparezca la ventana **Zoom**. También puede modificar el ancho de la columna en la que introduzca el criterio arrastrando la línea que separa los dos selectores de campo.

Establecer varios criterios

Pueden presentarse dos casos:

- *Debe seleccionar los registros que respondan simultáneamente a todos los criterios establecidos: los criterios deben estar unidos por una Y lógica.*
- *Debe seleccionar los registros que respondan a uno u otro de los criterios establecidos: los criterios deben estar unidos por una O lógica.*

Establecer varios criterios basados en el mismo campo

- Muestre la estructura de la consulta en la que desee definir varios criterios basados en el mismo campo.
- Si debe seleccionar los registros que respondan simultáneamente a todos los criterios establecidos, en la fila **Criterios**, haga clic en la columna del campo al que debe aplicarse el criterio y, a continuación, introduzca los distintos criterios separándolos con una **Y** lógica.

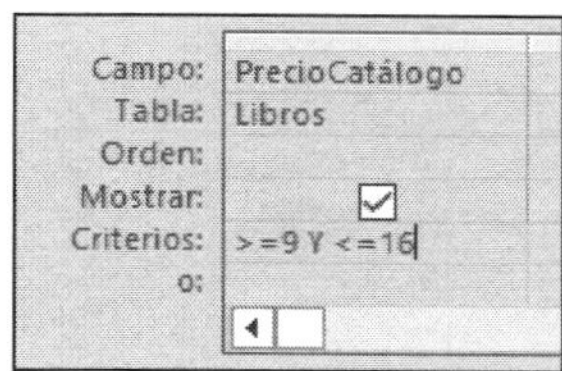

Esta consulta selecciona los registros en los que el precio de catálogo de los libros está comprendido entre 9 y 16 euros, ambos incluidos.

- Si debe seleccionar registros que respondan a uno u otro criterio, en la fila **Criterios**, haga clic en la columna del campo en el que se base el criterio y, a continuación, introduzca los distintos criterios separándolos con una **O** lógica; también puede introducir el primer criterio en la fila **Criterios** del campo correspondiente y, a continuación, escribir los demás criterios en las filas siguientes del mismo campo.

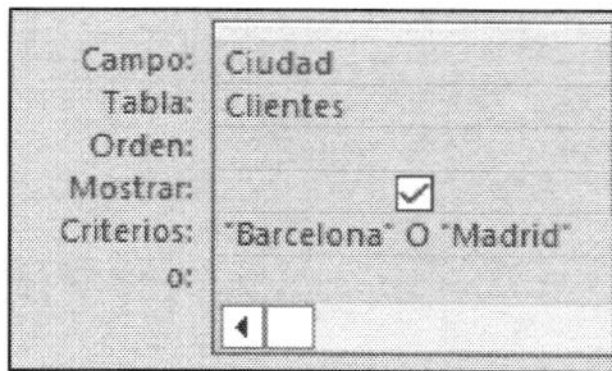

Esta consulta selecciona los clientes de Barcelona o los de Madrid.

- Haga clic en el botón **Ejecutar** del grupo **Resultados** (pestaña **Diseño de consulta**) para ejecutar la consulta y ver el resultado.
- Haga clic en la herramienta para guardar las modificaciones realizadas en la consulta y, a continuación, ciérrela si es necesario.

© Editions ENI - Reproducción prohibida

Establecer varios criterios basados en diferentes campos

- Muestre la estructura de la consulta en la que desee definir varios criterios basados en diferentes campos.
- Si los criterios deben verificarse simultáneamente, inserte los criterios en la misma fila de las columnas correspondientes a cada uno de los campos.

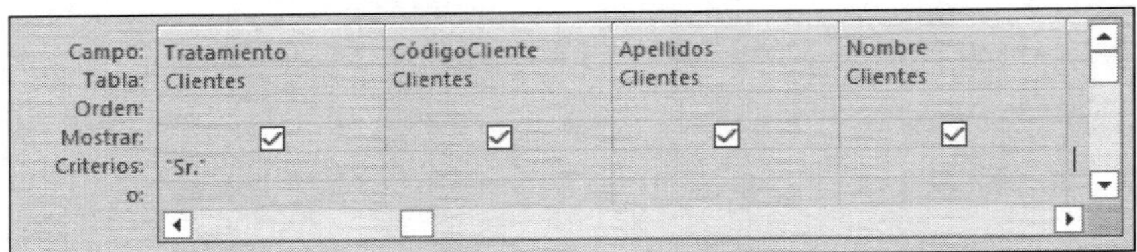

Esta consulta selecciona los "Señores" ("Sr.") de Madrid.

- Si debe verificarse uno u otro de los criterios, insértelos en filas diferentes.

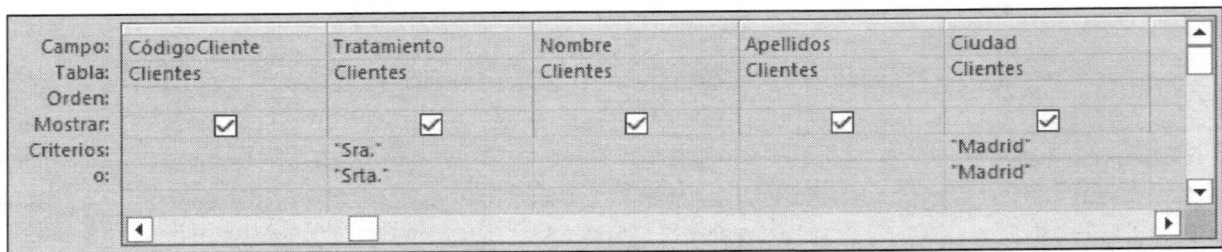

Esta consulta selecciona las "Sra" o "Srta." de Madrid.

- Haga clic en el botón **Ejecutar** del grupo **Resultados** para ejecutar la consulta y ver el resultado.
- Guarde las modificaciones realizadas en la consulta haciendo clic en la herramienta y, a continuación, ciérrela si es necesario.

Crear una consulta de selección con parámetros

Cuando ejecuta una consulta, Access selecciona los registros de la tabla de origen en función de los criterios definidos en la consulta. Access también le permite especificar estos criterios no en la consulta, sino durante su ejecución creando una consulta con parámetros.

- Muestre la estructura de la consulta y, a continuación, defina los elementos de la cuadrícula de diseño tal y como lo haría habitualmente.
- En lugar de especificar un criterio de selección, escriba primero el texto de la invitación entre corchetes en la(s) columna(s) de los campos en los que deben basarse los criterios de selección; este texto aparecerá cuando ejecute la consulta.

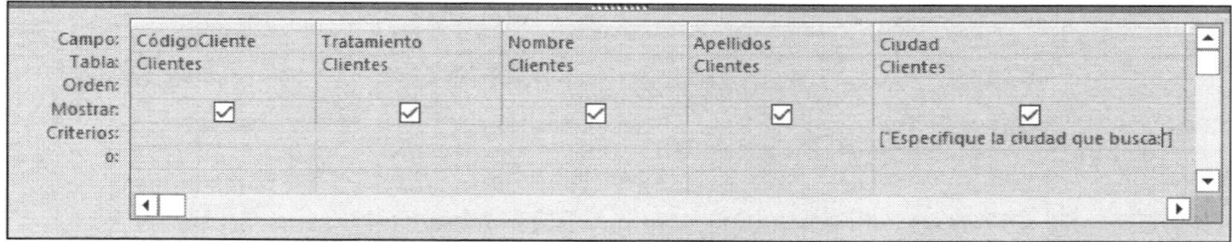

El texto de la invitación debe ser diferente al nombre del campo.

- A continuación, haga clic en el botón **Parámetros** de la consulta del grupo **Mostrar u ocultar**. Escriba el texto de la invitación como nombre del parámetro en la columna **Parámetro** y, a continuación, especifique el **Tipo de datos** del valor que debe introducirse al ejecutarse la consulta.

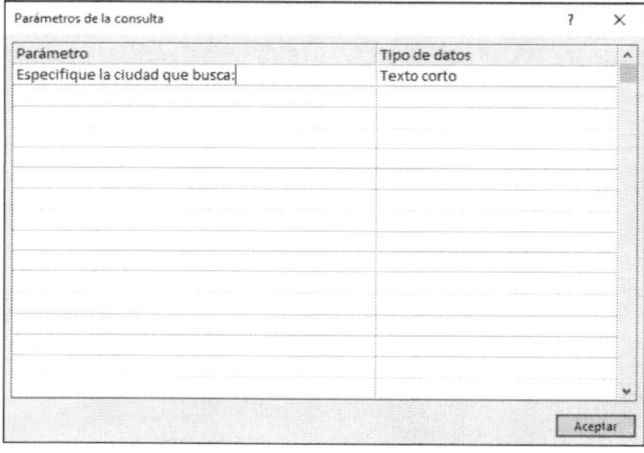

- Haga clic en el botón **Aceptar**.

© Editions ENI - Reproducción prohibida

- Haga clic en el botón **Ejecutar** del grupo **Resultados** para ejecutar la consulta.

  También puede hacer clic en el botón ***Ver*** *del grupo* ***Resultados****.*

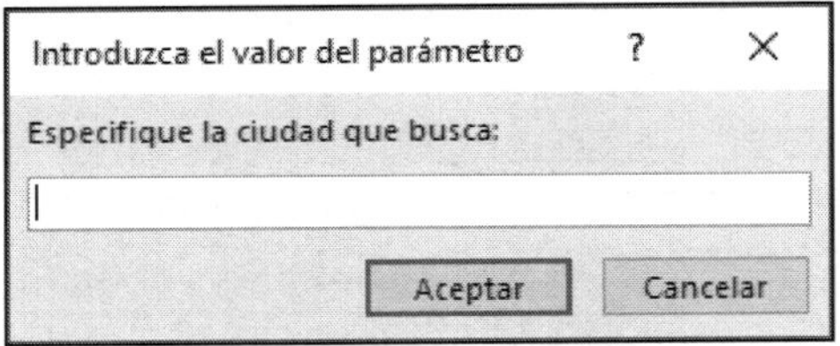

Cuando ejecute la consulta, Access le pedirá que especifique el valor del criterio.

- Especifique el valor del criterio y, a continuación, haga clic en el botón **Aceptar**.
- Guarde las modificaciones realizadas en la consulta y, a continuación, ciérrela si es necesario.

Modificar la combinación en una consulta multitabla

- Muestre la consulta correspondiente en la Vista Diseño y, a continuación, haga doble clic en la línea de combinación que une las dos tablas.

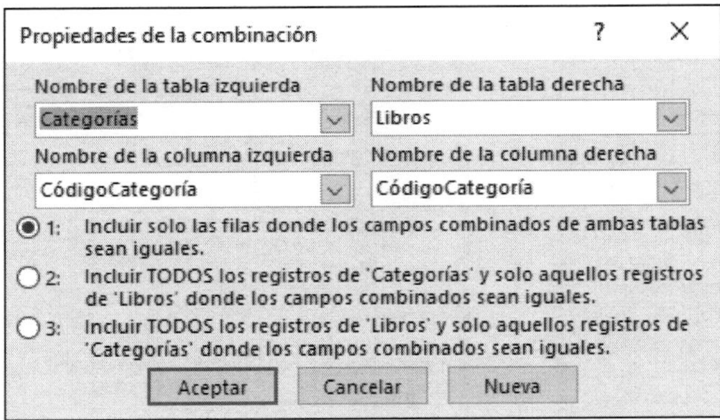

La opción 1 corresponde a una ***combinación de igualdad****.*

La opción 2 corresponde a una ***combinación externa por la izquierda****.*

La opción 3 corresponde a una ***combinación externa por la derecha****.*

- Para mostrar los registros que no están relacionados, seleccione la opción **2** o **3** según los registros que desee que aparezcan.
- Haga clic en el botón **Aceptar**.

  Se modificará la línea de combinación.
- Haga clic en el botón **Ejecutar** del grupo **Resultados** para ejecutar la consulta y ver el resultado.
- Guarde las modificaciones realizadas en la consulta y, a continuación, ciérrela si es necesario.

Crear una consulta de tabla de referencias cruzadas

Access pone a su disposición una potente herramienta para combinar los datos de varias tablas: las ***consultas de tabla de referencias cruzadas****.*

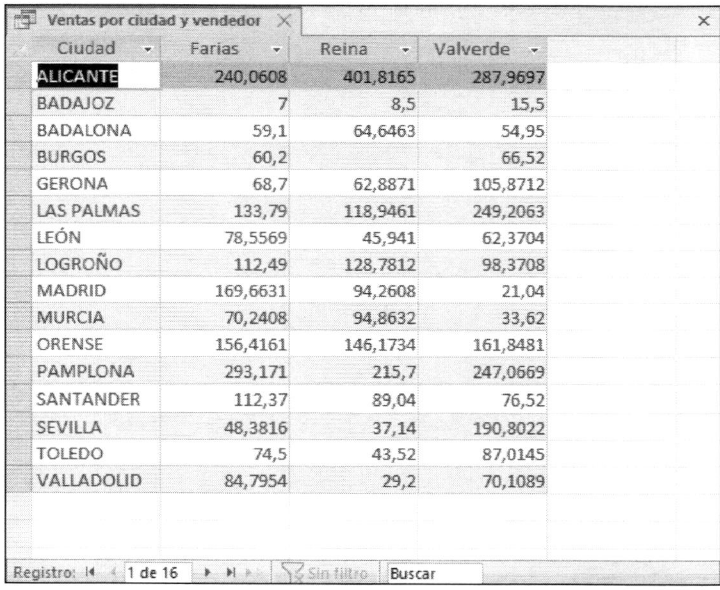

Ventas por ciudad y vendedor

Ciudad	Farias	Reina	Valverde
ALICANTE	240,0608	401,8165	287,9697
BADAJOZ	7	8,5	15,5
BADALONA	59,1	64,6463	54,95
BURGOS	60,2		66,52
GERONA	68,7	62,8871	105,8712
LAS PALMAS	133,79	118,9461	249,2063
LEÓN	78,5569	45,941	62,3704
LOGROÑO	112,49	128,7812	98,3708
MADRID	169,6631	94,2608	21,04
MURCIA	70,2408	94,8632	33,62
ORENSE	156,4161	146,1734	161,8481
PAMPLONA	293,171	215,7	247,0669
SANTANDER	112,37	89,04	76,52
SEVILLA	48,3816	37,14	190,8022
TOLEDO	74,5	43,52	87,0145
VALLADOLID	84,7954	29,2	70,1089

Registro: 1 de 16 Sin filtro Buscar

Esta tabla muestra cómo están distribuidas las ventas por ciudad y por vendedor.

© Editions ENI - Reproducción prohibida

Sin utilizar el Asistente

- Cree una nueva consulta (sin utilizar el Asistente) insertando las tablas o las consultas necesarias para la elaboración de la tabla de referencias cruzadas.
- Inserte tres campos en la cuadrícula de diseño:
  - el campo cuyos valores constituirán los encabezados de fila de la tabla de referencias cruzadas,
  - el campo cuyos valores constituirán los encabezados de columna de la tabla de referencias cruzadas,
  - el campo o la expresión que contenga los valores en los que se basa la elaboración de la tabla.
- Convierta la consulta en una tabla de referencias cruzadas haciendo clic en el botón **General** del grupo **Tipo de consulta** (pestaña **Diseño de consulta**).

  *Las filas **Tab ref cruz** y **Total** aparecerán en la cuadrícula de diseño.*
- En la fila **Total**, seleccione la operación que permitirá el cálculo de los valores de la tabla en la columna adecuada.

  Las operaciones asignadas a otros campos deben ser **Agrupar por**.
- En la fila **Tab ref cruz**, indique, para cada campo, si los valores del campo deben aparecer como **Encabezado de fila** o **Encabezado de columna**, o si deben utilizarse para completar la tabla (**Valor**).

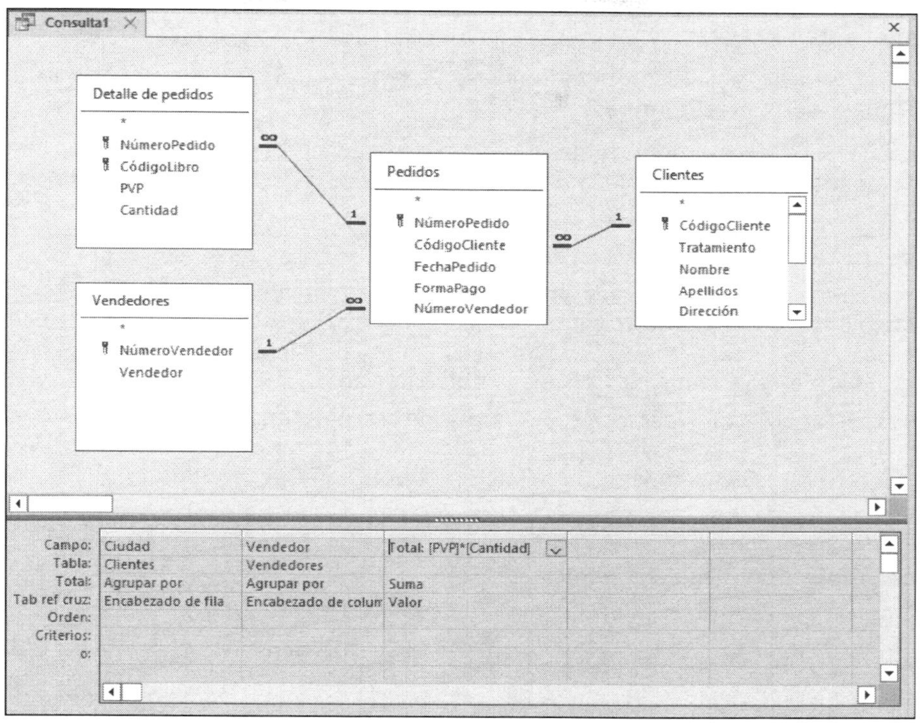

- Haga clic en el botón **Ejecutar** del grupo **Resultados** para ejecutar la consulta y ver el resultado.
- Guarde la consulta y, a continuación, ciérrela si es necesario.

Es posible insertar varios encabezados de fila, pero solo un encabezado de columna.

Con el Asistente

Si todos los datos necesarios para la elaboración de la tabla se encuentran en una misma tabla o consulta, podrá utilizarse el Asistente para consultas de tabla de referencias cruzadas. De lo contrario, deberá crear una consulta que agrupe todos los campos que necesitará posteriormente y, a continuación, utilizar esta consulta para la elaboración de la consulta de tabla de referencias cruzadas.

- En la pestaña **Crear**, haga clic en el botón **Asistente para consultas** del grupo **Consultas**.

© Editions ENI - Reproducción prohibida

- Seleccione la opción **Asist. consultas de tabla ref. cruzadas** y, a continuación, haga clic en el botón **Aceptar**.
- En la sección **Ver**, active la opción correspondiente a la lista de objetos que desee ver: **Tablas**, **Consultas** o **Ambas**.
- Seleccione en la lista el nombre de la tabla o de la consulta que contenga los campos que desee integrar en la consulta de tabla de referencias cruzadas y, a continuación, haga clic en el botón **Siguiente**.
- Indique los campos que desee añadir a la consulta.
  - Seleccione en la lista **Campos disponibles** todos los campos cuyos valores deban constituir los encabezados de fila de la tabla de referencias cruzadas (3 campos como máximo) y, a continuación, haga clic en el botón > .
  - Para insertar todos los campos (opción disponible para aquellas tablas que contengan un máximo de 3 campos), haga clic en el botón >> .
  - Para quitar un campo de la consulta, selecciónelo en la lista **Campos seleccionados** y, a continuación, haga clic en el botón < .
  - Para quitar todos los campos seleccionados, haga clic en el botón << .
- Haga clic en el botón **Siguiente** para acceder al siguiente paso.
- Seleccione en la lista el campo cuyos valores constituirán los encabezados de columna de la tabla de referencias cruzadas y, a continuación, haga clic en el botón **Siguiente**.
- En la sección **Campos**, seleccione el campo que contenga los valores en los que se basa la elaboración de la tabla.
- En la sección **Funciones**, seleccione la función que permitirá el cálculo de los valores de la tabla.

- Marque o no la opción **Sí, incluir sumas de filas** en función de si desea o no calcular el total de cada fila.

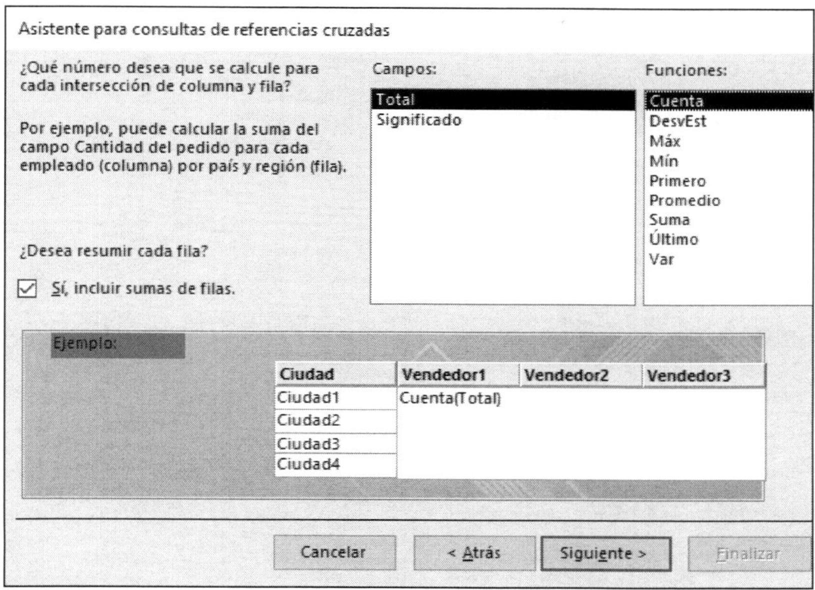

- Haga clic en el botón **Siguiente** para acceder al siguiente paso.
- Introduzca el nombre con el que se debe guardar la consulta.
- Active la primera o la segunda opción en función de si desea acceder a la hoja de datos (**Ver la consulta**) o a la estructura de la consulta (**Modificar el diseño**).
- Haga clic en el botón **Finalizar**.

© Editions ENI - Reproducción prohibida

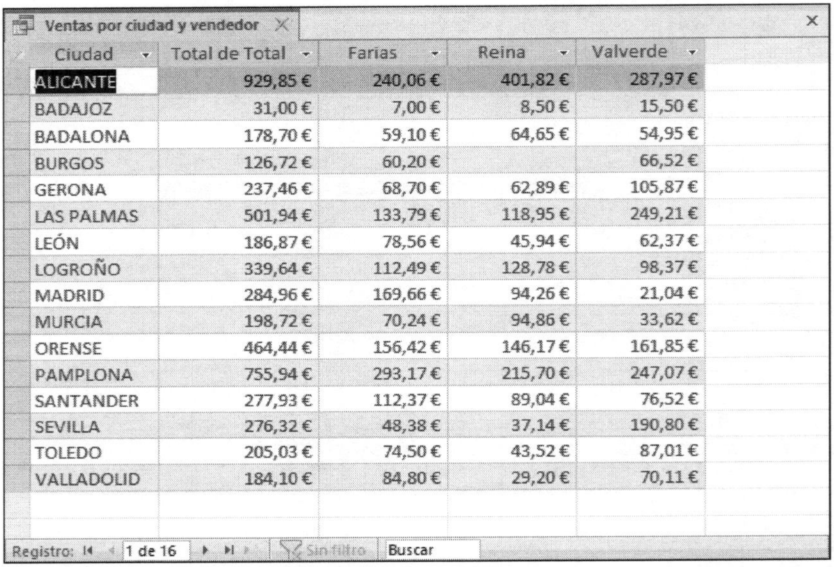

Ventas por ciudad y vendedor

Ciudad	Total de Total	Farias	Reina	Valverde
ALICANTE	929,85 €	240,06 €	401,82 €	287,97 €
BADAJOZ	31,00 €	7,00 €	8,50 €	15,50 €
BADALONA	178,70 €	59,10 €	64,65 €	54,95 €
BURGOS	126,72 €	60,20 €		66,52 €
GERONA	237,46 €	68,70 €	62,89 €	105,87 €
LAS PALMAS	501,94 €	133,79 €	118,95 €	249,21 €
LEÓN	186,87 €	78,56 €	45,94 €	62,37 €
LOGROÑO	339,64 €	112,49 €	128,78 €	98,37 €
MADRID	284,96 €	169,66 €	94,26 €	21,04 €
MURCIA	198,72 €	70,24 €	94,86 €	33,62 €
ORENSE	464,44 €	156,42 €	146,17 €	161,85 €
PAMPLONA	755,94 €	293,17 €	215,70 €	247,07 €
SANTANDER	277,93 €	112,37 €	89,04 €	76,52 €
SEVILLA	276,32 €	48,38 €	37,14 €	190,80 €
TOLEDO	205,03 €	74,50 €	43,52 €	87,01 €
VALLADOLID	184,10 €	84,80 €	29,20 €	70,11 €

Registro: 1 de 16 Sin filtro Buscar

- Para mostrar la consulta en la Vista Diseño y poder modificar su estructura, haga clic en el botón **Ver** del grupo **Vistas** (pestaña **Inicio**) o en el botón **Vista Diseño** de la barra de estado.

  *El botón permite acceder de nuevo a la vista **Hoja de datos**.*

- Guarde las modificaciones realizadas en la consulta y, a continuación, ciérrela si es necesario.

Crear una consulta de búsqueda de no coincidentes

*El **Asistente búsqueda de no coincidentes** permite buscar los registros de una tabla o de una consulta que no tienen ninguna relación con los de otra tabla o consulta.*

- En la pestaña **Crear**, haga clic en el botón **Asistente para consultas** del grupo **Consultas**.
- Seleccione la opción **Asistente búsqueda de no coincidentes** y, a continuación, haga clic en el botón **Aceptar**.

- Active una de las opciones de la sección **Ver** en función de los objetos que desee mostrar en la lista: **Tablas**, **Consultas** o **Ambas**.
- En la lista, seleccione el nombre de la tabla o de la consulta que contenga los registros que desee mostrar en la consulta de búsqueda de no coincidentes y, a continuación, haga clic en el botón **Siguiente**.
- Active una de las opciones de la sección **Ver** en función de los objetos (tablas o consultas) que desee mostrar en la lista.
- Seleccione el nombre de la tabla o de la consulta que contenga los registros relacionados con la tabla o la consulta seleccionadas en el paso anterior y, a continuación, haga clic en el botón **Siguiente**.

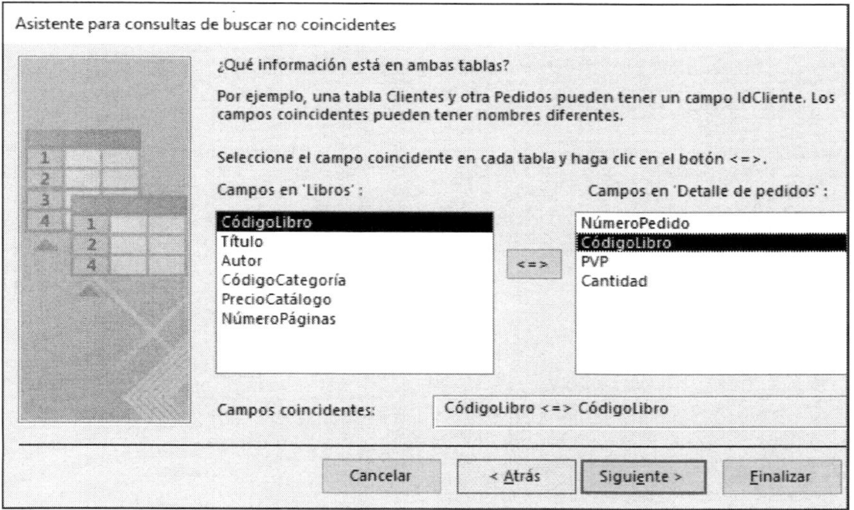

En cada lista, se seleccionará el campo común a las dos tablas (o consultas); estos campos pueden tener nombres distintos.

- Si el campo seleccionado en cada lista no es el campo común a las dos tablas (o consultas), seleccione los campos correspondientes en las listas y, a continuación, haga clic en el botón <=>.
- Haga clic en el botón **Siguiente** para acceder al siguiente paso.

© Editions ENI - Reproducción prohibida

- Indique qué campos desea insertar en la consulta de búsqueda de no coincidentes:
  - Seleccione cada campo que desee insertar en la lista **Campos disponibles** y, a continuación, haga clic en el botón >.
  - Para insertar todos los campos, haga clic en el botón >>.
  - Seleccione cada campo que desee quitar en la lista **Campos seleccionados** y, a continuación, haga clic en el botón <.
  - Para quitar todos los campos, haga clic en el botón <<.
- Haga clic en el botón **Siguiente**.
- Introduzca el nombre con el que se debe guardar la consulta.
- Active la primera o la segunda opción en función de si desea acceder a la hoja de datos (**Ver los resultados**) o a la estructura de la consulta (**Modificar el diseño**).
- Haga clic en el botón **Finalizar**.

Libros nunca vendidos

Códigol	Título	Códig	PrecioCatálogo
20	Pirineo Catalán 2005	EV	7,12 €
23	El árbol amarillo	LI	6,00 €
26	Antología poética	LI	11,59 €
33	La celestina	LI	10,95 €
47	Vida de Don Quijote y Sancho	LI	9,00 €
68	La casa del alfabeto	PO	8,50 €
76	Sabotaje olímpico	LI	14,25 €
77	La sombra del viento	LI	19,00 €
80	Nata soy	LI	8,08 €
81	El incendio del paraíso	LI	17,10 €
124	Cinco cerditos	PO	5,70 €
125	Cita con la muerte...	PO	16,62 €
126	El hombre del traje color castaño-cianuro	PO	9,02 €
127	El secreto de Chimney's	PO	5,51 €
128	Inocencia trágica	PO	5,51 €
129	La casa del alfabeto	PO	8,50 €
130	La sirenita	HU	13,25 €
131	Mortadelo y Filemón: Parque de atraccio	HU	5,95 €
132	100 años de comic	HU	9,45 €
133	Mortadelo y Filemón: Atenas 2004	HU	9,45 €
134	Mortadelo y Filemón: Atlanta 96	HU	9,45 €
135	Mortadelo y Filemón: ¡El estrellato!	HU	9,45 €
136	Tintín: Aterrizaje en la luna	HU	9,14 €
137	Tintín: El asunto Tornasol	HU	9,14 €

Registro: 1 de 180 Sin filtro Buscar

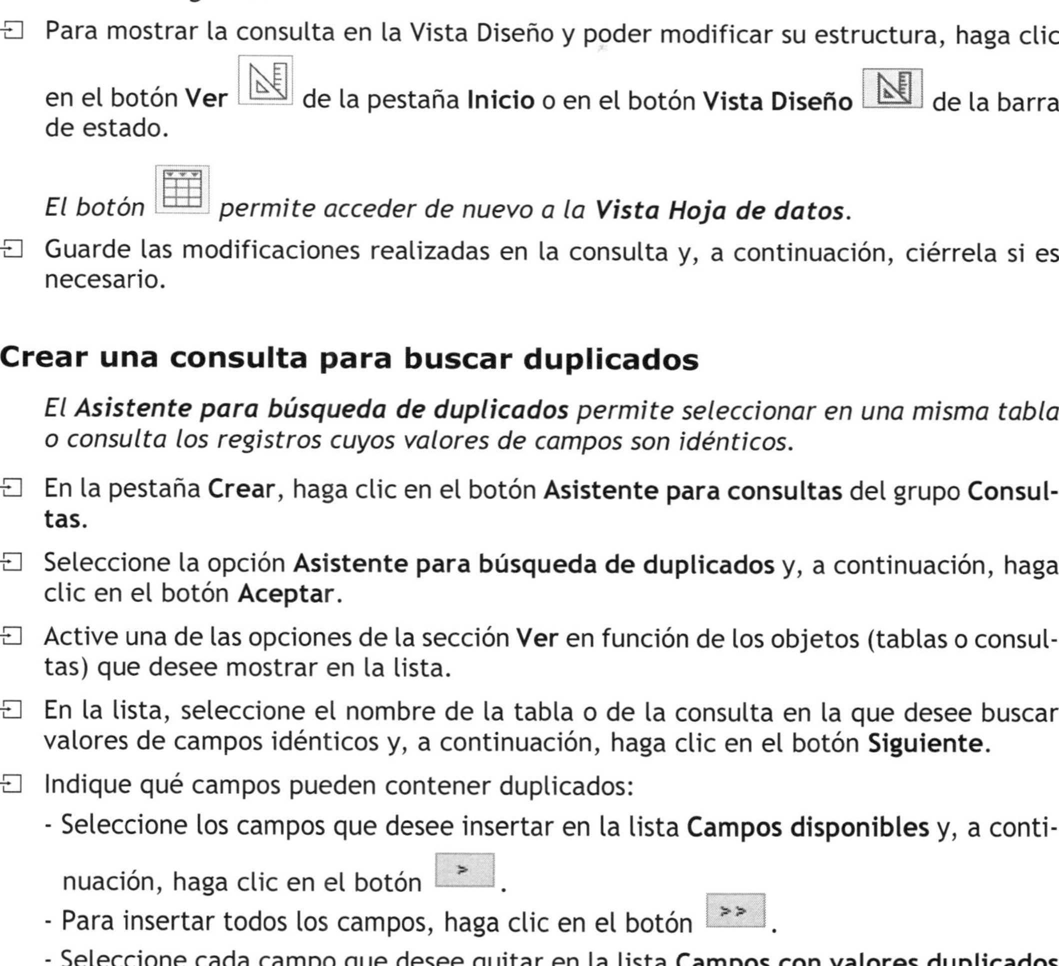

En nuestro ejemplo, esta consulta permite ver la lista de los libros que no han sido nunca encargados.

- Para mostrar la consulta en la Vista Diseño y poder modificar su estructura, haga clic en el botón **Ver** de la pestaña **Inicio** o en el botón **Vista Diseño** de la barra de estado.

*El botón permite acceder de nuevo a la **Vista Hoja de datos**.*

- Guarde las modificaciones realizadas en la consulta y, a continuación, ciérrela si es necesario.

Crear una consulta para buscar duplicados

*El **Asistente para búsqueda de duplicados** permite seleccionar en una misma tabla o consulta los registros cuyos valores de campos son idénticos.*

- En la pestaña **Crear**, haga clic en el botón **Asistente para consultas** del grupo **Consultas**.
- Seleccione la opción **Asistente para búsqueda de duplicados** y, a continuación, haga clic en el botón **Aceptar**.
- Active una de las opciones de la sección **Ver** en función de los objetos (tablas o consultas) que desee mostrar en la lista.
- En la lista, seleccione el nombre de la tabla o de la consulta en la que desee buscar valores de campos idénticos y, a continuación, haga clic en el botón **Siguiente**.
- Indique qué campos pueden contener duplicados:
  - Seleccione los campos que desee insertar en la lista **Campos disponibles** y, a continuación, haga clic en el botón >.
  - Para insertar todos los campos, haga clic en el botón >>.
  - Seleccione cada campo que desee quitar en la lista **Campos con valores duplicados** y, a continuación, haga clic en el botón <.
  - Para quitar todos los campos, haga clic en el botón <<.

© Editions ENI - Reproducción prohibida

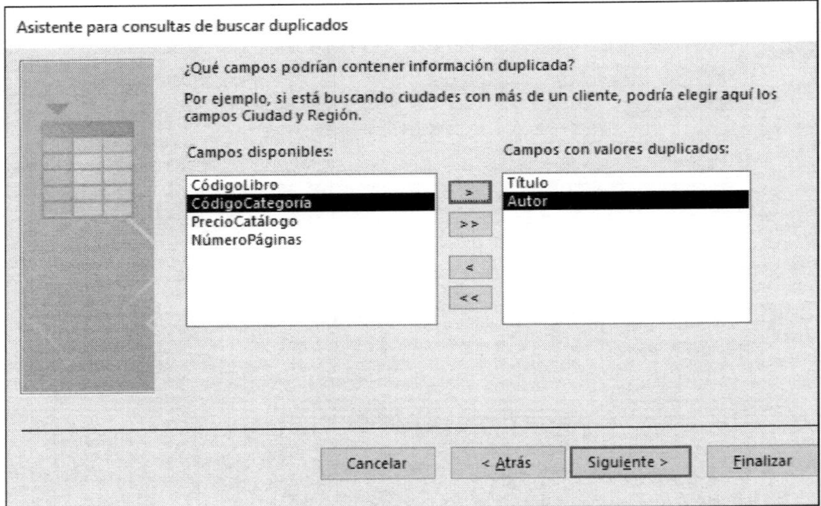

- Haga clic en el botón **Siguiente**.
- Seleccione, además de los campos que contengan duplicados, los campos que desee que aparezcan en la consulta. Para ello, realice el mismo procedimiento que para agregar campos que puedan contener duplicados (paso anterior).
- Haga clic en el botón **Siguiente**.
- Introduzca el nombre con el que se debe guardar la consulta.
- Active la primera o la segunda opción en función de si desea acceder a la hoja de datos (**Ver los resultados**) o a la estructura de la consulta (**Modificar el diseño**).
- Haga clic en el botón **Finalizar**.

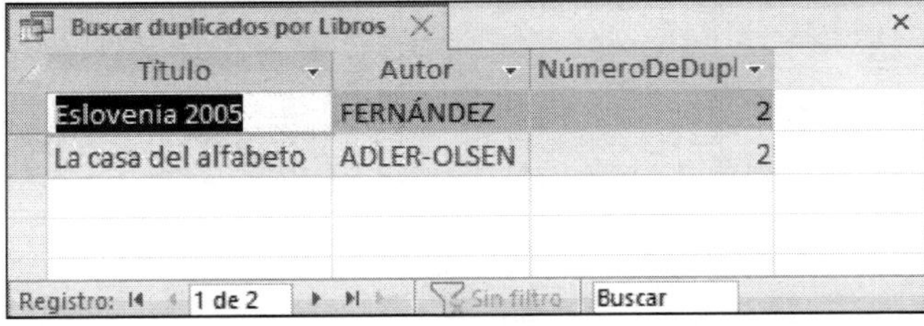

*En nuestro ejemplo, esta consulta permite ver los registros con los mismos valores en los campos **Título** y **Autor**.*

- Para mostrar la consulta en la Vista Diseño y poder modificar su estructura, haga clic en el botón **Ver** de la pestaña **Inicio** o en el botón **Vista Diseño** de la barra de estado.

  El botón permite acceder de nuevo a la vista ***Hoja de datos****.*

- Guarde las modificaciones realizadas en la consulta y, a continuación, ciérrela si es necesario.

© Editions ENI - Reproducción prohibida

Insertar un campo calculado en una consulta

- Muestre la estructura de la consulta a la que desee agregar un campo calculado.
- Haga clic en la primera celda vacía de la fila **Campo**.
- Especifique el nombre del campo calculado seguido de la expresión correspondiente con la forma **Nombre: expresión**.

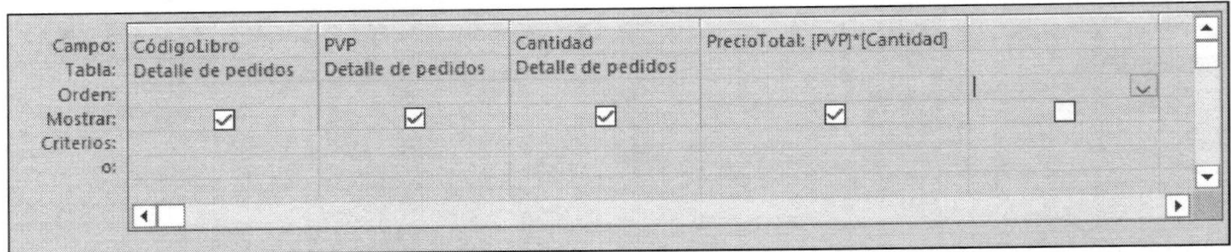

El campo Importe total permite calcular el total por libro solicitado.

- Haga clic en el botón **Ejecutar** del grupo **Resultados** para ejecutar la consulta y ver el resultado.
- Guarde las modificaciones realizadas en la consulta haciendo clic en la herramienta y, a continuación, ciérrela si es necesario.

No está obligado a especificar el nombre del campo calculado. Si no especifica un nombre, Access le asignará uno del tipo Expr1.

Realizar un cálculo estadístico sin agrupamiento

El cálculo estadístico puede basarse en todos los registros o solamente en un grupo de registros. Por ejemplo: número de clientes en la tabla o número de clientes que viven en Barcelona, Madrid, etc.

- Muestre la estructura de la consulta a la que desee agregar un campo calculado.
- Inserte en la cuadrícula de diseño de la consulta el campo en el que se basará el cálculo estadístico.
- Haga clic en el botón **Totales** del grupo **Mostrar u ocultar** (pestaña **Diseño de consulta**) para que aparezca la fila **Total** en la cuadrícula de diseño.

  *Si vuelve a hacer clic en el botón **Totales**, se ocultará la fila **Total**.*

- Haga clic en la fila **Total** de la columna correspondiente y seleccione en la lista el cálculo estadístico que desee realizar: **Suma**, **Promedio**, **Mín**, **Máx**, **Cuenta**, **DesvEst**, **Var**, **Primero** (muestra el primer valor encontrado en la tabla entre los registros seleccionados) y **Último** (muestra el último valor del campo).
- Inserte, si es necesario, los campos en los que se basan los criterios de selección.

  *Access les asignará automáticamente el total **Agrupar por**.*
- Seleccione para estos campos el total **Dónde**.

  *La opción **Mostrar** se desactivará automáticamente.*
- Para cada criterio que deba definir, haga clic en la fila **Criterios** de la columna del campo correspondiente y, a continuación, introduzca el criterio.

  Ejemplo: ¿Cuántos clientes hay?

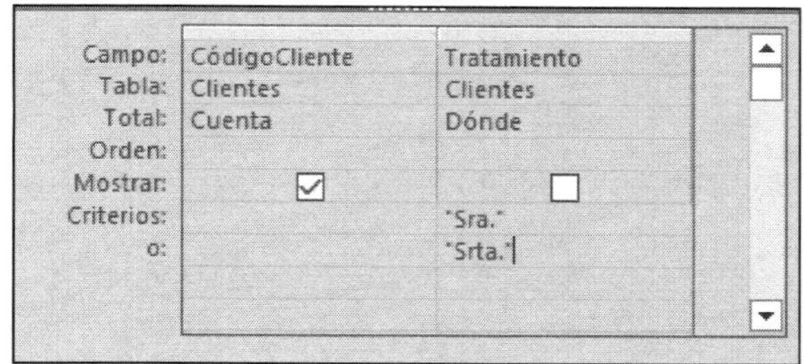

- Haga clic en el botón **Ejecutar** del grupo **Resultados** para ejecutar la consulta y ver el resultado.
- Guarde las modificaciones realizadas en la consulta haciendo clic en la herramienta y, a continuación, ciérrela si es necesario.

© Editions ENI - Reproducción prohibida

Realizar un cálculo estadístico con agrupamiento

Al efectuar un cálculo estadístico por grupo de registros, pueden presentarse tres casos:

- *Puede realizar un cálculo estadístico por grupo de registros sin aplicar criterios de selección. Por ejemplo, ¿cuántos clientes viven en cada ciudad?*
- *Puede realizar un cálculo estadístico con todos los registros de la tabla y, a continuación, seleccionar los grupos de registros cuyos resultados respondan a ciertos criterios. Por ejemplo, contabilice el número de clientes por ciudad y, a continuación, seleccione las ciudades en las que este número sea superior a 5.*
- *Puede seleccionar determinados registros y, a continuación, realizar el cálculo estadístico sobre ellos. Por ejemplo, seleccione los clientes nacidos antes del 01/01/1975 y, a continuación, contabilícelos por ciudad.*

El cálculo se basa en todos los registros

- Muestre la estructura de la consulta para la que desee realizar un cálculo estadístico con agrupamiento que se base en todos los registros.
- Inserte en la cuadrícula de diseño el campo utilizado para agrupar los registros.
- Haga clic en el botón **Totales** del grupo **Mostrar u ocultar** (pestaña **Diseño de consulta**) para que aparezca la fila **Total** en la cuadrícula de diseño y, a continuación, compruebe que el total propuesto sea **Agrupar por**.
- Inserte en la cuadrícula de diseño el campo en el que se basa el cálculo estadístico y, a continuación, seleccione en el cuadro combinado **Total** la función correspondiente al cálculo estadístico que desee realizar.

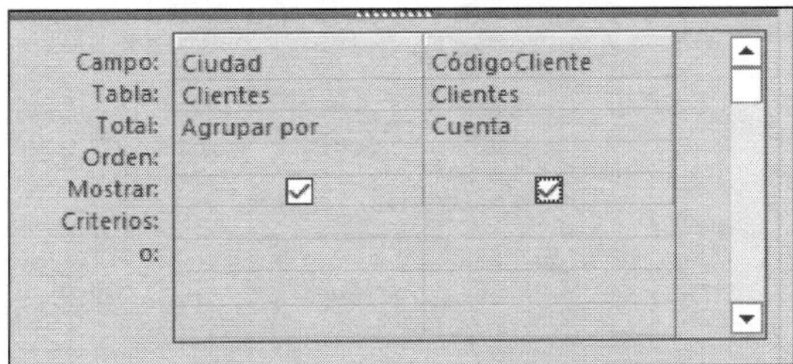

- Haga clic en el botón **Ejecutar** del grupo **Resultados** para ejecutar la consulta y ver el resultado.

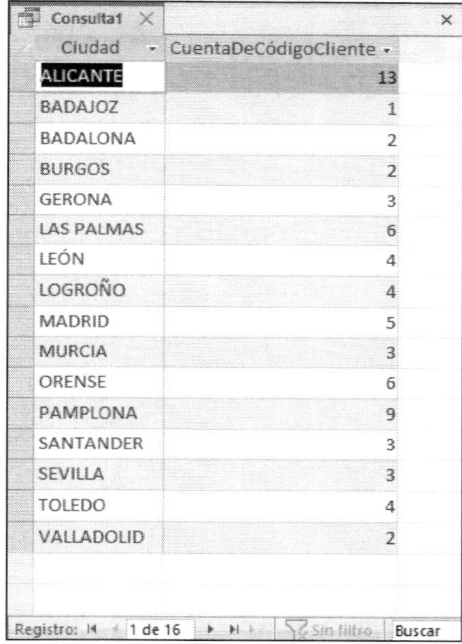

Consulta1

Ciudad	CuentaDeCódigoCliente
ALICANTE	13
BADAJOZ	1
BADALONA	2
BURGOS	2
GERONA	3
LAS PALMAS	6
LEÓN	4
LOGROÑO	4
MADRID	5
MURCIA	3
ORENSE	6
PAMPLONA	9
SANTANDER	3
SEVILLA	3
TOLEDO	4
VALLADOLID	2

Registro: 1 de 16 Sin filtro Buscar

Esta hoja de datos muestra el número de clientes para cada ciudad.

- Guarde las modificaciones realizadas en la consulta haciendo clic en la herramienta  y, a continuación, ciérrela si es necesario.

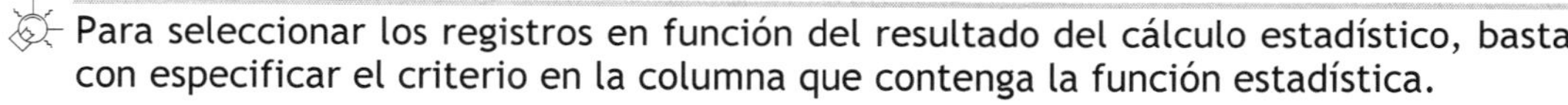

Para seleccionar los registros en función del resultado del cálculo estadístico, basta con especificar el criterio en la columna que contenga la función estadística.

© Editions ENI - Reproducción prohibida

El cálculo se basa en determinados registros

- Muestre la estructura de la consulta en la que desee realizar un cálculo estadístico con agrupamiento basado en determinados registros.
- Inserte el campo utilizado para agrupar los registros en la cuadrícula de diseño.
- Haga clic en el botón **Totales** del grupo **Mostrar u ocultar** (pestaña **Diseño de consulta**) para que aparezca la fila **Total** y, a continuación, asegúrese de que el total propuesto sea **Agrupar por**.
- Inserte en la cuadrícula de diseño el campo en el que se basa el cálculo estadístico y, a continuación, seleccione en el cuadro combinado **Total** la función correspondiente al cálculo estadístico que desee realizar.
- Inserte en la cuadrícula de diseño los campos en los que se basan los criterios de selección y, a continuación, seleccione para dichos campos el total **Donde**.
- Especifique el o los criterios de selección.

  Por ejemplo, esta consulta contabiliza el número de clientes de cada ciudad, nacidos antes del 1 de enero de 1975.

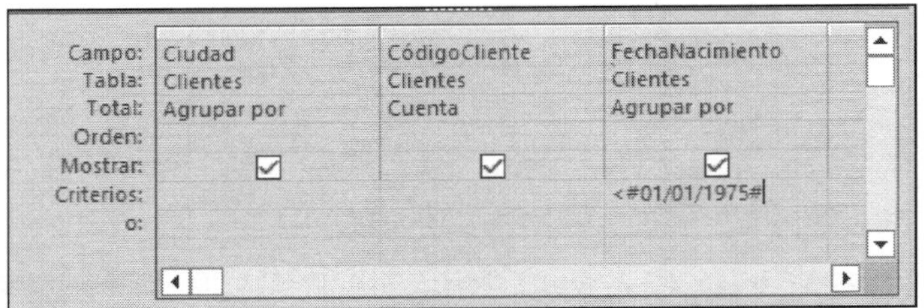

- Haga clic en el botón **Ejecutar** del grupo **Resultados** (pestaña **Diseño de consulta**) para ejecutar la consulta y ver el resultado.
- Guarde las modificaciones realizadas en la consulta haciendo clic en la herramienta  y, a continuación, ciérrela si es necesario.

Eliminar registros a través de una consulta

Las consultas de eliminación permiten eliminar rápidamente los registros que cumplen los criterios propuestos.

Crear una consulta de eliminación

- En primer lugar, cree una consulta de selección que permita seleccionar los registros correspondientes: solo deben insertarse los campos en los que se basen los criterios.
- Haga clic en el botón **Ejecutar** del grupo **Resultados** (pestaña **Diseño de consulta**) para comprobar la lista de registros.
- Haga clic en el botón de la barra de estado para mostrar de nuevo la estructura de la consulta.
- Para transformar la consulta de selección en una consulta de eliminación, haga clic en el botón **Eliminar** del grupo **Tipo de consulta** (pestaña **Diseño de consulta**).

  *La fila **Eliminar** aparecerá en la cuadrícula de diseño, y la fila **Mostrar** habrá desaparecido.*
- Si es necesario, guarde la consulta haciendo clic en la herramienta .

Ejecutar la consulta de eliminación

- Desde el panel de navegación, haga doble clic en el nombre de la consulta: el icono asociado a este tipo de consulta contiene un signo de exclamación: .
  Desde la vista Diseño de la consulta, haga clic en el botón **Ejecutar** del grupo **Resultados** (pestaña **Diseño de consulta**).
- Si es necesario, haga clic en el botón **Sí** del mensaje que le informa que va a ejecutar una consulta de eliminación.

  Este mensaje aparecerá únicamente si la consulta se ejecuta desde el panel de navegación.

  Un segundo mensaje le informará del número de filas que se eliminarán.
- Haga clic en el botón **Sí** para confirmar la eliminación.
- En el panel de navegación, haga doble clic en el nombre de la tabla de la que se hayan eliminado los registros para comprobar su contenido.

© Editions ENI - Reproducción prohibida

Crear una tabla a través de una consulta

En este caso, se trata de crear una nueva tabla a partir de los registros de una tabla ya existente.

- Cree una consulta de selección que permita seleccionar los registros que desee insertar en la nueva tabla: todos los campos que desee ver en la nueva tabla deberán estar insertados en la consulta.
- Haga clic en el botón **Ejecutar** del grupo **Resultados** (pestaña **Diseño de consulta**) para comprobar la lista de registros.
- Haga clic en el botón de la barra de estado para mostrar de nuevo la estructura de la consulta.
- Transforme la consulta de selección en una consulta de acción haciendo clic en el botón **Crear tabla** del grupo **Tipo de consulta** (pestaña **Diseño de consulta**).
- Introduzca el nombre que desee asignar a la nueva tabla en el cuadro de texto **Nombre de la tabla.**

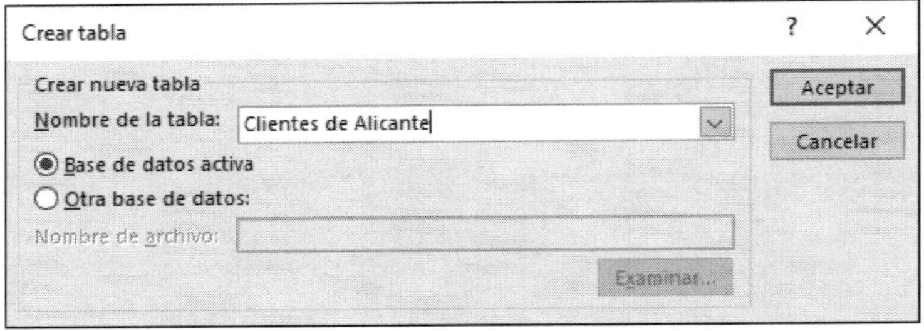

- Indique si la tabla debe crearse en la base de datos activa o en otra base de datos activando la opción **Base de datos activa** u **Otra base de datos.**
- Si ha decidido crear la tabla en otra base de datos, selecciónela a través del botón **Examinar.**
- Haga clic en el botón **Aceptar.**
- Guarde la consulta haciendo clic en la herramienta .
- Para ejecutar la consulta de creación de tabla, haga doble clic en su nombre en el panel de navegación o, desde su vista Diseño, haga clic en el botón **Ejecutar** del grupo **Resultados** (pestaña **Diseño de consulta**).

En el panel de navegación, podrá observar que el icono de este tipo de consultas es diferente del icono de las consultas de selección.

- Haga clic en el botón **Sí** del mensaje que le informa de que va a ejecutar una consulta de creación de tabla.

  Este mensaje aparecerá únicamente si la consulta se ejecuta desde el panel de navegación.

- A continuación, haga clic en el botón **Sí** del mensaje que le informa del número de filas que copiará en la nueva tabla.
- En el panel de navegación, haga doble clic en el nombre de la nueva tabla para comprobar su contenido.

Agregar registros a una tabla a través de una consulta

En este caso, se trata de crear una consulta que permitirá agregar registros de una tabla existente a otra tabla de la base de datos activa o de otra base de datos.

- Cree una consulta de selección que le permita seleccionar los registros que desee insertar en la otra tabla: todos los campos que desee mostrar en la tabla de destino deberán estar insertados en la consulta. Obviamente, estos campos deben existir en la tabla de origen.
- Haga clic en el botón **Ejecutar** del grupo **Resultados** (pestaña **Diseño de consulta**) para comprobar la lista de registros.
- Haga clic en el botón de la barra de estado para mostrar de nuevo la estructura de la consulta.
- Convierta la consulta de selección en una consulta de anexión haciendo clic en el botón **Anexar** del grupo **Tipo de consulta** (pestaña **Diseño de consulta**).
- Indique si desea agregar registros a una tabla de la base de datos activa o a una tabla de otra base de datos activando la opción **Base de datos activa** u **Otra base de datos**.
- Si ha decidido agregar registros a una tabla de otra base de datos, seleccione esta base de datos a través del botón **Examinar**.

© Editions ENI - Reproducción prohibida

- En la lista **Nombre de la tabla**, seleccione la tabla a la que desee agregar los registros.

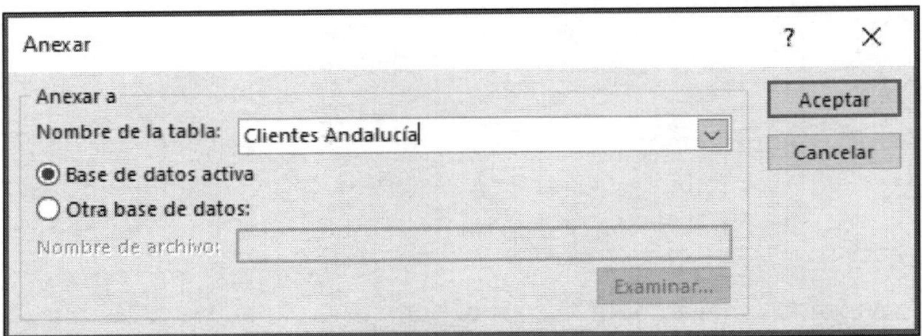

- Haga clic en el botón **Aceptar**.

  Desde este momento, en la cuadrícula de diseño aparecerá una fila ***Anexar a*** *que mostrará los campos de la tabla de destino que coinciden con los de la tabla de origen. Si esto no ocurre para ciertos campos, Access los dejará vacíos.*

- Es posible que en la fila **Anexar a** determinados campos aparezcan entre corchetes (por ejemplo, [nombre]). En ese caso, deberá eliminarlos, ya que, de lo contrario, no podrá ejecutar correctamente la consulta de anexión. Para cada campo, haga clic en el campo que aparece en la fila **Anexar a**, abra la lista correspondiente y, a continuación, seleccione el campo de destino.
- Guarde la consulta haciendo clic en la herramienta .
- Para ejecutar la consulta de anexión, haga doble clic en su nombre en el panel de navegación o, desde su vista Diseño, haga clic en el botón **Ejecutar** del grupo **Resultados** (pestaña **Diseño de consulta**).
- Si es necesario, haga clic en el botón **Sí** del mensaje que le informa que va a ejecutar una consulta de anexión.

  Este mensaje aparecerá únicamente si la consulta se ejecuta desde el panel de navegación.

- Haga clic en el botón **Sí** del mensaje que confirma la adición de los registros.
- En el panel de navegación, haga doble clic en el nombre de la tabla a la que se hayan añadido los registros para comprobar su contenido.

Actualizar determinados registros a través de una consulta

Las consultas de actualización se utilizan para modificar los valores de determinados campos.

- Cree primero una consulta de selección que le permita seleccionar los registros correspondientes: solo debe insertar en la consulta el campo cuyo valor deba modificarse y el o los campos en los que se basen los criterios.
- Haga clic en el botón **Ejecutar** del grupo **Resultados** (pestaña **Diseño de consulta**) para comprobar la lista de registros.
- Haga clic en el botón para mostrar de nuevo la estructura de la consulta.
- Convierta la consulta de selección en una consulta de actualización haciendo clic en el botón **Actualizar** del grupo **Tipo de consulta** (pestaña **Diseño de consulta**).

  *Aparecerá una fila **Actualizar a**, y la fila **Mostrar** dejará de estar visible (este tipo de consulta no permite mostrar registros).*

- En la fila **Actualizar a**, haga clic en la columna correspondiente al campo cuyos valores desee modificar y, a continuación, introduzca la expresión que permitirá la actualización:

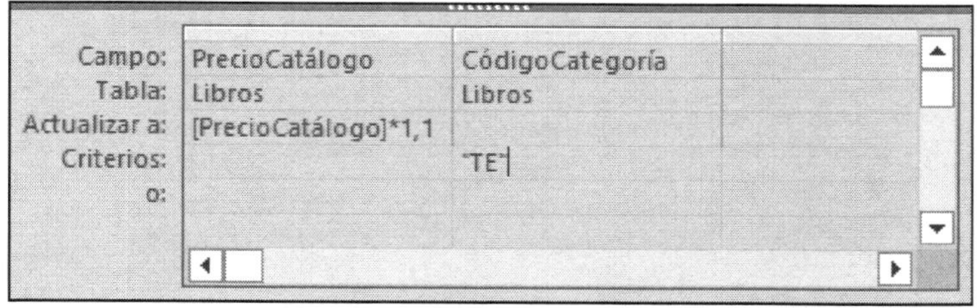

Esta consulta debe aumentar un 10% el precio de los artículos de la categoría TE.

- Si es necesario, guarde la consulta haciendo clic en la herramienta .
- Para ejecutar la consulta de actualización, haga doble clic en su nombre en el panel de navegación o, desde su vista Diseño, haga clic en el botón **Ejecutar** del grupo **Resultados** (pestaña **Diseño de consulta**).
- Si es necesario, haga clic en el botón **Sí** del mensaje que le informa de que se va a ejecutar una consulta de actualización.

© Editions ENI - Reproducción prohibida

Este mensaje aparecerá únicamente si la consulta se ejecuta desde el panel de navegación.

- A continuación, haga clic en el botón **Sí** del mensaje que confirma la actualización de registros.
- En el panel de navegación, haga doble clic en el nombre de la tabla cuyos registros se hayan actualizado para comprobar su contenido.

Copiar una tabla o una consulta de Access en Excel o Word estableciendo un vínculo

- Abra la base de datos que contenga la tabla o la consulta que desee copiar.
- Seleccione el nombre de la tabla o de la consulta que desee copiar en el panel de navegación.
- En la pestaña **Inicio**, haga clic en el botón **Copiar** del grupo **Portapapeles** o utilice el método abreviado de teclado Ctrl **C**.
- Abra la aplicación Word o la aplicación Excel y, a continuación, abra el libro o el documento donde se deba copiar el contenido de la tabla o de la consulta.
- Coloque el punto de inserción en el lugar en el que se deberán copiar los datos.
- Abra la lista del botón **Pegar** del grupo **Portapapeles** y, a continuación, haga clic en la opción **Pegado especial**.
- Active la opción **Pegar vínculo**.
- Seleccione el formato en el que se deberán pegar los datos en la lista **Como**.
- Haga clic en el botón **Aceptar**.

  Los datos de los campos se distribuyen en las columnas de la hoja de cálculo o en una tabla de Word.

  Al abrir el libro de Excel, podrá actualizar las modificaciones de los datos realizadas en Access. Al abrir un documento de Word, los datos se actualizarán automáticamente.
- Guarde, si es necesario, el libro o el documento y, a continuación, ciérrelo.

Para copiar una tabla o una consulta de Access en Excel o Word sin establecer ningún vínculo, utilice el método de copia clásico (**Copiar - Pegar**).

Exportar un objeto a una base de datos de Access

- Abra la base de datos que contenga el objeto que desee exportar a otra base de datos de Access.
- En el panel de navegación, haga clic en el nombre del objeto que desee exportar.
- En la pestaña **Datos externos**, haga clic en el botón **Access** del grupo **Exportar**.

© Editions ENI - Reproducción prohibida

- Especifique la ruta de acceso y el nombre de la base de datos de destino en la sección **Nombre de archivo**, o haga clic en el botón **Examinar** para seleccionarla.
- Haga clic en el botón **Aceptar**.

  *Aparecerá en la pantalla el cuadro de diálogo **Exportar**.*

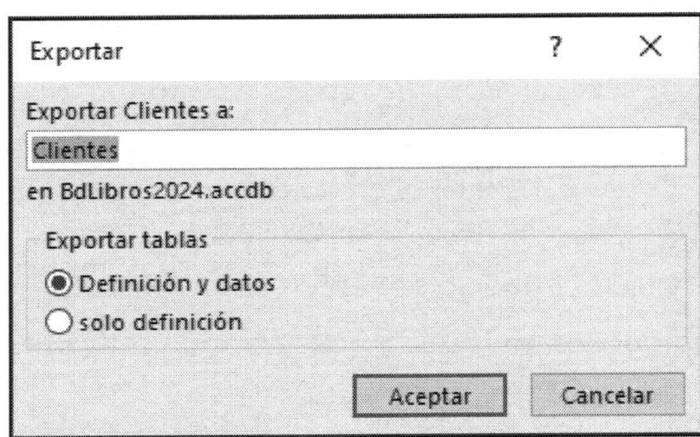

- En el cuadro de texto, modifique, si es necesario, el nombre que desee asignar al objeto en la base de datos de destino.
- Si el objeto exportado es una tabla, active una de las opciones de la sección **Exportar tablas** en función de si desea exportar la estructura y los datos de la tabla (**Definición y datos**), o únicamente la estructura (**solo definición**).
- Haga clic en el botón **Aceptar**.

  *Si un objeto de la base de datos de destino tiene el mismo nombre que el especificado en el cuadro de diálogo **Exportar**, Access le preguntará si debe reemplazar el objeto existente por el exportado.*

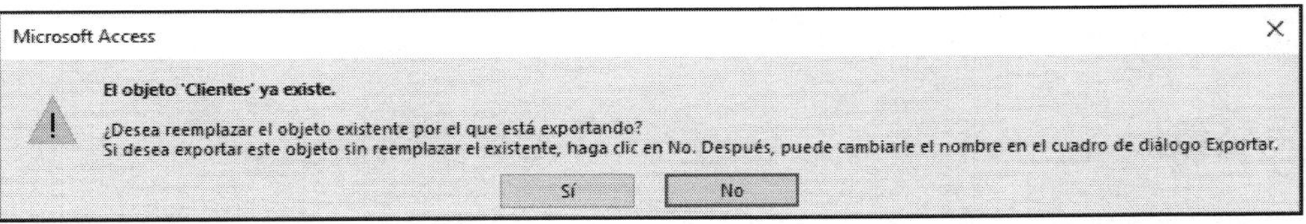

- En ese caso, haga clic en el botón **Sí** para reemplazar el objeto existente en la base de datos de destino por el objeto exportado o seleccione el botón **No** para mostrar el cuadro de diálogo **Exportar** con el fin de asignar otro nombre al objeto.

Atención: no podrá reemplazar el objeto existente por el objeto exportado si el primero forma parte de una o de varias relaciones. En ese caso, deberá asignar otro nombre al objeto exportado.

Marque la opción **Guardar pasos de exportación** si desea poder repetir este proceso de exportación más tarde sin utilizar el Asistente.

En ese caso, aparecerán en la ventana las opciones relacionadas con la acción de guardar la exportación.

Si es necesario, modifique el nombre asignado al proceso de exportación en el cuadro de texto **Guardar como** y, a continuación, introduzca si es preciso una descripción en la sección **Descripción**.

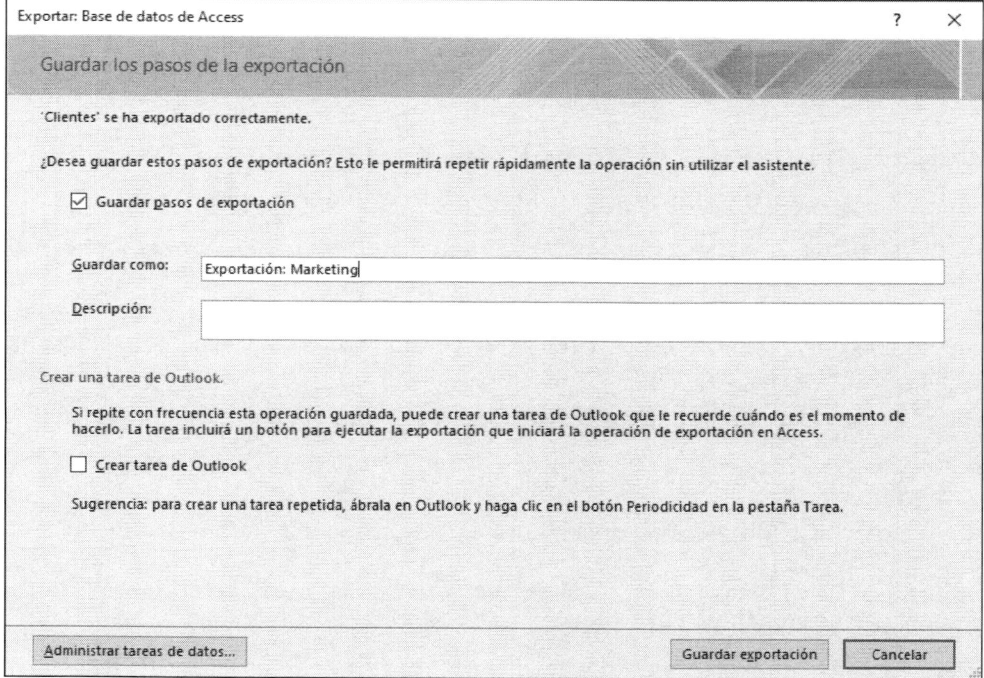

Marque la opción **Crear tarea de Outlook** si desea crear una tarea que le permita recordar cuándo debe realizar esta operación de exportación.

*Utilice esta opción únicamente si dispone de la aplicación **Outlook**.*

© Editions ENI - Reproducción prohibida

- En función de si ha guardado o no la exportación, haga clic en el botón **Guardar exportación** o en el botón **Cerrar**.
- Si ha decidido crear una tarea de Outlook, rellene la ventana de creación de la tarea que aparece en la pantalla y, a continuación, haga clic en el botón **Guardar y cerrar** de la pestaña **Tarea**.

  *En Outlook, el proceso de exportación podrá iniciarse a través del botón **Ejecutar exportación** que aparece en la ventana de la tarea (pestaña **Tarea** y grupo **Microsoft Access**).*

También puede exportar la tabla o la consulta seleccionadas a una base de datos de ODBC, como SQL Server, haciendo clic en la opción **Bases de datos de ODBC**, que aparece en la lista asociada al botón **Más** de la pestaña **Datos externos** (grupo **Exportar**). De igual manera, Access soporta dBASE: ahora es posible importar o adjuntar datos almacenados en archivos dBASE, así como exportar datos a archivos dBASE.

Exportar un objeto a Word, a Excel o a un documento HTML

- Abra la base de datos que contenga el objeto que desee exportar.
- Si deben exportarse todos los registros contenidos en el objeto, haga clic en el nombre de dicho objeto en el panel de navegación para seleccionarlo.

  Si solo se deben exportar algunos registros, abra el objeto (tabla o consulta) haciendo doble clic en su nombre en el panel de navegación y, a continuación, seleccione los registros que desee exportar.
- Haga clic en la pestaña **Datos externos**.
- Para exportar el objeto a una hoja de cálculo de Excel, haga clic en el botón **Excel** del grupo **Exportar**.

  Para exportar el objeto a un documento con extensión **rtf**, que se puede abrir con la aplicación Word, haga clic en el botón **Más** del grupo **Exportar** y, a continuación, seleccione la opción **Word**.

  Para exportar el objeto a un documento HTML, haga clic en el botón **Más** del grupo **Exportar** y, a continuación, seleccione la opción **Documento HTML**.
- En la sección **Nombre de archivo**, modifique, si es necesario, la ruta de acceso y el nombre del archivo de destino.

De forma predeterminada, se tomará el nombre del objeto como el nombre del archivo.

- En el caso de una exportación a una hoja de cálculo de Excel, modifique, si es necesario, el formato del archivo a través de las opciones de la lista **Formato de archivo.**
- Para mantener el formato y el diseño de los datos exportados, marque la opción **Exportar datos con formato y diseño.**

Esta opción está disponible únicamente durante la exportación de una tabla o de una consulta a una hoja de cálculo o a un documento HTML (no está disponible para los formularios e informes). Si exporta un objeto a un documento de Word o un formulario o un informe al formato Excel o HTML, esta opción estará siempre seleccionada, pero no estará disponible porque aparecerá atenuada: los datos exportados conservarán automáticamente su formato y su diseño.

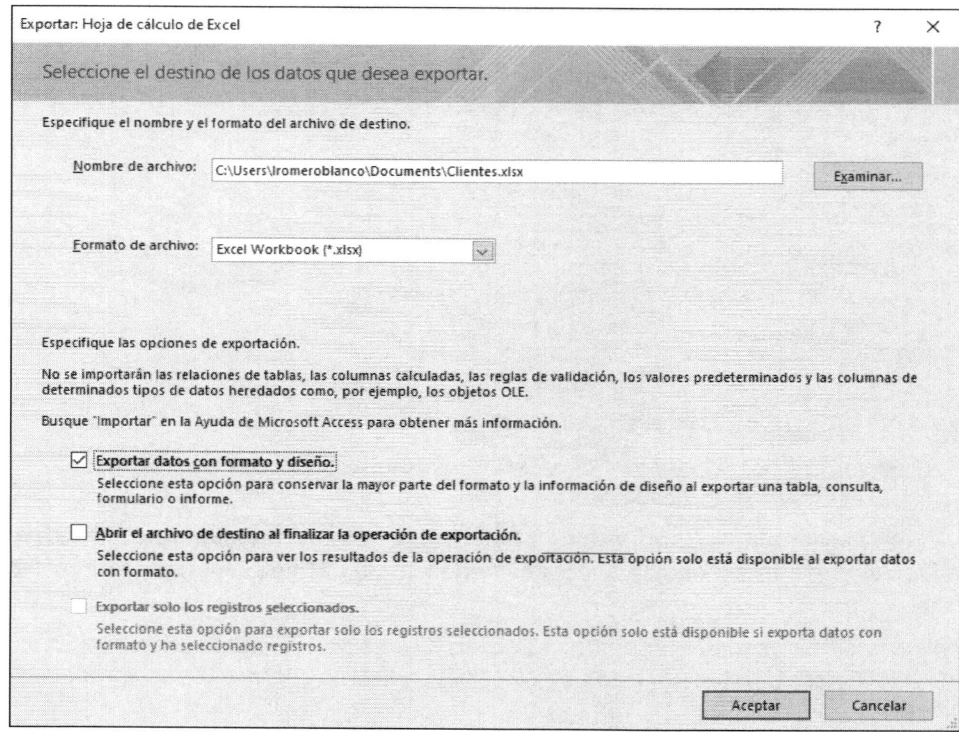

© Editions ENI - Reproducción prohibida

- Para abrir el archivo de destino de la exportación en su aplicación correspondiente para ver el resultado, marque la opción **Abrir el archivo de destino al finalizar la operación de exportación**.

  *Esta opción solo está disponible si la opción **Exportar datos con formato y diseño** está marcada.*

- Para exportar únicamente los registros seleccionados, marque la opción **Exportar solo los registros seleccionados**.

  *Esta opción está disponible si la opción **Abrir el archivo de destino al finalizar la operación de exportación** está marcada y se han seleccionado registros previamente.*

- Haga clic en el botón **Aceptar**.

  *Si ha decidido exportar los datos a un documento HTML, aparecerá en la pantalla el cuadro de diálogo **Opciones para resultados HTML**.*

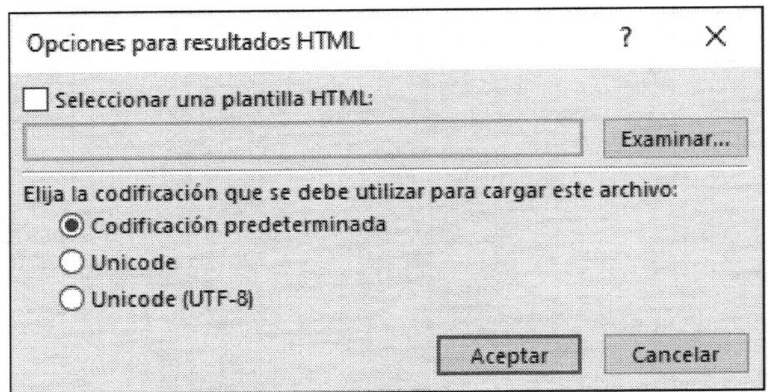

- En ese caso, seleccione una plantilla HTML o el tipo de codificación que quiera utilizar para guardar este archivo y, a continuación, haga clic en el botón **Aceptar**.

  Si ha decidido abrir el archivo de destino al finalizar la operación de exportación, este aparecerá en su aplicación.

- Si es necesario, cierre la aplicación Word o Excel o el navegador y, a continuación, active de nuevo la aplicación Access haciendo clic en el botón correspondiente de la barra de tareas.

  *Si ha exportado todo el contenido del objeto (no ha seleccionado la opción **Exportar solo los registros seleccionados**), Access le propondrá guardar los pasos de la exportación.*

- Marque la opción **Guardar pasos de exportación** si posteriormente desea poder repetir esta operación de exportación sin utilizar el Asistente.

Aparecerán en la ventana las opciones relacionadas con la acción de guardar la exportación.

- Si es necesario, modifique el nombre asignado al proceso de exportación en el cuadro de texto **Guardar como** y, a continuación, si lo desea, introduzca una descripción en la sección **Descripción**.
- Marque la opción **Crear tarea de Outlook** si desea crear una tarea que le permita recordar cuándo debe realizar esta operación de exportación.

  *Utilice esta opción únicamente si dispone de la aplicación **Outlook**.*
- En función de si ha guardado o no la exportación, haga clic en el botón **Guardar exportación** o en el botón **Cerrar**.
- Si ha decidido crear una tarea de Outlook, rellene la ventana de creación de la tarea que aparece en la pantalla y, a continuación, haga clic en el botón **Guardar y cerrar** de la pestaña **Tarea**.

  *En Outlook, el proceso de exportación se podrá iniciar a través del botón **Ejecutar exportación** que aparece en la ventana de la tarea (pestaña **Tarea** y grupo **Microsoft Access**).*

Si ha exportado un objeto a un documento de extensión rtf, que se puede abrir con la aplicación Word, puede guardar este documento en formato Word (.docx): haga clic en la pestaña **Archivo**, seleccione la opción **Exportar** y, a continuación, haga clic en la opción **Cambiar el tipo de archivo**. A continuación, haga clic en la opción **Documento (*.docx)** y seleccione el botón **Guardar como**.

Exportar un objeto a un archivo de texto

- Abra la base de datos que contenga el objeto que desee exportar a un archivo de texto.
- Si se deben exportar todos los registros contenidos en el objeto, haga clic en el nombre de dicho objeto en el panel de navegación.

  Si solo se deben exportar algunos registros, abra el objeto (tabla o consulta) haciendo doble clic en su nombre en el panel de navegación y, a continuación, seleccione los registros que desee exportar.
- En la pestaña **Datos externos**, haga clic en el botón **Archivo de texto** del grupo **Exportar**.
- En la sección **Nombre de archivo**, modifique, si es necesario, la ruta de acceso y el nombre del archivo de destino.

© Editions ENI - Reproducción prohibida

De forma predeterminada, se tomará el nombre del objeto como el nombre del archivo.

- Especifique las opciones de exportación a través de las opciones de la sección **Especifique las opciones de exportación**. Para obtener más información relacionada con estas opciones, consulte el apartado anterior Exportar un objeto a Word, a Excel o a un documento HTML.
- Haga clic en el botón **Aceptar**.
- Si ha decidido exportar los datos incluyendo el formato y el diseño, seleccione en el cuadro de diálogo que aparece el tipo de codificación que desee utilizar para guardar el archivo y, a continuación, haga clic en el botón **Aceptar**. A continuación, siga los mismos pasos que para la exportación de un objeto a Word, a Excel o a un documento HTML (véase el apartado anterior).
- Si ha decidido no exportar los datos con formato y diseño, aparecerá en la pantalla la ventana del **Asistente para exportación de texto**.

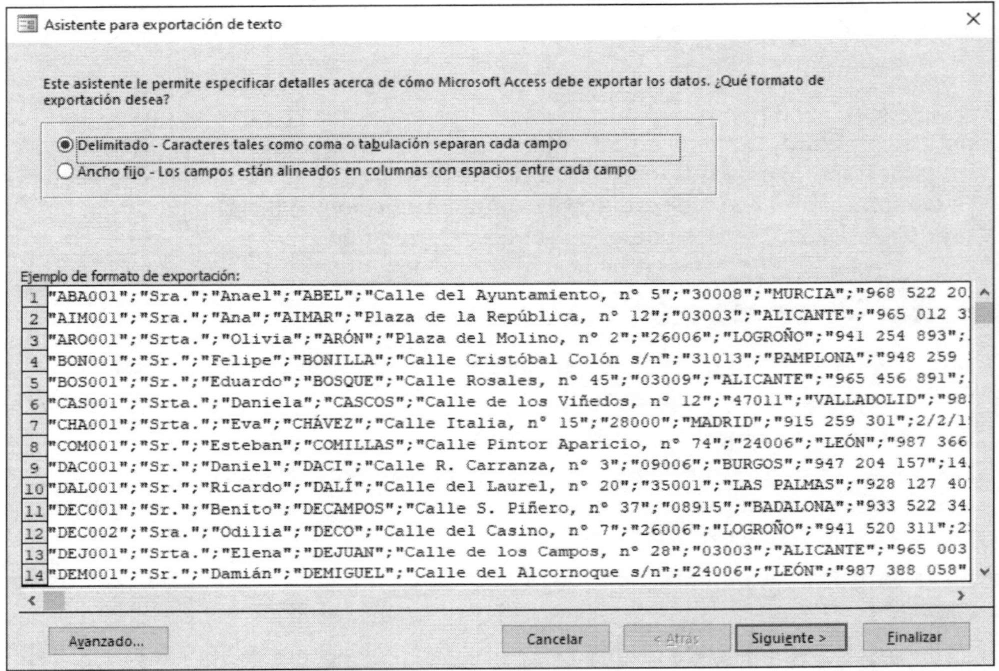

- En ese caso, seleccione el formato de exportación de datos activando una de las siguientes opciones:

Delimitado	Para que los campos estén separados por tabulaciones, comas, punto y coma, espacios, etc.
Ancho fijo	Para que los campos se alineen en columnas separadas por espacios.

- Haga clic en el botón **Siguiente** para acceder al siguiente paso.
- Si ha decidido exportar los datos al formato de texto de tipo **Delimitado**, seleccione el delimitador que separará los campos activando una de las opciones propuestas en la sección correspondiente y, a continuación, especifique si desea o no mostrar los nombres de los campos en la primera fila marcando o no la opción **Incluir nombres de campo en la primera fila**. Modifique, si es necesario, el carácter utilizado para delimitar el texto a través de la lista **Cualificador de texto**.

  Si ha decidido exportar los datos al formato de tipo **Ancho fijo**, modifique, si es necesario, la posición de los separadores de campo arrastrando las líneas correspondientes.
- Haga clic en el botón **Siguiente**.
- Modifique, si es necesario, la ruta de acceso y el nombre del archivo de destino en el cuadro de texto **Exportar al archivo** y, a continuación, haga clic en el botón **Finalizar**.
- Si desea poder repetir posteriormente esta operación de exportación sin utilizar el Asistente, marque la opción **Guardar pasos de exportación** y, a continuación, defina las opciones relacionadas con la acción de guardar la exportación (véase el apartado anterior Exportar un objeto a Word, a Excel o a un documento HTML).
- En función de si ha guardado o no la exportación, haga clic en el botón **Guardar exportación** o en el botón **Cerrar**.
- Si ha decidido crear una tarea de Outlook, rellene la ventana de creación de la tarea que aparece en la pantalla y, a continuación, haga clic en el botón **Guardar y cerrar** de la pestaña **Tarea**.

© Editions ENI - Reproducción prohibida

Vincular datos a un documento de combinación de correspondencia de Word

Se trata de asociar los datos de una tabla o de una consulta a un documento de Word para que pueda elaborar un documento de combinación de correspondencia que permita, por ejemplo, enviar un gran número de cartas e, incluso, imprimir sobres o etiquetas.

- En el panel de navegación, seleccione el nombre de la tabla o de la consulta que contenga los datos que desee vincular a un documento de combinación de correspondencia de Word.

  Solo se puede seleccionar una parte de los registros contenidos en una tabla o una consulta.

- En la pestaña **Datos externos**, haga clic en el botón **Combinar con Word** del grupo **Exportar**.

  Aparecerá en la pantalla la ventana del ***Asistente para combinar correspondencia con Microsoft Word****.*

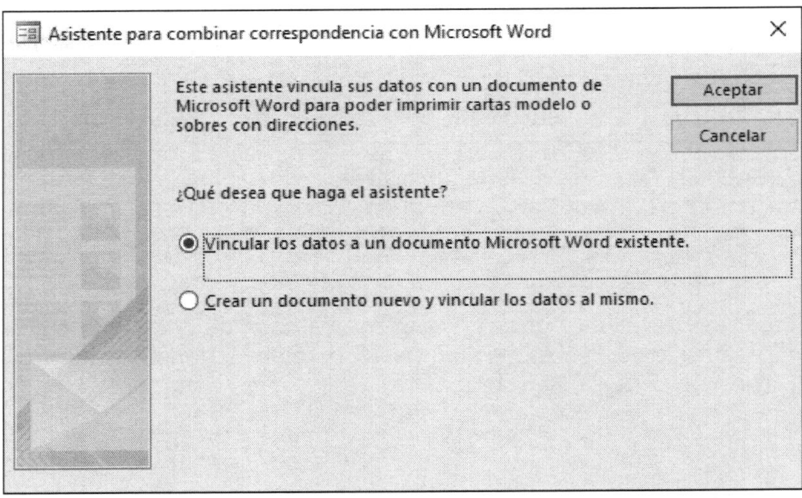

- Si el documento de Word al que desea vincular los datos ya existe, active la opción **Vincular los datos a un documento Microsoft Word existente**. De lo contrario, active la opción **Crear un documento nuevo y vincular los datos al mismo**.

- Haga clic en el botón **Aceptar**.

- Si ha decidido vincular los datos a un documento existente, selecciónelo en el cuadro de diálogo **Seleccionar un documento de Microsoft Word** y, a continuación, haga clic en el botón **Abrir**.

  Se abrirá la aplicación Word y, según la opción seleccionada anteriormente, mostrará el documento especificado o un nuevo documento. El contenido del objeto exportado (el origen de los datos) se adjuntará (o vinculará) al documento de combinación de correspondencia.

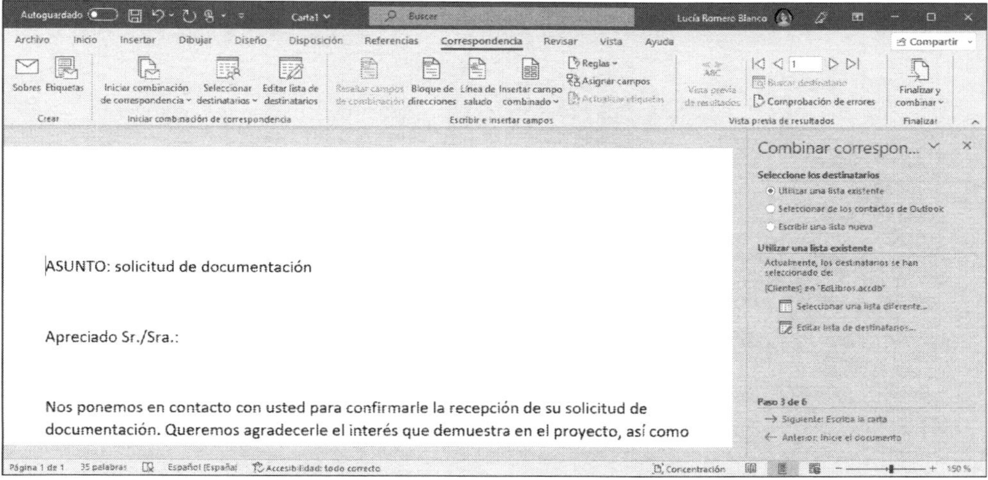

- Para mostrar el contenido de la lista de datos, en la pestaña **Correspondencia**, haga clic en el botón **Editar lista de destinatarios**.

© Editions ENI - Reproducción prohibida

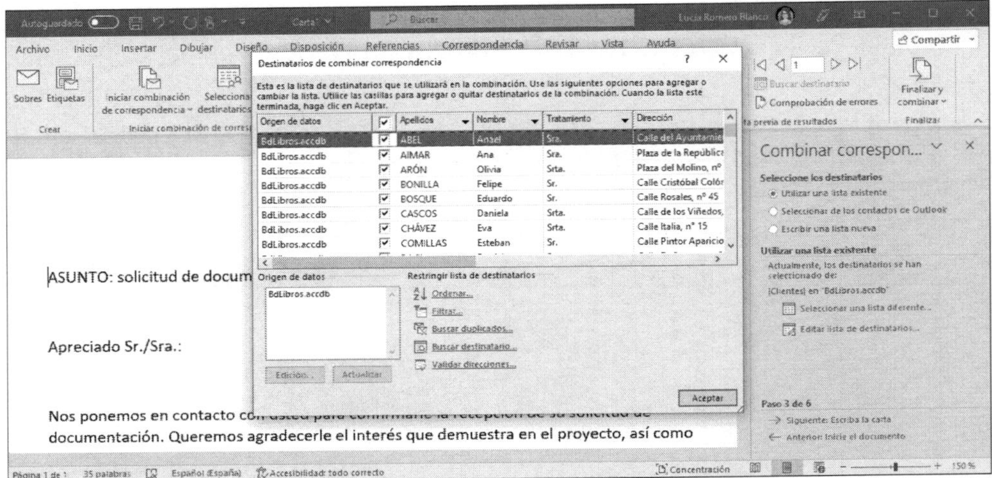

En el ejemplo anterior, el contenido de la tabla Clientes de la base de datos BdLibros se ha asociado al documento de correspondencia Carta1.docx.

Haga clic en el botón **Aceptar** para cerrar la ventana de datos.

- A continuación, pase a la creación del *mailing*. Encontrará todas las explicaciones necesarias sobre la creación de un *mailing* en el libro Word 2021 de la colección Ofimática Profesional.

Importar o vincular datos procedentes de un documento de texto, Excel, XML o HTML

- Abra la base de datos en la que desee importar o vincular datos y, a continuación, haga clic en la pestaña **Datos externos**.
- Para importar o vincular datos procedentes de una hoja de cálculo de Excel, haga clic en el botón **Nuevo origen de datos** del grupo Importar y vincular, elija **De un archivo** y seleccione **Excel**.

  Para importar o vincular datos procedentes de un archivo de texto, haga clic en el botón **Nuevo origen de datos** del grupo Importar y vincular, elija **De un archivo** y seleccione **Archivo de texto**.

  Para importar o vincular datos procedentes de un archivo XML, haga clic en el botón **Nuevo origen de datos** del grupo **Importar y vincular**, elija **De un archivo** y seleccione **Archivo XML**.

- En la sección **Nombre de archivo**, especifique la ruta de acceso y el nombre del archivo que contenga los datos que desee importar o vincular, o haga clic en el botón **Examinar** para seleccionarlo.
- Especifique la forma en la que desee almacenar los datos:

  Importar el origen de datos en una nueva tabla de la base de datos actual: los datos se almacenarán en una nueva tabla.

  Anexar una copia de los registros a la tabla: para añadir los datos a una tabla existente, abra la lista asociada y, a continuación, seleccione la tabla en cuestión.

  Vincular al origen de datos creando una tabla vinculada: para crear una nueva tabla vinculada a los datos de origen. De esta forma, todas las modificaciones realizadas en el archivo de origen se reflejarán en la tabla vinculada correspondiente en Access. Y, al contrario, no podrá modificar los datos de origen desde la tabla vinculada, pero podrá añadir registros a la tabla vinculada en Access.
- Haga clic en el botón **Aceptar**.

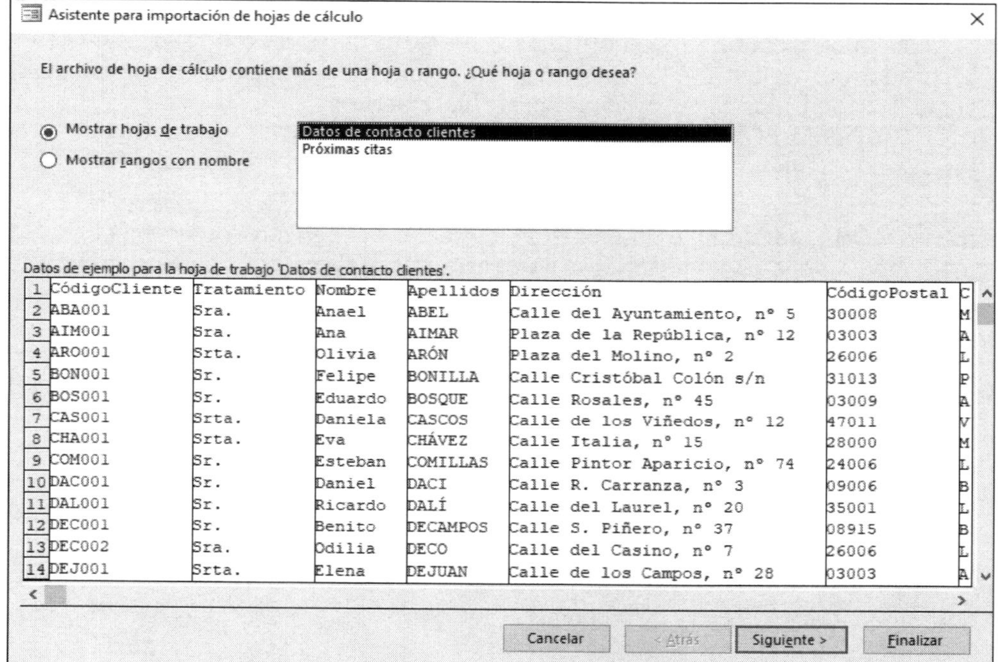

*Aparecerá el primer paso del Asistente para importación. El contenido de la ventana de este primer paso cambiará en función del tipo de datos importados: **Texto**, **HTML**, **XML** o **Excel**. En el ejemplo anterior, los datos importados proceden de un archivo de Microsoft Excel.*

- Si importa o vincula datos con formato de texto, el Asistente le informará si los datos del archivo de texto son de tipo **Delimitado** (los campos están separados por tabulaciones, comas, punto y coma, espacios, etc.) o de tipo **Ancho fijo** (los campos están alineados en columnas y separados por espacios). Deje activada la opción seleccionada.

  Si el tipo de datos importados procede de un archivo de Excel, y este contiene varias hojas de cálculo o rangos con nombre, active la opción **Mostrar hojas de trabajo** y, a continuación, seleccione la hoja que contenga los datos que desee importar o active la opción **Mostrar rangos con nombre** y, a continuación, seleccione el nombre del rango que contenga los datos que desee importar.

  Si los datos importados o vinculados están en formato HTML, no aparecerá este paso.

- Si importa datos procedentes de un archivo de texto o Excel, haga clic en el botón **Siguiente** para acceder al siguiente paso.

- Si importa o vincula datos en el formato de texto de tipo **Delimitado**, seleccione el separador que delimitará los campos y, a continuación, indique si los nombres de los campos deben mostrarse en la primera fila marcando o no la opción **Primera fila contiene nombres de campos**; si los datos son de tipo **Ancho fijo**, defina el ancho de los campos siguiendo las instrucciones que aparecen en el cuadro de diálogo.

  Si los datos importados o vinculados proceden de un archivo de Excel o de un documento HTML, indique si los nombres de los campos deben mostrarse en la primera fila marcando o no la opción **Primera fila contiene encabezados de columna** y, a continuación, si es necesario, haga clic en el botón **Aceptar** del mensaje que le propone modificar el nombre de los campos que no son válidos como nombre de campo de Access; en el caso de una importación de datos en una tabla existente, no tendrá acceso a esta opción, que estará siempre seleccionada, pero aparecerá atenuada y, por tanto, no estará disponible.

- Haga clic en el botón **Siguiente** para acceder al siguiente paso.

- Si ha decidido importar los datos a una nueva tabla o vincularlos, defina las opciones de cada campo que desee importar:
  - Haga clic en la columna correspondiente.
  - Modifique, si es necesario, el nombre del campo en el cuadro de texto **Nombre de campo**.
  - Especifique si el campo debe estar indexado con o sin duplicados en la lista **Indexado**.

- Modifique, si es necesario, el tipo de datos del campo a través de la lista **Tipo de dato**.
- Si el campo no debe importarse a la nueva tabla, marque la opción **No importar el campo (Saltar)**.

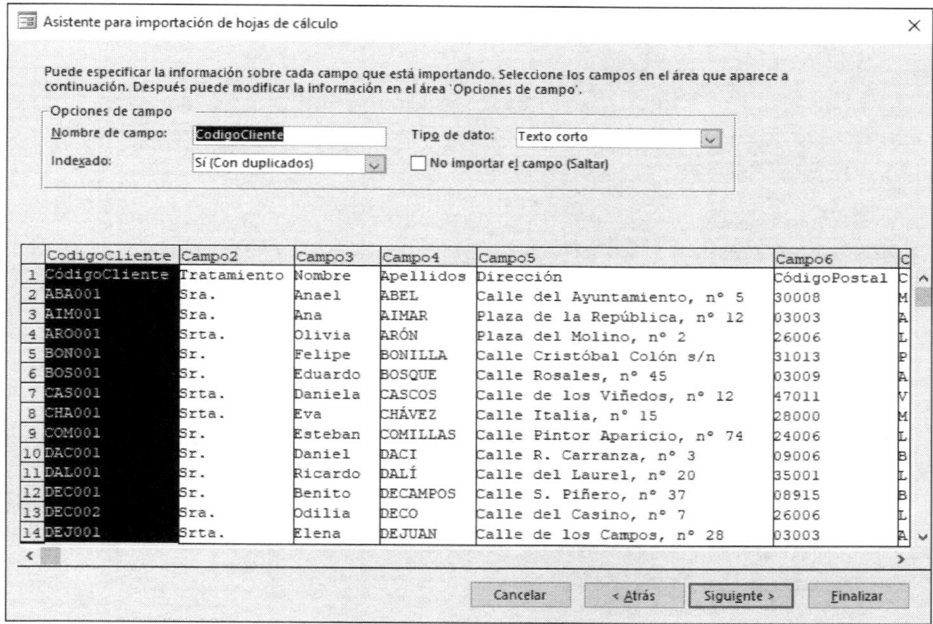

Este paso no aparecerá si vincula datos de Excel a una base de datos de Access.

- Haga clic en el botón **Siguiente**.
- Si ha decidido importar los datos en una nueva tabla y desea definir una clave principal para esta tabla, active la primera opción si desea que Access la añada por usted o marque la segunda opción si desea seleccionarla usted mismo en la lista asociada a la opción. Si no se debe definir ninguna clave principal para la nueva tabla, active la opción **Sin clave principal**. A continuación, haga clic en el botón **Siguiente**.
- Si ha decidido importar los datos en una nueva tabla o vincularlos, introduzca el nombre de la tabla en la sección **Importar a la tabla** o **Nombre de la tabla vinculada** y, a continuación, haga clic en el botón **Finalizar**.

  Si ha decidido importar los datos en una tabla existente, no modifique el contenido de la sección **Importar a la tabla** y haga clic directamente en el botón **Finalizar**.

© Editions ENI - Reproducción prohibida

- Si desea poder repetir posteriormente esta operación de importación sin utilizar el Asistente, marque la opción **Guardar pasos de importación** y, a continuación, defina las opciones relacionadas con la acción de guardar la importación (véase el apartado Exportar un objeto a Word, a Excel o a un documento HTML).

  Si ha creado una tabla vinculada, Access no le propondrá guardar la importación.

- En función de si ha guardado o no la importación, haga clic en el botón **Guardar importación** o en el botón **Cerrar**.
- Si ha decidido crear una tarea de Outlook, rellene la ventana de creación de la tarea que aparece en la pantalla y, a continuación, haga clic en el botón **Guardar y cerrar** de la pestaña **Tarea**.

El botón **Archivo XML** permite importar datos procedentes de un archivo XML, mientras que las opciones del botón **De una base de datos** permite importar o vincular datos desde una base de datos.

En Access, la tabla vinculada se actualiza automáticamente (en función de los datos de origen) cada vez que la abre. En el panel de navegación, aparece un icono específico (por ejemplo, para los datos de Excel) que indica que una tabla está vinculada.

Importar o vincular datos procedentes de los contactos de Outlook

Esta función solo está disponible si trabaja con Microsoft Exchange Server.

- Abra la base de datos en la que desee importar o vincular datos de Outlook y, a continuación, haga clic en la pestaña **Datos externos**.
- Haga clic en el botón **Nuevo origen de datos** del grupo **Importar y vincular**, elija **De otros origenes**, seleccione la opción **Carpeta de Outlook**.
- Especifique la forma en la que desee almacenar los datos:

  Importar el origen de datos en una nueva tabla de la base de datos actual: los datos se almacenarán en una nueva tabla.

  Anexar una copia de los registros a la tabla: para añadir los datos a una tabla existente, abra la lista asociada y, a continuación, seleccione la tabla en cuestión.

Vincular al origen de datos creando una tabla vinculada: para crear una nueva tabla vinculada a los datos de origen. De esta forma, todas las modificaciones realizadas en el archivo de origen se reflejarán en la tabla vinculada correspondiente en Access. Y, al contrario, no podrá modificar los datos de origen desde la tabla vinculada, pero podrá añadir registros a la tabla vinculada en Access.

- Haga clic en el botón **Aceptar**.
- Seleccione el perfil de Outlook que contenga los contactos que desee importar o vincular.

  Solo se mostrará esta etapa si tiene varios perfiles de Outlook.
- Seleccione la libreta de direcciones que contenga los contactos que desee importar o vincular.

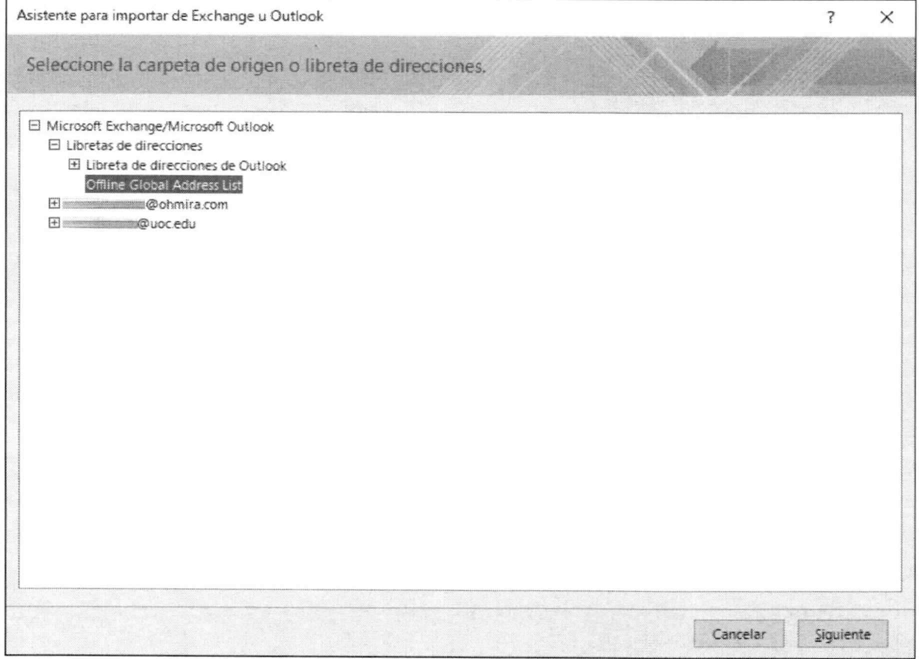

- Haga clic en el botón **Siguiente**.

© Editions ENI - Reproducción prohibida

- Si ha decidido importar los datos de Outlook en una nueva tabla, defina las opciones de cada campo que desee importar y, a continuación, haga clic en el botón **Siguiente**:
  - Haga clic en la columna correspondiente.
  - Modifique, si es necesario, el nombre del campo en el cuadro de texto **Nombre de campo.**
  - Especifique si el campo debe estar indexado con o sin duplicados en la lista **Indexado.**
  - Modifique, si es necesario, el tipo de datos del campo a través de la lista **Tipo de dato.**
  - Si el campo no debe importarse en la nueva tabla, marque la opción **No importar el campo (Saltar).**

  Este paso no aparecerá si vincula datos de Outlook o los importa en una tabla existente.

- Si ha decidido importar los datos de Outlook en una nueva tabla y desea definir una clave principal para esta tabla, active la primera opción si desea que Access la añada por usted o marque la segunda opción si desea seleccionarla usted mismo en la lista asociada a la opción. Si no se debe definir ninguna clave principal para la nueva tabla, active la opción **Sin clave principal**. A continuación, haga clic en el botón **Siguiente.**

  Este paso no aparecerá si vincula datos de Outlook o los importa en una tabla existente.

- Si ha decidido importar los datos en una nueva tabla o vincularlos, introduzca el nombre de la tabla en la sección **Importar a la tabla** o **Nombre de la tabla vinculada** y, a continuación, haga clic en el botón **Finalizar**.

  Si ha decidido importar los datos en una tabla existente, no tendrá acceso a la sección **Importar a la tabla**. Haga clic directamente en el botón **Finalizar**.

- Si desea poder repetir posteriormente esta operación de importación sin utilizar el Asistente, marque la opción **Guardar pasos de importación** y, a continuación, defina las opciones relacionadas con la acción de guardar la importación (véase el apartado Exportar un objeto a Word, a Excel o a un documento HTML).

  Si ha creado una tabla vinculada, Access no le propondrá guardar la importación.

- En función de si ha guardado o no la importación, haga clic en el botón **Guardar importación** o en el botón **Cerrar**.
- Si ha decidido crear una tarea de Outlook, rellene la ventana de creación de la tarea que aparece en la pantalla y, a continuación, haga clic en el botón **Guardar y cerrar** de la pestaña **Tarea**.

Importar o vincular datos procedentes de otra base de datos de Access

Existen dos métodos que permiten guardar datos procedentes de otra base de datos: la importación de un objeto o la vinculación de la tabla. Este último método ofrece la ventaja de permitir el acceso a la tabla desde su aplicación de origen; en Access puede crear consultas, formularios o informes asociados a las tablas vinculadas: de esta forma, tiene la seguridad de poder acceder a los datos en tiempo real (puede incluso modificar los datos de las tablas vinculadas).

- Abra la base de datos de Access en la que desee importar o vincular los datos y, a continuación, haga clic en la pestaña **Datos externos**.
- Haga clic en el botón **Nuevo origen de datos** del grupo **Importar y vincular**.
- Escoja **De una base de datos** y seleccione **Access**.
- En la sección **Nombre de archivo**, especifique la ruta de acceso y el nombre de la base de datos de Access que contenga los datos que desee importar o vincular, o haga clic en el botón **Examinar** para seleccionarla.
- Active la opción **Importar tablas, consultas, formularios, informes, macros y módulos en la base de datos actual** si desea importar los datos o la opción **Vincular al origen de datos creando una tabla vinculada** si desea crear una nueva tabla vinculada a los datos de origen. De esta forma, todas las modificaciones realizadas en el archivo de origen se reflejarán en la tabla vinculada correspondiente y viceversa.
- Haga clic en el botón **Aceptar**.

Si ha decidido importar los datos, el cuadro de diálogo que aparece contendrá varias pestañas en las que encontrará la lista de los diferentes objetos de la base de datos. Si ha decidido crear una tabla vinculada, solo aparecerá la pestaña ***Tablas****.*

© Editions ENI - Reproducción prohibida

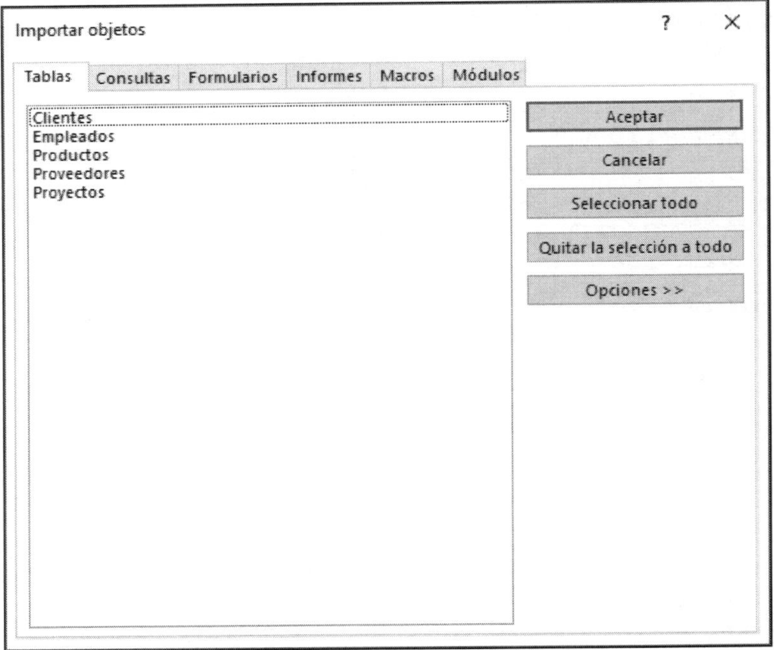

- Si es necesario, haga clic en la pestaña correspondiente a la lista de objetos que desee ver.
- Seleccione el nombre del objeto que desee importar o el nombre de la tabla que desee vincular; si se deben importar varios objetos o se deben vincular varias tablas, selecciónelas haciendo clic en sus nombres; si vuelve a hacer clic en el nombre de un objeto seleccionado, podrá anular la selección. Para seleccionar todos los objetos de la pestaña activa, haga clic en el botón **Seleccionar todo**; si hace clic en el botón **Quitar la selección a todo**, podrá anular la selección de todos los objetos de la pestaña activa.
- Si ha decidido importar un objeto, haga clic, si es necesario, en el botón **Opciones** para modificar las opciones de importación.
- Haga clic en el botón **Aceptar**.
- Si desea poder repetir posteriormente esta operación de importación sin utilizar el Asistente, marque la opción **Guardar pasos de importación** y, a continuación, defina las opciones relacionadas con la acción de guardar la importación (véase el apartado Exportar un objeto a Word, a Excel o a un documento HTML).

Si ha creado una tabla vinculada, Access no le propondrá guardar la importación.

- En función de si ha guardado o no la importación, haga clic en el botón **Guardar importación** o en el botón **Cerrar**.
- Si ha decidido crear una tarea de Outlook, rellene la ventana de creación de la tarea que aparece en la pantalla y, a continuación, haga clic en el botón **Guardar y cerrar** de la pestaña **Tarea**.

Si ha vinculado la tabla, Access mostrará un icono específico que indicará que esa tabla está vinculada.

Access 2021 también permite importar y vincular datos provenientes de otros tipos de bases de datos, como SQL Server, base de datos Azure y dBASE.

Además, ahora ya es posible crear un vínculo hacia bases de datos o efectuar importaciones con un tipo de datos Número grande, como por ejemplo el tipo de datos bigint SQL Server. Para ello, es necesario activar de manera explícita el soporte a este formato marcando la opción **Admitir tipo de datos de número grande (BigInt) para tablas vinculadas o importadas (Archivo - Opciones - Base de datos actual**, sección **Opciones de soporte de tipo de datos**).

Administrar las tablas vinculadas

En Access 2021 y Microsoft 365, el Administrador de tablas vinculadas le permite gestionar todas las fuentes de datos y las tablas vinculadas de una base de datos. Puede comprobar los posibles problemas relacionados con la fuente de datos, actualizar las tablas vinculadas, modificar una fuente de datos vinculada, añadir fuentes de datos o suprimir tablas vinculadas.

- Abra la base de datos que contenga los orígenes de datos vinculados.
- Haga clic en el botón **Administrador de tablas vinculadas** del grupo **Importar y vincular** (pestaña **Datos externos**).

*El cuadro de diálogo **Administrador de tablas vinculadas** se muestra en pantalla.*

© Editions ENI - Reproducción prohibida

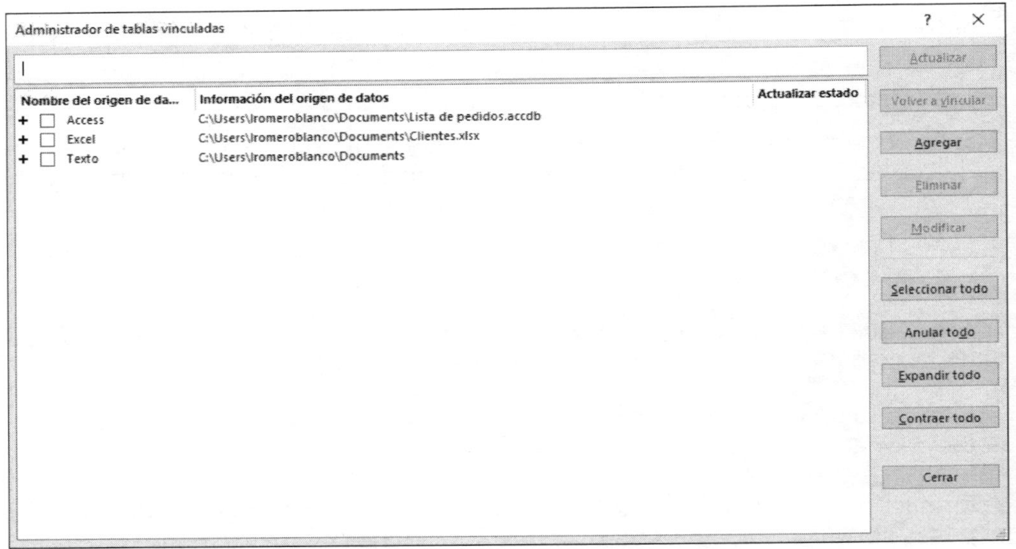

Las fuentes de datos vinculadas se muestran por tipo (Access, Excel, Texto...).

- Haga clic en el botón [+] situado a la izquierda de un tipo de datos para mostrar de nuevo todas las fuentes de datos de este tipo. Y al contrario, haga clic en [−] para ocultar las fuentes de datos.
- Para mostrar todas las fuentes de datos o, al contrario, ocultarlas, utilice los botones **Expandir todo** y **Contraer todo**.

Buscar un origen de datos

- En la zona de búsqueda situada en la parte superior del cuadro de diálogo, escriba el texto que busca.

  *Access realiza una búsqueda en las columnas **Nombre del origen de datos** e **Información del origen de datos**.*

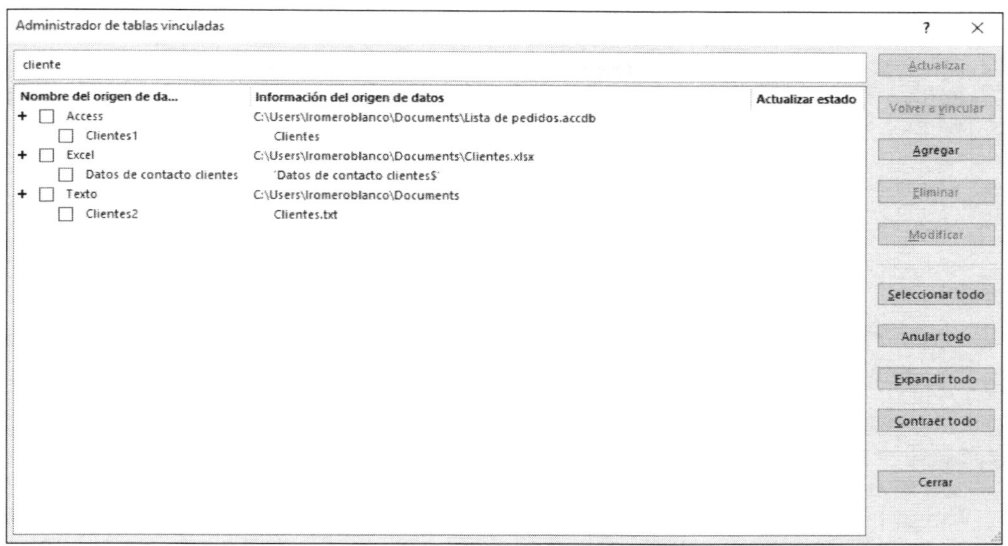

En este ejemplo, se ha efectuado una búsqueda sobre la palabra cliente.

- Si es necesario, elimine el texto introducido en la zona de búsqueda para mostrar todas las fuentes de datos.

Seleccionar uno o varios orígenes de datos

- Para seleccionar un origen de datos, haga clic en su nombre o marque la casilla a su izquierda.

El botón **Seleccionar todo** permite seleccionar todas las fuentes de datos y el botón **Anular todo** permite lo contrario, desactivar la selección de todas las fuentes de datos.

Actualizar un origen de datos

Quizás sea necesario comprobar los posibles problemas de acceso a un origen de datos y garantizar que el contenido de las tablas vinculadas se muestra correctamente.

- En el cuadro de diálogo **Administrador de tablas vinculadas**, seleccione el origen de datos en cuestión y haga clic en el botón **Actualizar**.

En el panel de navegación, también puede hacer clic derecho sobre una tabla vinculada y hacer clic en la opción **Actualizar vínculo**.

© Editions ENI - Reproducción prohibida

*Si no se detecta ningún problema con el origen de datos, la columna **Actualizar estado** contiene la palabra **Correcto**. Si se detecta un problema con un origen de datos (por ejemplo, que su nombre o ubicación sean incorrectos), se muestra un cuadro de diálogo informando del problema y la columna **Actualizar el estado** contiene la palabra **Error**:*

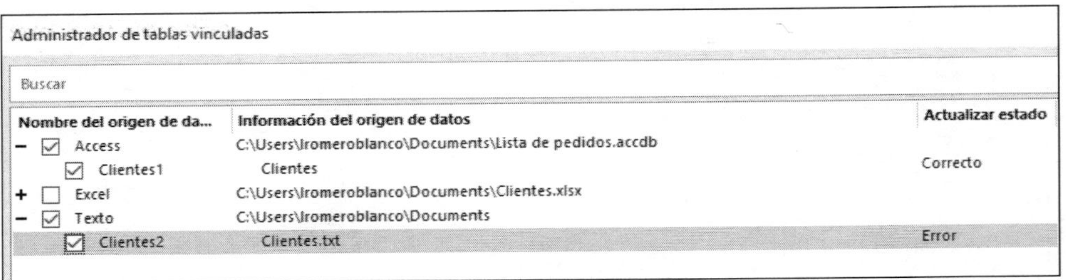

- En caso de que la actualización falle, para restablecer el vínculo entre la tabla vinculada y el origen de datos, seleccione el origen en cuestión y haga clic en el botón **Volver a vincular**. Según el tipo de datos de origen que sea, seleccione en el cuadro de diálogo que se muestra la nueva ubicación del archivo o escriba el nombre de la tabla hacia la que debe volverse a crear el vínculo.

Modificar un origen de datos

- Para modificar un origen de datos, selecciónelo y haga clic en el botón **Modificar**.
- En el cuadro de diálogo **Editar vínculo**, actualice la información necesaria: para un origen de datos Access, informe el **Nombre del origen de datos**, el **Nombre de archivo** y si es necesario la **Contraseña**; para un origen de datos Excel, informe el **Nombre del origen dedatos**, el **Nombre de archivo** y la **Cadena de conexión**; para un origen de datos Texto, informe el **Nombre del origen de datos**, la **Ruta del origen de datos** y la **Cadena de conexión**.
- Haga clic en el botón **Guardar**.

Añadir un origen de datos a una tabla vinculada

Se trata de añadir un origen de datos de tipo SQL (Server y Azure), Access, Excel o Personalizado (Texto, Dynamics, lista SharePoint, ODBC).

- Abra la base de datos en la que quiere añadir un origen de datos.
- Haga clic en el botón **Administrador de tablas vinculadas** del grupo **Importar y vincular** (pestaña **Datos externos**).

- En el cuadro de diálogo **Administrador de tablas vinculadas** que se muestra, haga clic en el botón **Agregar**.

  *El cuadro de diálogo **Agregar nuevo vínculo** se muestra en pantalla.*

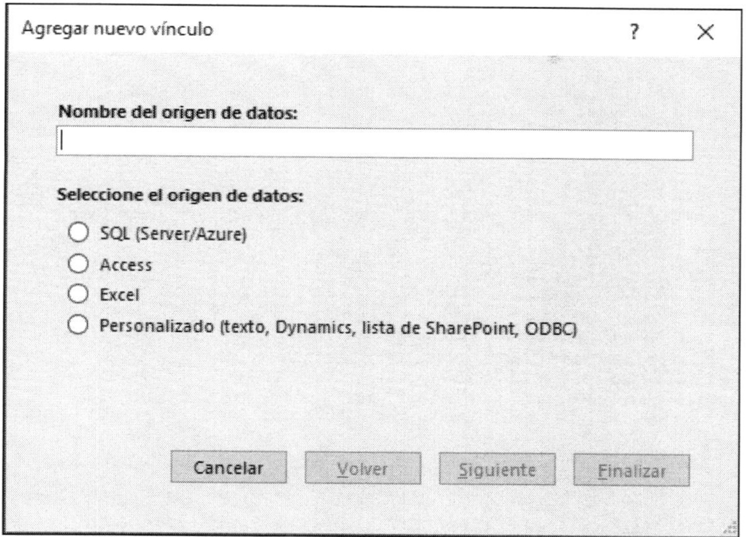

- Especifique el nombre del origen de datos en la zona **Nombre del origen de datos**.
- Seleccione la opción correspondiente al tipo de datos que hay que añadir.
- Haga clic en el botón **Siguiente**.
- En función de la opción seleccionada, debe informar unos campos u otros: el servidor de conexión para un tipo de datos **SQL (Server/Azure)**; el nombre y la ruta de acceso al archivo, así como una contraseña si lo desea para un tipo de datos **Access**; el nombre y la ruta de acceso al archivo para un tipo de datos **Excel**; la ruta de acceso al origen de datos y la cadena de conexión para un tipo de datos **Personalizado (Texto, Dynamics, lista de SharePoint, ODBC)**.
- Haga clic en el botón **Finalizar**.

© Editions ENI - Reproducción prohibida

La ventana que se muestra cambia en función del tipo de datos que se haya añadido. En el ejemplo siguiente, los datos importados provienen de un archivo Microsoft Excel. Aparece la primera etapa del Asistente para vinculación de hojas de cálculo.

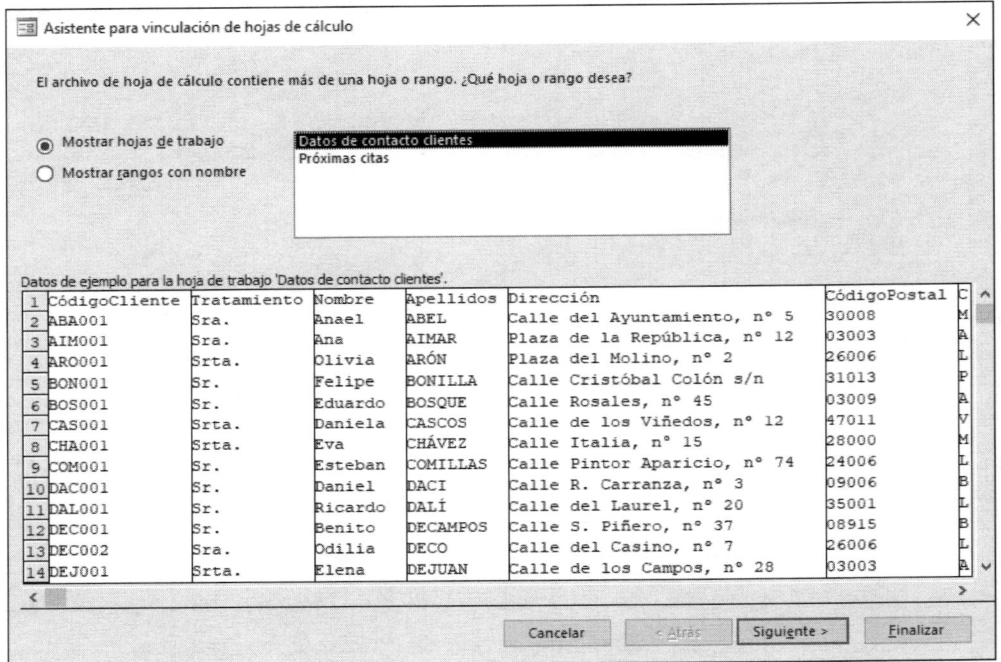

Las ventanas que aparecen después pueden ser diferentes según el tipo de datos de origen que se seleccione (véase las secciones: Importar o vincular datos procedentes de un documento de texto, Excel, XML o HTML e Importar o vincular datos procedentes de otra base de datos de Access).

Suprimir un origen de datos

- Seleccione el origen de datos correspondiente y haga clic en el botón **Eliminar**.

Se mostrará en pantalla un mensaje de confirmación de la supresión.

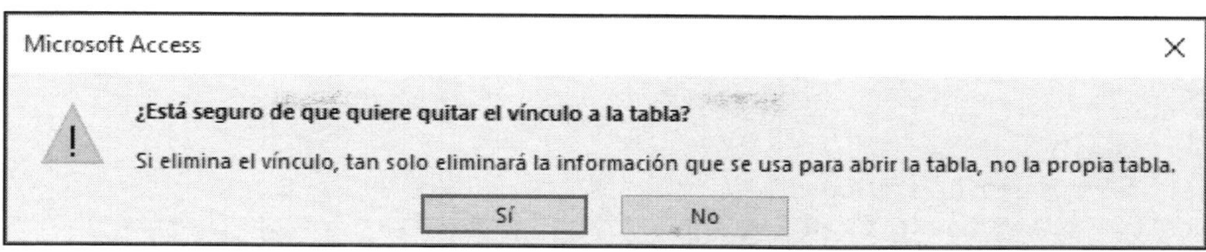

- Haga clic en el botón **Sí** para confirmar la supresión del vínculo.

Ejecutar una operación de exportación o de importación

Se trata de reproducir una operación de exportación o de importación que ha sido guardada previamente.

- En la pestaña **Datos externos**, haga clic, según el caso, en el botón **Importaciones guardadas** o **Exportaciones guardadas**.

  *Según su elección, se activará la pestaña **Importaciones guardadas** o **Exportaciones guardadas**.*

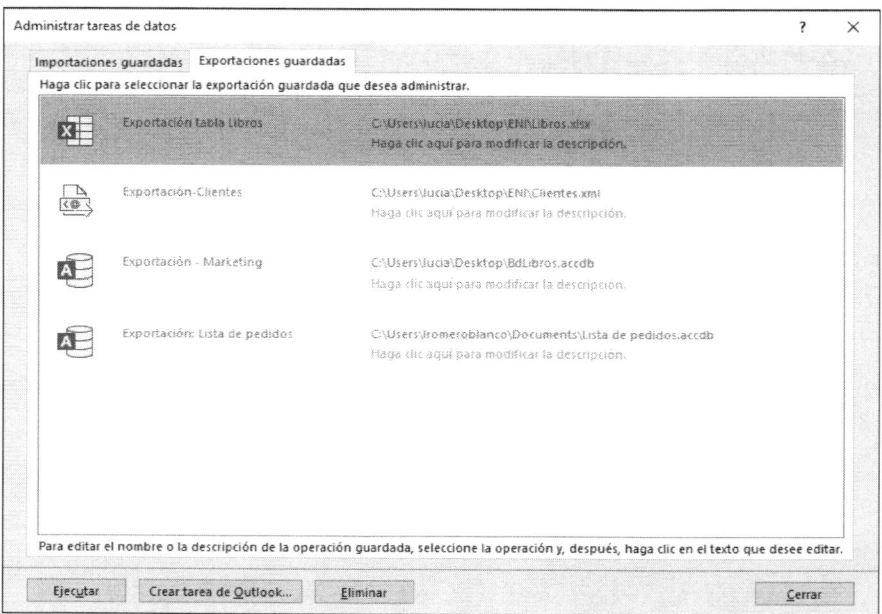

© Editions ENI - Reproducción prohibida

*Puede crear una tarea de Outlook para una operación de importación o de exportación haciendo clic en el botón **Crear tarea de Outlook** de este cuadro de diálogo.*

- Seleccione el nombre de la operación de exportación o de importación que desee ejecutar.
- Si ejecuta una operación de exportación, modifique, si es necesario, el archivo de destino haciendo clic en la ruta de acceso asociada a la operación correspondiente.

  Si ejecuta una operación de importación, modifique, si es necesario, el archivo de origen haciendo clic en la ruta de acceso asociada a la operación correspondiente.

  En ambos casos, el archivo de destino o el archivo de origen deben respetar las condiciones necesarias para el buen desarrollo de la operación.
- Para editar el nombre de la operación guardada, seleccione la operación y, después, haga clic en el texto que desee editar.
- Haga clic en el botón **Ejecutar** para iniciar la exportación o la importación.
- Haga clic en el botón **Aceptar** del mensaje que le informa que la exportación o la importación se ha realizado correctamente.
- Haga clic en el botón **Cerrar** del cuadro de diálogo **Administrar tareas de datos.**

Para eliminar una operación de importación o de exportación, seleccione su nombre en el cuadro de diálogo **Administrar tareas de datos** y, a continuación, haga clic en el botón **Eliminar**. Confirme, a continuación, su eliminación haciendo clic en el botón **Sí** del mensaje que aparece.

Macro-comandos

Crear una macro

Una macro se compone de ***acciones****, y cada acción corresponde a una tarea: cuando se ejecuta la macro, Access ejecuta automáticamente las acciones que contiene. La aplicación Access también permite crear macros más complejas que permiten mostrar cuadros de diálogo, evaluar la respuesta proporcionada por el usuario y mostrar una barra de menús personalizada, entre otras funciones, y desarrollar de este modo una aplicación autónoma sin necesidad de programar (aunque las acciones hagan referencia a instrucciones del lenguaje Visual Basic).*

Crear una macro autónoma

Una macro autónoma está contenida en un objeto macro y, aunque pueda estarlo después de su creación, no puede estar asociada a una propiedad de evento de un formulario, de un informe o de un control (véase Asociar una macro a un formulario/un informe/un control, un poco más adelante en este capítulo).

- Acceda a la pestaña **Archivo** y haga clic en la opción **Abrir**.
- Acceda a la carpeta que contenga la base de datos en cuestión y, a continuación, seleccione el objeto de la base de datos en el que desee crear la macro.
- Abra la lista asociada al botón **Abrir** y, a continuación, haga clic en la opción **Abrir en modo exclusivo**.
- En la pestaña **Crear**, haga clic en el botón **Macro** del grupo **Macros y código**.

  Se abrirá una ventana de macro denominada ***Generador de macros*** *en la aplicación Access. El panel* ***Catálogo de acciones*** *se insertará en el extremo derecho de la ventana, y se activará la pestaña* ***Diseño de macro****, que contiene todos los comandos relativos a las macros.*
- Agregue una acción a su macro utilizando uno de los siguientes métodos:
  - Abra la lista **Agregar nueva acción** situada en la ventana de macro y, a continuación, haga clic en el nombre de la acción que desee insertar.
  - Haga clic en el cuadro de lista **Agregar nueva acción**, empiece a escribir el nombre de la acción y, a continuación, confirme pulsando la tecla ↵ cuando la acción propuesta por Access sea la que desee insertar.

© Editions ENI - Reproducción prohibida

- Si es necesario, muestre el panel **Catálogo de acciones** haciendo clic en el botón **Catálogo de acciones** del grupo **Mostrar u ocultar** de la pestaña **Diseño de macro.** A continuación, abra la carpeta que contenga la acción que desee agregar haciendo clic en el símbolo > correspondiente y haga doble clic en el nombre de la acción que desee insertar o arrástrela a la posición deseada desde el **Catálogo de acciones** hasta la ventana de macro.

*Si la ventana de macro ya contiene acciones, podrá seleccionar la posición de la acción que desee agregar cuando la arrastre desde el **Catálogo de acciones** hasta la ventana de macro: suelte el botón del ratón cuando la barra de inserción (línea horizontal) se encuentre en la posición deseada en la lista de acciones.*

- Haga clic en el cuadro **Buscar** del panel **Catálogo de acciones**, empiece a escribir el nombre de la acción que desee insertar y, a continuación, cuando se muestre en el panel, haga doble clic en ella o arrástrela a la ventana de macro; si hace clic en el botón , podrá eliminar el contenido del cuadro **Buscar** y, de esta forma, podrá buscar de nuevo todo el contenido del panel **Catálogo de acciones.**

*Al agregar una acción haciendo doble clic en su nombre en el **Catálogo de acciones**, esta se insertará debajo de la acción seleccionada; si no hay ninguna acción seleccionada, se insertará al final de la lista de acciones.*

Introduzca los argumentos de la acción utilizando las opciones asociadas a la misma.

El botón ⊟ permite ocultar los argumentos de la acción: los argumentos se muestran entre paréntesis a la derecha del nombre de la acción, pero no pueden modificarse; si hace clic en el botón ⊞, podrá ver de nuevo las líneas de los argumentos.

Si es necesario, asocie un comentario a la acción para facilitar la "lectura" de la macro: en el panel **Catálogo de acciones**, abra, si es preciso, la carpeta **Flujo de programas** haciendo clic en el símbolo > asociado y haga doble clic en **Comentario.** A continuación, escriba el texto del comentario en el cuadro que se muestra debajo de la acción.

Si desea situar el comentario encima de la acción, haga clic en el botón asociado al comentario; el botón vuelve a colocar el comentario debajo de la acción.

Al hacer clic fuera del cuadro, el texto del comentario se muestra en verde.

Si es necesario, siga este mismo procedimiento para agregar otras acciones a su macro.

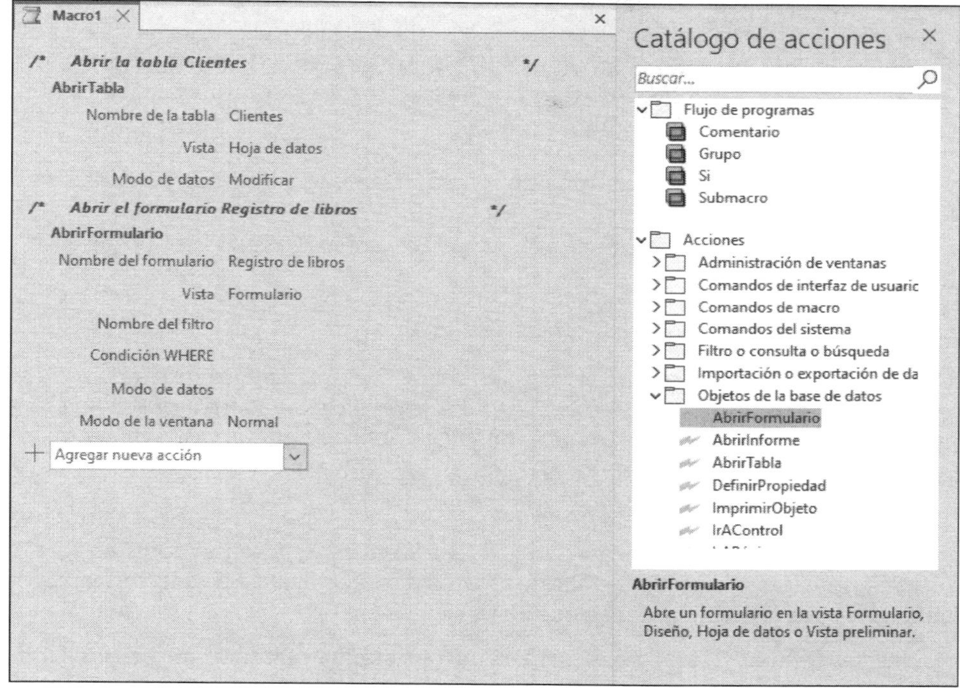

*Cuando se selecciona una acción en el panel **Catálogo de acciones**, se muestra una descripción de esta en la parte inferior del panel.*

El comentario de la acción es opcional y puede tener un máximo de 255 caracteres.

Guarde la macro como cualquier otro objeto de la base de datos ( ) y, a continuación, cierre la ventana de macro.

*A partir de ahora, la macro estará visible como objeto en la sección **Macros** del panel de navegación.*

Para agregar una acción que implique la apertura de un objeto, puede arrastrar el objeto correspondiente del panel de navegación hasta la ventana de macro.

© Editions ENI - Reproducción prohibida

- Las macros autónomas creadas se guardan en la carpeta **En esta base de datos** del panel **Catálogo de acciones** y, por tanto, pueden integrarse en una nueva macro arrastrándolas hasta la ventana de macro: en ese caso, se creará una acción **EjecutarMacro** que permitirá la ejecución de la macro.

- Para copiar las acciones de una macro autónoma en la macro actual, haga clic con el botón derecho en su nombre en el panel **Catálogo de acciones** y, a continuación, seleccione la opción **Agregar copia de macro**.

- Para mover una acción en la ventana de macro, haga clic en ella para seleccionarla y, a continuación, utilice los botones [↑] o [↓] correspondientes; el botón [X] permite eliminar la acción.

Crear una macro incrustada

A diferencia de una macro autónoma, la macro incrustada está asociada a una propiedad de evento de un formulario, de un informe o de un control, y forma parte integrante del objeto correspondiente. No está contenida en un objeto macro, por lo que no aparecerá en el panel de navegación y no podrá estar asociada a una propiedad de evento de otro formulario, informe o control.

- En el panel de navegación, haga clic con el botón derecho en el formulario o en el informe que deba contener la macro y, a continuación, seleccione la opción **Vista Diseño** para que aparezca su estructura.
- Si es necesario, muestre el panel **Hoja de propiedades** pulsando la tecla [F4].
- Seleccione el control que contenga la propiedad de evento a la que se debe incorporar la macro; si la propiedad de evento forma parte de las propiedades del formulario o del informe, haga clic en la intersección que forman las reglas horizontal y vertical para mostrar las propiedades correspondientes.
- Haga clic en la pestaña **Eventos** y, a continuación, seleccione la sección de la propiedad de evento en la que debe incorporarse la macro.

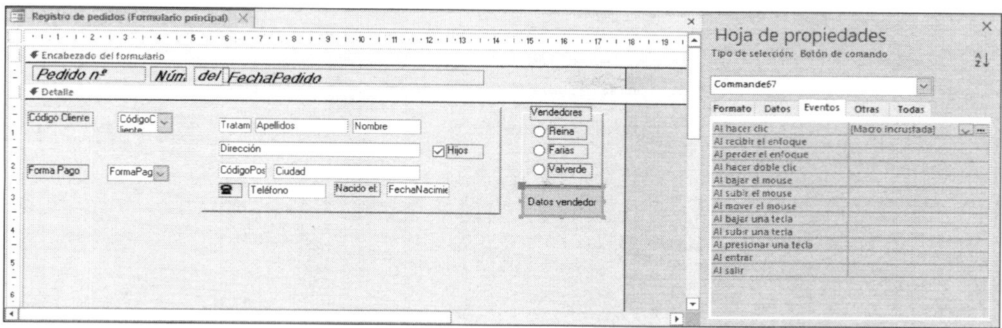

En el ejemplo anterior, una macro incrustada va a asociarse al botón ***Información vendedor****. Esta macro asociada a la propiedad* ***Al hacer clic*** *se ejecutará cuando se haga clic en el botón.*

- Haga clic en el botón ..., seleccione la opción **Generador de macros** y, a continuación, haga clic en el botón **Aceptar**.

La ventana de macro que aparece en la pantalla es idéntica a la que se muestra durante la creación de una macro autónoma.

- Cree la macro siguiendo el mismo procedimiento que cuando crea una macro autónoma (véase el subapartado anterior).

Si crea submacros, solo la primera submacro se ejecutará durante la activación del evento.

- Guarde la macro haciendo clic en el botón **Guardar** del grupo **Cerrar** (pestaña **Diseño de marco**) y, a continuación, haga clic en el botón **Cerrar** del grupo del mismo nombre para cerrar la ventana de macro y volver a la estructura del formulario o del informe.

La sección de la propiedad de evento a la que se ha incorporado la macro mostrará desde este momento el texto ***[Macro incrustada]****.*

- Guarde las modificaciones realizadas en el formulario o en el informe ( ) y, a continuación, ciérrelo haciendo clic en el botón ×.

© Editions ENI - Reproducción prohibida

Crear un grupo de acciones

Para mejorar la legibilidad de una macro, puede agrupar sus acciones en grupos. Las acciones del grupo no podrán ejecutarse por separado.

- Cree una nueva macro o modifique una macro existente (véase Modificar una macro más adelante en este capítulo).
- Si las acciones que se van a agrupar no están agregadas a su macro, haga doble clic en el bloque **Grupo** situado en la carpeta **Flujo de programas** del panel **Catálogo de acciones** o arrástrelo hasta la ventana de macro.

  Si las acciones que se van a agrupar ya se han agregado a su macro, selecciónelas utilizando las teclas Ctrl o Mayús, haga clic con el botón derecho en la selección y, a continuación, seleccione la opción **Crear bloque de grupo**.

  El nuevo grupo de acciones se insertará en la ventana de macro.
- Introduzca el nombre del grupo en la sección **Grupo**.

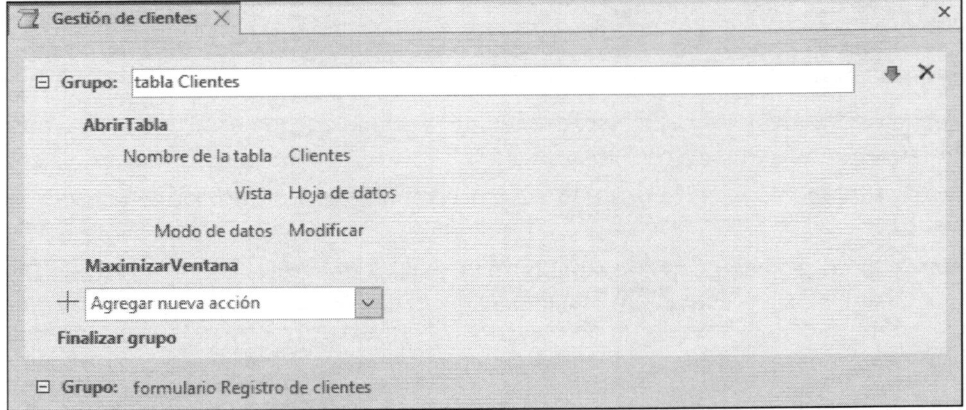

- Si es necesario, agregue las acciones que se vayan a incluir en el grupo unas debajo de otras y, para cada acción, defina sus argumentos a través de las opciones correspondientes.
- Cree de esta forma cada grupo de acciones.

El botón ⊟ permite ocultar las acciones contenidas en un grupo; si hace clic en el botón ⊞, podrá mostrarlas de nuevo.

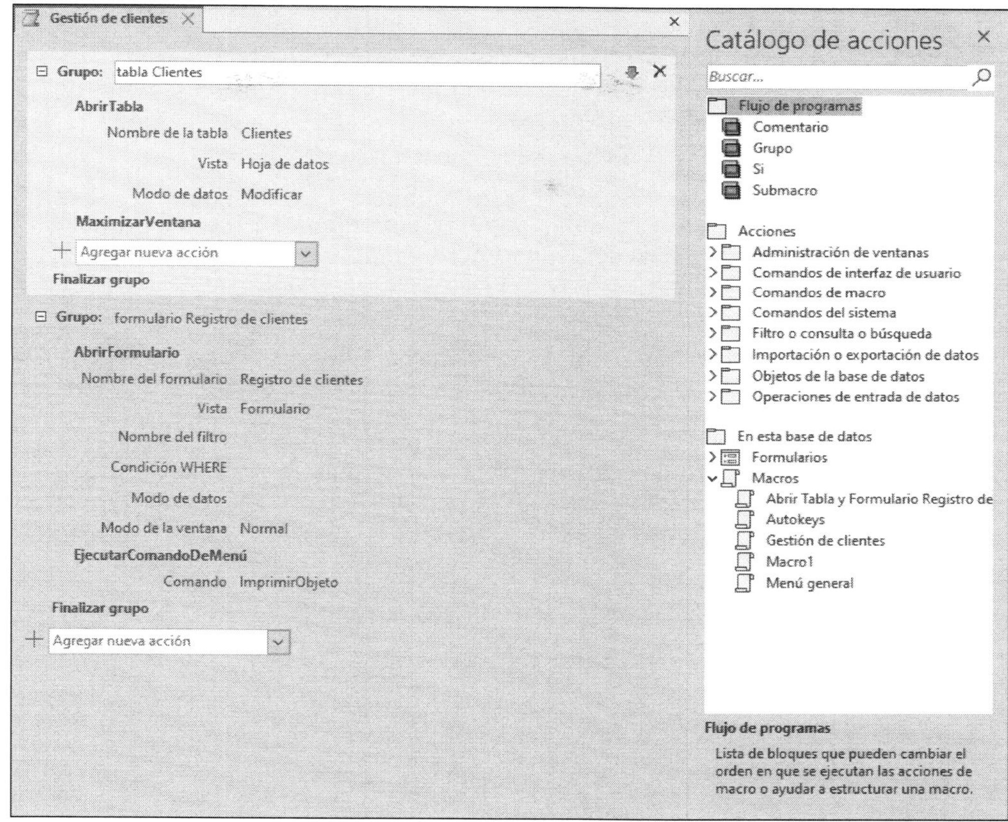

*En el ejemplo anterior, la macro está formada por los grupos **tabla Clientes** y **formulario Registro de clientes**, cada uno con dos acciones. La etiqueta **Finalizar grupo** marca el fin de un grupo.*

Guarde la macro y, a continuación, cierre su ventana.

© Editions ENI - Reproducción prohibida

Ejecutar una macro autónoma

Existen tres métodos que permiten ejecutar una macro autónoma:

- Desde una ventana **Macro** en la vista Diseño, haga clic en el botón **Ejecutar** del grupo **Herramientas** (pestaña **Diseño de macro**).
- Desde el panel de navegación, haga doble clic en el nombre de la macro que desee ejecutar.
- Desde cualquier ventana, en la pestaña **Herramientas de base de datos**, haga clic en el botón **Ejecutar macro** del grupo **Macro**. Seleccione el nombre de la macro que desee ejecutar en la lista **Nombre de la macro** y, a continuación, haga clic en el botón **Aceptar**.

*Access ejecutará cada acción de la ventana **Macro**, una tras otra, y se detendrá cuando encuentre una fila en blanco, la instrucción **DetenerMacro** (o **DetenerTodasMacros**) o si la macro muestra un cuadro de diálogo.*

Para ejecutar una macro paso a paso, abra la macro en la vista Diseño, haga clic en el botón **Paso a paso** del grupo **Herramientas** para activarla y, a continuación, inicie la ejecución de la macro haciendo clic en el botón **Ejecutar**.

Ejecutar una macro al abrir una base de datos

Guarde todas las acciones que desee ejecutar al abrir una base de datos en una macro que llamará **AutoExec**.

*Solo puede haber una macro **AutoExec**.*

Cierre la base de datos activa y, a continuación, ábrala de nuevo para comprobar el funcionamiento de esta nueva macro.

Para evitar ejecutar la macro AutoExec, mantenga pulsada la tecla Mayús durante la selección de la base de datos que desee abrir.

Crear submacros

En lugar de crear varias macros de forma individual, cree submacros para agrupar varias submacros en una ventana de macro.

- Cree una nueva macro o modifique una macro existente (véase Modificar una macro más adelante en este capítulo).
- Si las acciones que se van a incluir en la submacro no están agregadas a su macro, haga doble clic en el bloque **Submacro** situado en la carpeta **Flujo de programas** del panel **Catálogo de acciones** o arrástrelo hasta la ventana de macro.

  Si las acciones que se van a integrar en la submacro ya están agregadas a su macro, selecciónelas utilizando las teclas Ctrl o Mayús, haga clic con el botón derecho en la selección y, a continuación, seleccione la opción **Crear bloque de submacro**.
- Introduzca el nombre de la submacro en la sección **Submacro**.

  Cada submacro se identificará por su nombre.
- Si es necesario, agregue las acciones que debe realizar la submacro unas debajo de otras y, para cada acción, defina sus argumentos a través de las opciones correspondientes.
- Cree de esta forma cada submacro.

  El botón ⊟ permite ocultar las acciones contenidas en una submacro; si hace clic en el botón ⊞, podrá mostrarlas de nuevo.

© Editions ENI - Reproducción prohibida

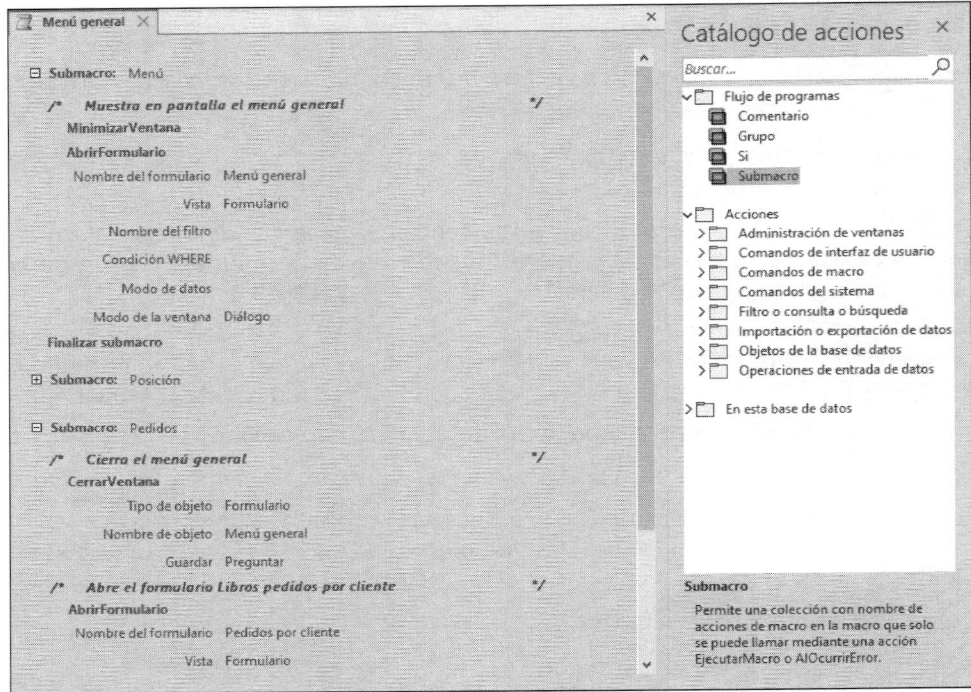

*Esta macro está compuesta por tres submacros. Las acciones de la submacro **Posición** están ocultas.*

*La etiqueta **Finalizar submacro** marca el final de una submacro.*

Guarde la macro y, a continuación, cierre su ventana.

Las submacros deben ser siempre los últimos bloques de una macro; por tanto, no se pueden agregar acciones debajo de una submacro, sino únicamente encima de las submacros, en la parte superior de la ventana. Asimismo, cuando seleccione una acción en la lista **Agregar nueva acción** situada en la parte inferior de la ventana debajo de la última submacro, esta se agregará encima de la primera submacro.

Si desea ejecutar una de las submacros desde un objeto cualquiera, deberá designarla de la siguiente forma: **nombre_macro.nombre_submacro**. Por ello, es aconsejable que asigne a sus macros y a sus submacros nombres que sean suficientemente explícitos, pero no demasiado largos.

Asociar una macro a un formulario/un informe/un control

- Abra el formulario o el informe correspondientes en la vista Diseño.
- Seleccione el formulario, el informe o el control que desee asociar a la macro.

  Le recordamos que, para seleccionar un formulario o un informe, debe hacer clic en su casilla de selección formada por la intersección de las dos reglas.
- Si es necesario, muestre la **Hoja de propiedades** del control pulsando la tecla F4 y, a continuación, haga clic en la pestaña **Eventos**.
- Haga clic en la propiedad correspondiente al evento que vaya a provocar la ejecución de la macro.

  Cuando haga clic en la propiedad, su significado aparecerá en la barra de estado.
- Abra la lista asociada y seleccione la macro que desee ejecutar. Si se trata de una submacro, su nombre irá precedido del nombre de la macro: **nombre_macro.nombre_submacro**.

  Si selecciona una macro que contenga únicamente submacros sin especificar la submacro que se va a ejecutar, solo se ejecutará la primera submacro de la macro.
- Guarde las modificaciones realizadas en el formulario o en el informe y, a continuación, ciérrelo.

Modificar una macro

- En el caso de una macro autónoma, haga clic con el botón derecho en el nombre de dicha macro en el panel de navegación y, a continuación, seleccione la opción **Vista Diseño** para mostrar la ventana de macro.

  En el caso de una macro incrustada, abra el formulario o el informe al que esté asociada en la vista Diseño y, a continuación, muestre la **Hoja de propiedades** del formulario, del informe o del control que contenga la propiedad de evento a la que se haya añadido la macro incrustada. A continuación, en la pestaña **Eventos**, haga clic en la propiedad que contenga la macro que desee modificar y seleccione el botón [-] para mostrar la ventana de macro correspondiente.

© Editions ENI - Reproducción prohibida

- Le recordamos las instrucciones que le permiten realizar acciones en esta ventana:

Seleccionar una acción	Haga clic en el nombre de la acción.
Eliminar una acción	Haga clic en el nombre de la acción correspondiente y, a continuación, seleccione el botón ✕ asociado.
Mover una acción	Haga clic en el nombre de la acción y arrástrela a su nueva posición; mantenga la tecla Ctrl si desea realizar una copia de la acción.

- Realice las modificaciones deseadas.
- Guarde las modificaciones realizadas en la macro ( ) y, a continuación, cierre la ventana Macro haciendo clic en el botón ✕.

Ejecutar acciones en función de determinadas condiciones

- Cree una nueva macro o modifique una macro existente.
- En el panel **Catálogo de acciones**, haga doble clic en el bloque **Si** situado en la carpeta **Flujo de programas** o arrástrelo desde el panel **Catálogo de acciones** hasta la ventana de macro; también puede seleccionar la acción **Si** en la lista **Agregar nueva acción**.
- Especifique en la sección **Si** la expresión lógica que permitirá a Access evaluar la condición.
- Agregue al bloque **Si** las acciones que se deben realizar si la condición es verdadera y, a continuación, para cada acción, defina sus argumentos a través de las opciones correspondientes.
- Si desea agregar otra condición, haga clic en el vínculo **Agregar O si** situado en la esquina inferior derecha del bloque **Si** y, a continuación, al igual que en el paso anterior, especifique la expresión y agregue las acciones que se deben realizar si la condición es verdadera.
- A continuación, haga clic en el vínculo **Agregar Si no** y especifique las acciones que se deben realizar si la condición (bloque **Si**) o las condiciones (bloques **Si** y **O si**) son falsas.

  *El bloque **Si** se ejecutará si la condición es verdadera, el bloque **O si** se ejecutará si la condición es verdadera y el bloque **Si no** se ejecutará si no se ejecuta ninguno de los bloques **Si** y **O si**.*

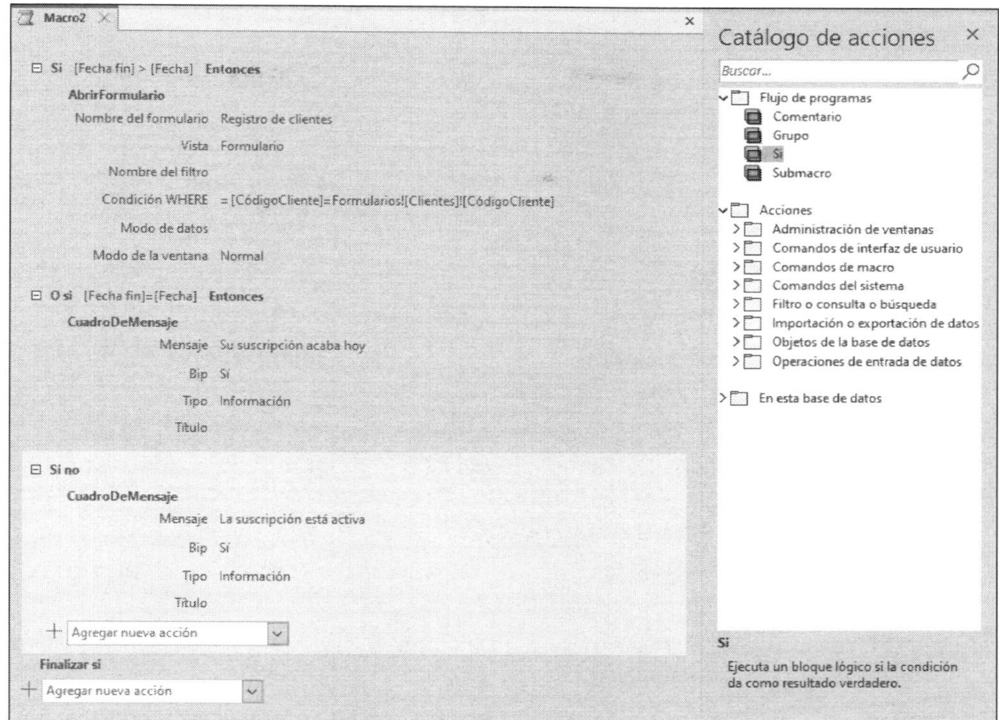

*En el ejemplo anterior, si la **Fecha fin** es posterior a la fecha actual (**Fecha**), el bloque **Si** se ejecutará abriendo el formulario **Registro de clientes**. Si la **Fecha fin** es igual a la fecha actual (**Fecha**), el bloque **O si** se ejecutará mostrando un mensaje que informa de que la suscripción finaliza hoy. Si la **Fecha fin** no es ni posterior ni igual a la fecha actual (**Fecha**), el bloque **Si no** se ejecutará mostrando un mensaje que informa de que la suscripción está activa.*

- Guarde la macro ( ) y, a continuación, cierre su ventana haciendo clic en el botón ×.

© Editions ENI - Reproducción prohibida

Hacer referencia a un campo/una propiedad

- En el caso de una macro autónoma, haga clic con el botón derecho en el nombre de dicha macro en el panel de navegación y, a continuación, seleccione la opción **Vista Diseño** para mostrar la ventana de macro.

  En el caso de una macro incrustada, abra en la vista Diseño el formulario o el informe al que esté asociada y, a continuación, muestre la **Hoja de propiedades** del formulario, del informe o del control que contenga la propiedad de evento a la que se haya añadido la macro incrustada. A continuación, en la pestaña **Eventos**, haga clic en la propiedad que contenga la macro que desee modificar y, a continuación, seleccione el botón para mostrar la ventana de macro correspondiente.

- Haga clic en la acción pertinente y, a continuación, seleccione el cuadro de texto correspondiente al argumento en cuestión.

- Para hacer referencia a un campo o a un control que no se encuentre en el objeto activo, preceda el nombre del campo con el tipo y el nombre del objeto separándolos con un signo de exclamación (denominado operador identificador).

  Se pueden especificar tres tipos de objetos:

Formularios	Permite referirse a los campos, a los controles y a las propiedades de un formulario.
Informes	Permite referirse a un informe y a sus campos, controles y propiedades.
Pantalla	Permite referirse al objeto activo identificado por las propiedades **FormActivo** (formulario activo) o **InformeActivo** (informe activo). Por ejemplo, Pantalla!FormActivo.Visible se refiere a la propiedad Visible del formulario activo.

  Ejemplos:

Formularios![Clientes]	Se refiere al formulario Clientes.
Formularios![Clientes]![Código cliente]	Se refiere al campo Código cliente del formulario Clientes.
Informes![Direcciones]	Se refiere al informe Direcciones.
Informes![Direcciones]![Nombre]	Se refiere al campo Nombre del informe Direcciones.

- Para hacer referencia a la propiedad de un campo o de un objeto, escriba su identificación seguida de un punto y del nombre de la propiedad.

Ejemplos:

[Código cliente].Visible	Se refiere a la propiedad Visible del campo [Código cliente] del formulario activo.
Formularios![Clientes].Visible	Se refiere a la propiedad Visible del formulario Clientes.
Formularios![Clientes]![Código cliente].Visible	Se refiere a la propiedad Visible del campo [Código cliente] del formulario Clientes.

- Guarde la macro ( ) y, a continuación, cierre su ventana haciendo clic en el botón ×.

Acción de ejecutar otra macro

- Cree una nueva macro o modifique una macro existente.
- Seleccione la acción **EjecutarMacro** en la lista **Agregar nueva acción** y, a continuación, defina sus argumentos:

Nombre de macro	Nombre de la macro o de la submacro precedido del nombre de la macro.
Número de repeticiones	Número de ejecuciones de la macro.
Expresión de repetición	Permite especificar una expresión: la ejecución se interrumpe si la expresión es falsa.

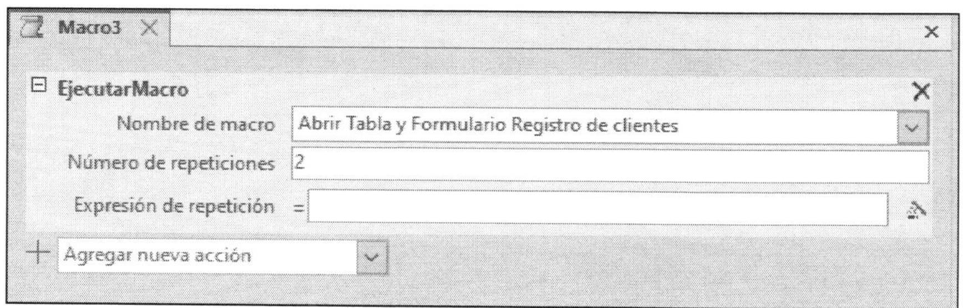

- Guarde la macro ( ) y, a continuación, cierre su ventana haciendo clic en el botón ×.

© Editions ENI - Reproducción prohibida

Es posible conectar macros: puede ejecutar una macro A que a su vez ejecute una macro B cuando haya terminado.

Asociar un método abreviado de teclado a una macro

- En la pestaña **Crear**, haga clic en el botón **Macro** del grupo **Macros y código.**
- Cree una submacro arrastrando el bloque **Submacro** del panel **Catálogo de acciones** a la ventana de macro.
- En la sección **Submacro**, especifique la combinación de teclas relacionada con la macro respetando las siguientes normas:

^	Representa la tecla Ctrl.
+	Representa la tecla Mayús.
letra o **cifra**	Representa una letra o un dígito cualquiera.
{función}	El nombre de una tecla de función debe aparecer entre llaves (por ejemplo, {F1}).
{tecla}	Las teclas, tales como Supr o Insert, tienen un nombre concreto que debe aparecer entre llaves ({DEL}, {INSERT} etc.).

Puede combinar estos distintos elementos. Ejemplos:

El nombre de macro	corresponde a la combinación:
^A	Ctrl **A**
{F4}	F4
^{F4}	Ctrl F4
+{F4}	Mayús F4
{INSERT}	Insert
^{INSERT}	Ctrl Insert
+{DEL}	Mayús Supr

- Agregue las acciones que se ejecuten con la combinación de teclas; si la macro ya existe, seleccione la acción **EjecutarMacro** y, a continuación, elija el nombre de la macro que se va a ejecutar en la lista **Nombre de macro**.

- Siga el mismo procedimiento para asociar un método abreviado de teclado a cada una de las macros correspondientes.
- Guarde la macro con el nombre **Autokeys**.

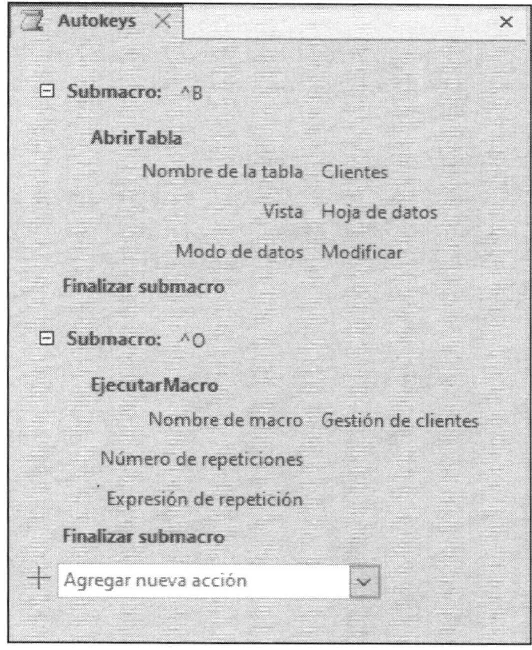

- Cierre la ventana de macro.
- Para ejecutar la macro, escriba la combinación de teclas.

Evite definir métodos abreviados de teclado ya existentes en Access (tales como Ctrl **C**, Ctrl **X**, etc.).

© Editions ENI - Reproducción prohibida

Definir el valor de las propiedades en una macro

- Cree una nueva macro o modifique una macro existente.
- Seleccione la acción **DefinirPropiedad** en la lista **Agregar nueva acción**.
- Especifique los argumentos de la acción:

Nombre del control	Escriba el nombre del control para el que desee definir el valor de la propiedad (el nombre del control no debe ir entre corchetes: Fecha).
Propiedad	Seleccione la propiedad que desee definir.
Valor	Especifique el valor que va a atribuir a la propiedad (en general, se corresponde con la opción visible en la Hoja de propiedades). Debe utilizar **0** para el valor No (o Falso) y **-1** para el valor Sí (o Verdadero).

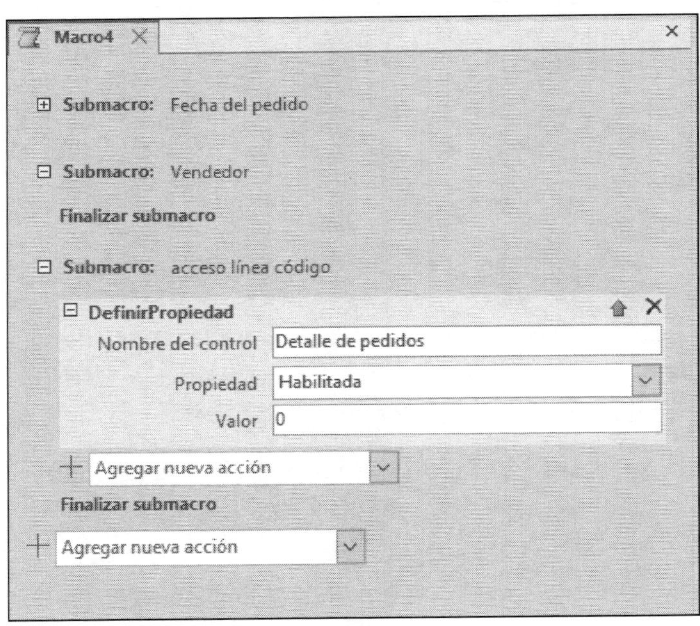

- Guarde la macro ( ) y, a continuación, cierre su ventana haciendo clic en el botón ☒.

Personalizar la barra de herramientas de acceso rápido

Agregar una herramienta

- Si la herramienta debe agregarse a una base de datos en particular, abra dicha base de datos.

  Si la herramienta debe agregarse a todas las bases de datos, abra cualquiera de ellas.
- Haga clic en el botón que aparece a la derecha de la **barra de herramientas de acceso rápido** para mostrar la lista correspondiente.
- Si uno de los comandos de la lista corresponde a la herramienta que desea agregar, haga clic en él; de lo contrario, haga clic en la opción **Más comandos**.

  *La categoría **Barra de herramientas de acceso rápido** está seleccionada en el cuadro de diálogo **Opciones de Access** que aparece en la pantalla. La parte de la izquierda muestra la lista de comandos disponibles, y la de la derecha, las herramientas contenidas en la **barra de herramientas de acceso rápido**.*
- Abra la lista **Personalizar barra de herramientas de acceso rápido** y, a continuación, seleccione si la herramienta debe estar disponible **Para todos los documentos (predeterminado)** o solo **Para "la base de datos activa"**.
- En la parte de la derecha, seleccione la herramienta a la que desee agregar la nueva.
- Abra la lista **Comandos disponibles en** y, a continuación, seleccione la categoría que contenga el comando que desee agregar.

  Los comandos correspondientes se muestran en la sección que aparece debajo de la lista.
- En la parte de la izquierda, seleccione el comando que desee agregar a la **barra de herramientas de acceso rápido** y, a continuación, haga clic en el botón **Agregar**.

  *A partir de ahora, el comando agregado también aparecerá en la parte de la derecha **Personalizar barra de herramientas de acceso rápido**.*

© Editions ENI - Reproducción prohibida

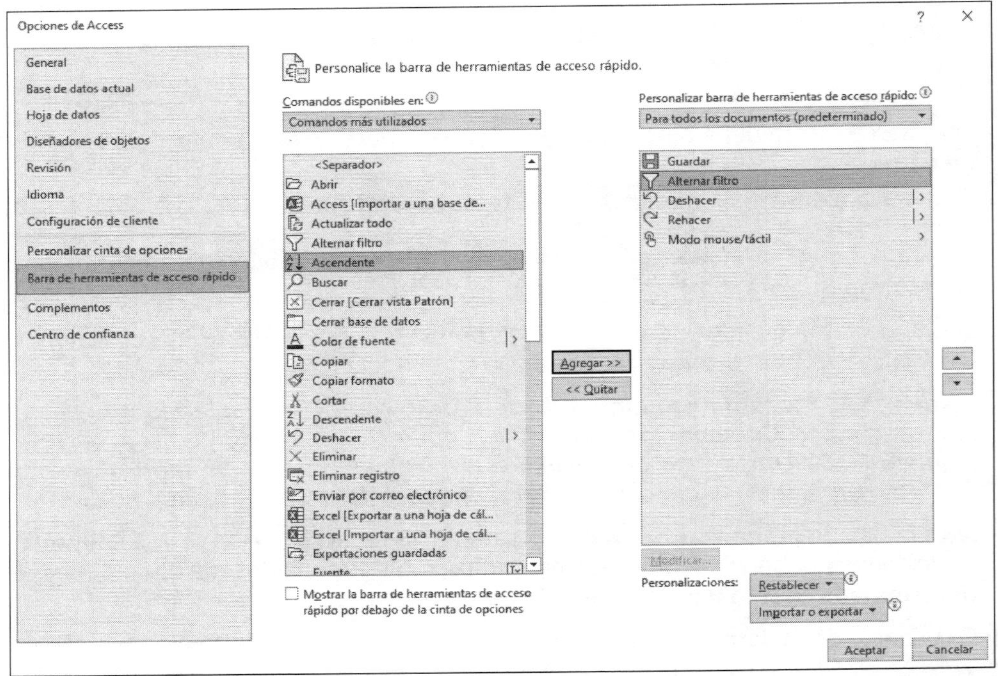

*En el ejemplo anterior, la herramienta **Alternar filtro** estará disponible para todas las bases de datos.*

- Cuando se hayan agregado todas las herramientas deseadas, haga clic en el botón **Aceptar** del cuadro de diálogo **Opciones de Access.**

Para agregar una herramienta a la **barra de herramientas de acceso rápido** desde la cinta de opciones, seleccione la pestaña que contenga el comando que desee agregar. A continuación, haga clic con el botón derecho del ratón en el comando correspondiente y seleccione la opción **Agregar a la barra de herramientas de acceso rápido.**

Eliminar una herramienta

- Si la herramienta que desea eliminar se ha agregado a una base de datos en particular, abra dicha base de datos.

  Si la herramienta que desea eliminar se ha agregado a todas las bases de datos, abra cualquiera de ellas.

- Haga clic en el botón que aparece a la derecha de la **barra de herramientas de acceso rápido** y, a continuación, seleccione la opción **Más comandos**.
- Abra la lista **Personalizar barra de herramientas de acceso rápido** y, a continuación, seleccione si la herramienta que desea eliminar está disponible **Para todos los documentos (predeterminado)** o solo **Para "la base de datos activa"**.
- En la parte de la derecha, seleccione el comando correspondiente a la herramienta que desee eliminar y, a continuación, haga clic en el botón **Quitar**.
- Cuando haya eliminado todas las herramientas deseadas, haga clic en el botón **Aceptar** del cuadro de diálogo **Opciones de Access**.

Para restablecer el contenido original de la **barra de herramientas de acceso rápido**, haga clic en el botón **Restablecer** del cuadro de diálogo **Opciones de Access** y, a continuación, seleccione la opción **Restablecer únicamente la barra de herramientas de acceso rápido**. A continuación, haga clic en el botón **Sí** del mensaje de confirmación que se muestra.

Para eliminar una herramienta de la **barra de herramientas de acceso rápido**, haga clic con el botón derecho del ratón en la herramienta correspondiente y, a continuación, seleccione la opción **Eliminar de la barra de herramientas de acceso rápido**.

Mover una herramienta

- Haga clic en el botón que aparece a la derecha de la **barra de herramientas de acceso rápido** y, a continuación, seleccione la opción **Más comandos**.
- Seleccione la herramienta que desee mover en la parte de la derecha y, a continuación, utilice el botón para moverla hacia arriba o el botón para moverla hacia abajo.
- Cuando haya movido todas las herramientas deseadas, haga clic en el botón **Aceptar** del cuadro de diálogo **Opciones de Access**.

© Editions ENI - Reproducción prohibida

- De forma predeterminada, la **barra de herramientas de acceso rápido** está situada encima de la cinta de opciones, pero puede moverla debajo de ella: haga clic en el botón que aparece a la derecha de la **barra de herramientas de acceso rápido** y, a continuación, seleccione la opción **Mostrar debajo de la cinta de opciones**; la opción **Mostrar encima de la cinta de opciones** del botón permite mostrar de nuevo la **barra de herramientas de acceso rápido** encima de la cinta de opciones.

Personalizar la cinta de opciones

Mostrar/ocultar pestañas

- Haga clic en el botón que aparece a la derecha de la **barra de herramientas de acceso rápido** y, a continuación, seleccione la opción **Más comandos.**

  *También puede hacer clic con el botón derecho en una pestaña de la cinta de opciones y, a continuación, seleccionar la opción **Personalizar la cinta de opciones**.*

- Si es necesario, seleccione la categoría **Personalizar cinta de opciones** del cuadro de diálogo **Opciones de Access** que se abre.

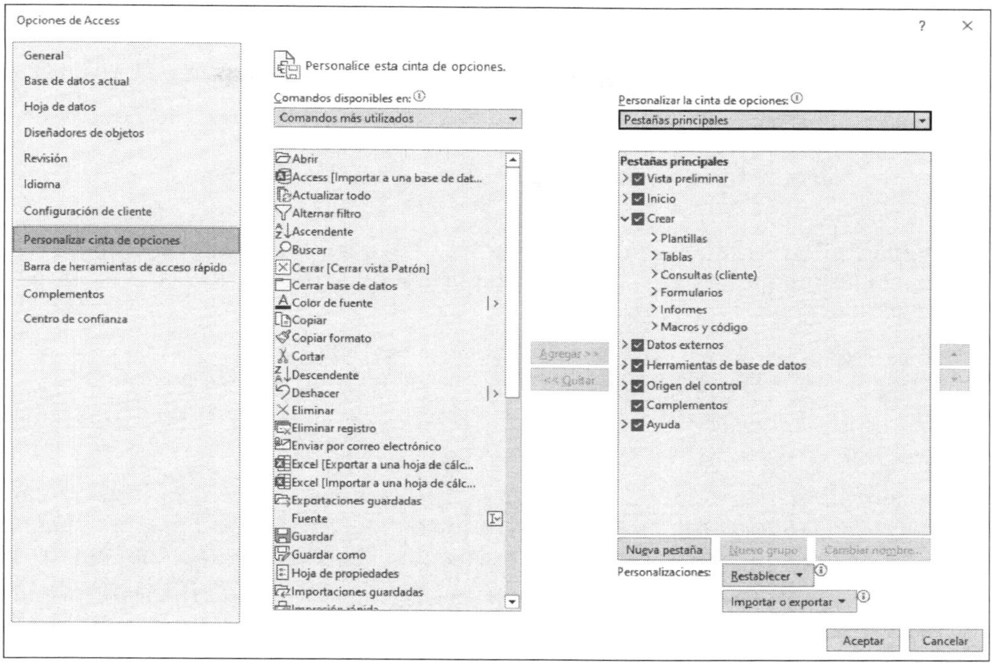

- Abra la lista **Personalizar la cinta de opciones** y, a continuación, haga clic en una de las opciones propuestas en función de las pestañas que desee ver en la sección deseada de la lista: **Todas las pestañas**, **Pestañas principales** o **Pestañas de herramientas**; de forma predeterminada, solo aparecen las pestañas principales en la lista.

  Las ***Pestañas de herramientas*** *son las pestañas contextuales que se muestran en la cinta de opciones únicamente cuando se seleccionan determinados elementos en un objeto. Por ejemplo, cuando un formulario está abierto en la vista Diseño, aparecen tres pestañas contextuales denominadas* ***Diseño de formulario****,* ***Organizar*** *y* ***Formato****. Estas pestañas desaparecen de la cinta de opciones cuando el formulario se muestra en la vista Formulario.*

- Para mostrar los grupos contenidos en una pestaña, haga clic en el símbolo > asociado a la pestaña correspondiente y, al contrario, haga clic en el símbolo v para ocultar los grupos de una pestaña.
- Para mostrar una pestaña en la cinta de opciones, marque la casilla de verificación situada a la izquierda de su nombre.

© Editions ENI - Reproducción prohibida

- Para ocultar una pestaña en la cinta de opciones, desmarque la casilla de verificación situada a la izquierda de su nombre.
- Haga clic en el botón **Aceptar** para aplicar los cambios en la cinta de opciones.

Crear una nueva pestaña/un nuevo grupo

- Haga clic con el botón derecho en una pestaña de la cinta de opciones y, a continuación, seleccione la opción **Personalizar la cinta de opciones.**
- Abra la lista **Personalizar la cinta de opciones** y, a continuación, haga clic en una de las opciones propuestas en función de las pestañas que desee ver en la sección situada debajo de la lista.
- Para agregar una nueva pestaña, seleccione la pestaña debajo de la cual desee crear la nueva pestaña y, a continuación, haga clic en el botón **Nueva pestaña.**

  Aparecerá una nueva pestaña y, de forma predeterminada, también se creará un grupo.
- Para agregar un nuevo grupo a una pestaña, haga clic en el símbolo > de la pestaña en cuestión para mostrar los grupos correspondientes. Seleccione el grupo debajo del cual desee crear el nuevo grupo y, a continuación, haga clic en el botón **Nuevo grupo.**

  *La etiqueta **(personalizada)** se agregará a los nombres de las pestañas y de los grupos personalizados.*
- Haga clic en el botón **Aceptar** para aplicar los cambios realizados en la cinta de opciones.

Administrar las pestañas/los grupos

- Haga clic con el botón derecho en una pestaña de la cinta de opciones y, a continuación, seleccione la opción **Personalizar la cinta de opciones**.
- Abra la lista **Personalizar la cinta de opciones** y, a continuación, haga clic en una de las opciones propuestas en función de las pestañas que desee ver en la sección situada debajo de la lista.
- Para cambiar el nombre de una pestaña o de un grupo, seleccione el elemento en cuestión y, a continuación, haga clic en el botón **Cambiar nombre**.

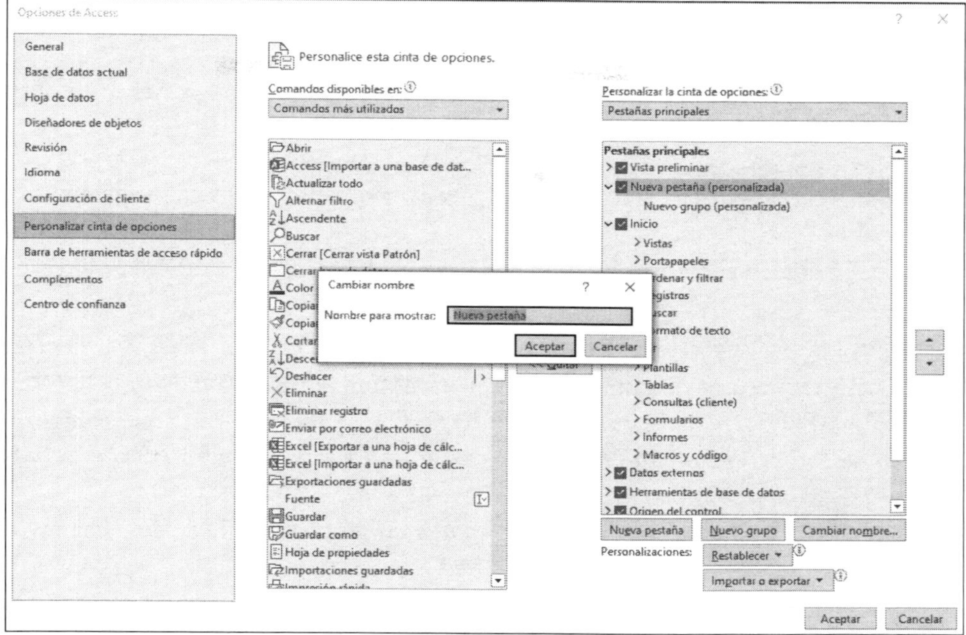

Escriba el nombre de la pestaña o del grupo que desee mostrar en el cuadro de texto **Nombre para mostrar**; en el caso de un grupo, seleccione el símbolo que desee asociarle en la sección **Símbolo**.

Haga clic en el botón **Aceptar**.

- Para eliminar una pestaña o un grupo, haga clic con el botón derecho en el elemento en cuestión y, a continuación, seleccione la opción **Quitar**.

  Solo se pueden quitar las pestañas personalizadas.

- Para mover una pestaña o un grupo, seleccione el elemento en cuestión y, a continuación, haga clic tantas veces como sea necesario en el botón para moverlo hacia arriba o en el botón para moverlo hacia abajo.
- Haga clic en el botón **Aceptar** para aplicar los cambios en la cinta de opciones.

© Editions ENI - Reproducción prohibida

Agregar/eliminar comandos en los grupos personalizados

Los comandos pueden agregarse únicamente a los grupos personalizados.

- Haga clic con el botón derecho en una pestaña de la cinta de opciones y, a continuación, seleccione la opción **Personalizar la cinta de opciones**.
- Abra la lista **Personalizar la cinta de opciones** y, a continuación, haga clic en una de las opciones propuestas en función de las pestañas que desee ver en la sección situada debajo de la lista.
- A continuación, seleccione el grupo personalizado al que desee agregar el nuevo comando.

  *La etiqueta **(personalizada)** se agregará a los nombres de los grupos personalizados.*
- Abra la lista **Comandos disponibles en** y, a continuación, seleccione la categoría que contenga los comandos que desee agregar.

  Los comandos correspondientes se mostrarán en la sección que aparece debajo de esta lista.
- Seleccione cada comando que desee agregar a un grupo en la lista de la izquierda y, a continuación, haga clic en el botón **Agregar**.

  Los comandos agregados se mostrarán ahora en el grupo correspondiente de la parte de la derecha.

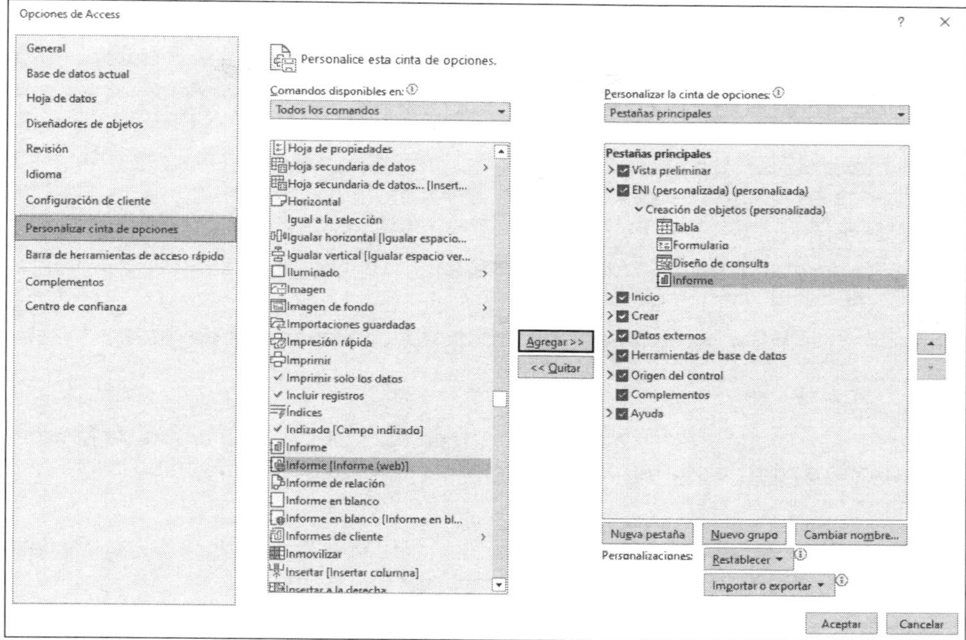

- Para eliminar un comando de un grupo personalizado, selecciónelo y, a continuación, haga clic en el botón **Quitar**.
- Haga clic en el botón **Aceptar** para aplicar los cambios en la cinta de opciones.

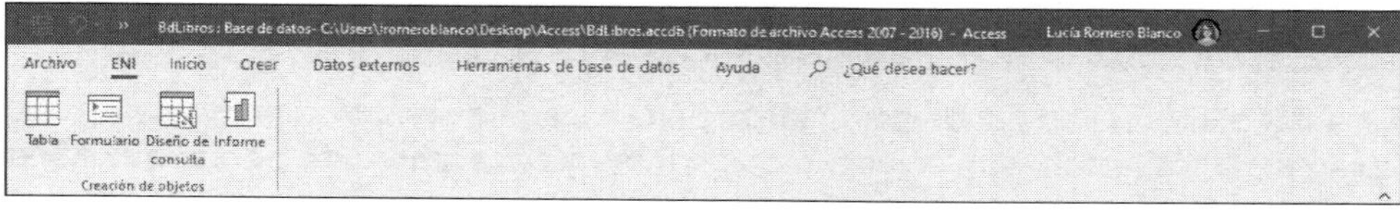

Restablecer la configuración predeterminada

Puede deshacer la personalización de la cinta de opciones y, de esta forma, volver a la configuración predeterminada de Access.

- Haga clic con el botón derecho en una pestaña de la cinta de opciones y, a continuación, seleccione la opción **Personalizar la cinta de opciones**.
- Si solo desea restablecer una pestaña, selecciónela.

© Editions ENI - Reproducción prohibida

- Haga clic en el botón **Restablecer** y, a continuación, seleccione una de las siguientes opciones:
  - **Restablecer únicamente la pestaña de cinta seleccionada:** para eliminar todas las personalizaciones de la pestaña seleccionada y, de esta forma, restaurar su configuración predeterminada.
  - **Restablecer todas las personalizaciones:** para eliminar todas las personalizaciones realizadas en la cinta de opciones y en la **barra de herramientas de acceso rápido** y, de esta forma, restaurar su configuración predeterminada.
- Si ha decidido restablecer todas las personalizaciones, haga clic en el botón **Sí** del mensaje de confirmación que se muestra.
- Haga clic en el botón **Aceptar** del cuadro de diálogo **Opciones de Access.**

Exportar/importar personalizaciones

Las personalizaciones realizadas en la cinta de opciones y en la ***barra de herramientas de acceso rápido*** *se pueden exportar a un archivo que podrá importarse en otros ordenadores.*

- Haga clic con el botón derecho en una pestaña de la cinta de opciones y, a continuación, seleccione la opción **Personalizar la cinta de opciones.**
- Para exportar las personalizaciones de la cinta de opciones y de la **barra de herramientas de acceso rápido** a un archivo, haga clic en el botón **Importar o exportar** y, a continuación, seleccione la opción **Exportar todas las personalizaciones.**

  Seleccione la carpeta en la que desee guardar el archivo de exportación, introduzca el nombre del archivo en el cuadro de texto **Nombre de archivo** y, a continuación, haga clic en el botón **Guardar.**

  Access creará un archivo de extensión ***.exportedUI****.*
- Para importar un archivo de personalización, haga clic en el botón **Importar o Exportar** y, a continuación, seleccione la opción **Importar archivo de personalización.**

  Seleccione el archivo de personalización de extensión **.exportedUI** y, a continuación, haga clic en el botón **Abrir.**

  Haga clic en el botón **Sí** del mensaje de confirmación que se muestra.

  Las personalizaciones existentes se reemplazarán por las contenidas en el archivo importado.
- Haga clic en el botón **Aceptar** del cuadro de diálogo **Opciones de Access.**

Índice

A

B

© Editions ENI - Reproducción prohibida

Índice

CONSULTA

CONTRASEÑA

CONTROL

COPIAR

CRITERIO

CUADRO DE TEXTO

D

DATOS

© Editions ENI - Reproducción prohibida

Índice

© Editions ENI - Reproducción prohibida

Índice

M

MACRO

MÉTODO ABREVIADO

MOVER

O

OBJETO

ORDENAR

ORTOGRAFÍA

P

PÁGINA DE PESTAÑAS

PÁGINA WEB

PANEL DE NAVEGACIÓN

PANEL OFFICE

© *Editions ENI - Reproducción prohibida*

Índice

T

V

© Editions ENI - Reproducción prohibida

Índice

Z

La **Biblioteca Online**
es la solución de libros digitales TI
del grupo ENI

Desarrollo, sistemas y redes, seguridad, data, cloud y virtualización, gestión de proyectos, inteligencia empresarial, etc. y de ofimática.

Acceso ilimitado a todos los libros y vídeos de ENI

www.ediciones-eni.com/suscripcion

Fórmese ahora

gracias a nuestros libros digitales TI.

Aproveche nuestra oferta de prueba por 9,90 € en vez de 29,99 €

Para solicitar su código de descuento,
envíenos el justificante de compra de este libro a
librodigital@ediciones-eni.com

*Oferta válida hasta 3 meses después de la compra del libro impreso (se tendrá en cuenta la fecha de la factura).
Primer mes por 9,90 €, siguientes meses por 29,99 €.
Podrá cancelar su suscripción cuando desee desde su cuenta en el sitio web de Ediciones ENI.
No aplicable a cuentas Webpro ni otras promociones en curso.

La inteligencia artificial explicada

De los conceptos básicos
a las aplicaciones avanzadas de IA

¡Adquiera un ejemplar de nuestro libro en **www.ediciones-eni.com** o descúbralo en la Biblioteca Online gracias a su suscripción!